U0730044

公路工程管理与实务
"考点魔炼"

全国二级建造师执业资格考试
"魔冲鸭"丛书编写委员会　编写

中国建筑工业出版社

图书在版编目（CIP）数据

公路工程管理与实务"考点魔炼" / 全国二级建造师执业资格考试"魔冲鸭"丛书编写委员会编写 . —北京 ：中国建筑工业出版社，2023.11

（全国二级建造师执业资格考试"魔冲鸭"丛书）

ISBN 978-7-112-29382-7

Ⅰ．①公…　Ⅱ．①全…　Ⅲ．①道路工程–施工管理–资格考试–自学参考资料　Ⅳ．①U415.1

中国国家版本馆 CIP 数据核字（2023）第 225880 号

本书为"全国二级建造师执业资格考试'魔冲鸭'丛书"的分册之一《公路工程管理与实务"考点魔炼"》。在精研历年真题的基础上，通过【考点汇集】【知识延伸】对考点分级分层；在研究记忆规律和学习特点的前提下，通过【巧思妙记】【重点回顾】科学提升记忆质量；在钻研命题方向的保障下，通过【典型例题】【小试牛刀】具象呈现重要考点。【笔记区域】更是用来督促考生使用线上智能学习平台的好帮手。本书基于考试用书，对考试用书进行了归纳提炼，是一部行走的课堂，全力打造考生应有的学习力，完成学习和考试的良性贯通。

责任编辑：李笑然
责任校对：芦欣甜

全国二级建造师执业资格考试"魔冲鸭"丛书

公路工程管理与实务

"考点魔炼"

全国二级建造师执业资格考试

"魔冲鸭"丛书编写委员会　编写

＊

中国建筑工业出版社出版、发行（北京海淀三里河路9号）

各地新华书店、建筑书店经销

北京鸿文瀚海文化传媒有限公司制版

北京云浩印刷有限责任公司印刷

＊

开本：880毫米×1230毫米　1/16　印张：$17\frac{1}{4}$　字数：543千字

2023年12月第一版　2023年12月第一次印刷

定价：61.80元

ISBN 978-7-112-29382-7

（42077）

序

为了加强建设工程项目管理，提高工程项目总承包及施工管理专业技术人员素质，规范施工管理行为，保证工程质量和施工安全，根据《中华人民共和国建筑法》和《建设工程质量管理条例》的规定，国家对建设工程项目总承包和施工管理关键岗位的专业技术人员实行执业资格制度，纳入全国专业技术人员执业资格制度统一规划，即从事建筑活动的专业技术人员，应当依法取得相应的执业资格证书，并在执业证书许可的范围内从事建筑活动。

全国二级建造师执业资格考试实行全国统一考试大纲，各省、自治区、直辖市自主命题并组织考试，考试合格者由各省、自治区、直辖市人事部门颁发中华人民共和国二级建造师执业资格证书。取得建造师执业资格证书经过注册登记后，即获得二级建造师注册证书，注册后的建造师方可受聘执业。

本套丛书为"魔冲鸭"备考图书库中的二级建造师执业资格考试备考系列，旨在以"模考、冲刺、押题"的最后环节为导向，反向推导，合理利用智能技术和教学方法为考生赋能，使其在备考全过程中像具备魔法一样地全方位习得考点知识，磨炼应试能力。该丛书包括《建设工程施工管理"考点魔炼"》《建设工程法规及相关知识"考点魔炼"》《建筑工程管理与实务"考点魔炼"》《机电工程管理与实务"考点魔炼"》《市政公用工程管理与实务"考点魔炼"》《公路工程管理与实务"考点魔炼"》和《水利水电工程管理与实务"考点魔炼"》7个分册。本丛书重在"魔"和"炼"；"魔"为方式，让科技来加持，用方法来护航，搭配智学课程和线上专属学习工具，趣学、趣练，通过打磨和模拟，让自己充满学霸一样的魔力；"炼"为目标，通过图书内容来紧抓重点，紧贴考情，使考生快速掌握重要考点，"炼"出通关底气。

本套丛书的特点如下：

一、强强联合策划，"压"住优势资源

本套丛书集合教研团队和一线名师多年命题研究成果和教学实践经验，以真题为蓝本，以大纲为纲要，以通过考试为目的，集精华于一体，真实权威，实用性强。

二、学考相辅相成，"压"出制胜能力

本套丛书重在打通学习力和应试力的良性循环。学习和考试是相通的，秉持"应试能力基于学习成果之上，学习方向以应试为基"是职业人生学习力的体现，也是终身持续学习的基础。本丛书基于考试用书夯实基础，融于考试用书内化能力。实践证明，本丛书会极大提高学习效率，快速提升应试效能。

三、考点按频评级，"押"住命题方向

本套丛书紧扣考试大纲和用书，根据考点在近十年出现的次数为其评级，从而突出必背考点，同时辅以真题实战。相关知识点和题库的完美结合，将考生有限的时间利用到极致，大大提高了考生的应试能力。

四、"一人一课"规划，"魔"炼科学复习

本套丛书根据脑科学基础理论和记忆规律的普遍性特点，在刺激"多元智能"的基础上，用"一人一课"（限量开放）方式从考生听、说、记、做全方位输入知识、调取记忆，从而助其生成长时记忆，让读者拥有本丛书就知道如何学习，为考生在最短的时间内有效复习并通过考试打下坚实的基础。

五、超值赠送服务，"魔"住学习力

本套丛书附赠最新题库，读者可进入智能线上课堂，尝试 AI 互动答疑，线上学习服务工具将会是备考路上巨大的加持。

能否成为坚定而胜利的"魔冲鸭"，本套丛书只是助力，读者们的主观能动性才是根本。让我们一起，开始学起来，见证无数"学霸"的诞生！

注 1：本套丛书所选真题来源于考生回忆等收集方式。在编写过程中，虽然几经校对、修改，但仍难免有疏漏不足之处，恳请广大读者批评指正。【扫描本书单页二维码即可获取后续内容更新说明】

注 2：考点星级的评定基础为该考点在 10 年考试中出现的次数和分值占比，分为四个星级：四星考点★★★★"非常重要"，10 年内考查 5 次及以上，需要考生"重点掌握"；三星考点★★★"重要"，10 年内考查 3 ~ 4 次，需要考生"重点掌握"，三星、四星考点在本科目考试中总体分值通常能占到每年考试一半以上的分值；二星考点★★"次要"，10 年内考查 1 ~ 3 次，需要考生"基本掌握"；一星考点★"一般"，10 年内考查不超过两次，分值占比较少，考生做"了解"即可。

全国二级建造师执业资格考试"魔冲鸭"丛书编写委员会

前　言

　　本书为"全国二级建造师执业资格考试'魔冲鸭'丛书"的分册之一《公路工程管理与实务"考点魔炼"》，是编写专家组在分析研究历年考题和多年一线教学的基础上编写而成的。全书基于"二级建造师执业资格考试大纲"和"考试用书"，通过独特的方式梳理考点、解析真题，引领考生有效学习并科学备考，从而强化考生应试能力、顺利通过考试。

　　"融合"是本书的显著特色，具体来看，它融合了考点汇集、巧思妙记、知识延伸、典型例题、重点回顾、小试牛刀、笔记区域等核心因素，从本书体例可以直观体现：

🏢 **考点2：路基施工前试验★**

　　路基填土碾压前，应对路基基底原状土进行取样试验。每公里应至少取2个点，并应根据土质变化增加取样点数。

　　应及时对拟作为路堤填料的材料进行取样试验。土的试验项目应包括天然含水率、液限、塑限、颗粒分析、击实、CBR等，必要时还应做相对密度、有机质含量、易溶盐含量、冻胀和膨胀量等试验。

考点汇集

考点星级标注
关键词彩色标记
重点一目了然

巧思妙记　口诀：两个特殊的新石头

巧思妙记

生动诠释重难点
快速记忆

🔗 **知识延伸**

（一）路基透视图　　　　　　　　　（二）平面图

 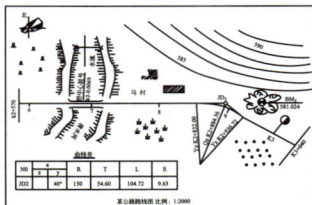

知识延伸

超纲考点一网打尽

📖 **典型例题**

【真题－单选】路基填土高度小于路面和路床总厚度时，基底应按设计要求处理。如对地基表层土进行超挖、分层回填压实，其处理深度不应小于（　　）。

A. 重型汽车荷载作用的工作区深度　　　　B. 路床总厚度

C. 路堤和路床总厚度　　　　　　　　　　D. 天然地下承载深度

【参考答案】B

典型例题

列举往年高频真题
熟练把握考查形式

📋 **重点回顾**

考点	检测
最佳含水率	计算各试样干密度，以干密度为纵坐标，含水量为横坐标绘制曲线，曲线上峰值点的纵、横坐标分别为（　）和（　）
压实度	灌砂法根据试坑消耗砂的质量和量砂的密度算出试坑挖除材料的体积，再由材料质量算出湿密度，用式（　　）计算。 压实度检测方法有：（　）、（　）、（　）、（　）
弯沉	弯沉是指在规定的标准轴载作用下，路基或路面表面轮隙位置产生的总垂直变形（总弯沉）或垂直回弹变形（回弹弯沉），以（　）为单位。 弯沉检测方法：（　）、（　）、（　）、（　）

重点回顾

预留填空
及时回忆
强化复习

小试牛刀

一、单选题

1. 下列路基工程不做试验段的是（　　）。

    A. 二级公路土方路堤　　　　　　　　B. 二级公路土石路堤

    C. 三级公路土方路堤　　　　　　　　D. 三级公路填石路堤

小试牛刀

仿真模拟练习

学练结合

提升技能

"

笔记区

"

笔记区域

预留笔记专区

边学边记

提高总结和复习效率

一、【考点汇集】【知识延伸】考点星级标注：高频考点视觉上被突出，一目了然；低频和超纲考点也不放过，让学有余力的考生突破自我，获得高分。

二、【巧思妙记】多种记忆方式：基于记忆规律和成年人记忆方式的特点，提供不同的方法供读者参考选用，提高效率。

三、【典型例题】具象呈现考点：狭义来说，知识是否能学透可以由命题人来测验。本书转换角度，用真题来呈现知识点，帮助考生知己知彼，学以致用。

四、【重点回顾】及时提取记忆：基于脑科学原理，及时、主动地提取知识是转化记忆质量的重要步骤。用留白填充来帮助考生完成这个过程非常关键。

五、【小试牛刀】成果查漏补缺：设置针对性测试练习，检测自己学习、复习、记忆的效果，有问题立刻复习。

六、【笔记区域】边听、边学、边记：多维度调动考生的智能区域，真正提升学习效率和应试效能。更重要的是，帮助考生由此培养学习力，才是"魔冲鸭"丛书最终极的目标，读者终身受用。

本书在编写过程中，虽然几经斟酌和校对，但由于时间紧促，难免有不尽如人意之处，恳请广大读者对疏漏之处给予批评和指正。

目 录

🏢 考点1：路基施工准备的一般规定★

1. 路基施工前，应熟悉设计文件，领会设计意图。

2. 路基开工前应建立健全质量、环境、职业健康安全管理体系，并对各类施工人员进行岗位培训和技术、安全交底。

🔗 知识延伸

（一）路基透视图

（二）平面图

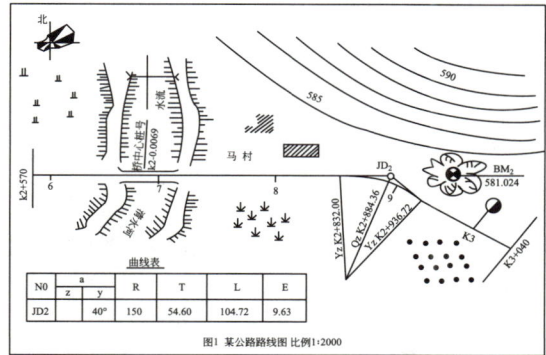

图1 某公路路线图 比例1:2000

（三）纵断面

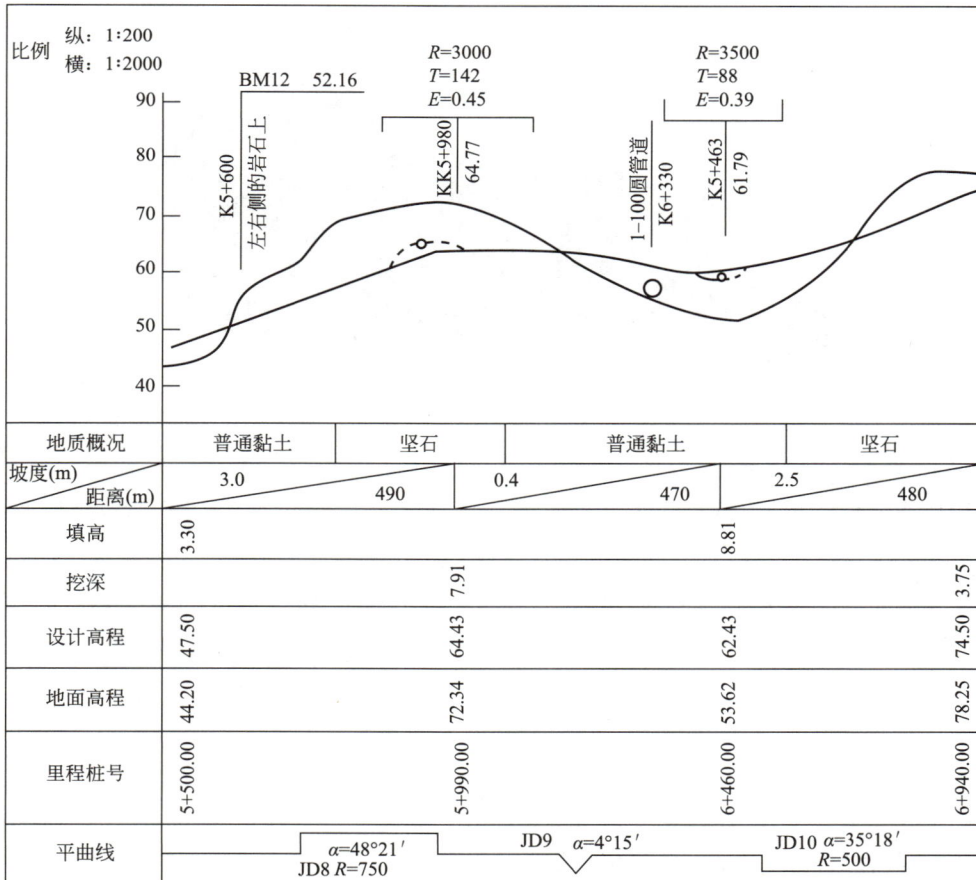

某公路K5+500至K6+940段的路线纵断面图

（四）横断面

整体式半填半挖路基
（路基宽度B=24.5m，尺寸单位：cm）

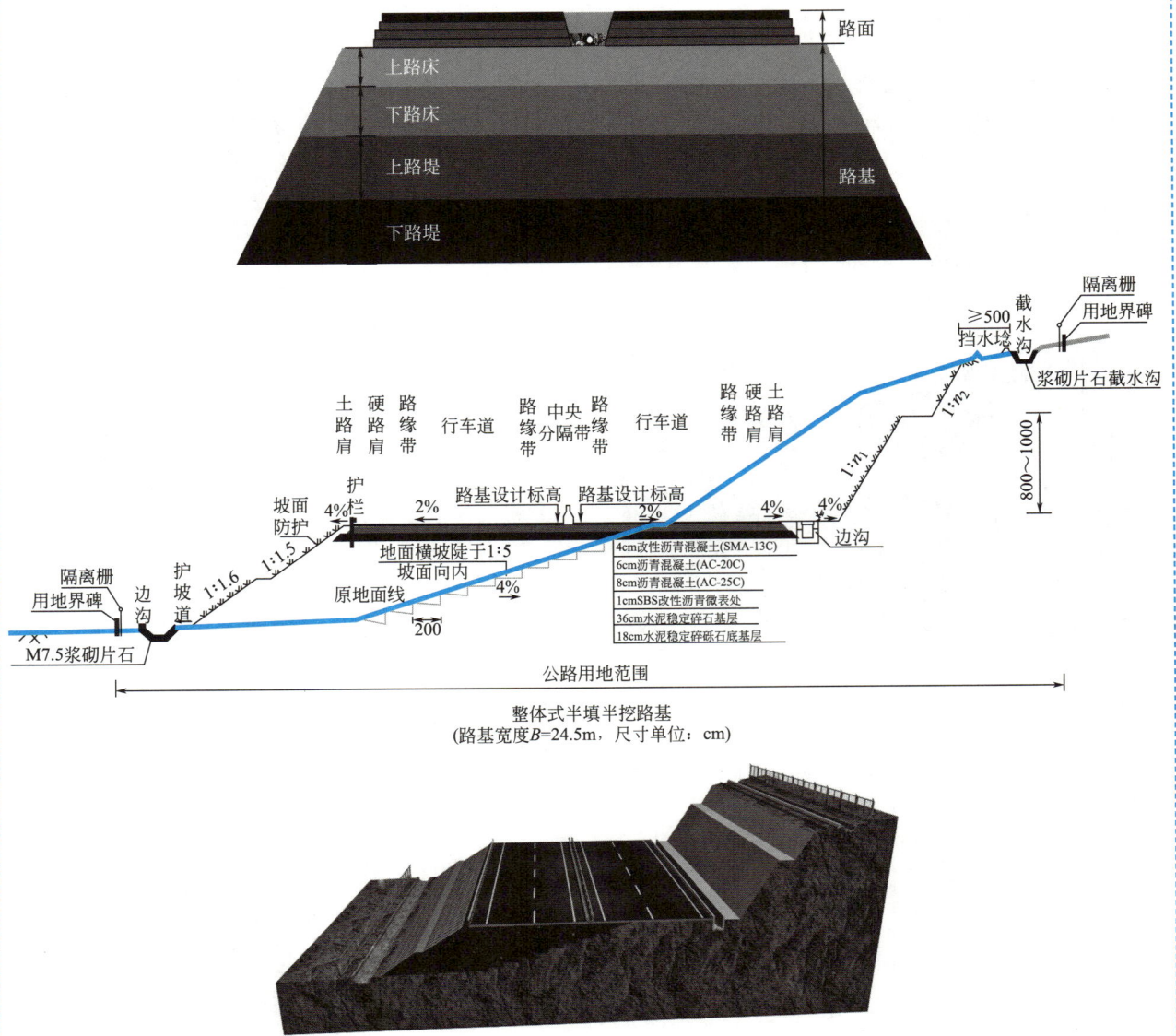

考点2：路基施工前试验★

路基填前碾压前，应对路基基底原状土进行取样试验。每公里应至少取2个点，并应根据土质变化增加取样点数。

应及时对拟作为路堤填料的材料进行取样试验。土的试验项目应包括天然含水率、液限、塑限、颗粒分析、击实、CBR等，必要时还应做相对密度、有机质含量、易溶盐含量、冻胀和膨胀量等试验。

巧思妙记 口诀：2‰

典型例题

【模拟题-多选】下列选项中，属于土试验项目包括的内容是（　　）。

A. 孔隙率　　　　　　　　　　　　B. 颗粒分析

C. 有机质含量   D. 天然含水率

E. 击实试验

考点 3：路基试验路段 ★★

分类	适用范围	确定内容	注意事项
路基试验路段	①二级及二级以上公路路堤。 ②填石路堤、土石路堤。 ③特殊填料路堤。 ④特殊路基。 ⑤拟采用新技术、新工艺、新材料、新设备的路基	①填料试验、检测报告等。 ②压实工艺主要参数：机械组合；压实机械规格、松铺厚度、碾压遍数、碾压速度；最佳含水率及碾压时含水率允许偏差等。 ③过程工艺控制方法。 ④质量控制标准。 ⑤施工组织方案及工艺的优化。 ⑥原始记录、过程记录。 ⑦对施工图的修改建议等。 ⑧安全保障措施。 ⑨环保措施	路段长度不宜小于200m

巧思妙记 口诀：两个特殊的新石头

典型例题

【真题–多选】路堤试验路段施工总结内容包括（　　　）。

A. 填料试验、检测报告   B. 对施工图的修改建议

C. 弃方实施方案   D. 安全保障措施

E. 环保措施

考点 4：原地基处理要求 ★★

路基范围内的原地基应在路基施工前按下列要求进行处理：

1. 地基表层碾压处理压实度控制标准为：二级及二级以上公路一般土质应不小于90%；三、四级公路应不小于85%。低路堤应对地基表层土进行超挖、分层回填压实，其处理深度应不小于路床厚度。

巧思妙记 口诀：985

2. 原地面坑、洞、穴等，应在清除沉积物后，用合格填料分层回填、分层压实，压实度应符合规定。对可能存在空洞隐患的，应结合具体情况采取相应的处置措施。

3. 泉眼或露头地下水，应按设计要求采取有效导排措施，将地下水引离后方可填筑路堤。

4. 地基为耕地、松散土质、水稻田、湖塘、软土、过湿土等时，应按设计要求进行处理，局部软弹的部分应采取有效的处理措施。

📋 **典型例题**

1. 【真题-单选】路基填土高度小于路面和路床总厚度时，基底应按设计要求处理。如对地基表层土进行超挖、分层回填压实，其处理深度不应小于（　　）。

　　A. 重型汽车荷载作用的工作区深度　　　B. 路床厚度

　　C. 路堤和路床总厚度　　　　　　　　　D. 天然地下承载深度

【参考答案】B

2. 【模拟题-单选】原地面坑、洞、穴等，应在清除沉积物后，用合格填料分层回填、分层压实，（　　）应符合规定。

　　A. 含水率　　　　　　　　　　　　　　B. 压实度

　　C. 孔隙率　　　　　　　　　　　　　　D. 颗粒分析

【参考答案】B

🏛 **考点5：路堑施工工艺流程★★**

（一）机械

挖掘机械主要用于土石方的挖掘装载，包括单斗挖掘机和多斗（轮斗式）挖掘机，各种挖掘机械都安装挖斗。

正铲工作面的高度一般不应小于1.5m，否则将降低生产效率，过高则易塌方损伤机具。

装载机是以带铲斗为工作部件的装载移动机械，它主要用来铲、装、卸、运散装物料，也可对岩石、硬土进行轻度铲掘作业，短距离转运工作，在较长距离的物料转运工作中，它往往与运输车辆配合，以提高工作效率。

铲运机是以带铲刀的铲斗为工作部件的铲土移动运输机械，其铲斗在前后行驶装置之间，其工作方式为循环作业式，由铲土、运土和回驶三部分组成。

推土机装有推土铲刀。主要对土石方或散状物料进行切削或短距离搬运。推土机一般适用于季节性较强、工程量集中、施工条件较差的施工环境。主要用于50～100m短距离作业，如路基修筑、基坑开挖、平整场地、清除树、推集石渣等，并可为铲运机与挖装机械松土和助铲及牵引各种拖式工作装置等作业。

平地机是一种铲土、运土、卸土同时进行的连续作业机械。平地机主要用于路基、砂砾路面的整平及土方工程中场地整形和平地作业，还可用于修整路基的横断面、修刮路堤和路堑的边坡、开挖边沟和路槽等。此外还可用来在路基上拌合稳定土或其他路面材料、摊铺材料，修整和养护土路、松土、回填、清除杂草和积雪等。

（二）流程

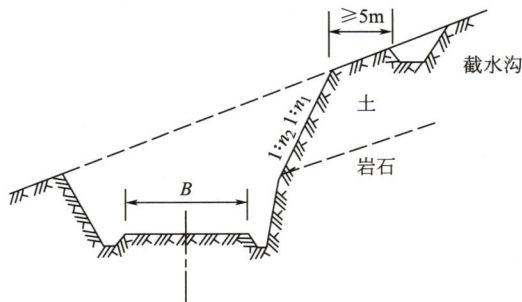

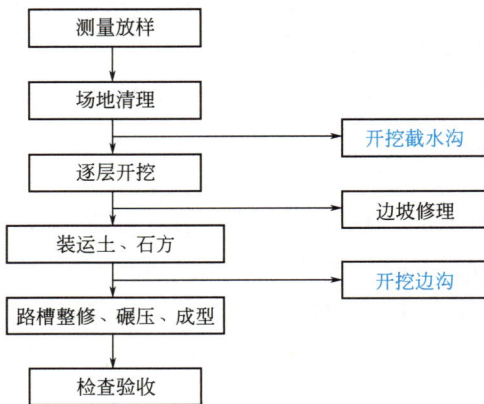

📋 **典型例题**

【模拟题－单选】路堑施工工艺流程最后一步工序为（   ）。

A. 场地清理

B. 开挖截水沟

C. 路槽整修碾压

D. 检查验收

【参考答案】D

考点6：土质路堑施工技术★★

（一）开挖方法

作业方法	开挖方法	（1）横向挖掘法：短（200m）。①单层横向；②多层横向。 （2）纵向挖掘法：较长（过长）。①分层；②通道；③分段。 （3）混合式挖掘法：长、深。多层横向＋通道纵挖
	机械作业	（1）推土机开挖：具有所需工作场地小、短距离运土效率高等特点；影响作业效率的主要因素是切土和运土两个环节。 （2）挖掘机开挖：特别适用于与运输车辆配合开挖土方路堑
机械		平地机、推土机、铲运机、装载机、挖掘机、翻斗车

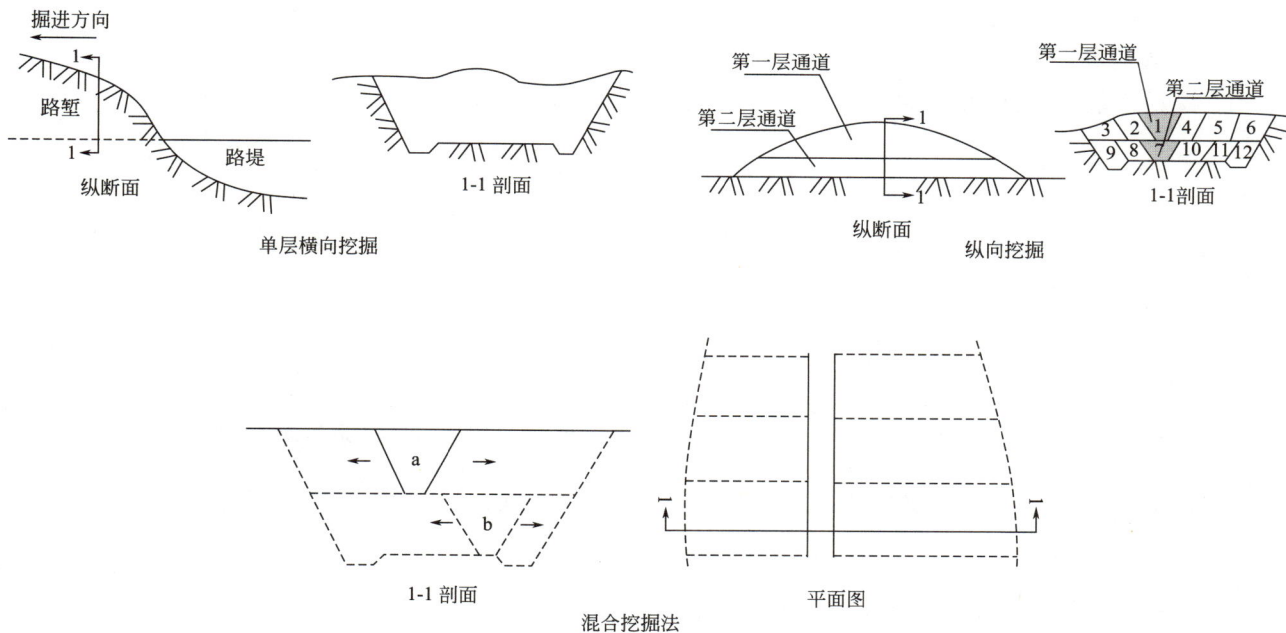

单层横向挖掘

纵向挖掘

混合挖掘法

平面图

（二）土方开挖规定

1. 开挖应自上而下逐级进行，严禁掏底开挖。

2. 开挖至边坡线前，应预留一定宽度，预留的宽度应保证刷坡过程中设计边坡线外的土层不受扰动。

3. 开挖至零填、路堑路床部分后，应及时进行路床施工；如不能及时进行，宜在设计路床顶标高以上预留至少300mm厚的保护层。

4. 挖方路基施工遇到地下水时，应采取排导措施，将水引入路基排水系统，不得随意堵塞泉眼。路床土含水量高或为含水层时，应采取设置渗沟、换填、改良土质等处理措施，路床填料除应符合相关规定外，还应具有良好的透水性能。

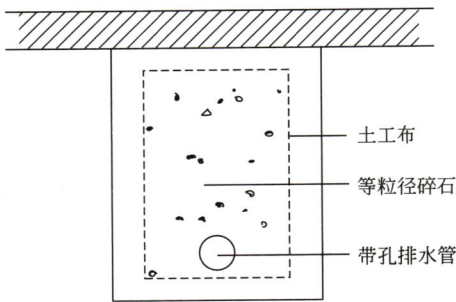

渗沟

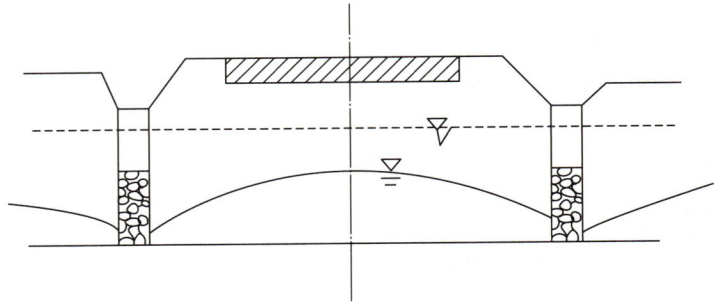

设在边沟下的渗沟

巧思妙记　口诀：长纵短横

📋 典型例题

【模拟题－单选】下列关于土方开挖的说法正确的是（　　　）。

A. 混合式挖掘法指单层横向全宽挖掘法和通道纵挖法混合使用的开挖方法

B. 路堑边坡开挖应一次性开挖至设计边坡线，以减少对边坡土层扰动

C. 开挖至零填、路堑路床部分后，应及时进行路床施工；如不能及时进行，宜在设计路床顶标高以上预留至少500mm厚的保护层

D. 挖方路基施工遇到地下水时，应采取排导措施，将水引入路基排水系统，不得随意堵塞泉眼

【参考答案】D

🏢 考点7：石质路堑施工技术★★

（一）开挖方式

钻爆开挖	当前广泛采用
直接应用机械开挖	该方法没有钻爆工序作业，不需要风、水、电辅助设施，但不适于破碎坚硬岩石
静态破碎法	膨胀剂放入炮孔内，利用产生的膨胀力，使介质裂开

（二）石方开挖施工规定

1. 应逐级开挖，逐级按设计要求进行防护。

2. 施工过程中，每挖深3～5m应进行边坡边线和坡率的复测。

3. 严禁采用峒室爆破，靠近边坡部位的硬质岩应采用光面爆破或预裂爆破。

4. 爆破法开挖石方，应先查明空中缆线、地下管线的位置，开挖边界线外可能受爆破影响的建筑物结构类型、居民居住情况等，对不能满足安全距离的石方宜采用化学静态爆破或机械开挖。

（三）石质路床清理规定

1. 欠挖部分应予凿除，超挖部分应采用强度高的砂砾、碎石进行找平处理，不得采用细粒土找平。

2. 路床底面有地下水时，可设置渗沟进行排导，渗沟应采用硬质碎石回填。

3. 路床的边沟应与路床同步施工。

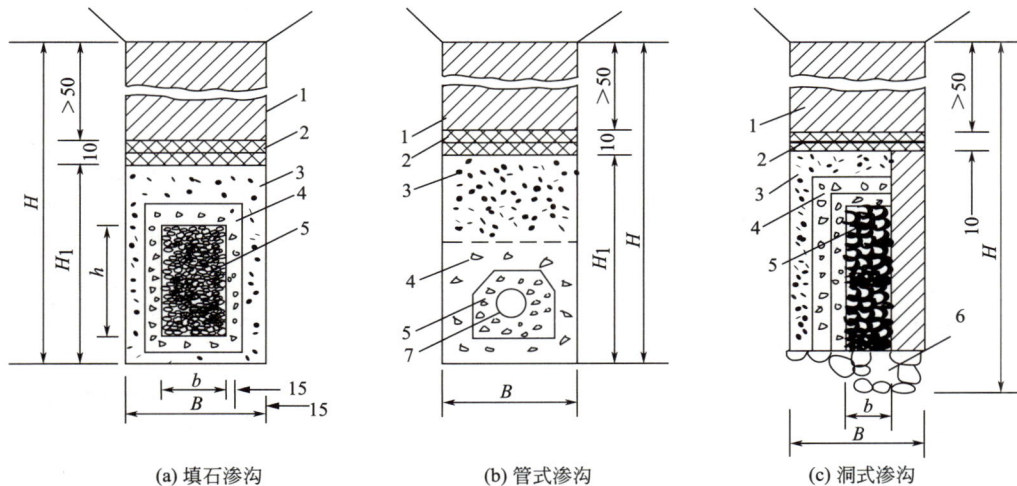

(a) 填石渗沟　　　　(b) 管式渗沟　　　　(c) 洞式渗沟

渗沟构造图(尺寸单位：cm)

1—黏土夯实；2—双层反铺草皮；3—粗砂；4—石屑；5—碎石；6—浆砌片石沟洞；7—混凝土预制管

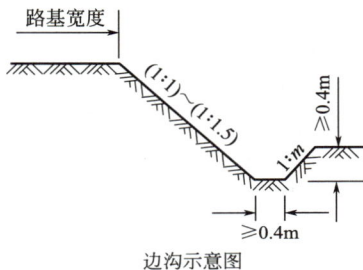

边沟示意图

（四）石质路堑爆破施工方法

1. 常用爆破

光面爆破	在开挖限界的周边，适当排列一定间隔的炮孔，在有侧向临空面的情况下，用控制抵抗线和药量的方法进行爆破，使之形成一个光滑平整的边坡
预裂爆破	在开挖限界处按适当间隔排列炮孔，在没有侧向临空面和最小抵抗线的情况下，用控制药量的方法，预先炸出一条裂缝，使拟爆体与山体分开，作为隔震减震带，起保护开挖限界以外山体或建筑物和减弱地震对其破坏的作用
微差爆破	两相邻药包或前后排药包以毫秒的时间间隔依次起爆，称为微差爆破，亦称毫秒爆破
定向爆破	①它减少了挖、装、运、夯等工序。 ②在公路工程中用于以借为填或移挖作填地段，特别是在深挖高填相间、工程量大的鸡爪形地区

2. 综合爆破

小炮	钢钎炮	①炮眼直径＜70mm；②深度＜5m
	深孔爆破	①炮眼直径＞75mm；②深度＞5m；③采用延长药包
洞室炮	药壶炮	是指在深2.5～3.0m以上的炮眼底部用小量炸药经一次或多次烘膛，使眼底成葫芦形，将炸药集中装入药壶中进行爆破
	猫洞炮	炮洞直径为0.2～0.5m，洞穴成水平或略有倾斜（台眼），深度小于5m，用集中药包在炮洞中进行爆炸的一种方法

📋 典型例题

1.【模拟题－单选】在开挖限界处按适当间隔排列炮孔，在没有侧向临空面和最小抵抗线的情况下，用控制药量的方法爆炸，使拟爆体与山体分开，作为隔振减振带，起保护开挖限界以外山体或建筑物和减弱爆破振动对其破坏的作用，这种爆破称为（　　）。

　　A. 光面爆破　　　　　　　　　　B. 微差爆破

　　C. 预裂爆破　　　　　　　　　　D. 定向爆破

【参考答案】C

2.【真题-多选】综合爆破中的洞室炮主要包括（　　）。

　　A. 钢钎炮　　　　　　　　　　　B. 深孔爆破

　　C. 药壶炮　　　　　　　　　　　D. 猫洞炮

　　E. 小炮

【参考答案】C、D

考点 8：路基填料一般规定 ★★

（一）填料选择

宜用	级配好的砾类土、砂类土等粗粒土作为填料
严禁	含草皮、生活垃圾、树根、腐殖质的土
特殊	粉质土不宜直接用于填筑二级及二级以上公路的路床，不得直接用于填筑冰冻地区的路床及浸水部分的路堤
不得直接	泥炭土、淤泥、冻土、强膨胀土、有机质土及易溶盐超过允许含量的土等

（二）路基填料最小承载比 CBR、最大粒径及压实度的规定

路基部位		路面底面以下深度（m）	高速公路、一级公路		二级公路		三、四级公路		最大粒径（mm）
			CBR（%）	压实度	CBR（%）	压实度	CBR（%）	压实度	
上路床		0～0.3	8	≥96	6	≥95	5	≥94	100
下路床	轻、中等及重交通	0.3～0.8	5	≥96	4	≥95	3	≥94	
	特重、极重交通	0.3～1.2	5	≥96	4	≥95	—	—	
上路堤	轻、中等及重交通	0.8～1.5	4	≥94	3	≥94	3	≥93	150
	特重、极重交通	1.2～1.9	4	≥94	3	≥94	—	—	
下路堤	轻、中等及重交通	1.5 以下	3	≥93	2	≥92	2	≥90	
	特重、极重交通	1.9 以下							

　　注：1. 表列承载比是根据路基不同填筑部位压实标准的要求，按现行《公路土工试验规程》JTG 3430—2020 试验方法规定浸水 96h 确定的 CBR。

　　　　2. 三、四级公路铺筑沥青混凝土和水泥混凝土路面时，应采用二级公路的规定。

　　　　3. 表中上、下路堤填料最大粒径 150mm 的规定不适用于填石路堤和土石路堤。

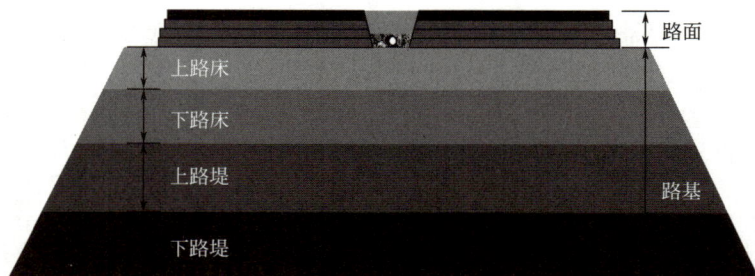

巧思妙记 口诀：65432

典型例题

【模拟题－多选】宜用于路基填料的是（　　　　）。

A. 湿黏土　　　　　　　　　　　　　B. 弱膨胀土

C. 级配好的砾类土　　　　　　　　　D. 粉质土

E. 级配好的砂类土

【参考答案】C、E

考点 9：路床施工技术 ★★

（一）零填、挖方路段的路床施工技术

1. 路床范围原状土符合要求的，可直接进行成型施工。

2. 路床范围为过湿土时应进行换填处理，设计有规定时按设计厚度换填，设计未规定时按以下要求换填：

（1）高速公路、一级公路换填厚度宜为 0.8～1.2m，若过湿土的总厚度小于 1.5m，则宜全部换填。

（2）二级公路的换填厚度宜为 0.5～0.8m。

3. 高速公路、一级公路路床范围为崩解性岩石或强风化软岩时应进行换填处理，设计有规定时按设计厚度换填，设计未规定时换填厚度宜为 0.3～0.5m。

4. 路床填筑，每层最大压实厚度宜不大于 300mm，顶面最后一层压实厚度应不小于 100mm。

（二）路床填料规定

高速公路、一级公路路床填料：

（1）宜采用砂砾、碎石等水稳性好的粗粒料。

（2）也可采用级配好的碎石土、砾石土等。

（3）粗粒料缺乏时，可采用无机结合料改良细粒土。

典型例题

【模拟题－单选】某高速公路挖方路段路床范围过湿土厚度为 3m，则宜换填的厚度是（　　　　）。

A. 0.8～1.2m　　　　　　　　　　　B. 1.3m

C. 1.5m　　　　　　　　　　　　　　D. 0.5～0.8m

【参考答案】A

考点 10：土方路堤施工技术 ★★★

（一）填筑要求

1. 性质不同的填料，应水平分层、分段填筑、分层压实。同一层路基采用同一种填料，不得混合填筑。每种填料的填筑层压实后的连续厚度宜不小于 500mm。路基上部宜采用水稳性好或冻胀敏感性小的填料。有地下水的路段或浸水路堤，应填筑水稳性好的填料。

2. 在透水性差的压实层上填筑透水性好的填料前，应在其表面设 2%～4% 的双向横坡，并采取相应的防

水措施。不得在透水性好的填料所填筑的路堤边坡上覆盖透水性差的填料。

3. 每种填料的松铺厚度应通过试验确定。

4. 路堤填筑时，应从最低处起分层填筑，逐层压实。

5. 填方分几个作业段施工时，接头部位如不能交替填筑，先填路段应按 1∶1～1∶2 坡度分层留台阶；如能交替填筑，应分层相互交替搭接，搭接长度应不小于 2m。

6. 填土路堤施工过程质量控制：施工过程中，每一压实层均应进行压实度检测，检测频率为每 1000m^2 不少于 2 点。压实度检测可采用灌砂法、环刀法等方法，施工过程中，每填筑 2m 高宜检测路线中线和宽度。

（二）土方路堤填筑施工工艺流程

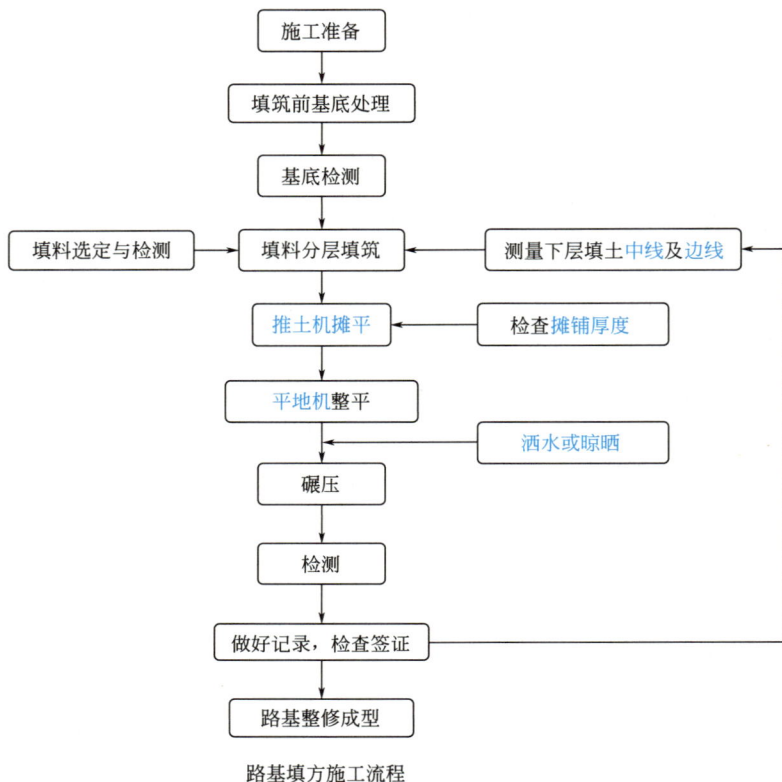

路基填方施工流程

（三）填筑方法

作业方法	（1）分层填筑法：①水平分层填筑：常用；②纵向分层填筑：＞12%。 （2）竖向填筑：无法进场（陡坡、深谷、断岩、泥沼）。 （3）混合填筑：下层用竖向填筑而上层用水平分层填筑（每段距离以 20～40m 为宜，多在地势平坦或两侧有可利用的山地土场的场合采用）
使用机械	挖掘机、装载机、推土机、铲运机、平地机、压路机

📋 典型例题

1. **【真题－单选】** 根据《公路路基施工技术规范》JTG/T 3610—2019，土方路堤填筑时，每一填筑层压实后的宽度应大于或等于（   ）。

    A. 设计宽度

    B. 设计宽度 +0.5m

C. 设计宽度 +2×0.5m   D. 1.1 倍设计宽度

2.【模拟题－单选】填土路堤施工过程质量控制：施工过程中，每一压实层均应进行压实度检测，检测频率为每 1000m² 不少于（   ）点。

A. 1   B. 2

C. 3   D. 4

考点 11：填石路基施工技术★★★★

（一）填筑要求

1. 岩性相差较大的填料应分层或分段填筑，软质石料与硬质石料不得混合使用。

2. 填石路堤顶面与细粒土填土层之间应填筑过渡层或铺设无纺土工布隔离层。

3. 压实机械宜选用自重不小于 18t 的振动压路机。

4. 中硬、硬质石料填筑路堤时，应进行边坡码砌。边坡码砌与路基填筑应基本同步进行。

5. 采用易风化岩石或软质岩石石料填筑时，应按设计要求采取边坡封闭和底部设置排水垫层、顶部设置防渗层等措施。

（二）填石路堤填料要求

1. 硬质岩石、中硬岩石可用于路堤和路床填筑；软质岩石可用于路堤填筑，不得用于路床填筑；膨胀岩石、易溶性岩石和盐化岩石不得用于路基填筑。

2. 路基的浸水部位，应采用稳定性好、不易膨胀崩解的石料填筑。

3. 路堤填料粒径应不大于 500mm，并宜不超过层厚的 2/3。路床底面以下 400mm 范围内，填料最大粒径不得大于 150mm，其中小于 5mm 的细料含量应不小于 30%。

填石路堤的压实质量：

（1）宜采用施工参数（压实功率、碾压速度、压实遍数、铺筑层厚等）与压实质量检测联合控制。

（2）填石路堤压实质量采用压实沉降差或孔隙率进行检测，孔隙率的检测应采用水袋法进行。

（三）填筑方法

方法	特点
竖向填筑法（倾填法）	主要用于二级及二级以下且铺设中低级路面的公路在陡峻山坡施工特别困难或大量爆破移挖作填路段，以及无法自下而上分层填筑的陡坡、断岩、泥沼地区和水中作业的填石路堤
分层压实法	普遍采用并保证质量（四台阶、四区段、八流程）
冲击压实法	利用冲击压实机的冲击
强力夯实法	①填石分层强夯施工，要求分层填筑与强夯交叉进行，每一分层连续挤密式夯击，夯后形成夯坑，夯坑以同类型石质填料填补。 ②路基面须振动压路机进行最后的压实平整作业。 ③采用强夯、冲击压路机进行压实时，应避免对附近构造物造成影响

八流程、四区段、四台阶

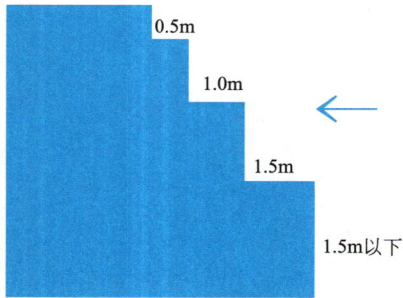

```
                    ┌──────────────┐
                    │   测量放样   │
                    └──────┬───────┘
                    ┌──────┴───────┐
                    │   场地清理   │
                    └──────┬───────┘
        ┌──────────────┐  ┌──────┴───────┐  ┌──────────────┐      施工
        │              │  │   基底处理   │  │   填料准备   │←──┐  准备
                       │  └──────┬───────┘  └──────┬───────┘  不
┌──────────────┐      │  ┌──────┴───────┐  ┌──────┴───────┐  合
│ 施工机具准备 │──────┼─→│   试验路段   │←─│   填料检验   │──┘  格
└──────────────┘      │  └──────┬───────┘  └──────────────┘
                      │         │  合格
                      │  ┌──────┴───────┐
                      │  │   填料装运   │
                      │  └──────┬───────┘
┌──────────────┐      │  ┌──────┴───────┐  ┌──────────────┐
│   填石区段   │──────┼─→│   分层填筑   │←─│   填石区段   │
└──────────────┘      │  └──────┬───────┘  └──────────────┘
┌──────────────┐      │  ┌──────┴───────┐  ┌──────────────┐
│   平整区段   │──────┼─→│   摊铺平整   │←─│   平整区段   │
└──────────────┘      │  └──────┬───────┘  └──────────────┘
┌──────────────┐      │  ┌──────┴───────┐  ┌──────────────┐
│   碾压区段   │──────┼─→│   振动碾压   │←─│   碾压区段   │
└──────────────┘      │  └──────┬───────┘  └──────────────┘
┌──────────────┐      │  ┌──────┴───────┐  ┌───────────────────────────┐
│   检测区段   │──────┘─→│   检测签认   │←─│ 层面平整、石块紧密、振碾无沉落移动、│
└──────────────┘         └──────┬───────┘  │ 相邻两次的压沉值为零            │
                         ┌──────┴───────┐  ┌───────────────────────────┐
                         │   路基成型   │←─│ 测量中线、宽度、高程          │
                         └──────┬───────┘  └───────────────────────────┘
                         ┌──────┴───────┐  ┌───────────────────────────┐
                         │   路基整修   │←─│ 检测线形、纵坡、边坡          │
                         └──────┬───────┘  └───────────────────────────┘
                         ┌──────┴───────┐
                         │   竣工验收   │
                         └──────────────┘
```

0.5m
1.0m
1.5m
1.5m以下

填石路堤施工工艺流程图

典型例题

【模拟题－单选】填石分层强夯施工，要求分层填筑与强夯交叉进行，每一分层连续挤密式夯击，夯后形成夯坑，夯坑以（　　）填补。

A. 土方　　　　　　　　　　　　　　B. 石灰土

C. 水泥土　　　　　　　　　　　　　D. 同类型石质填料

【参考答案】D

考点12：土石路堤施工技术★★

（一）填筑要求

1. 压实机械宜选用自重不小于 18t 的振动压路机。

2. 应分层填筑压实，不得倾填。

3. 应使大粒径石料均匀分散在填料中，石料间孔隙应填充小粒径石料和土。

4. 填料由土石混合材料变化为其他填料时，土石混合材料最后一层的压实厚度应小于 300mm，该层填料最大粒径宜小于 150mm，压实后表面应无孔洞。

（二）土石路堤填料要求

天然土石混合填料中，中硬、硬质石料的最大粒径不得大于压实层厚的 2/3；石料为强风化石料或软质石料时，石料最大粒径不得大于压实层厚。

（三）填筑方法

土石路堤不得采用倾填方法，只能采用分层填筑、分层压实。宜用推土机铺填，松铺厚度控制在 40cm 以内，接近路堤设计标高时，须改用土方填筑。

📋 **典型例题**

【模拟题－单选】土石路堤在施工过程中，压实机械宜选用自重不小于（　　）t 的振动压路机。

A. 10　　　　　　　　　　　　　　　B. 12

C. 16　　　　　　　　　　　　　　　D. 18

【参考答案】D

🏢 考点 13：路基雨期施工 ★

地段选择	应选	①丘陵和山岭地区的砂类土、碎砾石。 ②岩石地段。 ③路堑的弃方地段
	不宜	①重黏土、膨胀土及盐渍土地段。 ②平原地区
填筑		①每一填筑层表面应做成 2% ～ 4% 双向路拱横坡以利于排水，低洼地带或高出设计洪水位 0.5m 以下部位应选用透水性好、饱水强度高的填料分层填筑，并及时施作护坡、坡脚等防护工程。 ②当天填筑的土层应当天或雨前完成压实
开挖		①雨期开挖路堑，当挖至路床顶面以上 300 ～ 500mm 时应停止开挖，并在两侧挖好临时排水沟，待雨期过后再施工。 ②雨期开挖岩石路基，炮眼宜水平设置

📋 **典型例题**

【模拟题－多选】下列关于雨期施工，说法错误的是（　　）。

A. 每一填筑层表面应做成 10% ～ 15% 双向路拱横坡以利于排水

B. 低洼地带或高出设计洪水位 0.3m 以下部位应选用透水性好、饱水强度高的填料分层填筑，并及时施作护坡、坡脚等防护工程

C. 当天填筑的土层应当天或雨前完成压实

D. 雨期开挖路堑，当挖至路床顶面以上 100 ～ 300mm 时应停止开挖

E. 雨期开挖岩石路基，炮眼宜水平设置

【参考答案】A、B、D

🏢 考点 14：路基冬期施工 ★

冬期施工	定义		在季节性冻土地区，昼夜平均温度在 -3℃ 以下且连续 10d 以上，或者昼夜平均温度虽在 -3℃ 以上但冻土没有完全融化时，均应按冬期施工办理
	地段选择	不宜	①高速公路、一级公路的土质路堤和地质不良地区的公路路堤。土质路堤路床以下 1m 范围内，不得进行冬期施工。半填半挖地段、填挖交界处不得在冬期施工。 ②铲除原地面的草皮、挖掘填方地段的台阶。 ③整修路基边坡。 ④在河滩低洼地带将被水淹的填土路堤

冬期施工	填筑	①路堤填料应选用未冻结的砂类土、碎石、卵石土、石渣等透水性好的材料，不得用含水率大的黏质土。 ②填筑路堤应按横断面全宽平填，每层松铺厚度应比正常施工减少20%～30%，且松铺厚度不得超过300mm。当天填土应当天完成碾压。 ③中途停止填筑时，应整平填层和边坡并进行覆盖防冻，恢复施工时应将表层冰雪清除，并补充压实。 ④当填筑高程距路床底面1m时，碾压密实后应停止填筑，在顶面覆盖防冻保温层，待冬期过后整理复压，再分层填至设计高程
	开挖	①挖方边坡不得一次挖到设计线，应预留一定厚度的覆盖层，待到正常施工季节后再修整到设计坡面 ②路基挖至路床顶面以上1m时，完成临时排水沟后，应停止开挖，待冬期过后再进行施工

典型例题

【真题－多选】关于路基冬期施工的说法，正确的有（　　）。

A. 半填半挖地段，挖填交界处不得在冬期施工

B. 冬期填筑路堤，应按横截面全宽平填，每层松铺厚度应比正常施工增加20%～30%

C. 当填筑至路床底面时，碾压密实后应停止填筑，在顶面覆盖防冻保温层

D. 冬期过后必须对填方路堤进行补充压实

E. 河滩地段可利用冬期水位低、开挖基坑修建防护工程

【参考答案】A、D、E

考点15：路基排水分类★

1. 地面排水可采用边沟、截水沟、排水沟、跌水、急流槽、拦水带、蒸发池等设施。其作用是将可能停滞在路基范围内的地面水迅速排除，防止路基范围内的地面水流入路基内。

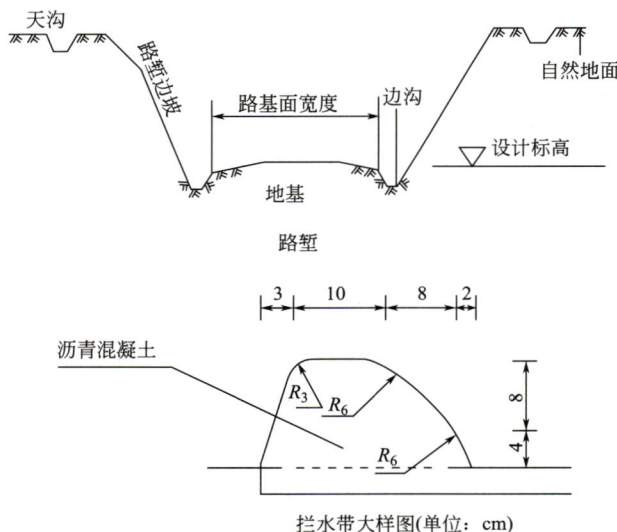

拦水带大样图(单位：cm)

2. 地下排水设施有排水沟、暗沟（管）、渗沟、渗井、检查井等。其作用是将路基范围内的地下水位降低或拦截地下水并将其排出路基范围以外。

典型例题

【模拟题-多选】 下列路基排水设施中属于地下排水设施的是（ 　　 ）。

A. 渗沟　　　　　　　　　　　B. 渗井

C. 排水沟　　　　　　　　　　D. 截水沟

E. 急流槽

【参考答案】 A、B、C

考点 16：路基地面排水设施的施工要点★

（一）边沟

1. 挖方地段和填土高度小于边沟深度的填方地段均应设置边沟。

2. 边沟沟底纵坡应衔接平顺。

3. 土质地段的边沟纵坡大于 3% 时应采取加固措施。

（干砌片石、浆砌片石铺砌）

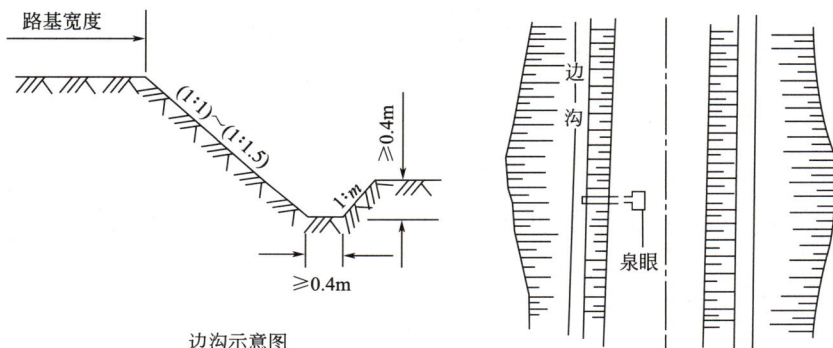

边沟示意图

（二）截水沟

1. 截水沟的位置。在无弃土堆的情况下，截水沟的边缘离开挖方路基坡顶的距离视土质而定。

如是一般土质，至少应离开 5m，对黄土地区不应小于 10m，并应进行防渗加固。截水沟挖出的土，可在路堑与截水沟之间修成土台并夯实，台顶应筑成 2% 倾向截水沟的横坡。

2. 路基上方有弃土堆时，截水沟应离开弃土堆脚 1～5m，弃土堆坡脚离开路基挖方坡顶不应小于 10m，弃土堆顶部应设 2% 倾向截水沟的横坡。

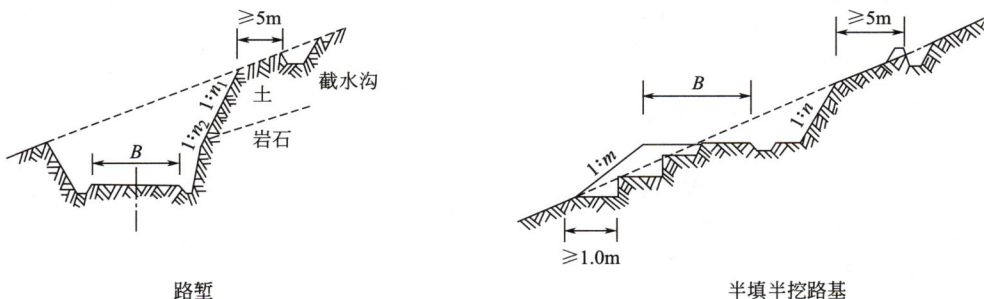

路堑　　　　　　　　　　　　　　半填半挖路基

3. 山坡上路堤的截水沟离开路堤坡脚至少 2m，并用挖截水沟的土填在路堤与截水沟之间，修筑向沟倾斜坡度为 2% 的护坡道或土台，使路堤内侧地面水流入截水沟排出。

4. 截水沟应先行施工（纵坡宜≥0.3%）。

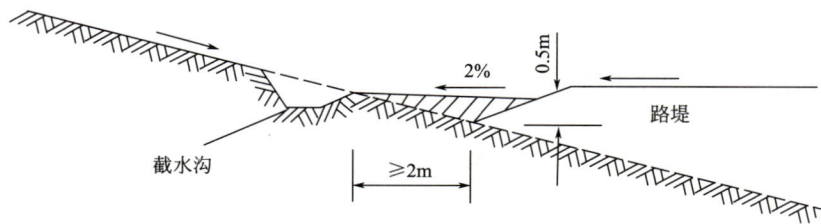

截水沟示意图

（三）排水沟

将边沟、截水沟、取（弃）土场和路基附近低洼处汇集的水引向路基以外时，应设置排水沟。

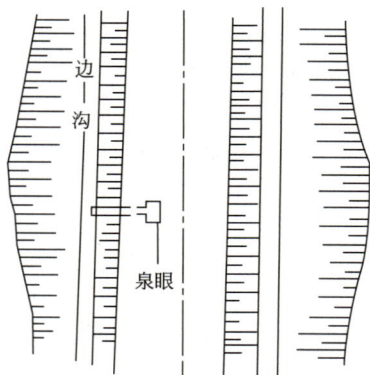

（四）急流槽

1. 基础应嵌入稳固的基面内，底面应按设计要求砌筑抗滑平台或凸榫。对超挖、局部坑洞，应采用相同材料与急流槽同时施工。

2. 急流槽应分节砌筑，分节长度宜为 5 ~ 10m（预制块分节宜为 2.5 ~ 5.0m），接头处应采用防水材料填缝。

（五）跌水

无消力池的跌水，其台阶高度应小于 600mm，每个台阶高度与长度之比应与原地面坡度相协调。

（六）蒸发池

1. 蒸发池与路基之间的距离应满足路基稳定要求。

2. 底面与侧面应采取防渗措施。

3. 池底宜设置 0.5% 的横坡，入口处应与排水沟平顺连接。

4. 蒸发池应远离村镇等人口密集区，四周应采用隔离栅进行围护，高度应不低于 1.8m，并设置警示牌。

📋 典型例题

【真题 - 单选】关于蒸发池设置的说法，错误的是（   ）。

A. 池底宜设置 0.5% 的横坡

B. 底面与侧面应采取防渗措施

C. 蒸发池应紧邻路基设置

D. 四周应采用隔离栅进行围护

【参考答案】C

考点 17：路基地下水排水设施的施工要点★★

类型	适用情况及技术要求
暗沟 暗管	路基基底范围有泉水外涌时
渗沟	①有地下水出露的挖方路基、斜坡路堤、路基填挖交替地段。 ②地下水埋藏浅或无固定含水层时。 ③渗沟有填石渗沟、管式渗沟、洞式渗沟、边坡渗沟、支撑渗沟等。 ④渗沟应设置排水层、反滤层和封闭层；由中砂、粗砂、砾石做成反滤层
渗井 渗洞	①当地下水埋藏深或为固定含水层时。 ②井壁与填充料之间应设反滤层，填充料与反滤层应分层同步施工。 ③渗井顶部四周应采用黏土填筑围护，并应加盖封闭

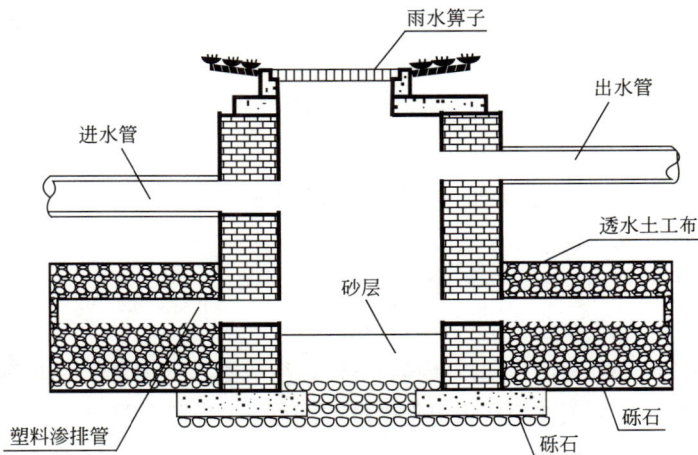

填石渗沟	通常为矩形或梯形，在渗沟的底部和中间用较大碎石或卵石（粒径3～5cm）填筑
管式渗沟	适用于地下水引水较长、流量较大的地区
洞式渗沟	适用于地下水流量较大的地段，洞壁宜采用浆砌片石砌筑，洞顶应用盖板覆盖
边坡渗沟	用于疏干潮湿边坡和引排边坡上局部出露的上层滞水或泉水，并起支撑边坡作用
支撑渗沟	在坡脚砌筑一个渗沟，此渗沟起排水和支撑坡体的作用

仰斜式排水孔：

（1）当坡面有集中地下水时，可设置仰斜式排水孔。仰斜式排水孔排出的水宜引入路堑边沟排除。

（2）钻孔成孔直径宜为75～150mm，仰角宜不小于6°，孔深应伸至富水部位或潜在滑动面。

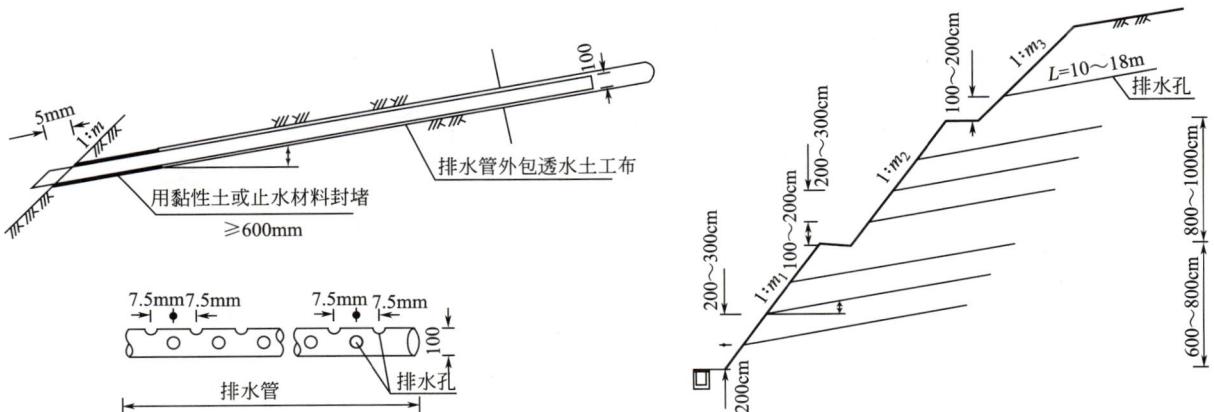

典型例题

【真题 - 单选】渗井的井壁与填料之间应设置（   ）。

A. 防渗层

B. 封闭层

C. 反滤层

D. 隔离层

【参考答案】C

考点18：一般路堤拓宽施工要求★

1. 拓宽路堤填筑前，应拆除原有排水沟、隔离栅等设施。拓宽部分的基底清除原地表土应不小于0.3m，清理后的场地应进行平整压实。老路堤坡面，清除的法向厚度应不小于0.3m。

2. 从老路堤坡脚向上开挖台阶时，应随挖随填，台阶高度应不大于1.0m，宽度应不小于1.0m。

3. 拓宽路基应进行沉降观测，观测点应按设计要求设置。高路堤与陡坡路堤路段尚应进行稳定性监测。

典型例题

【模拟题 - 多选】下列关于路堤拓宽施工要求的说法不正确的是（   ）。

A. 老路堤坡面，清除的法向厚度应不小于0.2m

B. 既有路堤的护脚挡土墙及抗滑桩可不拆除

C. 既有路基有包边土时，宜去除包边土后再进行拼接

D. 从老路堤坡脚向上开挖台阶时，应随挖随填，台阶高度应不大于2.0m，宽度应不小于2.0m

E. 拼接宽度小于0.75m时，可采取超宽填筑再削坡或翻挖既有路堤等措施

【参考答案】A、D

考点19：挖方路基拓宽施工要求★

1. 应在既有路基边缘设置防止飞石或落石的安全防护措施，并应设置警示标志。

2. 边通车边施工时，宜采用机械开挖或静力爆破方式进行开挖。

考点20：新旧路基连接部处治技术要点★★

1. 严格按照施工规范中对新、老路基衔接的要求开挖台阶（如下图所示），更利于新、老路基的结合。

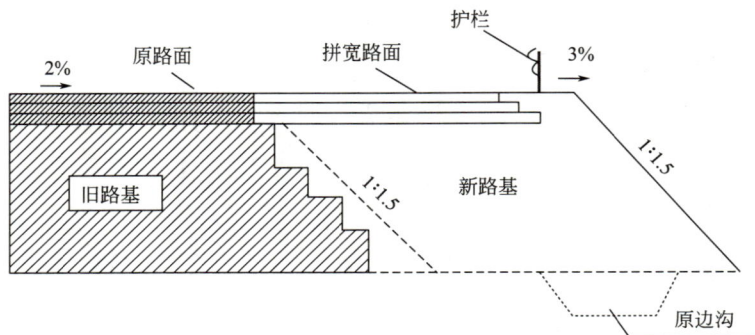

路基拼宽示意图

2. 如果原有路肩质量较差，达不到设计要求，则应将土路肩翻晒或掺灰重新碾压，以达到质量要求。可以采用修建试验路来改进路基开挖台阶的方案，即从土路肩开始下挖台阶，改为从硬路肩开始下挖台阶。这种改进方案可以消除老路基边坡压实度不足的弊病，可加强新老路基的结合程度，减少新老路基结合处的不均匀沉降。

3. 在路槽纵向开挖的台阶上铺设跨施工缝的土工格栅，以加强新老路基的横向联系，减少裂缝反射。土工格栅的宽度不宜小于2m，且跨在老路基一侧的格栅宽度宜为其总宽度的1/3 ～ 1/2。

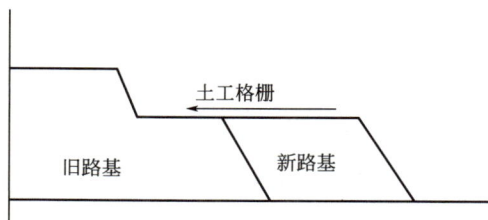

📋 **典型例题**

【真题－单选】路基改建加宽施工时，在路槽纵向开挖的台阶上铺设跨施工缝的土工格栅，其主要作用是（   ）。

A. 减少新老路基结合处的不均匀沉降　　B. 减少路面厚度

C. 提高原地基承载力　　D. 减少裂缝反射

【参考答案】D

🏢 **考点21：地基处治与路基填料★★**

高路堤地基处治：

高路堤拓宽部分地基必须进行特殊处理。如果高路堤拓宽部分为软土地基，就应采取措施加强处治。施工中为了确保路基稳定、减少路基工后沉降，对高路堤拓宽可采取粉喷桩、砂桩、塑料排水体、碎石桩等处理措施，并配合填筑轻型材料。在高路堤的处治过程中，不宜单独采用只适合于浅层处治以及路基填土较低等情况的换填砂石或加固土处治。

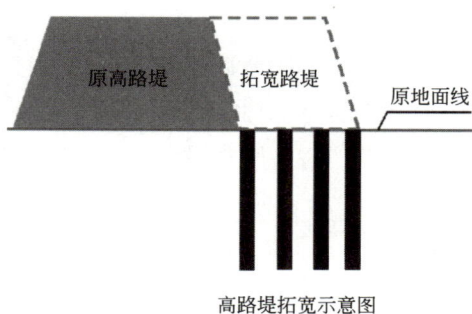

高路堤拓宽示意图

📋 **典型例题**

【模拟题－多选】高路堤拓宽部分地基必须进行特殊处理，不宜单独采用的施工方法有（   ）。

A. 粉喷桩　　B. 浅层换填砂石

C. 砂桩　　D. 浅层加固土处治

E. 塑料排水体

【参考答案】B、D

考点 22：软土地区路基施工 ★★★★

特殊路基是指位于特殊土（岩）地段、不良地质地段，或受水、气候等自然因素影响强烈，需要进行特殊设计的路基。特殊路基包括：滑坡地段路基、崩塌地段路基、岩堆地段路基、泥石流地段路基、岩溶地区路基、软土地区路基、红黏土与高液限土地区路基、膨胀土地区路基、黄土地区路基、盐渍土地区路基、多年冻土地区路基、风沙地区路基、雪害地段路基、涎流冰地段路基、采空区路基、滨海路基、水库地区路基、季节性冰冻地区路基。

（一）软土的工程特性

软土是指天然含水率高、天然孔隙比大、抗剪强度低、压缩性高的细粒土，包括淤泥、淤泥质土、泥炭、泥炭质土等。

（二）软土地基处理施工技术

1. 垫层和浅层处理

垫层类型按材料可分为碎石垫层、砂砾垫层、石屑垫层、矿渣垫层、粉煤灰垫层以及灰土垫层等。

浅层处理可采用浅层置换、浅层改良、抛石挤淤等方法，处理深度不宜大于 3m。

1）砂砾、碎石垫层施工规定

（1）垫层宜分层铺筑、压实。垫层应水平铺筑。当地形有起伏时，应开挖台阶，台阶宽度宜为 0.5～1m。

（2）垫层宽度应宽出路基坡脚 0.5～1m，两侧宜用片石护砌或采用其他方式防护。

2）浅层置换施工规定

置换宜选用强度高的砂砾、碎石土等水稳性和透水性好的材料。施工时，应分层填筑、压实。

3）浅层改良施工规定

（1）对非饱和黏质土的软弱表层，可添加石灰、水泥等进行改良处置。

（2）施工前应先完善排水设施，施工期间不得积水。

（3）石灰、水泥等应与土拌合均匀，严格控制含水率。施工时，应分层填筑、压实。

4）抛石挤淤施工规定

抛石挤淤施工	
材料	宜采用不易风化的片石、块石，石料直径宜不小于 300mm
施工规定	①当软土地层平坦时（横坡缓于 1：10 时），应沿道路中线向前呈等腰三角形渐次向两侧对称抛填至全宽，将淤泥挤向两侧。 ②当软土地层具有明显横向坡度时（横坡陡于 1：10 时），应自高侧向低侧渐次抛填，并在低侧边部多抛投形成不小于 2m 宽的平台。 ③在抛石高出水面后，应采用重型机具碾压密实

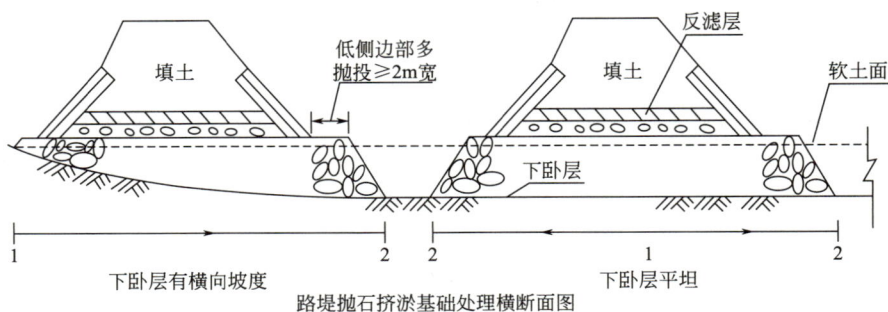

路堤抛石挤淤基础处理横断面图

2. 爆炸挤淤

爆炸挤淤是将炸药放在软土或泥沼中爆炸，利用爆炸时的张力作用，把淤泥或泥沼扬弃，然后回填强度较高的渗水性土壤，如砂砾、碎石等。爆炸挤淤法适用于处理海湾滩涂等淤泥和淤泥质土地基。处理厚度不宜大于15m。

3. 竖向排水体

竖向排水体可采用袋装砂井和塑料排水板。

竖向排水体可按正方形或等边三角形布置。

	袋装砂井	塑料排水板
适用	＞3m	＞3m
机械	沉管式打桩机	沉管式打桩机、插板机施工
材料	①宜采用中粗砂，粒径大于 0.5mm 颗粒的含量宜大于 50%，含泥量应小于 3%，渗透系数应大于 $5×10^{-2}$mm/s。②砂袋的渗透系数应不小于砂的渗透系数	—
流程	整平原地面→摊铺下层砂垫层→机具定位→打入套管→沉入砂袋→拔出套管→机具移位→埋砂袋头→摊铺上层砂垫层（顺直埋入砂垫层厚度≥0.3m）	整平原地面→摊铺下层砂垫层→机具就位→塑料排水板穿靴→插入套管→拔出套管→割断塑料排水板→机具移位→摊铺上层砂垫层（弯折埋入砂垫层厚度≥0.5m）

4. 真空预压、真空堆载联合预压

适用情况	软土性质很差、土源紧缺、工期紧的软土地基的处理
设备设施	宜采用射流真空泵（＞95kPa 真空吸力，每块≥2 台），真空管路（主管和滤管），真空表（每块≥2 个测点）密封膜（密封沟宽度 0.6～0.8m，深度宜为 1.2～1.5m）
施工监测规定	施工监测应符合下列规定：①预压过程中，应进行密封膜下真空度、孔隙水压力、表面沉降、深层沉降及水平位移等预压参数的监测。膜下真空度每隔 4h 测一次，表面沉降每 2d 测一次。②当连续五昼夜实测地面沉降小于 0.5mm/d，地基固结度已达到设计要求的 80% 时，经验收，即可终止抽真空。③停泵卸荷后 24h，应测量地表回弹值

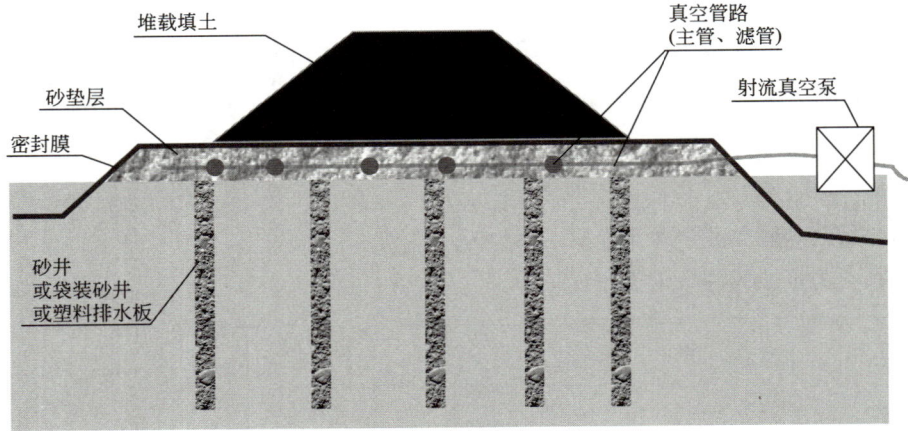

真空堆载预压示意图

5. 粒料桩

分类	适用	机械	技术要求
振冲置换法	十字板抗剪强度≥15kPa	振冲器、吊机或施工专用平车和水泵	整平地面→振冲器就位对中→成孔→清孔→加料振密→关机停水→振冲器移位
振动沉管法	十字板抗剪强度≥20kPa	振动打桩机和钢套管	（1）应选用能顺利出料和有效挤压桩孔内粒料的桩尖形式，软黏土地基宜选用平底形桩尖。 （2）振动沉管法成桩可采用一次拔管成桩法、逐步拔管成桩法和重复压管成桩法三种工艺。 （3）重复压管成桩法的施工工序为： ①清理平整场地→②测量放样→③机具就位→④沉管至设计深度→⑤加料→⑥振动拔管→⑦振动下压管→⑧振动拔管→⑨机具移位。 其中⑤~⑧重复循环至桩顶，直至桩管拔出地面

粒料桩施工质量标准表

项次	检查项目	规定值或允许偏差	检查方法和频率
1	桩距（mm）	±150	抽查桩数的2%且不少于5点
2	桩长（m）	≥设计值	查施工记录
3	桩径（mm）	≥设计值	抽查2%
4	粒料灌入率	≥设计值	查施工记录
5	地基承载力	满足设计要求	抽查桩数的0.1%且不少于3处

6. 加固土桩

	粉喷桩	浆喷桩
适用	处理十字板抗剪强度≥10kPa、有机质含量≤10%的软土地基	
施工规定	施工前应进行成桩工艺和成桩强度试验	
	（1）加固土桩的固化剂宜采用生石灰或水泥。水泥宜采用强度等级不低于32.5级的普通硅酸盐水泥。 （2）加固土桩施工前应进行成桩试验，桩数宜不少于5根，且应满足下列要求： ①应取得满足设计喷入量的各种技术参数，如钻进速度、提升速度、搅拌速度、喷气压力、单位时间喷入量等。 ②应确定能保证胶结料与加固软土拌合均匀性的工艺。 （3）施工中发现喷粉量或喷浆量不足，应整桩复打，复打的量应不小于设计用量。中断施工时，应及时记录深度，并在12h内进行复打，复打重叠长度应大于1m；超过12h，应采取补桩措施	

加固土桩施工质量标准表

项次	检查项目	规定值或允许偏差	检查方法和频率
1	桩距（mm）	±100	尺量：抽查桩数的 2% 且不少于 5 点
2	桩径（mm）	≥设计值	尺量：抽查桩数的 2% 且不少于 5 点
3	桩长（m）	≥设计值	查施工记录
4	单桩每延米喷粉（浆）量（m³）	≥设计值	查施工记录
5	强度（MPa）	≥设计值	取芯法：抽查桩数的 0.5% 且不少于 3 根
6	地基承载力（kN）	满足设计要求	抽查桩数的 0.1% 且不少于 3 处

7. 水泥粉煤灰碎石桩

水泥粉煤灰碎石桩	适用	水泥粉煤灰碎石桩（CFG 桩）适用于处理十字板抗剪强度 ≥ 20kPa 的软土地基（振动沉管灌注法成桩）
	施工规定	群桩施工应合理设计打桩顺序，控制打桩速度，宜采用隔桩跳打的打桩顺序，相邻桩打桩间隔时间应不小于 7d

水泥粉煤灰碎石桩施工质量标准表

项次	检查项目	规定值或允许偏差	检查方法和频率
1	桩距（mm）	±100	尺量：抽查桩数的 2% 且不少于 5 点
2	桩径（mm）	≥设计值	尺量：抽查桩数的 2% 且不少于 5 点
3	桩长（m）	≥设计值	查施工记录
4	强度（MPa）	≥设计值	取芯法：抽查桩数的 0.5% 且不少于 3 根
5	复合地基承载力（kN）	≥设计值	抽查桩数的 0.1% 且不少于 3 处

8. 刚性桩

刚性桩主要包括现浇混凝土大直径管桩与预制管桩。刚性桩适用于处理深厚软土地基上荷载较大、变形要求较严格的高路堤段以及桥头或通道与路堤衔接段。刚性桩可按正方形或等边三角形布置。

1）现浇混凝土大直径管桩施工规定

（1）粗集料宜优先选用卵石。采用碎石时，宜适当增加含砂率。集料最大粒径宜不大于 63mm。混凝土坍落度宜为 80～100mm，在运输和灌注过程中无离析、泌水。

（2）桩尖、桩帽混凝土强度等级宜不低于 C30。

（3）邻近有建筑物或构筑物时，应采取有效的隔振措施。

2）预制管桩施工规定

（1）预制管桩宜采用静压方式施工，也可采用锤击沉桩方式施工。

（2）桩的打设次序宜由路基中心线向两侧打设，由结构物向路堤方向打设。

（3）沉桩过程中应严格控制桩身的垂直度。

（4）每根桩宜一次性连续沉至设计高程，沉桩过程中停歇时间不应过长。

（5）中止沉桩宜采用贯入度控制。

（6）桩帽钢筋笼应插入管桩内，连接混凝土应与桩帽混凝土一起灌注。

9. 强夯和强夯置换

强夯	强夯置换
碎石土、低饱和度的粉土与黏土、杂填土和软土等地基	高饱和度的粉土与软塑、流塑的软黏土地基，处理深度不宜大于 7m
应在地基中设置竖向排水体	级配良好的片石、碎石、矿渣等坚硬粗颗粒材料（＞300mm、≤30%）
每边超出坡脚的宽度不宜小于 3m	坡脚外增加一排置换桩
履带式起重机（大底）	履带式起重机（细长）

	强夯与强夯置换施工规定
试验段	确定最佳夯击能、间歇时间、夯间距、夯击次数、夯击遍数（施工前应选择有代表性并不小于 500m² 的路段）
施工	①施工前应在地表铺设一定厚度的垫层。强夯施工垫层材料宜采用透水性好的砂、砂砾、石屑、碎石土等，强夯置换施工垫层材料宜与桩体材料相同。垫层宜分层摊铺压实。 ②强夯施工结束 30d 后，应通过标准贯入、静力触探等原位测试，测量地基的夯后承载能力是否达到设计要求。 ③强夯置换施工结束 30d 后，宜采用动力触探试验检查置换墩着底情况及承载力，检验数量不少于墩点数的 1%，且不少于 3 点。检查置换墩直径与深度，应满足设计要求

（三）软土地区路堤施工技术要点

1. 软土地区路堤施工应尽早安排，施工计划中应考虑地基所需固结时间。

2. 填筑过程中，应严格控制填筑速率，并应进行动态观测。

3. 施工期间，路堤中心线地面沉降速率24h应不大于 10～15mm，坡脚水平位移速率24h应不大于 5mm。应结合沉降和位移观测结果综合分析地基稳定性。填筑速率应以水平位移控制为主，超过标准应立即停止填筑。

4. 桥台、涵洞、通道以及加固工程应在预压沉降完成后再进行施工。

5. 应按设计要求的预压荷载、预压时间进行预压。堆载预压的填料宜采用上路床填料，并分层填筑压实。

（四）旧路加宽软基处理要求

旧路加宽路段应同步进行拼宽路基和老路基的沉降观测，观测点宜布置在同一断面上。观测点设置宜为老路路中、老路路肩、拼宽部分中部、拼宽部分外侧。

老路路中、老路路肩沉降观测点设置可采用在路表埋设观测点的方法，拼宽部分宜采用埋设沉降板的方法。

📋 典型例题

1.【真题－多选】软土鉴别的指标有（　　　　）。

    A. 天然孔隙比   B. 天然含水率

    C. 压缩系数   D. CBR 值

    E. 快剪内摩擦角

【参考答案】A、B、C、E

2.【真题－多选】处理软土地基的加固土桩有（　　　　）。

    A. 粉喷桩   B. 水泥粉煤灰碎石桩

    C. 二灰碎石桩   D. 钻孔灌注桩

    E. 浆喷桩

【参考答案】A、E

3.【真题－单选】袋装砂井施工工艺流程中，最后一步工艺是（　　　　）。

    A. 埋砂袋头   B. 机具移位

C. 摊铺上层砂垫层   D. 拨出套管

【参考答案】C

考点23：滑坡地段路基施工★★★

（一）滑坡防治的工程措施

在滑坡体未处治之前，严禁在滑坡体抗滑段减载、下滑段加载。滑坡整治不宜在雨期施工。

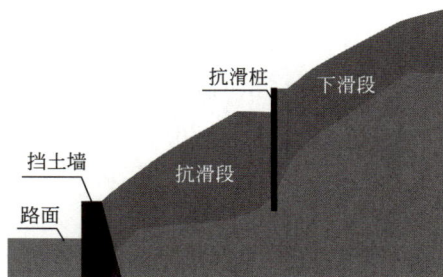

滑坡体示意图

滑坡防治工程措施	滑坡排水	①环形截水沟（滑坡顶面）。 ②树枝状排水沟（滑体坡面）。 ③平整夯实滑坡体表面的土层。 ④排除地下水（支撑渗沟、边坡渗沟、暗沟、平孔）
	力学平衡	①当挖方路基上边坡发生的滑坡不大时，可采用刷方（台阶）减重、打桩或修建挡土墙进行处理。 ②推动式和牵引式滑坡（不采用减重）。 ③填方路堤发生的滑坡，可采用反压土方或修建挡土墙等方法处理
	改变滑带土	焙烧法、电渗排水法和爆破灌浆法等

（二）滑坡地段路基的施工技术要点

1. 削坡减载施工应符合下列规定：

（1）应自上而下逐级开挖，严禁采用爆破法施工。

（2）开挖坡面不得超挖，开挖面上有裂缝时应灌浆封闭或开挖夯填。

（3）支挡及排水工程在边坡上分级实施时，宜开挖一级、实施一级。

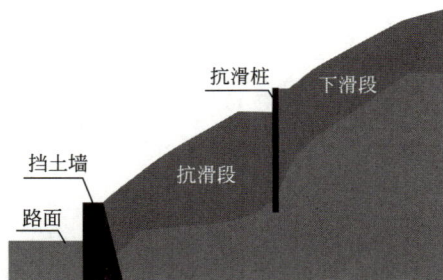

滑坡体示意图

2. 填筑反压施工应符合下列规定：

（1）反压措施应在滑坡体前缘抗滑段实施。

（2）反压填料不得堵塞地下水出口，地下排水设施应在填筑反压前完成。反压填料宜予压实。

3. 抗滑支挡工程施工规定：

（1）应在滑坡体处于相对稳定的状态下施工，滑坡体具有滑动迹象或已经发生滑动时，应采取反压填筑等措施。

（2）抗滑桩与挡土墙共同支挡时，应先施作抗滑桩。挡土墙后有支撑渗沟及其他排水工程时应先施工。

（3）抗滑桩、锚索施工应从两端向滑坡主轴方向逐步推进。

（4）各种支挡结构的基底应置于滑动面以下，并应嵌入稳定地层。

典型例题

【真题－多选】排除滑坡体地下水的设施有（　　）。

A. 支撑渗沟　　　　　　　　　B. 边坡渗沟

C. 树枝状排水沟　　　　　　　D. 平孔

E. 暗沟

【参考答案】A、B、D、E

重点回顾

考点	检测
试验	试验路段长度宜不小于（　　）。下列情况应进行试验路段施工： （1）（　　）公路路堤。 （2）（　　）路堤。 （3）特殊填料路堤。 （4）特殊路基。 （5）拟采用新技术、新工艺、新材料、新设备的路基
原地基处理	压实度控制标准：二级及二级以上公路一般土质应不小于（　　）；三、四级公路应不小于（　　）
石质路堑开挖	严禁采用（　　），靠近边坡部位的硬质岩应采用（　　）或（　　）
爆破方法	（　　）：在开挖界限的周边，适当排列一定间隔的炮孔，在有侧向临空面的情况下，用控制抵抗线和药量的方法进行爆破，使之形成一个光滑平整的边坡。 （　　）：在开挖限界处按适当间隔排列炮孔，在没有侧向临空面和最小抵抗线的情况下，用控制药量的方法，预先炸出一条裂缝，使拟爆体与山体分开，作为隔震减震带，起到保护和减弱开挖限界以外山体或建筑物的地震破坏作用
综合爆破	一般包括小炮和洞室炮两大类。小炮主要包括（　　）、（　　）等钻孔爆破；洞室炮主要包括（　　）和（　　）
路基填料规定	粉质土不宜直接用于填筑（　　）公路的（　　），不得直接用于填筑冰冻地区的（　　）及浸水部分的（　　）
路床施工技术	路床填筑，每层最大压实厚度宜不大于（　　），顶面最后一层压实厚度应不小于（　　）
土方路堤施工	填土路堤施工过程质量控制：施工过程中，每一压实层均应进行（　　）检测，检测频率为每（　　）m²不少于2点
填石路堤施工	填石路堤施工过程质量控制：施工过程中每一压实层，应采用试验路段确定的工艺流程、工艺参数控制，压实质量可采用（　　）指标进行检测。施工过程中，每填高（　　）宜检测路基中线和宽度。路堤填料粒径应不大于500mm，并宜不超过层厚的（　　）。路床底面以下400mm范围内，填料最大粒径不得大于（　　），其中小于5mm的细料含量应（　　）。 填石路堤压实质量采用压实沉降差或（　　）进行检测，孔隙率的检测应采用（　　）进行。 四级施工台阶：路基面以下（　　）为第一级台阶，（　　）～1.5m为第二级台阶，1.5～

考点	检测
填石路堤施工	（　　　）为第三级台阶，（　　　）以上为第四级台阶。 四个作业区段是：填石区段、（　　　）、碾压区段、检验区段。 八道工艺流程是：施工准备、填料装运、（　　　）、摊铺平整、（　　　）、检测签认、（　　　）、（　　　）
土石路堤施工	（　　　）石料填筑土石路堤时，宜进行边坡码砌，码砌与路堤填筑宜同步进行，（　　　）石料土石路堤的边坡按土质路堤边坡处理。 中硬及硬质岩石的土石路堤填筑施工过程中每一压实层，应采用试验路段确定的工艺流程、工艺参数，压实质量可采用（　　　）指标进行检测。软质石料的土石路堤填筑质量标准应符合规定。施工过程中，每填筑（　　　）高宜检测路线中线和宽度。 天然土石混合填料中，中硬、硬质石料的最大粒径不得大于压实层厚的（　　　）；石料为强风化石料或软质石料时，石料最大粒径不得大于（　　　）
软土地基处理	浅层处理可采用（　　　）、（　　　）、（　　　）等方法，处理深度不宜大于（　　　）。 竖向排水体适用于深度大于（　　　）的软土地基处理。 袋装砂井施工工艺程序：整平原地面→摊铺下层砂垫层→机具定位→（　　　）→（　　　）→（　　　）→机具移位→（　　　）→摊铺上层砂垫层。 塑料排水板施工工艺程序：整平原地面→摊铺下层砂垫层→机具就位→（　　　）→插入套管→（　　　）→（　　　）→机具移位→摊铺上层砂垫层。 砂袋在孔口外的长度应不小于（　　　），并顺直伸入砂砾垫层。 塑料排水板不得搭接，预留长度应不小于（　　　），并及时（　　　）埋设于砂垫层中。 真空预压施工监测应符合下列规定：当连续五昼夜实测地面沉降小于（　　　），地基固结度已达到设计要求的（　　　）时，即可终止抽真空。 粒料桩可采用（　　　）或（　　　）成桩。 粒料桩施工前应进行（　　　）和（　　　）试验。 加固土桩施工前应进行（　　　）和（　　　）试验。 加固土桩施工中发现喷粉量或喷浆量不足，应（　　　），复打的量应不小于（　　　）。中断施工时，应及时记录深度，并在（　　　）h内进行复打，复打重叠长度应大于（　　　）m；超过（　　　）h，应采取补桩措施。 CFG桩宜采用（　　　）法成桩。施工设备宜采用（　　　）打桩机。施工前应进行（　　　）和（　　　）试验。 CFG桩群桩宜采用（　　　）的打桩顺序，相邻桩打桩间隔时间应不小于（　　　）。 （　　　）适用于处理深厚软土地基上荷载较大、变形要求较严格的高路堤段、桥头或通道与路堤衔接段。 强夯处理范围应超出路堤坡脚，每边超出坡脚的宽度不宜小于（　　　）。强夯置换处理范围应为（　　　）。 强夯置换桩顶应铺设一层厚度不小于（　　　）的粒料垫层，垫层材料可与桩体材料相同，粒径不宜大于（　　　）mm。 强夯置换材料应采用级配好的（　　　）、（　　　）、（　　　）等坚硬的粗颗粒材料。 施工前应选择有代表性并不小于（　　　）m² 的路段进行试夯，确定（　　　）、（　　　）、（　　　）、夯击次数、夯击遍数等参数。 施工期间，路堤中心线地面沉降速率（　　　）h应不大于（　　　）mm，坡脚水平位移速率（　　　）h应不大于（　　　）mm。应结合沉降和位移观测结果综合分析地基稳定性。填筑速率应以（　　　）位移控制为主，超过标准应立即停止填筑。 环形截水沟应设置在滑坡可能发生的边界以外不少于（　　　）的地方。 滑坡排除地下水的方法有（　　　）、（　　　）、（　　　）、（　　　）等

📑 小试牛刀

一、单选题

1. 下列路基工程不做试验段的是（　　）。

    A. 二级公路土方路堤　　　　　　　　B. 二级公路土石路堤

    C. 三级公路土方路堤　　　　　　　　D. 三级公路填石路堤

2. 钢钎炮通常指炮眼（　　）的爆破方法。

    A. 直径小于 70mm、深度大于 5m

    B. 直径小于 70mm、深度小于 5m

    C. 直径大于 70mm、深度大于 5m

    D. 直径大于 70mm、深度小于 5m

3. 下列关于填石路基施工技术，说法错误的是（　　）。

    A. 岩性相差较大的填料应分层或分段填筑

    B. 压实机械宜选用自重不小于 18t 的振动压路机

    C. 中硬、软质石料填筑路堤时，应进行边坡码砌

    D. 填石路堤顶面与细粒土填土层之间应填筑过渡层或铺设无纺土工布隔离层

4. 下列关于路基雨期施工，说法错误的是（　　）。

    A. 重黏土、膨胀土及盐渍土地段不宜在雨期施工

    B. 路堤应分层填筑，路堤填筑的每一层表面应设 2%～4% 的排水横坡

    C. 雨期路基施工地段一般应选择丘陵和山岭地区的砂类土、碎砾石

    D. 挖方边坡应一次挖到设计坡面

5. 塑料排水板施工工艺流程中，"机具就位"的紧后工序是（　　）。

    A. 插入套管　　　　　　　　　　　　B. 插入排水板

    C. 排水板穿靴　　　　　　　　　　　D. 摊铺上层砂垫层

6. 不宜采用强夯法施工的是（　　）。

    A. 高饱和度的粉土　　　　　　　　　B. 碎石土

    C. 杂填土　　　　　　　　　　　　　D. 软土

二、案例题

案例（一）

背景资料：

某二级公路工程施工合同段，包含两段路基（K6+000～K6+460、K6+920～K8+325）和一座隧道（K6+460～K6+920），两段路基中既有挖方也有填方。隧道上覆土厚约 20m，围岩级别为Ⅳ、Ⅴ级，其中，Ⅳ级围岩主要由较坚硬岩组成，Ⅴ级围岩主要由第四系稍湿碎石土组成，该隧道为大断面隧道。

施工单位采用挖掘机开挖路基挖方段土方，开挖时采用横挖法自上而下分台阶进行，直接挖至设计边坡线，并避免欠挖。开挖时每层台阶高度控制在 3～4m 以内，并在台阶面设置 2% 纵横坡以避免雨季积水。

根据施工组织设计要求，部分路基填筑利用隧道洞渣作为路基填料，一般路段采用分层填筑方法施工，土石方分层填筑施工工艺流程如下图所示。

隧道出口端路堤，由于地势低洼，土石料填筑（其中粒径大于 40mm 的石料占 55%）采用倾填方法施工。

```
┌──────────────┐
│   施工准备    │
└──────┬───────┘
       ↓
┌──────────────┐
│  填筑前基底处理 │
└──────┬───────┘
       ↓
┌──────────────┐
│      A       │
└──────┬───────┘
       ↓
┌─────────┐  ┌──────────────┐  ┌────────────────┐
│填料选定与检测│→│  填料分层填筑  │←│测量下层填土中线及边线│
└─────────┘  └──────┬───────┘  └────────────────┘
                    ↓
            ┌──────────────┐  ┌──────────────┐
            │      B       │←│  检查摊铺厚度  │
            └──────┬───────┘  └──────────────┘
                   ↑          ┌──────────────┐
                   │←─────────│  洒水或晾晒   │
            ┌──────────────┐  └──────────────┘
            │     碾压      │
            └──────┬───────┘
                   ↓
            ┌──────────────┐
            │     检测      │
            └──────┬───────┘
                   ↓
            ┌──────────────┐
            │做好记录，检查签证│
            └──────┬───────┘
                   ↓
            ┌──────────────┐
            │  路基整修成型  │
            └──────────────┘
```

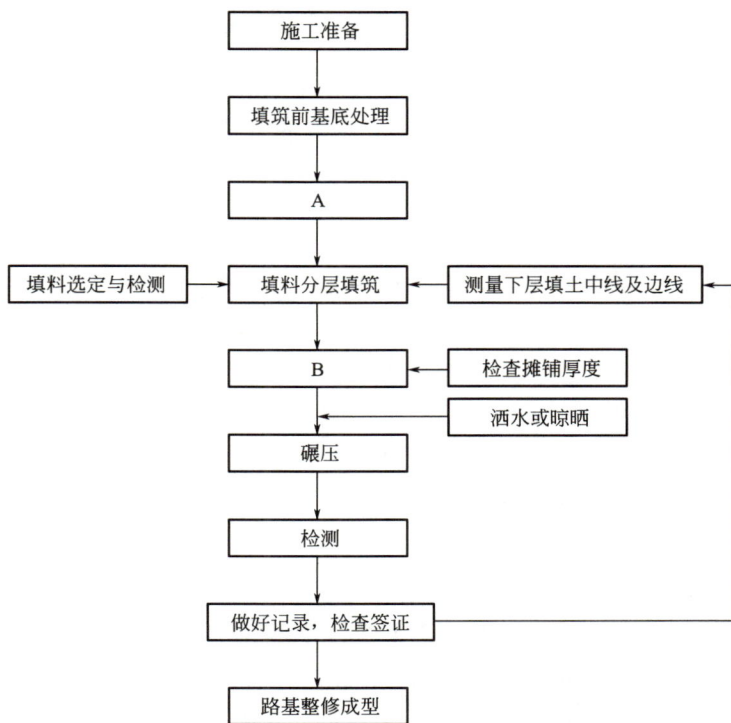

土石方分层填筑施工工艺流程图

问题：

1. 指出路基土方开挖的错误做法，并说明理由。

2. 写出图中 A 和 B 的名称。

3. 指出隧道出口端路堤填筑中的错误做法并改正。

4. 路基填筑前，"摊铺厚度"指标应通过什么方法确定？图中，"洒水或晾晒"的目的是什么？

案例（二）

背景资料：

某二级公路，全长 9.32km，全路段的石方爆破主要集中在 K2+300 ～ K2+420、K3+240 ～ K3+480、K6+450 ～ K6+490、K8+590 ～ K8+810，爆破路段附近无重要建筑物，施工单位编制了"公路路堑石方爆破工程专项施工方案"，专项施工方案编制的主要内容包括工程概况、编制依据、施工计划、施工工艺技术、劳动力计划等。

施工单位编制的爆破施工流程为：施爆区现场勘测→爆破计划及设计审批→配备专业施爆人员→施爆区施工放样→用机械清除施爆区强风化岩石→ A →爆破器材检查与试验炮→炮孔检查与废渣清除→装药并安装引爆器材→布置安全岗和施爆区安全员→炮孔堵塞→撤离施爆区内人员→起爆→ B →解除警戒→测定爆破效果（包括飞石、震动波对施爆区内、外构造物造成的破坏和损失）。

施工单位编制的爆破施工方案为：根据爆破工程量要求，综合考虑爆破区地形、地质、环境条件、设备和技术条件等，石方爆破自上而下分台阶逐层进行，采用电力起爆，爆破高度小于 5m 时，用浅眼爆破法分层爆破，分层高度 2 ～ 3m；爆破高度 5 ～ 10m 时，用深孔爆破法一次爆破到设计标高；爆破高度超过 10m 时，分台阶进行深孔爆破，工作台阶分层高度定为 5 ～ 10m，永久边坡采用光面爆破的方法进行处理。

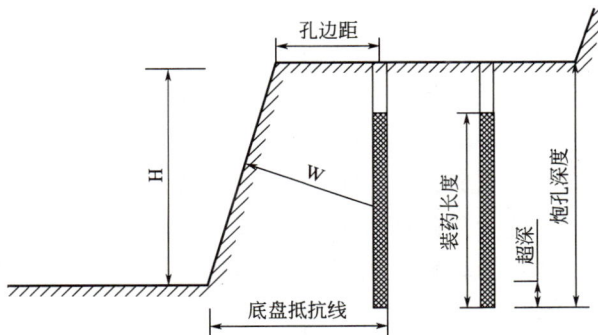

台阶爆破参数示意图

施工单位根据施工爆破方案、工程量、施工进度计划、施工质量要求、现有机械技术状况等配置了机械设备，石方爆破主要机械设备见下表：

序号	名称	型号	单位	数量
1	潜孔钻机	KQD100	台	4
2	浅孔凿岩机	7655	台	3
3	C	EP200	台	1
4		VY-12/7	台	1
5		DY-9/7	台	1
6		V-6/8	台	1

在施工爆破现场，工班长要求操作人员严禁穿化纤衣服，手机必须处于静音状态，堵塞材料应采用钻孔的石渣、黏土、岩粉等，堵塞长度严格按照爆破设计进行，不得自行增加药量或改变堵塞长度，如需调整，应征得现场技术人员和监理工程师的同意并做好变更记录。

问题：

1. 补充专项施工方案编制的主要内容。

2. 写出爆破施工流程中工序 A、B 以及石方爆破主要机械设备中机械设备 C 的名称。

3. 爆破施工方案中采用的光面爆破是否合理？说明理由。

4. 写出台阶爆破参数示意图中爆破参数 H 和 W 的名称。

5. 指出工班长对操作人员所提要求中的错误并改正。

案例（三）

背景资料：

某施工单位承建新建二级公路路基工程，设计起终点桩号为 K1+740 ～ K45+289.9。根据项目所在地历年气象资料，本工程以每年第一次连续 3 天出现室外日平均温度低于 +5℃时或日最低气温在 -3℃ 以下的第一天起，为冬期施工，冬期施工时段中现场施工应按冬期施工的有关规范和要求执行。

施工单位在编制的施工组织设计中做了如下的安排：

1. 材料试验

在路堤填筑前，填方材料每 5000m³ 或在土质变化时进行一系列试验以获得如下数据：土的液限、颗粒大小分析、有机质含量、相对密度、易溶盐含量、冻胀和膨胀量等，并将结果报送监理工程师审批。

2. 填石路基

填石路基主要施工工艺有填料装运、施工准备、分层填筑、路基成型、摊铺平整、路基整修、检验签认、振动碾压。各区段流程单独作业，不许交叉作业。

3. 季节性施工

（1）填筑路堤，应按横断面全宽平填，每层松铺厚度应比正常施工增加 20% ～ 30%，且松铺厚度不得超过 300mm。

（2）当填筑标高距路床底面 1m 时，碾压密实后应停止填筑，在顶面覆盖防冻保温层，待冬期过后整理复压，再分层填至设计标高。

（3）冬期过后必须对填方路堤进行补充压实，压实度应达到规范相关要求。

（4）路基挖至路床顶面以上 30 ～ 50cm 时，完成临时排水沟后，应停止开挖，待冬期过后再施工。

（5）河滩地段可利用冬期水位低的特点，开挖基坑修建防护工程，但应采取措施保证工程质量。

问题：

1. 填方材料还应进行哪些取样试验？

2. 写出填石路基正确的施工顺序。（用文字加"→"表示）

3. 逐条判断季节性施工的技术要点是否正确？若不正确，请改正。

案例（四）

背景资料：

某施工单位承建了一段二级公路路基工程，其中K3+220～K3+650为高填方路堤。路基填方高度最高为21.2m，地面以下有约6m的软土层。施工单位采用强夯处理地基，采用水平分层填筑路堤。高填方路堤横断面示意图如下图所示。

高填方路堤横断面示意图

注：本图单位以cm计，路基两侧超宽填筑50cm。

施工过程中发生如下事件：

事件一：施工单位在已碾压整平的场地内做好了周边排水沟，布设了竖向排水体，并在强夯区地表铺设了垫层。在施工场地内选择一块有代表性的地段作为试夯区，面积200m²。试夯结束后在规定时间段内，对试夯现场进行检测，并与试夯前测试数据进行对比，以检验设备及夯击能是否满足要求，确定间歇时间、夯间距、夯击次数等施工参数，确定强夯处理的施工工艺。强夯处理范围为坡脚边缘。

事件二：施工单位确定的强夯施工工序主要包括：①夯点布设；②施工准备；③场地平整；④试夯；⑤主夯；⑥检查验收；⑦副夯；⑧满夯。

事件三：施工期间，施工单位对高填方路堤进行了动态观察，即沉降观测，用路堤中心线地面沉降速率每昼夜不大于10～15mm控制路堤稳定性。

问题：

1. 分别写出图中标注H以及A所对应的术语名称。强夯区铺设的垫层材料采用哪种类型？试列举两种具体材料。

2. 指出事件一中存在的错误并改正。补充通过试夯还可以确定的施工参数。

3. 写出事件二中强夯施工的正确工序。（写出数字编号即可）

4. 补充事件三中，施工单位对软土地区路堤施工还必须进行的动态观测项目及控制标准。

参考答案

一、单选题

1	2	3	4	5	6
C	B	C	D	C	A

二、案例题

案例（一）

1. （1）错误一：采用横挖法进行开挖。

理由：开挖长度大时应采用纵向挖掘法。

（2）错误二：直接挖至设计边坡线。

理由：机械开挖应当预留30cm。

2. A是基底检测；B是推土机摊铺整平（或摊平，或整平）。

3. "隧道出口端路堤，由于地势低洼，土石料填筑（其中粒径大于40mm的石料占55%）采用倾填方法施工"错误。改为"隧道出口端路堤，由于地势低洼，土石料填筑（其中粒径大于40mm的石料占55%）采用分层填筑、分层压实"。

4. "摊铺厚度"应通过试验（或铺筑试验路段）方法确定；"洒水或晾晒"的目的是使填料含水量接近最佳含水量，以达到最佳压实效果。

案例（二）

1. 还有施工安全保证措施、计算书及图纸。

2. A为钻孔，B为清除盲炮，C为空气压缩机。

3. 合理，因为光面爆破采用控制抵抗线和药量的方法进行爆破，使之形成光滑平整的边坡，可减小永久性边坡修整的工作量。

4. H为台阶高度，W为最小抵抗线。

5. 错误：

（1）手机必须处于静音状态。

（2）堵塞材料应采用钻孔的石渣、黏土、岩粉等。

（3）征得现场技术人员和监理工程师的同意并做好变更记录。

改正：

（1）手机关机。

（2）堵塞材料应采用黏土。

（3）应征得设计人员的同意并出具变更通知单。

案例（三）

1. 还应确定的试验有：天然含水率、塑限、标准击实试验、CBR值等。

2. 施工顺序：施工准备→填料装运→分层填筑→摊铺平整→振动碾压→检验签认→路基成型→路基整修。

3. （1）错误，改正：填筑路堤，应按横断面全宽平填，每层松铺厚度应比正常施工减少20%～30%，且松铺厚度不得超过300mm。

（2）正确。

（3）正确。

（4）错误，改正：路基挖至路床顶面以上1m时，完成临时排水沟后，应停止开挖，待冬期过后再施工。

（5）正确。

案例（四）

1. （1）H为边坡高度；A为边坡平台宽度。

（2）宜采用级配良好的坚硬透水性材料，比如砂、砂砾、石屑、碎石土等。

2. （1）① 强夯处理范围为坡脚边缘不对。

正确做法：强夯处理范围应超出路堤坡脚。每边超出坡脚的宽度不宜小于 3m。

② 试夯面积为 200m² 不对。

正确做法：试夯区场地面积不应小于 500m²。

（2）试夯还可以确定的施工参数有：最佳夯击能、夯击遍数等。

3. 强夯施工的正确工序：②③①④⑤⑦⑧⑥。

4. 动态观测项目：水平位移观测。

控制标准：坡脚水平位移速率 24h 应不大于 5mm。

考点 24：路基边坡坡面防护★

边坡坡面防护是指在坡面上所做的各种铺砌和栽植的总称，可分为植物防护与圬工防护。

分类	包括
植物防护	种草、铺草皮、客土喷播、植生袋、三维植物网、植树等
骨架植物防护	浆砌片石（或混凝土）骨架植草、水泥混凝土空心块护坡、锚杆混凝土框架植草
圬工防护	喷浆、喷射混凝土、干砌片石护坡、浆砌片（卵）石护坡、浆砌片石护面墙、锚杆钢丝网喷浆或喷射混凝土护坡、封面、捶面

考点 25：路基支挡构筑物★

用以防止路基变形或支挡路基本体或山体的位移，以保证其稳定性。常用的类型有挡土墙、边坡锚固、土钉支护、抗滑桩等。

挡土墙有重力式挡土墙、半重力式挡土墙、石笼式挡土墙、悬臂式挡土墙、护壁式挡土墙、锚杆挡土墙、锚定板挡土墙、加筋土挡土墙、桩板式挡土墙等。

典型例题

【模拟题－多选】路基工程中常用的支挡构筑物有（　　　）。

　　A. 喷射混凝土　　　　　　　　　　B. 挡土墙

　　C. 土钉支护　　　　　　　　　　　D. 种草

　　E. 边坡锚固

【参考答案】B、C、E

考点 26：常用防护工程施工技术要点 ★

1. 坡面喷射混凝土防护施工应符合下列规定：

（1）混凝土强度应满足设计要求。

（2）作业前应进行试喷，选择合适的水胶比和喷射压力。

（3）混凝土喷射每层应自下而上进行。当混凝土厚度大于 100mm 时，宜分两次喷射。在第二次喷射混凝土作业前，应清除结合面上的浮浆和松散碎屑。

（4）面层表面应抹平，压实修整。

（5）喷射混凝土面层应在长度方向上每 30m 设伸缩缝，缝宽 10 ～ 20mm。

（6）喷射混凝土初凝后，应立即开始养护。养护期宜不少于 7d。

（7）喷射混凝土表面质量应密实、平整、无裂缝、脱落、漏喷、漏筋、空鼓和渗漏等。

2. 浆砌片石护面墙施工应符合下列规定：

（1）修筑护面墙前，应清除边坡风化层至新鲜岩面。对风化迅速的岩层，清挖到新鲜岩面后应立即修筑护面墙。

（2）基础施工前应核实地基承载能力和埋深。地基承载能力不足时，应采取加固措施。冰冻地区应埋置在冰冻深度以下至少 250mm。

（3）护面墙背面应与路基坡面密贴，边坡局部凹陷处应挖成台阶后用与墙身相同的圬工砌补，不得回填土石或干砌片石。坡顶护面墙与坡面之间应按设计要求做好防渗处理。

（4）应按设计要求做好伸缩缝。当护面墙基础修筑在不同岩层上时，应在变化处设置沉降缝。

（5）泄水孔的位置和反滤层的设置应满足设计要求。

（6）护面墙防滑坎应与墙身同步施工。

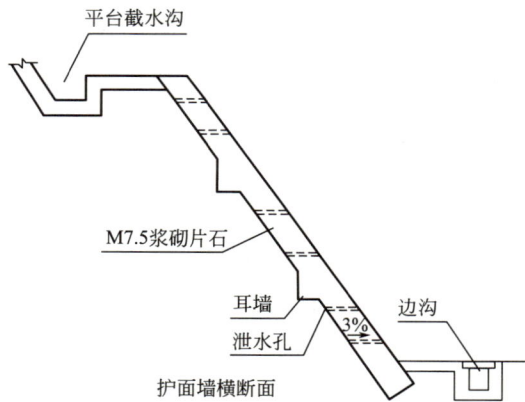

护面墙横断面

典型例题

【模拟题－单选】下列关于浆砌片石护面墙施工规定，说法错误的是（ ）。

A. 修筑护面墙前，应清除边坡风化层至新鲜岩面

B. 边坡局部凹陷处应挖成台阶后用与墙身相同的圬工砌补

C. 当护面墙基础修筑在不同岩层上时，应在变化处设置伸缩缝

D. 护面墙防滑坎应与墙身同步施工

【参考答案】C

考点 27：支挡构筑物施工技术 ★★★

（一）重力式挡土墙工程施工技术

种类	构造	特点	适用情况	分类
重力式挡土墙	见下图	①自重抵抗土压力。 ②优点：形式简单、施工方便，可就地取材、适应性强，应用广泛。 ③缺点是墙身截面大，圬工数量也大，在软弱地基上修建往往受到承载力的限制，墙高不宜过高	①路堤。 ②路堑	所处位置分为：①路堑挡土墙。②路堤挡土墙。③路肩挡土墙。 按墙背形式分：①仰斜。②俯斜。③垂直。④凸形折线（凸折式）。⑤衡重式

挡土墙施工规定：

（1）基坑开挖：

① 基坑开挖宜分段跳槽进行，分段位置宜结合伸缩缝、沉降缝等设置确定。

② 设计挡土墙基底为倾斜面时，应严格控制基底高程，不得超挖填补。

③ 土质或易风化软质岩石雨季开挖基坑时，应在基坑挖好后及时封闭坑底。

（2）基础施工：

① 施工前应检查基础底面，清除基底表面风化、松软的土石和杂物。

② 硬质岩石上的浆砌片石基础宜满坑砌筑。浆砌片石底面应卧浆铺砌，立缝要填浆补实，不得有空隙和立缝贯通现象。

③ 基础应在基础砂浆强度达到设计强度的 75% 后及时分层回填夯实。回填应在表面留 3% 的向外斜坡。

（3）挡土墙混凝土或砂浆强度达到设计强度的 75% 时，应及时进行墙背回填。距墙背 0.5～1.0m 内，不得使用重型振动压路机碾压。

（4）墙背填料：

① 宜采用砂性土、卵石土、砾石土或块石土等透水性好、抗剪强度高的材料。

② 采用黏质土作为填料时，应在墙背设置厚度不小于 300m 的砂砾或其他透水性材料排水层。排水层顶部应采用黏质土层封闭，土层厚度宜不小于 500mm。

③ 填料中不得含有机物、冰块、草皮、树根及生活垃圾。不得使用腐殖土、盐渍土、淤泥、白垩土、硅藻土、生活垃圾及有机物等作为墙背填料。

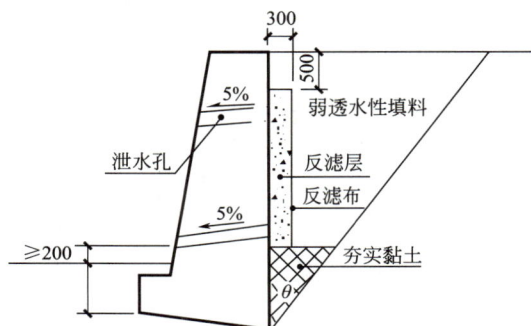

重力式挡土墙构造

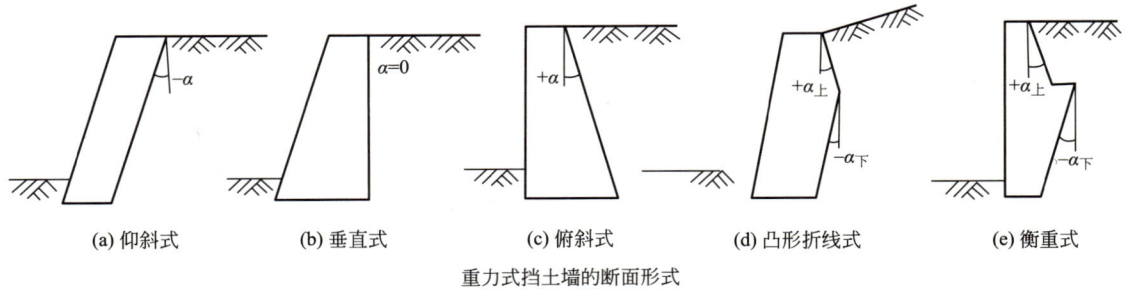

(a) 仰斜式　　(b) 垂直式　　(c) 俯斜式　　(d) 凸形折线式　　(e) 衡重式

重力式挡土墙的断面形式

（二）加筋土挡土墙工程施工技术

种类	构造	特点	适用情况	分类	施工流程
加筋土挡土墙	见下图	①加筋土挡土墙由填料、在填料中布置的拉筋及墙面板三部分组成。②柔性结构物，能够适应地基轻微的变形。③墙面板安设应根据高度和填料情况设置适当的仰斜，斜度宜为1：0.05～1：0.02。安设好的面板不得外倾	①填方路段。②不宜挖方路段或地形陡峭的山坡	—	基槽（坑）开挖→地基处理、排水设施→基础浇（砌）筑→构件预制与安装→筋带铺设→填料填筑与压实→墙顶封闭（现场墙面板拼装、筋带铺设、填料填筑与压实等工序是交叉进行的）

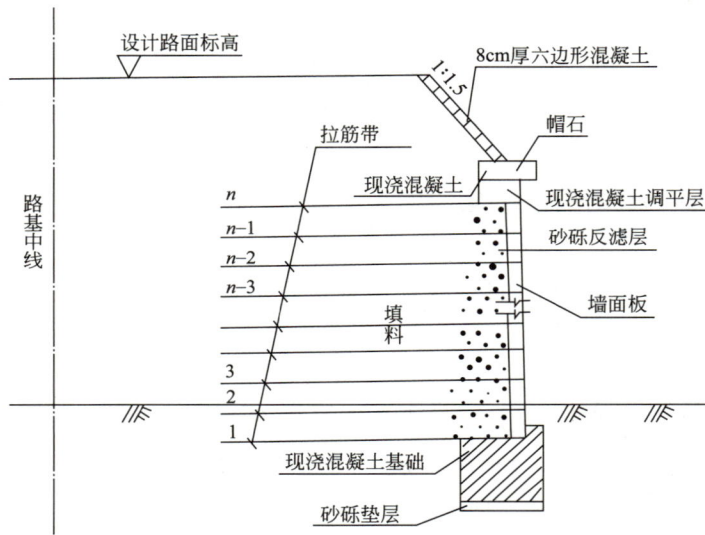

加筋土挡土墙横断面示意图

加筋土挡土墙施工要求：

（1）墙背拉筋锚固段填料宜采用具有一定级配、透水性好的砂类土或碎砾石土，土中的粗颗粒不应含有在压实过程中可能破坏拉筋的带尖锐棱角的颗粒。

（2）拉筋应按设计位置水平铺设在已经整平压实的土层上，单根拉筋应垂直于面板，多根拉筋应按设计扇形铺设。聚丙烯土工带拉筋安装应平顺，不得打折、扭曲，不得与硬质、棱角填料直接接触。

（3）填料摊铺、碾压应从拉筋中部开始平行于墙面进行，不得平行于拉筋方向碾压。应先向拉筋尾部逐步摊铺、压实，然后再向墙面方向进行。

（4）路基施工分层厚度及每层碾压遍数，应根据拉筋间距、碾压机具和密实度要求通过试验确定，不得使用羊足碾碾压。靠近墙面板1m范围内，应使用小型机具夯实或人工夯实，不得使用重型压实机械压实。

（三）锚杆挡土墙工程施工技术

种类	构造	特点	适用情况	分类	施工流程
锚杆挡土墙	见下图	（1）优点： ①结构重量轻，节约大量的圬工和节省工程投资。 ②利于挡土墙的机械化、装配化施工，提高劳动生产率。 ③少量开挖基坑，克服不良地基开挖的困难，并利于施工安全。 （2）缺点： ①锚杆挡土墙缺点是施工工艺要求较高，要有钻孔、灌浆等配套的专用机械设备。 ②要耗用一定的钢材	①一般岩质路堑。 ②陡坡路堤	按结构分： ①柱板式（挡土板、肋柱和锚杆）。 ②壁板式[墙面板（壁面板）和锚杆]	基坑开挖→基础浇（砌）筑→锚杆制作→钻孔→锚杆安放与注浆锚固→肋柱和挡土板预制→肋柱安装→挡土板安装→墙后填料填筑与压实等

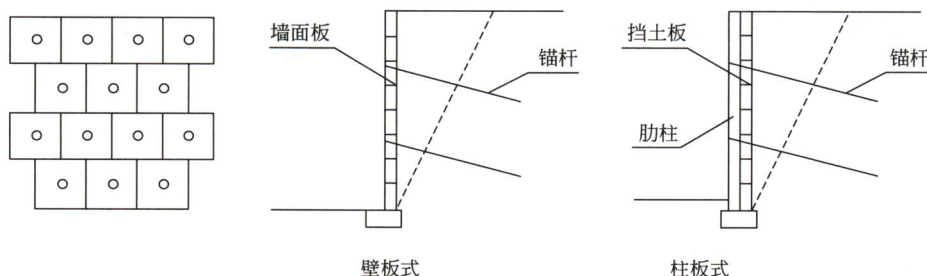

壁板式　　　　　　　　　柱板式

（四）抗滑桩

种类	施工技术要求
抗滑桩	①抗滑桩施工前，应采取卸载、反压、排水等措施使滑坡体保持基本稳定，严禁在滑坡急剧变形阶段进行抗滑桩施工。 ②雨期施工时，应在孔口搭设雨篷，做好锁口，孔口地面上应加筑适当高度的围埝
	（1）开挖及支护应符合下列规定： ①相邻桩不得同时开挖。开挖桩群应从两端沿滑坡主轴间隔开挖，桩身强度达到设计强度的75%后方可开挖邻桩。 ②开挖应分节进行。分节不宜过长，每节宜为0.5～1.0m。不得在土石层变化处和滑动面处分节。 ③应开挖一节、支护一节。灌注前应清除孔壁上的松动石块、浮土。围岩松软、破碎、有水时，护壁宜设泄水孔。 ④开挖应在上一节护壁混凝土终凝后进行，护壁混凝土模板支撑应在混凝土强度达到能保持护壁结构不变形后方可拆除。 （2）施工过程中应对地下水位、滑坡体位移和变形进行监测

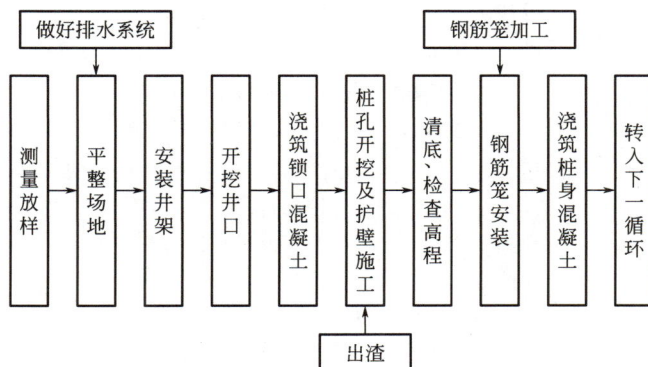

混凝土护壁形式及结构示意图　　　　　　　　　抗滑桩施工工艺流程图

🔖 **典型例题**

1.【真题－单选】岩石挖方路段不宜选用的挡土墙是（　　　）。

A. 重力式挡土墙　　　　　　　　　　B. 加筋挡土墙

C. 锚杆挡土墙　　　　　　　　　　　D. 锚定板式挡土墙

【参考答案】B

2.【真题－单选】关于加筋土挡土墙施工要求的说法，错误的是（　　　）。

A. 安装直立式墙面板应按不同填料和拉筋预设仰斜坡

B. 拉筋应呈水平铺设

C. 严禁平行于拉筋方向碾压

D. 墙后填土宜采用羊足碾碾压

【参考答案】D

3.【真题－多选】抗滑桩桩孔施工中，应监测（　　　）。

A. 地下水位　　　　　　　　　　　　B. 地表水流量

C. 桩身变形　　　　　　　　　　　　D. 土石比例

E. 滑坡体位移和变形

【参考答案】A、E

4.【真题－多选】柱板式锚杆挡土墙的组成包括（　　　）。

A. 挡土板　　　　　　　　　　　　　B. 肋柱

C. 锚杆　　　　　　　　　　　　　　D. 壁面板

E. 沉降缝

【参考答案】A、B、C

📖 **重点回顾**

考点	检测
坡面喷射混凝土防护施工	混凝土喷射每层应（　　　）进行。当混凝土厚度大于（　　　）时，宜分两次喷射。 喷射混凝土面层应在长度方向上每30m设（　　　），缝宽10～20mm
加筋挡土墙	工序：基槽（坑）开挖、地基处理、排水设施、基础浇（砌）筑、（　　　）、（　　　）、（　　　）、墙顶封闭等，其中现场（　　　）、（　　　）、（　　　）等工序是交叉进行的。 填料摊铺、碾压应从拉筋（　　　）开始（　　　）于墙面进行，不得平行于拉筋方向碾压。应先向拉筋（　　　）逐步摊铺、压实，然后再向（　　　）方向进行。 路基施工分层厚度及每层碾压遍数，应根据拉筋间距、碾压机具和密实度要求，通过试验确定，不得使用（　　　）碾压。靠近墙面板（　　　）m范围内，应使用小型机具夯实或人工夯实，不得使用重型压实机械压实。严禁车辆在未经压实的填料上行驶
锚杆挡土墙	工序主要有基坑开挖、基础浇（砌）筑、（　　　）、钻孔、（　　　）、肋柱和挡土板预制、（　　　）、（　　　）、墙后填料填筑与压实等
抗滑桩	相邻桩（　　　）同时开挖。开挖桩群应从两端沿（　　　）开挖，桩身强度达到设计强度的（　　　）后方可开挖邻桩。 开挖应分节进行。分节不宜过长，每节宜为（　　　）。不得在土石层变化处和滑动面处分节。 开挖应在上一节护壁混凝土（　　　）后进行，护壁混凝土模板支撑应在混凝土强度达到能保持护壁结构不变形后方可拆除。 柱板式抗滑桩挡土板应在桩身混凝土达到（　　　）后安装。 柱板式抗滑桩施工过程中应对（　　　）、（　　　）进行监测

📝 小试牛刀

一、单选题

1. 关于坡面喷射混凝土防护施工，说法不正确的是（　　）。

　　A. 混凝土强度应满足设计要求

　　B. 作业前应进行试喷，选择合适的水胶比和喷射压力

　　C. 混凝土喷射每层应自上而下进行

　　D. 喷射混凝土初凝后，应立即开始养护

2. 柱板式锚杆挡土墙后的土压力传递顺序，正确的是（　　）。

　　A. 墙后的土压力—锚杆—挡土板　　　　B. 墙后的土压力—挡土板—锚杆

　　C. 墙后的土压力—挡土板—肋柱—锚杆　　D. 墙后的土压力—肋柱—挡土板—锚杆

二、多选题

1. 加筋挡土墙施工中，交叉进行的工序有（　　）。

　　A. 地基处理　　　　　　　　　　　　B. 筋带布设

　　C. 填料填筑　　　　　　　　　　　　D. 填料压实

　　E. 墙面板拼装

2. 下列关于抗滑桩施工技术要点，符合规定的有（　　）。

　　A. 相邻桩不得同时开挖

　　B. 桩身强度达到设计强度的 80% 后方可开挖邻桩

　　C. 分节不宜过长，每节宜为 0.5 ~ 1.0m

　　D. 开挖应在上一节护壁混凝土初凝后进行

　　E. 开挖桩群应从两端沿滑坡主轴间隔开挖

三、案例题

案例（一）

背景资料：

某施工单位承包了南方某二级公路 D 合同段路基施工，其中 K8+200 ~ K8+320 为沿河路基，设计为浆砌块石路肩挡土墙（见图1），挡土墙最大高度为 11.2m，设计高程 211.33m，设计洪水位 202.10m，常水位 198.90m。施工单位选择在枯水季节施工，挡土墙施工前全面做好排水系统，施工工艺见图2。

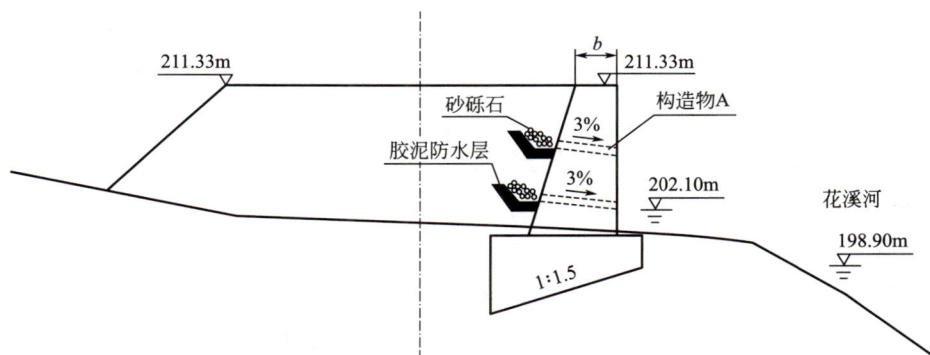

图1　K8+260断面

$$墙身养护$$

施工准备 → 步骤2 → 基坑开挖及基础砌筑 → 墙身砌筑 → 混凝土压顶 → 勾缝

墙背回填

图2 施工工艺

在基坑挖到设计高程后，经检验基底承载力等各项指标满足要求，开始进行基础砌筑。基础施工完后，立即进行基坑回填。基础坞工强度达到要求后，进行墙身砌筑。

挡土墙砌筑与路基回填交替施工，对挡土墙按高度分阶段验收。墙背填料采用粉土，做到逐层填筑，逐层压实。

问题：

1. 按照施工技术管理制度要求，施工单位在基坑回填前必须履行哪道程序？

2. 墙背填料采用粉土是否合适？说明理由。

3. 写出步骤2所对应的施工工艺名称以及墙身中的构造物A的名称。

案例（二）

背景资料：

某施工单位承接了一段路基工程施工，其中K8+780～K8+810为C20片石混凝土重力式挡土墙，墙高最高为12m，设计要求地基容许承载力不小于0.5MPa。片石混凝土挡土墙立面示意图如下图所示。挡土墙施工流程为：施工准备→测量放线→基槽开挖→验基→地基承载力检测→测量放线→搭脚手架→立模加固→浇筑混凝土并人工摆放片石→拆除模板→养护。

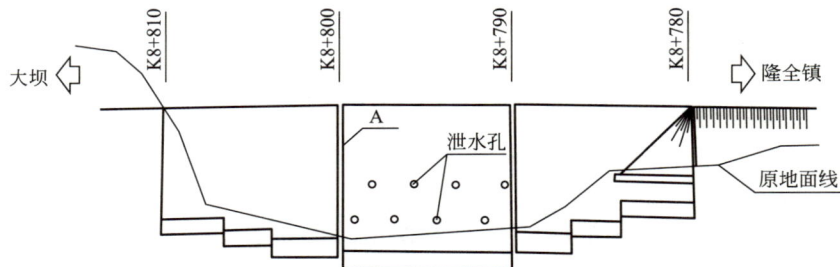

片石混凝土挡土墙立面示意图

施工中，采用挖掘机开挖基槽，分段开挖长度根据现场地质情况确定。机械开挖至基底设计标高以上0.3m时，重新进行测量放线，确定开挖正确且不偏位的情况下改用人工清理基底，开挖至设计标高后，用蛙式电动夯将基底夯实，使压实度达到90%以上，检测基底承载力，发现部分基底承载力为0.45MPa。地下水对该基槽无影响。

模板采用钢模板分片拼装后，再按设计位置分段拼装，模板在安装前进行了打磨，并刷脱模剂。每段拼完后，四边挂线调整模板直顺度，符合质量要求后固定。

施工单位采用拌合站集中拌制混凝土，搅拌运输车运输混凝土，混凝土到达现场后，通过溜槽灌注，混凝土自由落体高度不大于2m。采用插入式振动棒振捣密实。混凝土分层浇筑，每层混凝土浇筑完成后，加填一层片石。片石在填放前用水冲洗干净，片石的强度不小于30MPa，片石的最大尺寸不大于结构最小尺寸的1/4，最小尺寸不小于15cm。

施工单位在施工中注重控制片石投放质量，保证了净间距不小于15cm，片石与模板间的净间距不小于25cm，片石体积不超过片石混凝土总体积的30%。

拆模在混凝土强度达到 2.5MPa 进行，同时考虑拆模时混凝土的温度（由水泥水化热引起）不能过高。模板的拆除顺序遵循先支先拆、后支后拆的原则进行。拆模后，混凝土表面局部出现蜂窝缺陷，但确认施工过程中未出现漏浆及模板变形、跑模现象。

问题：

1. 判断挡土墙位于路基左侧还是右侧，并说明理由。写出图中构造 A 的名称。

2. 提出该项目基底承载力不能满足设计要求时的工程处理措施。

3. 指出片石混凝土浇筑与拆模中的错误并改正。

4. 分析混凝土表面局部出现蜂窝缺陷的可能原因。

5. 除测量工与试验工外，写出该挡土墙施工还需要配置的技术工种。

参考答案

一、单选题

1	2		
C	C		

二、多选题

1	2		
B、C、D、E	A、C、E		

三、案例题

案例（一）

1. 施工单位在基坑回填前须办理基础隐蔽工程质量检验。

2. 墙背填料采用粉土不合适。因为该挡土墙浸水，宜采用砂性土、卵石土、砾石土或块石土等透水性好、抗剪强度高的材料。

3. 步骤 2 对应的施工工艺是测量放样。墙身中的构造物 A 是泄水孔。

案例（二）

1. 挡土墙位于路基左侧，因为立面图中从左到右里程是由大到小（或：当人站在挡土墙起点桩号 K8+780 向挡土墙终点桩号 K8+810 看时，挡墙位于人的左侧）。构造 A 为沉降缝与伸缩缝。

2. （1）超挖换填水稳性好、强度高的材料。（2）掺加水泥、石灰等进行土壤改良。（3）增大压实功率，提高压实度。（4）设置片石混凝土等扩大基础。

3. "片石体积不超过片石混凝土总体积的 30%"错误，应为"片石体积不超过片石混凝土总体积的 20%"。

"模板的拆除顺序遵循先支先拆、后支后拆的原则进行"错误，应为"模板的拆除顺序遵循先支后拆、后支先拆的顺序进行"。

4. 混凝土表面局部出现蜂窝缺陷的可能原因有：

（1）振捣设备选择不合理。（2）过振。（3）漏振（欠振）。（4）材料计量不准确。（5）拌合不均匀（拌合时间不够）。（6）混凝土配合比设计不合理。

5. 架子工、模板工、混凝土工、机修工、电工。

考点28：击实试验法★

最佳含水量是指击实曲线上最大干密度所对应的含水率。

试验方法有击实试验法、振动台法和表面振动压实仪法。

击实试验法：

由于击实功的不同，击实试验可分为重型和轻型击实，采用大小两种试筒，分别适用于粒径不大于40mm的土和粒径不大于20mm的土。

试验步骤如下：

（1）用干法或湿法制备一组不同含水量（相差约2%）的试样（不少于5个）。

（2）取制备好的土样按所选击实方法分3次或5次倒入击实筒，每层按规定的击实次数进行击实，要求击完后余土高度不超过试筒顶面5mm。修平称量后用推土器推出筒内试样，测定击实试样的含水量和测算击实后土样的湿密度。其余土样按相同方法进行试验。

（3）计算各试样干密度，以干密度为纵坐标、含水量为横坐标绘制曲线，曲线上峰值点的纵、横坐标分别为最大干密度和最佳含水量。

（4）当试样中有大于25mm（小筒）或大于38mm（大筒）颗粒时，应先取出大于25mm或大于38mm颗粒，求得其百分率（要求不得大于30%），对剩余试样进行击实试验，再利用修正公式对最大干密度和最佳含水量进行修正。

典型例题

【真题－单选】关于击实试验法测定最佳含水量的说法，错误的是（   ）。

A. 用干法或湿法制备一组不同含水量的试样

B. 制备好的土样应一次性倒入击实筒

C. 计算各试样干密度，以干密度为纵坐标、含水量为横坐标绘制曲线

D. 当试样中有大于规定的颗粒时，应先取出大颗粒，其百分率合格后，再对剩余试样进行击实试验

【参考答案】B

考点29：振动台法与表面振动压实仪法★

振动台法与表面振动压实仪法均是采用振动方法测定土的最大干密度。

考点 30：压实度检测 ★★

压实度是路基质量控制的重要指标之一，是现场干密度和室内最大干密度的比值，以百分率表示。

方法	适用范围
灌砂法	①适用于路基土压实度检测。 ②不宜用于填石路堤等有大孔洞或大孔隙材料的测定。 ③在路面工程中也适用于基层、砂石路面、沥青表面处治及沥青贯入式路面的压实度检测。 ④试样最大粒径不得超过 60mm，测定密度层的厚度为 150～200mm
环刀法	用于现场测试细粒土及龄期不超过 2d 的无机结合料稳定细粒土结构的密度，并计算施工压实度
核子密度湿度仪法	散射方式宜用于测试沥青混合料面层的压实密度或硬化混凝土等难以打孔材料的密度。直接透射方式宜用于测试厚度不大于 30cm 的土基、基层材料或非硬化水泥混凝土等可以打孔材料的密度及含水率
无核密度仪法	可快速测试当日铺筑且未开放交通的沥青路面各层沥青混合料的密度，并计算压实度。测试结果不宜用于评定验收，主要用于施工过程中的质量控制

灌砂法：

1. 准备工作

（1）对结构层填料进行击实试验，得到最大干密度 ρ_c（g/cm^3）。

（2）按规定选用灌砂设备。

（3）标定灌砂筒下部圆锥体内砂的质量。

（4）标定量砂的松方密度 ρ_s（g/cm^3）。

2. 测试步骤

（1）在试验地点，选一块平坦表面，将其清扫干净，面积不得小于基板面积。

（2）将基板放在平坦表面上。当表面的粗糙度较大时，将盛有量砂（m_1）的灌砂筒放在基板中孔上，做好基板位置标识。将灌砂筒的开关打开，让砂流入基板中孔内，直到储砂筒内的砂不再下流时关闭开关。取下灌砂筒，并称量储砂筒内砂的质量（m_5），准确至 1g。

（3）取走基板，收回留在试验地点未混入杂质的量砂，重新将表面清扫干净。

（4）将基板放回原处并固定，沿基板中孔凿洞（洞的直径与灌砂筒直径一致）。在凿洞过程中，不应使凿出的材料丢失，并随时将凿松的材料取出装入塑料袋中或大铝盒内密封，防止水分蒸发。

（5）从挖出的全部材料中取有代表性的试样，放在铝盒或洁净的搪瓷盘中，按照《公路土工试验规程》JTG 3430—2020 的有关规定测试其含水率（ω）。对于粗粒土或水泥、石灰、粉煤灰等无机结合料稳定材料，宜将取出的材料全部烘干，且不少于 2000g，称其质量（m_d）。用大型灌砂筒测试时，宜将取出的材料全部烘干，称其质量（m_d）。

（6）储砂筒内放满砂到要求质量 m_1，将基板安放在试坑原位上。灌砂筒安放在基板中间，下口对准基板中孔，打开灌砂筒开关，让砂流入试坑内。在此期间，不应碰灌砂筒，直到储砂筒内的砂不再下流时，关闭开关。取走灌砂筒，并称量筒内剩余砂的质量（m_4），准确至 1g。

（7）如清扫干净的平坦表面粗糙度不大，也可省去步骤（2）和（3）的操作。

（8）取出储砂筒内的量砂，以备下次试验时再用。

（9）取走基板，将留在试坑内未混入杂质的量砂收回；将坑内剩余量砂清理干净后，回填与被测结构同材质的填料，并用铁锤分 3～4 层夯实。

（10）回收的量砂烘干、过筛，并放置 24h 以上，使其与空气的湿度达到平衡后可以继续使用。若量砂中混有杂质，则应废弃。

3. 数据处理

（1）计算试坑材料的湿密度：

$$\rho_w = (m_w/m_b) \times \rho_s$$

式中：ρ_w——试坑材料的湿密度（g/cm³）；

ρ_s——量砂的松方密度（g/cm³）；

m_w——试坑中取出的全部材料的质量（g）；

m_b——填满试坑砂的质量（g）。

（2）计算试坑材料的干密度

$$\rho_d = \rho_w / (1 + 0.01\omega)$$

式中：ρ_d——试坑材料的干密度（g/cm³）；

ρ_w——试坑材料的湿密度（g/cm³）；

ω——试坑材料的含水率（%）。

（3）计算施工压实度：

$$K = (\rho_d/\rho_c) \times 100$$

式中：ρ_d——试样的干密度（g/cm³）；

ρ_c——由击实等试验得到的最大干密度（g/cm³）。

📋 **典型例题**

【真题－多选】环刀法测量压实度需要的工具或仪器有（　　　）。

A. 基板　　　　　　　　　　　　　　B. 直尺

C. 定向筒　　　　　　　　　　　　　D. 击实锤

E. 天平

【参考答案】B、C、D、E

🏢 **考点 31：常用的几种弯沉值测试方法的特点 ★★**

弯沉是指在规定的标准轴载作用下，路基或路面表面轮隙位置产生的总垂直变形（总弯沉），或垂直回弹变形（回弹弯沉），以 0.01mm 为单位，是路基或路面质量控制的重要指标之一。回弹弯沉越大，承载能力越小，反之则越大。

方法	特点
贝克曼梁法	①速度慢，静态测试，目前为规范规定的标准方法。 ②可用于测定各类路基路面的回弹弯沉，以评定其整体承载能力。不适用于路基冻结后的回弹弯沉检测
自动弯沉仪法	①利用贝克曼梁法原理快速连续测定，该测定仪在检测路段上在牵引车的作用下以一定的速度行驶，将测定仪的弯沉测定梁放在车辆底盘的前端并支于地面保持不动，当后轴双轮隙通过测头时，弯沉通过位移传感器等装置被自动记录下来。 ②该法属于静态试验范畴（测的是总弯沉）
落锤弯沉仪（FWD）法	利用重锤自由落下的瞬间产生的冲击荷载测定弯沉，并能反算路面的回弹模量，属于动态无损检测

考点 32：贝克曼梁法测试步骤 ★

1. 在测试路段布置测点，其距离随测试需要确定。测点应在轮迹带上，并用白油漆或粉笔画上记号。

2. 将试验车后轮对准测点后约 3 ～ 5cm 处位置上。

3. 将弯沉仪插入汽车后轮之间的缝隙处，与汽车方向一致。梁臂不能碰到轮胎，弯沉仪侧头置于测点上（轮隙中心前方 3 ～ 5cm），并安装百分表于弯沉仪的测定杆上。百分表调零，用手指轻轻叩打弯沉仪，检查百分表是否稳定回零。

4. 测定者吹哨发令指挥汽车缓缓前进，百分表随路面变形的增加而持续向前转动。当指针转动到最大值时，迅速读取初读数，汽车仍在前进，表针反向回转，待汽车驶出弯沉影响半径（3.0m 以上）之后，吹口哨或挥动红旗指挥停车。待表针回转稳定后读取最终读数，汽车行进速度宜为 5km/h 左右。

5. 整理计算测得的数字，求得弯沉代表值。

重点回顾

考点	检测
最佳含水率	计算各试样干密度，以干密度为纵坐标、含水量为横坐标绘制曲线，曲线上峰值点的纵、横坐标分别为（　　　）和（　　　）
压实度	灌砂法根据试坑消耗砂的质量和量砂的密度算出试坑挖除材料的体积，再由材料质量算出湿密度，用式（　　　）计算。 压实度检测方法有：（　　　）、（　　　）、（　　　）、（　　　）
弯沉	弯沉是指在规定的标准轴载作用下，路基或路面表面轮隙位置产生的总垂直变形（总弯沉），或垂直回弹变形（回弹弯沉），以（　　　）为单位。 弯沉检测方法：（　　　）、（　　　）、（　　　）

小试牛刀

一、单选题

1. 弯沉是指在规定的标准轴载作用下，路基或路面表面轮隙位置产生的（　　　）变形。

　　A. 水平　　　　　　　　　　　　　B. 横向

　　C. 纵向　　　　　　　　　　　　　D. 总垂直

2. 贝克曼梁法不适用于（　　　）回弹弯沉检测。

　　A. 土方　　　　　　　　　　　　　B. 石方

　　C. 路基冻结前　　　　　　　　　　D. 路基冻结后

二、多选题

1. 路基土体最佳含水率测定的试验方法有（　　　）。

　　A. 灌砂法　　　　　　　　　　　　B. 贝克曼梁法

　　C. 振动台法　　　　　　　　　　　D. 击实试验法

　　E. 表面振动压实仪法

---- **参考答案** ----

一、单选题

1	2			
D	D			

二、多选题

1				
C、D、E				

笔记区

考点 33：平面控制测量 ★

平面控制测量：

应根据公路等级和测量精度要求，选择测量方法。控制性桩点，应进行现场交桩，在复测原控制网的基础上，根据施工需要适当加密、优化，建立施工测量控制网，妥善保护。

1. 平面控制测量应采用卫星定位测量、导线测量、三角测量或三边测量方法进行。

2. 平面控制测量等级与技术要求应符合下表的规定。

公路等级	测量等级	最弱点点位中误差（mm）	最弱相邻点相对点位中误差（mm）	最弱相邻点边长相对中误差	相邻点间平均边长参照值（m）
高速、一级公路	一级	±50	±30	≤ 1/20000	500
二、三、四级公路	二级	±50	±30	≤ 1/10000	300

3. 导线复测规定：

（1）导线测量精度应符合规范的规定。

（2）原有导线点不能满足施工需要时，应增设满足相应精度要求的附合导线点。

（3）同一建设项目内相邻施工段的导线应闭合，并满足同等级精度要求。

（4）可能受施工影响的导线点，施工前应加固或改移，并应保持其精度。

（5）导线桩点应进行不定期检查和定期复测，复测周期应不超过 6 个月。

📋 **典型例题**

【真题－单选】四级公路所采用的平面控制测量等级应是（　　）。

A. 一级 　　　　　　　　　　　B. 二级

C. 三级 　　　　　　　　　　　D. 四级

【参考答案】B

🏢 考点 34：高程控制测量★

1. 高程控制测量应采用水准测量或三角高程测量的方法。

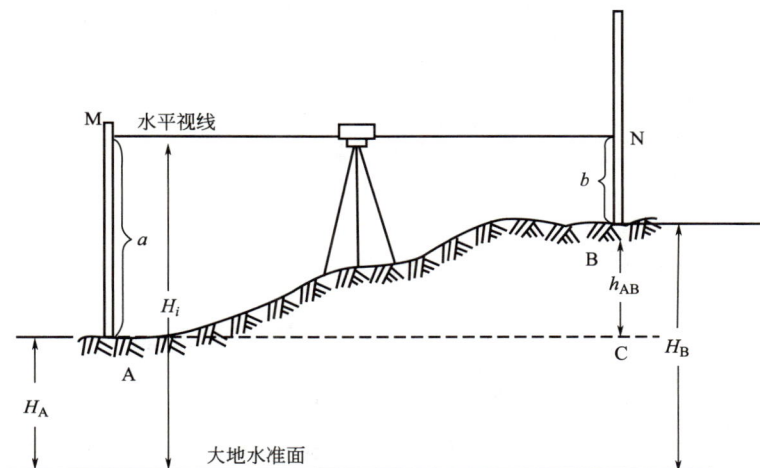

2. 水准点复测与加密规定：

（1）同一建设项目应采用同一高程系统，并应与相邻项目高程系统相衔接。

（2）沿路线每 500m 宜有一个水准点，高速公路、一级公路宜加密，每 200m 有一个水准点。在结构物附近、高填深挖路段、工程量集中及地形复杂路段，宜增设水准点。临时水准点应符合相应等级的精度要求，并与相邻水准点闭合。

（3）水准点应进行不定期检查和定期复测，复测周期应不超过 6 个月。

📋 **典型例题**

【真题－单选】三级公路所采用的高程控制测量等级应是（　　）

A. 二等 　　　　　　　　　　　B. 三等

C. 四等 　　　　　　　　　　　D. 五等

【参考答案】D

🏢 考点 35：中线放样★

路基开工前，应进行全段中线放样并固定路线主要控制桩，如交点、转点、圆曲线、缓和曲线的起讫点等。宜采用坐标法进行测量放样。

某公路路线图 比例：1:2000

N0	a		R	T	L	E
	z	y				
JD2		40°	150	54.60	104.72	9.63

曲线表

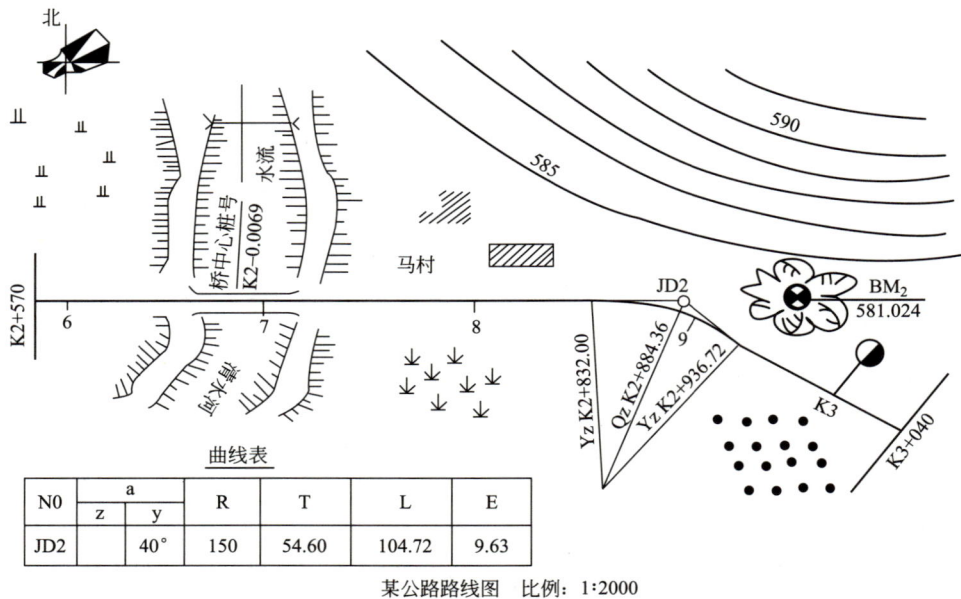

测量放样方法：

（1）传统法放样

方法	特点		
	相同点	不同点	
切线支距法	在没有全站仪的情况下，利用经纬仪和钢尺	以曲线起（终）点为直角坐标原点，计算出待放点 x、y 坐标，进行放样	
偏角法		以曲线起（终）点为极坐标极点，计算出待放点偏角 Δ 和距离 d，进行放样	

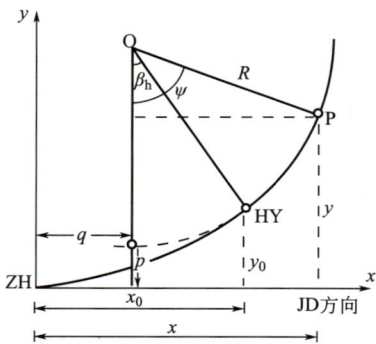

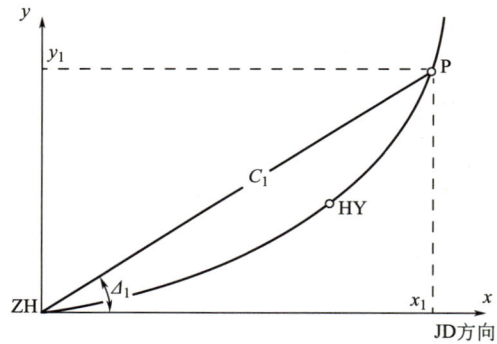

（2）坐标法放样

根据设计单位布设的导线点和设计单位提供的逐桩坐标表进行放样的一种方法。

（3）GPS-RTK 技术放样

GPS 载波相位差分技术又称为 RTK 技术，是将两个测站的载波相位进行实时处理，及时解算出观测点的三维坐标或地方平面直角坐标，并达到厘米级的精度。

典型例题

【模拟题－多选】路基中线放样中传统放样法利用的仪器是（　　　　）。

A. 全站仪　　　　　　　　　　　　　　　　B. 经纬仪

C. 水准仪　　　　　　　　　　　　D. 钢尺

E. GPS

考点 36：路基放样★★

1. 施工前应对原地面进行复测，核对或补充横断面。

2. 施工前应设置标识桩，将路基用地界、路堤坡脚、路堑坡顶、取土坑、护坡道、弃土堆等的具体位置标识清楚。

3. 深挖高填路段，每挖填一个边坡平台或者 3～5m，应复测中线和横断面。

4. 路基横断面边桩放样方法

方法	适用
图解法	较低等级
计算法	平坦地形或地面横坡较均匀一致
渐近法	各级公路
坐标法	高等级公路

典型例题

【真题－多选】路基施工前应设置标识桩的位置有（　　　）。

A. 路基用地界　　　　　　　　　　B. 路堤坡脚

C. 弃土堆　　　　　　　　　　　　D. 护坡道

E. 边沟

【参考答案】A、B、C、D

考点 37：桥梁施工测量★

控制桩布设：

（1）为防止出现差错，施工单位自行测定的重要标志，必须至少由两组相互检查核对，并作测量和检查核对记录。

（2）桥涵施工的主要控制桩（或其护桩），均应稳固可靠，保留至工程结束。

（3）大桥、特大桥的主要控制桩（或其护桩），均应测定其坐标、相互间的距离、角度、高程等，以免弄错和便于寻找。

典型例题

【真题－单选】桥梁施工测量中，布设大桥、特大桥的主要控制桩（或其护桩），均应测量其（　　　）。

A. 坐标、相互间的距离与角度　　　B. 里程、相互间的距离与角度

C. 里程、尺寸　　　　　　　　　　D. 坐标、高程、埋置深度

【参考答案】A

📖 重点回顾

考点	检测
平面控制测量	平面控制测量应采用卫星定位测量、导线测量、（　　　）或（　　　）方法进行
高程测量	高程控制测量应采用（　　　）或（　　　）的方法。 沿路线每（　　　）宜有一个水准点，高速公路、一级公路宜加密，每（　　　）m 有一个水准点。 水准点应进行不定期检查和定期复测，复测周期应不超过（　　　）个月
路基放样	深挖高填路段，每挖填一个边坡平台或者 3～5m，应复测（　　　）和（　　　）。 路基横断面边桩放样方法：（　　　）、（　　　）、（　　　）、（　　　）

✍ 小试牛刀

一、单选题

1. 某三级公路的一个控制点的标示为 BM5，根据《公路勘测细则》JTG/T C10-2007，该控制点是（　　　）。

A. 水准点　　　　　　　　　　　　　B. 平面控制点

C. 曲线主点　　　　　　　　　　　　D. 爆破边界控制点

二、案例题

案例

背景资料：

某施工单位承接了 9.82km 的三级公路路基施工，路基宽 8.5m，设计车速 40km/h。其中 K3+100—K3+420 为路堤段，K3+280 处设有 2.5m×2m 的盖板涵，涵洞长度 17.62m，涵底坡度 1％，K3+280 的路基设计标高为 206.07m。涵洞构造示意图如下：

K3+280涵洞构造示意图

工程开工前，在业主支持下，由设计单位向施工单位交接了交点桩、水准点桩，设计文件中提供用于中线放样的资料只有直线、曲线及转角表；施工单位备有全站仪、自动水准仪等常规测量仪器。

涵洞施工与涵洞前后路堤 T1 区、T2 区的填筑同时进行，T1 区、T2 区按图示坡度分层填筑。涵洞施工中，施工单位首先进行了涵洞中心桩号、涵轴线的放样，涵洞基坑开挖平面尺寸按 17.62m×3.8m 放样，基坑开挖严格按放样尺寸采用人工垂直向下开挖至基底设计标高。在对基底进行处理并通过验收后，开始基础施工。

涵洞完工后，在涵洞砌体砂浆或混凝土强度达到设计强度的 70％ 时，进行涵洞两侧及顶面填土，填筑顺序为 T3 区→T4 区→T5 区，填筑方法采用人工配合小型机械夯填密实。

问题：

1. 按涵顶填土厚度划分，指出该涵洞类型，并说明理由。

2. 写出可用于本路曲线段中线放样的两种方法。

3. 写出涵洞构造示意图中 A、B、C 结构的名称。

4. 找出涵洞基坑施工中的错误，并说明理由

5. 改正填筑施工中的错误。

参考答案

一、单选题

1				
A				

二、案例题

案例

1. 该涵洞是暗涵，因为涵洞洞顶填土厚度在 2.76m（206.07-201.11-2.2=2.76m）左右，若涵洞洞顶填土高度大于 0.5m 即为暗涵。

2. 可采用切线支距法和偏角法进行中线放样。

3. A 是板座（或台座、台帽），B 是涵台（或墙身），C 是铺底。

4. 错误一："涵洞基坑开挖平面尺寸按 17.62m×3.8m 放样"。因为基坑尺寸应大于基础尺寸，以方便基础施工。

错误二："基坑开挖严格按照放样尺寸采用人工垂直向下开挖至基底设计标高"。因为原土质是粗砂质粉土，基坑被开挖时应该放坡，以利于土方稳定和安全。

5.（1）涵洞前后路段 T1 区、T2 区应按图上坡度分层预留台阶。

（2）涵洞完工后，在涵洞砌体砂浆或混凝土强度达到设计强度 85% 时，方可进行涵洞两侧及洞顶上面填土。

（3）填筑顺序应按 "T3 区与 T4 区同时填筑→ T5 区填筑" 的顺序进行。

笔记区

考点 38：路基行车带压实度不足的原因及防治★

（一）原因分析

路基施工中若压实度不能满足质量标准要求，主要原因是：

1. 压实遍数不够。

2. 压实机械与填土土质、填土厚度不匹配。

3. 碾压不均匀，局部有漏压现象。

4. 含水量偏离最佳含水量，超过有效压实规定值。

5. 没有对紧前层表面浮土或松软层进行处治。

6. 土场土质种类多，出现不同类别土混填。

7. 填土颗粒过大（＞10cm），颗粒之间空隙过大，或者填料不符合要求，如粉质土、有机土及高塑性指数的黏土等。

（二）预防措施

1. 确保压路机的碾压遍数符合规范要求。

2. 选用与填土土质、填土厚度匹配的压实机械。

3. 压路机应进退有序，碾压轮迹重叠、铺筑段落搭接超压应符合规范要求。

4. 填筑土应在最佳含水量 ±2% 时进行碾压，并保证含水量的均匀。

5. 当紧前层因雨松软或干燥起尘时，应彻底处置至压实度符合要求后，再进行当前层的施工。

6. 不同类别的土应分别填筑，不得混填，每种填料层累计厚度一般不宜小于 0.6m。

7. 优先选择级配较好的粗粒土等作为路堤填料，填料的最小强度应符合规范要求。

8. 填土应水平分层填筑，分层压实，压实厚度通常不超过 20cm，路床顶面最后一层通常不超过 15cm，且满足最小厚度要求。

考点 39：路基边缘压实度不足的原因及防治★

（一）原因分析

1. 路基填筑宽度不足，未按超宽填筑要求施工。

2. 压实机具碾压不到边。

3. 路基边缘漏压或压实遍数不够。

4. 采用三轮压路机碾压时，边缘带（0～75cm）碾压频率低于行车带。

（二）预防措施

1. 路基施工应按设计的要求进行超宽填筑。

2. 控制碾压工艺，保证机具碾压到边。

3. 认真控制碾压顺序，确保轮迹重叠宽度和段落搭接超压长度。

4. 提高路基边缘带压实遍数，确保边缘带碾压频率高于或不低于行车带。

（三）治理措施

校正坡脚线位置，路基填筑宽度不足时，返工至满足设计和"规范"要求（注意：亏坡补宽时应开挖台阶填筑，严禁贴坡），控制碾压顺序和碾压遍数。

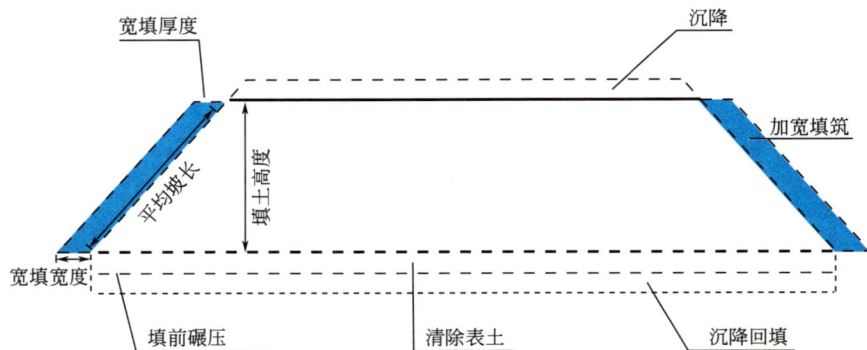

考点 40：路基边坡病害原因分析★

1. 设计对地震、洪水和水位变化影响考虑不充分。

2. 路基基底存在软土且厚度不均。

3. 换填土时清淤不彻底。

4. 填土速率过快，施工沉降观测、侧向位移观测不及时。

5. 路基填筑层有效宽度不够，边坡二期贴补。

6. 路基顶面排水不畅。

7. 纵坡大于 12% 的路段未采用纵向水平分层法分层填筑施工。

8. 用透水性较差的填料填筑路堤，处理不当。

9. 边坡植被不良。

10. 未处理好填挖交界面。

11. 路基处于陡峭的斜坡面上。

考点 41：高填方路基沉降原因分析★

1. 按一般路堤设计，没有验算路堤稳定性、地基承载力和沉降量。

2. 地基处理不彻底，压实度达不到要求，或地基承载力不够。

3. 高填方路堤两侧超填宽度不够。

4. 工程地质不良，且未做地基孔隙水压力观察。

5. 路堤受水浸泡部分边坡陡，填料土质差。

6. 路堤填料不符合规定，随意增大填筑层厚度，压实不均匀，且达不到规定要求。

7. 路堤固结沉降。

考点 42：高填方路基沉降预防措施★

1. 高填方路堤应按相关规范要求进行特殊设计，进行路堤稳定性、地基承载力和沉降量验算。

2. 地基应按规范进行场地清理，并碾压至设计要求的地基承载压实度，当地基承载力不符合设计要求时，应进行基底改善加固处理。

3. 高填方路堤应严格按设计边坡度填筑，路堤两侧必须做足，不得贴补帮宽；路堤两侧超填宽度一般控制在 30～50cm，逐层填压密实，然后削坡整形。

4. 对软弱土地基，应注意观察地基土孔隙水压力情况，根据孔隙水压确定填筑速度；除对软基进行必要处理外，从原地面以上 1～2m 高度范围内不得填筑细粒土。

5. 高填方路堤受水浸泡部分应采用水稳性及透水性好的填料，其边坡如设计无特殊要求时，不宜陡于 1：2。

6. 严格控制高路堤填料，控制其最大粒径、强度，填筑层厚度要与土质和碾压机械相适应，控制碾压时含水量、碾压遍数和压实度。

7. 路堤填土的压实不能代替土体的固结，而土体固结过程中产生沉降，沉降速率随时间递减，累积沉降量随时间增加，因而，高填方路堤应设沉降预留超高，开工后先施工高填方段，留足填土固结时间。

考点 43：路基纵向开裂病害及防治措施 ★

原因分析：

1. 清表不彻底，路基基底存在软弱层或坐落于古河道处。

2. 沟、塘清淤不彻底，回填不均匀或压实度不足。

3. 路基压实不均。

4. 旧路利用路段，新旧路基结合部未挖台阶或台阶宽度不足。

5. 半填半挖路段未按规范要求设置台阶并压实。

6. 使用渗水性、水稳性差异较大的土石混合料时，错误地采用了纵向分幅填筑。

7. 高速公路因边坡过陡、行车渠化、交通频繁振动而产生滑坡，最终导致纵向开裂。

考点 44：路基横向裂缝病害及防治措施 ★

原因分析：

1. 路基填料直接使用了液限大于 50%、塑性指数大于 26 的土。

2. 同一填筑层路基填料混杂，塑性指数相差悬殊。

3. 路基顶填筑层作业段衔接施工工艺不符合规范要求。

4. 路基顶下层平整度填筑层厚度相差悬殊，且最小压实厚度小于 8cm。

5. 暗涵结构物基底沉降或涵背回填压实度不符合规定。

考点 45：路基网裂病害及防治措施 ★

原因分析：

1. 土的塑性指数偏高或为膨胀土。

2. 路基碾压时土含水量偏大，且成型后未能及时覆土。

3. 路基压实后养护不到位，表面失水过多。

4. 路基下层土过湿。

重点回顾

考点	检测
路基行车带压实度不足	填土应水平分层填筑，分层压实，压实厚度通常不超过（　　　）cm，路床顶面最后一层通常不超过（　　　）cm，且满足最小厚度要求
高填方路基沉降防治	对软弱土地基，应注意观察地基土孔隙水压力情况，根据（　　　）确定填筑速度。除对软基进行必要处理外，从原地面以上（　　　）高度范围内不得填筑细粒土。 路堤填土的压实不能代替土体的固结，而土体固结过程中产生沉降，沉降速率随时间递减，累积沉降量随时间增加，因而，高填方路堤应设（　　　），开工后（　　　）施工高填方段，留足填土固结时间

小试牛刀

多选题：

1. 路基边缘压实不足的原因有（　　）。

    A. 超宽填筑

    B. 增加路基边缘带压实遍数

    C. 边缘带碾压频率低于行车带

    D. 确保段落搭接超压长度

    E. 压实机具碾压不到边

2. 下列属于路基纵向裂缝病害的原因是（　　）。

    A. 填料直接使用了液限大于50%、塑性指数大于26的土

    B. 同一层填筑层路基填料混杂

    C. 沟、塘清淤不彻底，回填不均匀或压实度不足

    D. 路基压实不均

    E. 使用渗水性、水稳性差异较大的土石混合料时，采用了纵向分幅填筑

参考答案

多选题：

1	2			
C、E	C、D、E			

笔记区

考点46：粒料基层（底基层）包括的内容及适用范围★

粒料类	嵌锁型	泥结碎石、泥灰结碎石、填隙碎石等	其中填隙碎石可用于各等级公路的底基层和二级以下公路的基层
	级配型	级配碎石、级配砾石、符合级配的天然砂砾、部分砾石经轧制掺配而成的级配砾、碎石等	其中级配碎石可用于各级公路的基层和底基层；级配砾石、级配碎砾石以及符合级配、塑性指数等技术要求的天然砂砾，可用于轻交通的二级和二级以下公路的基层以及各级公路的底基层

考点 47：粒料基层对原材料的技术要求和填隙碎石施工 ★★★

分类	干法施工		湿法施工
适用条件	干旱缺水地区		水源充足地区
材料	粒径	①单层填隙碎石的压实厚度宜为公称最大粒径的 1.5～2.0 倍。 ②填隙碎石用作基层时，集料的公称最大粒径应不大于 53mm；用作底基层时，应不大于 63mm。 ③填隙料宜采用石屑，缺乏石屑地区，可添加细砾砂或粗砂等细集料	
	用量	应根据各路段基层或底基层的宽度、厚度及松铺系数，计算各段需要的集料数量，并应根据运料车辆的车厢体积，计算每车料的堆放距离。填隙料的用量宜为集料质量的 30%～40%	
施工流程	见下图（湿法施工滚浆标准：应洒水碾压至填隙料和水形成粉浆，粉浆应填塞全部空隙，并在压路机轮前形成微波纹状）		
层间处理	需分层铺筑时，宜待结构层变干后，将已压成的填隙碎石层表面的填隙料扫除一些，使表面集料外露 5～10mm，然后在其上摊铺第二层集料		

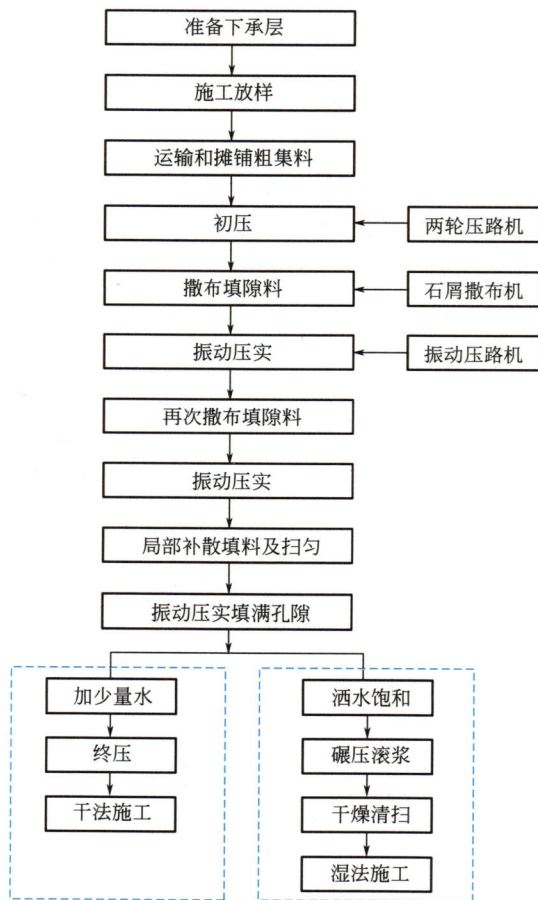

填隙碎石施工流程

📋 典型例题

1. **【真题－多选】** 关于填隙碎石施工的说法，正确的有（   ）。

   A. 填隙碎石施工应采用胶轮压路机

B. 填隙碎石基层未洒透层沥青或未铺封层时，不得开放交通

C. 填隙碎石层上为薄沥青面层时，碾压后，填隙碎石表面的集料间空隙应填满，集料不得外露

D. 填隙料的用量宜为集料质量的 30% ~ 40%

E. 应由近到远将集料按计算的距离卸置于下承层上，并严格控制卸料距离

【参考答案】B、D

2.【真题－单选】关于填隙碎石基层施工技术要求的说法，错误的是（ ）。

A. 填隙碎石层上为薄沥青面层时，碾压后宜使集料的棱角外露 3 ~ 5mm

B. 填隙料应干燥

C. 宜采用胶轮压路机静压，碾压时，表面集料间应留有空隙

D. 填隙碎石基层未洒透层沥青或未铺封层时，不得开放交通

【参考答案】C

考点 48：无机结合料稳定基层（底基层）包括的内容及适用范围★

无机结合料	水泥稳定土	包括水泥稳定级配碎石、未筛分碎石、砂砾、碎石土、砂砾土、煤矸石、各种粒状矿渣等	①用于各级公路的基层和底基层。②水泥稳定细粒土不能用作二级和二级以上公路高级路面的基层
	石灰稳定土	包括石灰稳定级配碎石、未筛分碎石、砂砾、碎石土、砂砾土、煤矸石、各种粒状矿渣等	①适用于各级公路的底基层，以及二级和二级以下公路的基层。②石灰土不得用作二级公路的基层和二级以上公路高级路面的基层
	石灰工业废渣稳定土	石灰粉煤灰类与石灰其他废渣类两大类	①石灰工业废渣稳定土适用于各级公路的基层和底基层。②二灰、二灰土和二灰砂不应作二级和二级以上公路高级路面的基层

典型例题

1.【真题－多选】适用于二级公路的基层和底基层的材料有（ ）。

A. 水泥稳定级配碎石　　　　　　　　B. 水泥稳定未筛分碎石

C. 水泥稳定细粒土　　　　　　　　　D. 水泥稳定煤矸石

E. 水泥稳定砾石

【参考答案】A、B、D、E

2.【真题－单选】不能用于二级和二级以上公路高级路面基层的是（ ）。

A. 水泥稳定细粒土　　　　　　　　　B. 水泥稳定煤矸石

C. 水泥稳定碎石土　　　　　　　　　D. 水泥稳定砂砾

【参考答案】A

考点 49：无机结合料稳定基层（底基层）对原材料的技术要求★★

（一）水泥及外加剂

1. 水泥强度等级为 32.5 级或 42.5 级，且技术标准满足规范要求的普通硅酸盐水泥等均可使用。

2. 所用水泥初凝时间应大于 3h，终凝时间应大于 6h 且小于 10h。

（二）石灰

高速公路和一级公路的基层，宜采用磨细消石灰。

（三）粉煤灰等工业废渣

1. 煤矸石、煤渣、高炉矿渣、钢渣及其他冶金矿渣等工业废渣可用于修筑基层或底基层，使用前应崩解稳定，且宜通过不同龄期条件下的强度和模量试验以及温度收缩和干湿收缩试验等评价混合料性能。

2. 水泥稳定煤矸石不宜用于高速公路和一级公路。

（四）粗集料

高速公路和一级公路极重、特重交通荷载等级基层的 4.75mm 以上粗集料应采用单一粒径的规格料。

（五）材料分档与掺配

1. 用于二级及二级以上公路基层和底基层的级配碎石或砾石，应由不少于 4 种规格的材料掺配而成。

2. 无机结合稳定材料组成设计流程如下图所示：

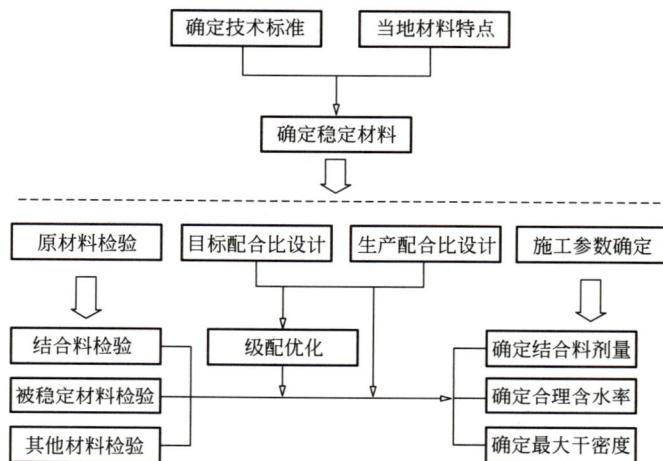

无机结合稳定材料组成设计流程图

步骤	确定内容	重要考点及对比
目标配合比设计	①选择级配范围。 ②确定结合料类型及掺配比例。 ③验证混合料相关的设计及施工技术指标	确定无机结合料稳定材料最大干密度指标时宜采用重型击实方法，也可采用振动压实方法。 【对比】 路基最佳含水量的试验方法通常有：①轻型、重型击实试验；②振动台法；③表面振动击实仪法。 路基现场密度的测定方法有：①灌砂法；②环刀法；③核子密度湿度仪法
生产配合比设计	①确定料仓供料比例。 ②确定水泥稳定材料的容许延迟时间。 ③确定结合料剂量的标定曲线。 ④确定混合料的最佳含水率、最大干密度	

考点 50：无机结合料稳定基层（底基层）对混合料生产、摊铺及碾压 ★★

（一）一般规定

1. 施工工艺选择

施工工艺选择表

材料类型	公路等级	结构层位	拌合工艺		摊铺工艺	
			推荐	可选择	推荐	可选择
无机结合料稳定中、粗粒材料	二级及二级以上	基层	集中厂拌	—	摊铺机摊铺	—
无机结合料稳定细粒材料		底基层	集中厂拌	—	摊铺机摊铺	推土机摊铺、平地机整平
水泥稳定材料	二级以下	基层和底基层	集中厂拌	—	摊铺机摊铺	—
其他各种无机结合料稳定材料		基层和底基层	集中厂拌	人工路拌	摊铺机摊铺	推土机摊铺、平地机整平
级配碎石	二级及二级以上	基层和底基层	集中厂拌	—	摊铺机摊铺	—
	二级以下	基层和底基层	集中厂拌	人工路拌	摊铺机摊铺	推土机摊铺、平地机整平

2. 稳定材料层宽 11～12m 时，每一流水作业段长度以 500m 为宜；稳定材料层宽大于 12m 时，作业段宜相应缩短。宜综合考虑下列因素，合理确定每日施工作业段长度：

（1）施工机械和运输车辆的生产效率和数量。

（2）施工人员数量及操作熟练程度。

（3）施工季节和气候条件。

（4）水泥的初凝时间和延迟时间。

（5）减少施工接缝的数量。

3. 对水泥稳定材料或水泥粉煤灰稳定材料，宜在 2h 之内完成碾压成型，应取混合料的初凝时间与容许延迟时间较短的时间作为施工控制时间。

4. 无机结合料稳定材料结构层施工应选择适宜的气候环境，针对当地气候变化制订相应的处置预案，并应符合下列规定：

（1）宜在气温较高的季节组织施工。无机结合料稳定材料施工期的日最低气温应在 5℃ 以上，在有冰冻的地区，应在第一次重冰冻到来的 15～30d 之前完成施工。

（2）应避免在雨期施工。

5. 应将室内重型击实试验法确定的干密度作为压实度评价的标准密度。

6. 对级配碎石材料，基层压实度应不小于 99%，底基层压实度应不小于 97%。

7. 高速公路和一级公路在极重、特重交通荷载等级下，基层和底基层的压实标准可提高 1～2 个百分点。

（二）混合料集中厂拌与运输

1. 拌合厂应安置在地势相对较高的位置，并做好排水设施。

2. 高速公路和一级公路的拌合厂，场地应采用混凝土硬化。

3. 工程所需的原材料严禁混杂，应分档隔仓堆放，并有明显的标志。

4. 无机结合料稳定中、粗粒材料的拌合生产设备应满足下列要求：

（1）对高速公路和一级公路，混合料拌合设备的产量宜大于 500t/h。

（2）拌合设备的料仓数目应与规定的备料档数相匹配，宜较规定的备料档数增加 1 个。

（3）各个料仓之间的挡板高度应不小于 1m。

（4）高速公路的基层施工时，每个料斗与料仓下面应安装称量精度达到 ±0.5% 的电子秤。

5. 气温高于 30℃ 时，水泥进入拌缸温度宜不高于 50℃；高于 50℃ 时应采取降温措施。气温低于 15℃ 时，水泥进入拌缸温度应不低于 10℃。

6. 加水量的计量应采用流量计的方式。对高速公路和一级公路，水的流量数值应在中央控制室的控制面板上显示。

7. 高速公路基层的混合料拌合时，宜采用两次拌合的生产工艺，也可采用间歇式拌合生产工艺，拌合时间应不少于 15s。

8. 天气炎热或运距较远时，无机结合料稳定材料拌合时宜适当增加含水率。

对稳定中、粗粒材料，混合料的含水率可高于最佳含水率 0.5 ～ 1 个百分点。

对稳定细粒材料，含水率可高于最佳含水率 1 ～ 2 个百分点。

9. 对高速公路和一级公路，应从拌合厂取料，每隔 2h 测定一次含水率，每隔 4h 测定一次结合料的剂量，并做好记录。

10. 对高速公路和一级公路，水泥稳定材料从装车到运输至现场，时间宜不超过 1h，超过 2h 时应作为废料处置。

（三）混合料人工拌合

1. 流程

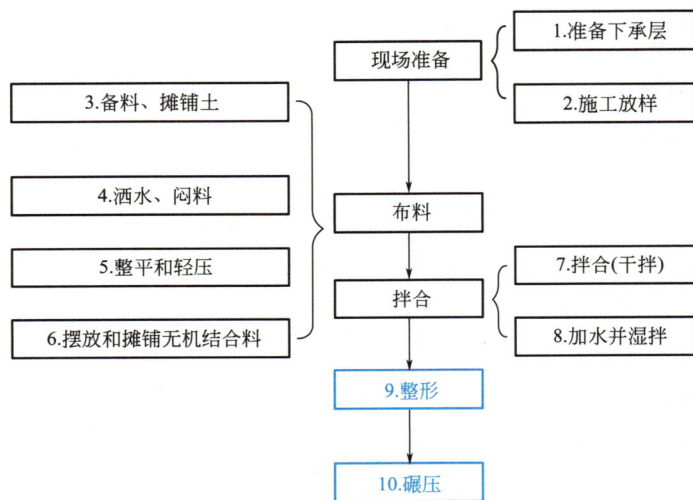

混合料人工路拌法施工工艺流程

2. 下承层表面应平整、坚实，具有规定的路拱，下承层的平整度和压实度应符合规范相关规定。

3. 底基层或原路面上存在低洼和坑洞时，应填补及压实；对搓板和辙槽应刮除；如松散应耙松洒水并重新碾压，达到平整密实。

4. 在槽式断面的路段，宜在两侧路肩上每隔 5 ～ 10m 交错开挖泄水沟。

5. 应在底基层或原路面或路基上恢复中线，直线段应每 15 ～ 20m 设一桩，平曲线段应每 10 ～ 15m 设一桩，并应在两侧路肩边缘外设指示桩。

6. 应按下列方法计算现场拌合时的工程数量：

（1）根据各路段无机结合料稳定材料层的宽度、厚度及预定的干密度，计算各路段需要的干燥材料的数量。

（2）根据料场材料的含水率和所用运料车辆的吨位，计算每车料的堆放距离。

（3）根据无机结合料稳定材料层的厚度和预定的干密度及水泥剂量，计算每平方米无机结合料的用量，并确定摆放的纵横间距。

7. 已整平材料含水率过小时，应在土层上洒水闷料，且应符合下列规定：

（1）洒水应均匀。

（2）严禁洒水车在洒水段内停留和掉头。

（3）细粒材料应经一夜闷料，中粒和粗粒材料可视其中细粒材料的含量，缩短闷料时间。

（4）对综合稳定材料，应先将石灰和土拌合后一起闷料。

（5）对水泥稳定材料，应在摊铺水泥前闷料。

8. 严禁在拌合层底部留有素土夹层，并应符合下列规定：

（1）采用专用稳定材料拌合设备拌合时，设专人随时检查拌合深度，并配合拌合设备操作员调整拌合深度。

（2）拌合深度应达稳定层底并宜侵入下承层不小于 5～10mm。

9. 二级以下公路在没有专用拌合设备时，可用农用旋转耕作机与多铧犁或平地机相配合拌合，拌合时间不可过长。

（四）摊铺机摊铺与碾压

1. 混合料摊铺应保证足够的厚度，碾压成型后每层的摊铺厚度宜不小于 160mm，最大厚度宜不大于 200mm。

2. 应在下承层施工质量检测合格后，开始摊铺上面结构层。采用两层连续摊铺时，下层质量出现问题时，上层应同时处理。

3. 下承层是稳定细粒材料时，宜先将下承层顶面拉毛或采用凸块式压路机碾压，再摊铺上层混合料；下承层是稳定中、粗粒材料时，应先将下承层清理干净，并洒铺水泥净浆，再摊铺上层混合料。

4. 应采用摊铺功率不低于 120kW 的沥青混凝土摊铺机或稳定材料摊铺机摊铺混合料。

5. 采用两台摊铺机并排摊铺时，两台摊铺机的型号及磨损程度宜相同。在施工期间，两台摊铺机的前后间距宜不大于 10m，且两个施工段面纵向应有 300～400mm 的重叠。

6. 对无法使用机械摊铺的超宽路段，应采用人工同步摊铺、修整，并同时碾压成型。

7. 水泥稳定材料结构层施工，应在混合料处于或略大于最佳含水率的状态下碾压。气候炎热干燥时，碾压时的含水率可比最佳含水率增加 0.5～1.5 个百分点。

8. 应根据施工情况配备足够的碾压设备，并应符合下列规定：

（1）双向四车道高速公路或一级公路的半幅摊铺时，应配备不少于 4 台重型压路机。

（2）双向六车道的半幅摊铺时，应配备不少于 5 台重型压路机。

9. 采用钢轮压路机初压时，宜采用双钢轮压路机稳压 2～3 遍，再用激振力大于 35t 的重型振动压路机、18～21t 三轮压路机或 25t 以上的轮胎压路机继续碾压密实，最后采用双钢轮压路碾碾压，消除轮迹。

10. 摊铺时宜避免纵向接缝，分两幅摊铺时，纵向接缝处应加强碾压。存在纵向接缝时，纵缝应垂直相接，严禁斜接，并应符合下列规定：在前一幅摊铺时，宜在靠中央的一侧用方木或钢模板做支撑，方木或钢模板的高度应与稳定材料层的压实厚度相同。

（五）人工摊铺与碾压

1. 混合料拌合均匀后，应及时用平地机初步整形。

2. 整形前，对局部低洼处应用齿耙将其表层 50mm 以上的材料耙松，并用新拌的混合料找平，再碾压一遍。

3. 应用平地机再整形一次，应将高处料直接刮出路外，严禁形成薄层贴补现象。

4. 在整形过程中，严禁任何车辆通行，并应保持无明显的粗细集料离析现象。

5. 在直线段和不设超高的平曲线段，宜从两侧路肩向路中心碾压，且轮迹应重叠 1/2 轮宽，后轮应超过两段的接缝处。碾压次数宜为 6 ～ 8 遍。（先低后高、轮迹重叠）

6. 压路机前两遍的碾压速度宜为 1.5 ～ 1.7km/h，以后宜为 2.0 ～ 2.5km/h。

7. 采用人工摊铺和整形的稳定材料层，宜先用拖拉机或 6 ～ 8t 两轮压路机或轮胎压路机碾压 1 ～ 2 遍，再用重型压路机碾压。（先轻后重）

8. 同日施工的两工作段的衔接处理应符合下列规定：

（1）前一段拌合整形后，留 5 ～ 8m 不碾压。

（2）后一段施工时，在前一段的未压部分再加部分水泥重新拌合，并与后一段一起碾压。

9. 水泥稳定材料层的施工应避免纵向接缝。分两幅施工时，纵缝应垂直相接。

10. 施工机械掉头处应符合下列规定：

（1）在准备用于掉头的 8 ～ 10m 长的稳定材料层上，覆盖一张厚塑料布或油毡纸，再铺上约 100mm 厚的土、砂或砾石。

（2）整平时，宜用平地机将塑料布或油毡纸上大部分材料除去，再人工除去余下的材料，并收起塑料布或油毡纸。

📖 典型例题

1.【真题－单选】关于水泥稳定碎石混合料人工摊铺与碾压的说法，正确的是（   ）。

A. 在初平的路段上，禁止碾压

B. 整形前，对局部低洼处，可直接用新拌的混合料找平再碾压一遍

C. 终平时应将局部高出部分刮除并扫出路外，对局部低洼处，找补平整后再碾压一遍

D. 碾压应达到要求的压实度，并没有明显的轮迹

【参考答案】D

2.【真题－单选】二级公路无机结合料稳定碎石基层施工中，其拌合工艺和摊铺工艺推荐采用（   ）。

A. 集中厂拌合摊铺机摊铺

B. 人工路拌合摊铺机摊铺

C. 人工路拌合推土机摊铺

D. 集中厂拌合推土机摊铺

【参考答案】A

🏢 考点 51：无机结合料基层（底基层）养护、交通管制、层间处理及其他★★

（一）一般规定

1. 无机结合料稳定材料层碾压完成并经压实度检查合格后，应及时养护。

2. 无机结合料稳定材料层的养护期宜不少于 7d，养护期宜延长至上层结构开始施工的前 2d。

3. 养护可采取洒水养护、薄膜覆盖养护、土工布覆盖养护、铺设湿砂养护、草帘覆盖养护、洒铺乳化沥青养护等方式，宜结合工程实际情况选择适宜的方式。

（二）养护方式

1. 洒水养护宜作为水泥稳定材料层的基本养护方式。

2. 混合料摊铺碾压成型后，可覆盖薄膜，薄膜厚度宜不小于1mm。

3. 对沥青面层厚度大于20cm的结构或二级及二级以下公路的无机结合料稳定材料的基层可采用洒铺乳化沥青方式养护，并应符合下列规定：

（1）表面干燥时，宜先喷洒少量水，再喷洒沥青乳液。

（2）采用稀释沥青时，宜待表面略干时再喷洒沥青。

（3）在用乳液养护前，应将基层清扫干净。

（4）沥青乳液的沥青用量宜采用 $0.8 \sim 1.0$kg/m^2，分两次喷洒。

（5）第一次喷洒时，宜采用沥青含量约35%的慢裂沥青乳液，第二次宜喷洒浓度较大的沥青乳液。

（6）不能避免施工车辆通行时，应在乳液破乳后撒布粒径 $4.75 \sim 9.5$mm 的小碎石，做成下封层。

（三）交通管制

1. 正式施工前宜建好施工便道。对高速公路和一级公路，无施工便道，不应施工。

2. 无法安排施工便道而需要车辆通行时，应符合下列规定：

（1）合理安排施工工序，保证 $7 \sim 15$d 的养护期。

（2）宜在硬路肩或临时停车带的位置划出专用车道，设专人负责指挥车辆通行。

（3）无机结合料稳定材料层应适当提高早期强度。

（4）限定载重车辆的轴载，应不大于13t。

（四）无机结合料稳定材料层之间的处理

可采用上下结构层连续摊铺施工的方式，每层施工应配备独立的摊铺和碾压设备，不得采用一套设备在上下结构层来回施工。

（五）无机结合料稳定材料基层与沥青面层之间的处理

1. 应采用人工清扫、小型清扫车、空压机以及洒水冲刷等方式将基层表面的浮浆清理干净，并应符合下列规定：

（1）基层表面达到无浮尘、无松动状态。

（2）清理出小坑槽时，不得用原有基层材料找补。

（3）清理出较大范围松散时，应重新评定基层质量，必要时宜返工处理。

2. 透层油施工后严禁一切车辆通行，直至上层施工。

3. 下封层或粘层应在透层油挥发、破乳完成后施工，并封闭交通。

4. 对极重、特重交通荷载等级或较薄的沥青面层，基层顶面应采用热洒沥青的方式加强层间结合，并应符合下列规定：根据工程情况，热洒沥青可采用普通沥青、改性沥青或橡胶沥青。对高速公路和一级公路的极重、特重交通荷载等级，或沥青面层厚度小于150mm时，宜选择SBS改性沥青或橡胶沥青。

（六）基层收缩裂缝的处理

基层在养护过程中出现裂缝，经过弯沉检测，结构层的承载能力满足设计要求时，可继续铺筑上面的沥青面层，也可采取下列措施处理裂缝：

1. 在裂缝位置灌缝。

2. 在裂缝位置铺设玻璃纤维格栅。

3. 洒铺热改性沥青。

重点回顾

考点	检验
粒料基层（底基层）适用范围	填隙碎石可用于（　　　　）公路的基层。 级配砾石、级配碎砾石、天然砂砾，可用于（　　　　　　　　　）公路的基层
填隙碎石施工	填隙碎石可采用（　　）或（　　）施工。 填隙碎石层上为薄沥青面层时，宜使集料的棱角外露（　　　　）mm。 初压宜用（　　　　）。填隙料应采用（　　　　）。填隙碎石表面空隙全部填满后，宜再用（　　　　）碾压
原材料技术要求	无机结合料稳定材料组成设计应包括（　　　）、（　　　）、（　　　）和（　　　）四部分
混合料生产摊铺碾压	对稳定中、粗粒材料，混合料的含水率可高于最佳含水率（　　　　）个百分点；对稳定细粒材料，含水率可高于最佳含水率（　　　　）个百分点。 采用两台摊铺机并排摊铺时，两台摊铺机的型号及磨损程度宜相同。在施工期间，两台摊铺机的前后间距宜不大于（　　　　），且两个施工段面纵向应有（　　　　）mm 的重叠。 存在纵向接缝时，纵缝应（　　　）相接，严禁（　　　）
层间处理及其他	基层收缩裂缝的处理：（　　　　　　）。（　　　　　　）。（　　　　　　）

小试牛刀

一、单选题

1. 单层填隙碎石的压实厚度宜为公称最大粒径的（　　）倍。

    A. 0.5　　　　　　　　　　　　　　　　B. 1

    C. 1.8　　　　　　　　　　　　　　　　D. 3

2. 无机结合料稳定基层的混合料组成设计主要包括以下步骤：①确定稳定材料；②确定技术标准；③生产配合比设计；④确定施工参数；⑤目标配合比设计；⑥原材料检验。正确的排序是（　　　）。

    A. ①→②→⑥→⑤→③→④　　　　　　B. ②→①→⑤→⑥→④→③

    C. ②→①→⑥→⑤→③→④　　　　　　D. ①→②→⑥→③→⑤→④

二、多选题

1. 下列关于无机结合料基层摊铺机施工的说法，错误的有（　　　）。

    A. 摊铺时宜避免纵向接缝

    B. 采用两台摊铺机并排摊铺时，两台摊铺机的前后间距宜不大于 10 ～ 20m

    C. 采用两层连续摊铺时，下层质量出现问题时，上层应同时处理

    D. 双向六车道的半幅摊铺时，应配备不少于 4 台重型压路机

    E. 对无法使用机械摊铺的超宽路段，应采用人工同步摊铺、修整

三、案例题

案例（一）

背景资料：

某施工单位承接了一段长 30.8km 的双向两车道新建二级公路 D 合同段路基、路面施工。

施工单位使用湿法施工填隙碎石垫层，在准备好下承层后，按下列工艺流程组织施工：施工放样→摊铺粗碎石→初压→撒布填隙料→复压→再次撒布填隙料→再次碾压→局部补撒填隙料、振动压实填满空隙→步骤

A →碾压滚浆→步骤 B。

问题：

1．写出步骤 A 和步骤 B 所对应的工艺流程名称。

2．写出底基层施工工艺流程中"碾压滚浆"结束的判断依据。

案例（二）

背景资料：

某施工单位承接了一条二级公路的施工，路线全长 30.85km，路基宽度为 8.5m，路面宽度为 2×3.5m。该工程内容包括路基、桥梁及路面工程等。为减少桥头不均匀沉降，防治桥头跳车，桥台与路堤交接处按图施工，主要施工内容包括：地基清表、挖台阶、A 区域分层填筑、铺设土工格栅、设置构造物 K、路面铺筑等。路面结构层如下图所示，B 区域为已经填筑完成的路堤填筑区域。

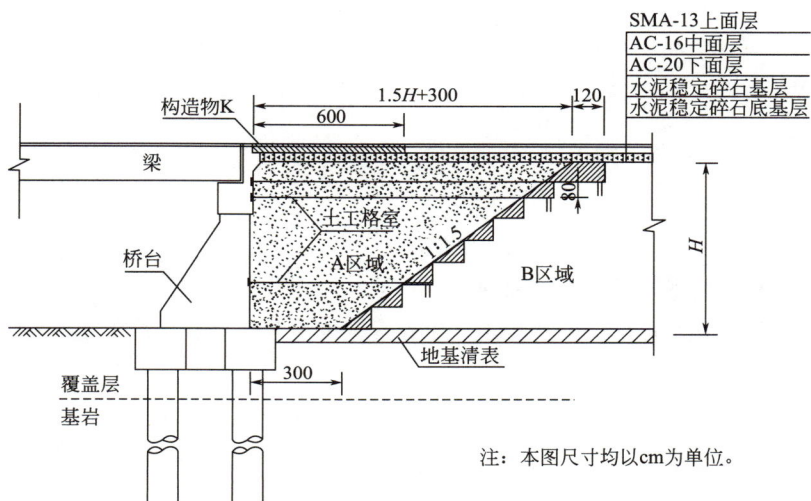

注：本图尺寸均以 cm 为单位。

该项目实施过程中发生了如下事件：

事件一：针对基层与底基层的施工，施工单位在施工组织设计中做了详细要求，现摘录 4 条技术要点如下：

1．应在下承层施工质量检测合格后，开始摊铺上层结构层。采用两层连续摊铺时，下层质量出现问题时，上层应同时处理。

2．分层摊铺时，应先将下承层顶面拉毛或采用凸块压路机碾压，再摊铺上层混合料。

3．对无法使用机械摊铺的超宽路段，应采用人工同步摊铺、修整，并同时碾压成型。

4．气候炎热干燥时，碾压稳定中、粗混合料，含水率比最佳含水率降低 0.5～1.5 个百分点。

事件二：施工单位对 K5+500～K5+800 路段的基层完成碾压并经压实度检查合格后，及时实施养护，但因养护条件欠佳，导致基层出现了裂缝。经过弯沉检测，该段基层的承载力满足设计要求。施工单位对裂缝采取了相应的技术措施处理后，继续铺筑上面的沥青混凝土面层。

事件三：根据《公路工程竣（交）工验收办法实施细则》，施工单位完成约定的全部工程内容，且经施工自检和监理检验评定均合格后，提出交工验收申请，报监理单位审查。交工验收申请书附自检评定资料和 C 报告。监理单位审查同意后，及时按规定提交了 D 资料、质量评定资料和监理总结报告。项目法人接受资料后及时按规定组织了交工验收。

问题：

1．写出桥头处治示意图中构造物 K 的名称。

2．桥头处治示意图中 A 区域应采用哪些特性的填料回填？

3. 对事件一中的 4 条技术要点逐条判断对错，并改正错误之处。

4. 写出两条可对事件二中裂缝修复的技术措施。

5. 写出事件三中 C 报告、D 资料的名称。

参考答案

一、单选题

1	2			
C	C			

二、多选题

1				
B、D				

三、案例题

案例（一）

1. 步骤 A 是洒水饱和，步骤 B 是干燥（或晾干、晒干）。

2. 应洒水碾压至填隙料和水形成粉砂浆为止，粉砂浆应填塞全部空隙，并在压路机轮前形成微波纹状。

案例（二）

1. 构造物 K 为：桥头搭板。

2. A 区域应采用：透水性材料、轻质材料、无机结合料。

3. 要点 1：正确。

要点 2：错误，改正：下承层是稳定细粒材料时，宜先将下承层顶面拉毛或采用凸块压路机碾压，再摊铺上层混合料；下承层是稳定中、粗粒材料时，应先将下承层清理干净，并洒铺水泥净浆，再摊铺上层混合料。

要点 3：正确。

要点 4：错误，改正：气候炎热干燥时，碾压稳定中、粗粒混合料，含水率应比最佳含水率增加 0.5～1.5 个百分点。

4. 裂缝修复的技术措施：（1）在裂缝位置灌缝（或灌浆，或注浆）；（2）在裂缝位置铺设玻璃纤维格栅；（3）洒铺热改性沥青（或洒铺透层油）。

5. C 报告为：施工总结报告；D 资料为：监理单位独立抽检资料。

考点 52：沥青路面透层、粘层、封层施工 ★★★★

	透层	粘层	封层
作用	透入	粘结	保水防水、过渡联结 加固补强、临时交通
适用条件	基层	①结构层；②结构物；③缝	基层、上面层 （上、下封层）
材料	①液体沥青； ②乳化沥青； ③煤沥青 （透层油基质沥青的针入度通常宜不小于100）	①快裂或中裂乳化沥青； ②改性乳化沥青； ③快、中凝液体石油沥青	①油； ② 4.75～9.5mm 的小碎石（下封层的厚度不宜小于6mm，且做到完全密水）
一般要求及注意事项	①喷洒后通过钻孔或挖掘确认透层油渗透入基层的深度不小于 5～10mm。 ②在无机结合料粒料基层上洒布透层油时，宜在铺筑沥青层前 1～2d 洒布。 ③不低于 10℃。 ④用于半刚性基层的透层油宜紧接在基层碾压成型后表面稍变干燥，但尚未硬化的情况下喷洒。 ⑤透层油布洒后应不致流淌，应渗入基层一定深度，不得在表面形成油膜	①喷洒表面一定要清扫干净，并使表面干燥。用水洗刷后需待表面干燥后喷洒。 ②气温低于 10℃时不得喷洒粘层油，寒冷季节施工不得不喷洒时可以分成两次喷洒。路面潮湿时不得喷洒粘层油。 ③粘层油宜在当天洒布，待乳化沥青破乳、水分蒸发完成，或稀释沥青中的稀释剂基本挥发完成后，紧跟着铺筑沥青层，确保粘层不受污染。 ④喷洒粘层油后，严禁运料车外的其他车辆和行人通过	①封层宜选择在干燥和较热的季节施工，并在最高温度低于 15℃到来以前半个月及雨期前结束。 ②稀浆封层两幅纵缝搭接的宽度不宜超过 80mm，横向接缝宜做成对接缝。分两层摊铺时，第一层摊铺后至少应开放交通 24h 后方可进行第二层摊铺。 ③不低于 10℃。 ④下封层宜采用层铺法表面处治或稀浆封层法施工

典型例题

1.【真题－单选】沥青路面透层施工中，透层油洒布后应待充分渗透，一般不少于（　　）后才能摊铺上层。

A. 12h   B. 24h

C. 36h   D. 48h

【参考答案】B

2.【真题－多选】关于沥青混凝土路面中封层作用的说法，正确的有（　　）。

A. 封闭某一层，起保水防水作用

B. 增加基层的整体强度和厚度

C. 起基层与沥青表面层之间的过渡和有效联结作用

D. 起路的某一层表面破坏离析松散处的加固补强作用

E. 沥青面层铺筑前，要临时开放交通，防止基层因天气或车辆作用出现水毁

【参考答案】A、C、D、E

考点 53：沥青路面结构组成★★

面层	直接承受车轮荷载反复作用和自然因素影响的结构层
基层	起主要承重作用
底基层	起次要承重作用
垫层	起排水、隔水、防冻、防污等作用

考点 54：沥青路面分类★★★★

（一）按组成结构分类

密实－悬浮	采用连续密级配	AC-I	宜中、下
骨架－空隙	连续开级配	AM、OGFC	上
密实－骨架	间断型密级配	SMA	上

密实-悬浮　　　骨架-空隙　　　密实-骨架

（二）按矿料级配分类

分类	特点	代表物
密级配沥青混凝土混合料	①各种粒径的颗粒级配连续。②压实后的剩余空隙率小于 10%（剩余空隙率为 3%～6% 的，Ⅰ型；剩余空隙率为 4%～10% 的，Ⅱ型）	沥青混凝土、沥青稳定碎石
半开级配沥青混合料	压实后剩余空隙率在 10% 以上	改性沥青稳定碎石（AM）
开级配沥青混合料	①主要由粗集料组成，细集料和填料较少。②压实后空隙率大于 15% 的开式沥青混合料	排水式沥青磨耗层混合料（OGFC）排水式沥青稳定碎石基层（ATPB）
间断级配沥青混合料	矿料级配组成中缺少 1 个或几个档次而形成的级配间断的沥青混合料	沥青玛琋脂碎石（SMA）

典型例题

1. 【真题－单选】沥青碎石玛琋脂混合料（SMA）的结构类型是（　　）。

   A. 密实－骨架型结构　　　　　　　　B. 密实－悬浮型结构

   C. 骨架－空隙型结构　　　　　　　　D. 空隙－悬浮型结构

   　　　　　　　　　　　　　　　　　　　　　　　　　　　　　　　【参考答案】A

2. 【真题－单选】按矿料级配分类，OGFC 路面结构属于（　　）。

   A. 开级配沥青混合料　　　　　　　　B. 半开级配沥青混合料

   C. 密级配沥青混合料　　　　　　　　D. 间断级配沥青混合料

   　　　　　　　　　　　　　　　　　　　　　　　　　　　　　　　【参考答案】A

考点 55：沥青路面面层原材料要求 ★

（一）道路石油沥青

A级	各等级
B级	高速、一级下面层；二级及二级以下；基质沥青
C级	三级及三级以下

（二）乳化石油沥青

1. 乳化沥青适用于沥青贯入式路面、沥青表面处治、冷拌沥青混合料路面，修补裂缝，喷洒透层、粘层与封层等。

分类	品种及代号	适用范围
阳离子乳化沥青	PC-1	表处、贯入式路面及下封层使用
	PC-2	透层油及基层养护
	PC-3	粘层油用
	BC-1	稀浆封层或冷拌沥青混合料用
阴离子乳化沥青	PA-1	表处、贯入式路面及下封层使用
	PA-2	透层油及基层养护
	PA-3	粘层油用
	BA-1	稀浆封层或冷拌沥青混合料用
非离子乳化沥青	PN-2	透层油用
	BN-1	与水泥稳定集料同时使用（基层路拌或再生）

2. 在高温条件下宜采用黏度较大的乳化沥青，寒冷条件下宜采用黏度较小的乳化沥青。

3. 制备乳化沥青用的基质沥青，对高速公路和一级公路，宜符合道路石油沥青 A、B 级沥青的要求，其他情况可采用 C 级沥青。

（三）液体石油沥青

1. 液体石油沥青适用于透层、粘层及拌制冷拌沥青混合料。

2. 液体石油沥青宜采用针入度较大的石油沥青，使用前按先加热沥青后加稀释剂的顺序。

3. 基质沥青的加热温度严禁超过 140℃，液体沥青的贮存温度不得高于 50℃。

（四）改性沥青

1. 制造改性沥青的基质沥青应与改性剂有良好的配伍性，其质量宜符合 A 级或 B 级道路石油沥青的技术要求。供应商在提供改性沥青的质量报告时，应提供基质沥青的质量检验报告或沥青样品。

2. 改性沥青的剂量以改性剂占改性沥青总量的百分数计算。

（五）改性乳化沥青

改性乳化沥青品种及适用范围表

品种		代号	适用范围
改性乳化沥青	喷洒型改性乳化沥青	PCR	粘层、封层、桥面防水粘结层用
	拌合用乳化沥青	BCR	改性稀浆封层和微表处用

（六）集料、填料、纤维稳定剂

集料	填料	纤维稳定剂
（1）粗集料： ①碎石、破碎砾石、筛选砾石、钢渣（破碎且存放6个月以上）、矿渣等（高速公路和一级公路不得使用筛选砾石和矿渣）。 ②除SMA、OGFC路面外，允许在硬质粗集料中掺加部分较小粒径的磨光值达不到要求的粗集料，其最大掺加比例由磨光值试验确定。 ③筛选砾石仅适用于三级及三级以下公路的沥青表面处治路面。 （2）细集料：天然砂、机制砂、石屑。 （天然砂：SMA和OGFC混合料不宜使用）	①沥青混合料的矿粉必须采用石灰岩或岩浆岩中的强基性岩石等憎水性石料经磨细得到的矿粉。 ②高速公路、一级公路的沥青面层不宜采用粉煤灰做填料	（1）宜选用木质素纤维、矿物纤维等。 （2）矿物纤维宜采用玄武岩等矿石制造，易影响环境及造成人体伤害的石棉纤维不宜直接使用。 （3）纤维稳定剂的掺加比例以沥青混合料总量的质量百分率计算

（七）细集料

1. 沥青面层的细集料可采用天然砂、机制砂、石屑。细集料必须由具有生产许可证的采石场、采砂场生产。

2. 细集料应洁净、干燥、无风化、无杂质，并有适当的颗粒级配。

3. 天然砂可采用河砂或海砂，通常宜采用粗、中砂。

🗒 典型例题

1.【真题－单选】下列乳化沥青品种中，属于阳离子乳化沥青的是（　　）。

　A. PA－1　　　　　　　　　　B. BA－1

　C. PC－1　　　　　　　　　　D. BN－1

【参考答案】C

2.【真题－多选】液体石油沥青可适用于（　　）。

　A. 热拌沥青混合料　　　　　　B. 透层

　C. SMA混合料　　　　　　　　D. 粘层

　E. 冷拌沥青混合料

【参考答案】B、D、E

🏢 考点56：热拌沥青混合料面层施工技术★★★★

（一）施工准备

施工流程：

试验段开工前28d安装好试验仪器和设备，配备好后试验人员报请监理工程师审核。各层开工前14d在监理工程师批准的现场备齐全部机械设备进行试验段铺筑，以确定松铺系数、施工工艺、机械配备、人员组织、压实遍数，并检查压实度、沥青含量、矿料级配、沥青混合料马歇尔试验各项技术指标等。

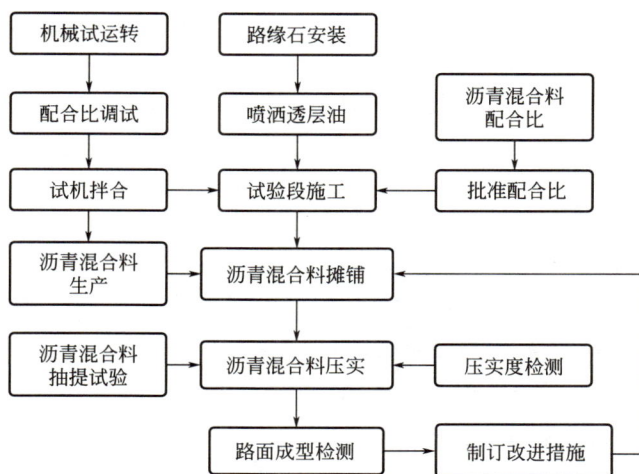
热拌沥青混凝土路面施工工艺流程

（二）沥青混合料的拌制

1. 热拌沥青混合料的施工温度与石油沥青的标号有关。沥青的加热温度控制在规范规定的范围之内，即 145～170℃。

2. 出厂的混合料须均匀一致，无白花料，无粗细料离析和结块现象，不符合要求时废弃。

（三）混合料的运输

已离析、硬化在运输车厢内的混合料，低于规定铺筑温度或被雨淋的混合料应予以废弃。

（四）混合料的摊铺

1. 在摊铺过程中，随时检查摊铺质量，出现离析、边角缺料等现象时人工及时补洒料，换补料。

2. 摊铺机无法作业的地方，在监理工程师同意后采取人工摊铺施工。

（五）混合料的压实

1. 压实：

阶段	机械状态	使用机械	注意事项
初压	静压	双轮双振压路机	钢轮压路机，温度应不低于120℃并紧跟摊铺机
复压	振压	胶轮压路机、双轮双振压路机	密级配沥青混凝土优先采用胶轮压路机（宜≥25t）
终压	静压	用双轮双振压路机	—
边角	振压	小型振动压路机碾压	—

2. 采用雾状喷水法，以保证沥青混合料碾压过程中不粘轮。

3. 不在新铺筑的路面上进行停机、加水、加油活动，以防各种油料、杂质污染路面。压路机不准停留在温度尚未冷却至自然气温以下已完成的路面上。

（六）接缝处理

纵缝	热接缝	梯队	留100～200mm宽暂不碾压
	冷接缝	半幅	刨缝或切缝、粘层沥青、重叠5～10cm、压实
横缝	冷接缝		3m直尺、切齐、先横压后纵压（双轮双振压路机）

纵向冷接缝错开15cm以上、横向接缝错开1m以上、路基2m

📖 典型例题

1.【真题－单选】热拌沥青混凝土路面施工工艺包括：①路缘石安装；②试验段施工；③喷洒透油层；④混合料压实；⑤沥青混合料摊铺；⑥路面成型监测。其施工顺序是（　　　）。

  A.②→③→①→⑥→⑤→④   B.①→③→②→⑤→④→⑥

  C.②→①→③→⑤→④→⑥   D.①→②→③→⑥→⑤→④

【参考答案】B

2.【真题－多选】关于沥青混合料压实的说法，正确的有（　　　）。

  A.压路机采用2～3台双轮双振压路机及2～3台重量不小于16t胶轮压路机组成

  B.采用雾状喷水法，以保证沥青混合料碾压过程不粘轮

  C.在当天成型的路面上，不得停放各种机械设备或车辆

  D.初压应采用钢轮压路机紧跟摊铺机振动碾压

  E.压路机不得在未碾压成型路段上转向、调头、加水或停留

【参考答案】A、B、E

🏢 考点57：沥青表面处治施工技术★

  沥青表处路面简称沥青表处，是由沥青和细粒碎石按比例组成的一种不大于3cm的薄层路面。

  沥青表面处治宜选择在干燥和较热的季节施工，并在最高温度低于15℃到来以前半个月及雨期前结束。

  三层法施工工序是：施工准备→洒透层油→洒第一层沥青→撒第一层集料→碾压→洒第二层沥青→撒第二层集料→碾压→洒第三层沥青→撒第三层集料→碾压→初期养护成型。

🏢 考点58：沥青贯入式面层施工技术★

  沥青贯入式面层的施工工艺流程为：

  清扫基层→洒透层或粘层沥青（乳化沥青贯入式或沥青贯入式厚度小于5cm）→撒主层矿料→碾压→洒布第一遍沥青→撒第一遍嵌缝料→碾压→洒布第二遍沥青→撒第二遍嵌缝料→碾压→洒布第三遍沥青→撒封层料→碾压→初期养护。

  沥青贯入式面层宜选择在干燥和较热的季节施工，并宜在日最高温度降低至15℃以前的半个月结束，使贯入式结构层通过开放交通碾压成型。

🏢 考点59：水泥路面改造加铺沥青面层★★

  （一）直接加铺法

  一般通过人工调查对旧水泥路的病害按段落桩号进行统计，采用探地雷达、弯沉仪对混凝土板的脱空和其结构层的均匀情况、路面承载能力进行检测评价。

  对于板块脱空、桥头沉陷、板的不均匀沉陷及弯沉较大的部位，应钻穿板块，然后用水泥浆高压灌注处理。

  具体的工艺流程：

  定位（监理人员和施工技术人员）→钻孔→制浆（热沥青、水泥浆、水泥粉煤灰浆、水泥砂浆）→灌浆→灌浆孔封堵（水泥砂浆或取出的混凝土芯样）→交通控制（达到3MPa）→弯沉检测（超过0.3mm，需补压）。

（二）碎石化法

1. 特殊路段的处理

在路面破碎之前对该工程全线可能存在的严重病害的软弱路段进行修复处理，首先清除混凝土路面并开挖至稳定层，然后换填监理工程师认可的材料。

2. 路面碎石化施工

在路面碎石化施工正式开始之前，选择有代表性的路段作为试验段，获取破碎参数。

路面破碎时，先破碎路面侧边的车道，然后破碎中部的行车道。两幅破碎一般要保证 10cm 左右的搭接破碎宽度。机械施工过程中要灵活调整行进速度、落锤高度、频率等，尽量达到破碎均匀。路面碎石化后应清除路面中所有松散的填缝料、胀缝料、切割移除暴露的加强钢筋或其他类似物。表面凹处在 10cm×10cm 以内，在压实前可以用密级配碎石回填；在 10cm×10cm 以上的，应利用沥青混合料找平，以保证加铺沥青面层的平整度。

3. 破碎后的压实

压实的主要作用是将破碎的路面表面的扁平颗粒进一步破碎，同时稳固下层块料，为新铺沥青面层提供一个平整的表面。破碎后的路面采用 z 型压路机振动压实 2～3 遍，测标高进行级配碎石调平，检测平整度，光轮压路机振动压实 3～4 遍，压实速度不超过 5km/h。

4. 乳化沥青透层的洒布

为使表面较松散的粒径有一定的结合力，使用慢裂乳化沥青做透层，用智能洒布车，保证用量均匀地控制在 2.5～3.0k/m²。乳化沥青透层表面撒布适量石屑后进行光轮静压，石屑用量以不粘轮为标准。

考点 60：旧沥青路面再生 ★

现场冷再生法	①现场冷再生法是用大功率路面铣刨拌合机将路面混合料在原路面上就地铣刨、翻挖、破碎，再加入稳定剂、水泥、水（或加入乳化沥青）和集料同时就地拌合，用路拌机原地拌合，最后碾压成型。 ②现场冷再生法关键技术是添加的胶粘剂（如乳化沥青、泡沫沥青、水泥）与旧混合料的均匀拌合技术	
现场热再生法	整形再生法	整形再生法适合 2～3cm 表面层的再生
	重铺再生法	①重铺再生法适合 4～6cm 面层的再生，是用两台加热机分次对旧沥青路面进行加热。第一次加热的表面温度可达 160～180℃，第二次加热的表面温度将达到 180～250℃。 ②这种方法适用于破损较严重路面（如出现大面积坑槽）的维修翻新和旧路升级改造施工，修复后形成与新建道路性能完全相同的全新路面
	复拌再生法	复拌再生法适合 4～6cm 面层的再生，其方法是用两台加热机分次对旧沥青路面进行加热，加热方式与重铺再生法基本相同
厂拌热再生法	厂拌热再生法就是将旧沥青路面经过翻挖后运回拌合厂，再集中破碎	

考点 61：SMA 沥青混凝土路面施工 ★★

（一）沥青玛琋脂碎石（SMA）

沥青玛琋脂碎石（SMA）是一种以沥青、矿粉及纤维稳定剂组成的沥青玛琋脂碎石结合料，填于间断级配的矿料骨架中，所形成的沥青混合料。

（二）施工技术

1. 不得在天气温度低于10℃的气候条件下和雨期施工。

2. 车厢侧板及底板可涂一薄层水混合液，但不得有余液积聚。运输过程中必须加盖篷布。

3. 摊铺前必须将工作面清扫干净，如用水冲，必须晒干后才能进行下一步作业。摊铺前必须洒一层粘层油。

4. SMA的碾压遵循"紧跟、慢压、高频、低幅"的原则。碾压温度越高越好，摊铺后应立即压实，不得等候。

SMA面层施工切忌使用胶轮压路机或组合式压路机，以防止胶轮压路机或组合式压路机的轮胎将结构部沥青"泵吸"到路表面，使路表失去纹理和粗糙度。（钢轮压路机）

重点回顾

考点	检测
功能层	①透层油应选择渗透性好的（ ）、（ ）、（ ）作透层油。 ②粘层油宜采用（ ）乳化沥青、（ ），也可采用（ ）液体石油沥青。 ③下封层：层铺法表面处治或（ ）
路面结构组成	（ ）起主要承重作用；（ ）起排水、隔水、防冻、防污等作用
路面分类	①组成结构：AC-I的结构类型（ ）；AM（ ）；SMA（ ）。 ②矿料级配：AC-I（ ）；AM（ ）；OGFC（ ）；SMA（ ）
原材料要求	①（ ）适用于沥青贯入式路面、沥青表面处治、冷拌沥青混合料路面，修补裂缝，喷洒透层、粘层与封层等。 ②液体石油沥青宜采用针入度较大的石油沥青，使用前按先（ ）后加（ ）的顺序。 ③供应商在提供改性沥青的质量报告时，应提供基质沥青的（ ）或（ ）
热拌沥青混合料面层施工	①施工准备：各层开工前（ ）在监理工程师批准的现场备齐全部机械设备进行试验段铺筑，以确定松铺系数、施工工艺、机械配备、人员组织、压实遍数，并检查（ ）、（ ）、（ ）、沥青混合料马歇尔试验各项技术指标等。 ②混合料的摊铺：下、中面层采用（ ）施工，表面层采用（ ）施工；开铺前将摊铺机的熨平板加热至不低于（ ）；采用双机或三机梯进式施工时，相邻两机的间距控制在（ ）。 ③压实：碾压过程中，采用（ ）喷水法保证不粘轮。 ④接缝处理：梯队作业应采用（ ）；横缝碾压应先（ ）后（ ）
水泥路面改造	①直接加铺法：工艺流程：定位→（ ）→制浆→灌浆→灌浆孔封堵→交通控制→（ ）。 ②碎石化法：路面破碎时，先破碎路面（ ）车道，再破碎（ ）行车道。两幅破碎一般保证（ ）左右的搭接宽度。 ③表面凹处在10cm×10cm以内，可用（ ）回填；10cm×10cm以上的，应用（ ）找平
旧沥青路面再生	现场热再生适用条件：整形再生法（ ）；重铺再生法（ ）；复拌再生法（ ）
SMA沥青混凝土路面施工	SMA面层施工切忌使用（ ）压路机或（ ）压路机

小试牛刀

一、单选题

1. 按组成结构分类，属于密实悬浮结构的混合料是（   ）。

    A. SMA   B. AM

    C. AC-I   D. OGFC

2. 下列关于沥青混合料压实的有关说法，错误的是（   ）。

    A. 密级配沥青混凝土复压优先采用胶轮压路机进行搓揉碾压

B. 采用雾状喷水法，以保证沥青混合料碾压过程中不粘轮

C. 压路机由两端折回的位置阶梯形随摊铺机向前推进，使折回处不在同一横断面上

D. 碾压进行中压路机可以中途停留、转向或制动

3. 下列情况中，不需要喷洒粘层沥青的是（　　）。

A. 双层式热拌热铺沥青层之间

B. 沥青稳定碎石基层上加铺沥青层

C. 无机结合料基层与沥青面层之间

D. 路缘石与新铺沥青混合料的接触面

4. 现场冷再生中关键技术是（　　）。

A. 添加的胶粘剂（如乳化沥青、泡沫沥青、水泥）与旧混合料的均匀拌合技术

B. 旧沥青混合料的加热重熔技术

C. 新加沥青、再生剂与旧混合料的均匀复拌技术

D. 解决旧沥青混合料中沥青的加热重熔问题与旧沥青混合料的精确计量问题

二、案例题

案例

背景资料：

某施工单位承建了一段二级公路沥青混凝土路面工程，路基宽度12m。上面层采用沥青混凝土（AC-13），下面层采用沥青混凝土（AC-20）；基层采用18cm厚水泥稳定碎石，基层宽度9.5m；底基层采用级配碎石。

沥青混合料指定由某拌合站定点供应，现场配备了摊铺机、运输车辆。基层采用两侧装模，摊铺机铺筑。

施工过程中发生如下事件：

事件一：沥青混凝土下面层施工前，施工单位编制了现场作业指导书，其中部分要求如下：

（1）下面层摊铺采用平衡梁法；

（2）摊铺机每次开铺前，将熨平板加热至80℃；

（3）采用雾状喷水法，以保证沥青混合料碾压过程不粘轮；

（4）摊铺机无法作业的地方，可采取人工摊铺施工。

事件二：施工单位确定的级配碎石底基层实测项目有：压实度、纵断高程、宽度、横坡等。

事件三：施工单位试验室确定的基层水泥稳定碎石混合料的集料比例见下表，水泥剂量为4.5%（外掺），最大干重度为2.4t/m³，压实度为98%。

基层水泥稳定碎石混合料集料比例表

集料名称	1号料	2号料	3号料	4号料
比例（%）	25	35	25	15

问题：

1. 本项目应采用什么等级的沥青？按组成结构分类，本项目沥青混凝土路面属于哪种类型？

2. 沥青混凝土路面施工还需要配备哪些主要施工机械？

3. 逐条判断事件一中现场作业指导书的要求是否正确？并改正错误。

4. 补充事件二中级配碎石底基层实测项目的漏项。

5. 列式计算事件三中1km基层需1号料和水泥的用量。（不考虑材料损耗。以t为单位，计算结果保留到小数点后2位）

参考答案

一、单选题

1	2	3	4	
C	D	C	A	

二、案例题

案例

1. （1）采用 A 级、B 级的沥青均可。

（2）按组成结构分类，本项目沥青混凝土路面属于密实－悬浮结构类型。

2. 还需要配备的主要施工机械有：双轮双振压路机、胶轮压路机、沥青混凝土搅拌设备等。

3. ① 作业指导书第（1）条不正确，改为下面层摊铺采用走线法。

② 第（2）条不正确，改为摊铺机每次摊铺前，将熨平板加热至不低于 100℃。

③ 第（3）条正确。

④ 第（4）条不正确，摊铺机无法作业的地方，应在监理工程师同意后，采用人工摊铺施工。

4. 级配碎石底基层实测项目的漏项：厚度、平整度、弯沉值。

5. 1 号料用量：1000×9.5×0.18×2.4×0.98×[1-4.5%÷（1+4.5%）]×25%=962.18t

水泥：1000×9.5×0.18×2.4×0.98×[4.5%÷（1+4.5%）]=173.19t

笔记区

考点62：水泥混凝土路面原材料要求★

材料	要求
水泥	①极重、特重、重交通荷载等级公路面层（旋窑生产的道路硅酸盐水泥、硅酸盐水泥、普通硅酸盐水泥）。 ②中、轻交通荷载等级（矿渣硅酸盐水泥）。 ③采用滑模摊铺机铺筑时，宜选用散装水泥
掺合料	①道路硅酸盐水泥或硅酸盐水泥（可掺粉煤灰），其他不应掺。 ②使用矿渣硅酸盐水泥时不得再掺加矿渣粉
粗集料	不低于Ⅱ级（极重、特重、重）；可用Ⅲ级（中、轻）
细集料	天然砂：不低于Ⅱ级（极重、特重、重）；可用Ⅲ级（中、轻） 机制砂：不低于Ⅱ级（极重、特重、重）；可用Ⅲ级（中、轻）

续表

材料	要求
外加剂	高温（初凝＜3h）→缓凝引气高效减水剂；低温（终凝＞10h）→早强引气高效减水剂 ①有抗冰冻、抗盐冻要求时，各级公路水泥混凝土面层及暴露结构物混凝土应掺入引气剂。 ②处在海水、海风、氯离子或冬季洒除冰盐的路面可掺阻锈剂
接缝材料	①高速公路、一级公路胀缝板宜采用塑胶板、橡胶（泡沫）板或沥青纤维板；其他等级公路也可采用浸油木板。 ②硅酮类、聚氨酯类常温施工式填缝料可用于各等级公路水泥混凝土面层；橡胶沥青、改性沥青类填缝料可用于二级及二级以下公路；道路石油沥青类填缝料可用于三、四级公路。 ③严寒及寒冷地区宜采用低模量型填缝料，其他地区宜采用高模量型填缝料

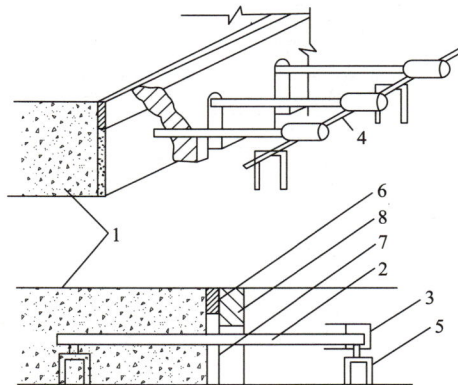

胀缝传力杆的架设(钢筋支架法)

1—先浇的混凝土；2—传力杆；3—金属套管；
4—钢筋；5—支架；6—压缝板条；
7—嵌缝板；8—胀缝模板

典型例题

1. **【真题－单选】**关于水泥混凝土路面的水泥选用原则，正确的是（　　）。

   A. 重交通荷载等级的公路面层应采用旋窑生产的道路硅酸盐水泥、硅酸盐水泥、普通硅酸盐水泥

   B. 高温期施工应采用早强型水泥

   C. 低温期施工应采用普通型水泥

   D. 采用机械化铺筑时，应采用袋装水泥

   【参考答案】A

2. **【真题－单选】**公路面层水泥混凝土可采用矿渣硅酸盐水泥的交通等级是（　　）。

   A. 极重交通荷载等级　　　　　　　　　B. 特重交通荷载等级

   C. 重交通荷载等级　　　　　　　　　　D. 中交通荷载等级

   【参考答案】D

考点63：水泥混凝土路面的施工★★

水泥混凝土面层铺筑的技术方法有小型机具铺筑、滑模机械铺筑、三辊轴机组铺筑和碾压混凝土等方法。

```
┌──────────────┐
│   基层验收    │
└──────┬───────┘
       │
┌──────┴───────┐
│   测量放样    │
└──────┬───────┘
       │
┌──────┴───────┐
│   安装模板    │
└──────┬───────┘
       │
┌──────┴───────┐          ┌──────────────┐
│    摊铺       ├─────────▶│    试件      │
└──────┬───────┘          └──────────────┘
       │
┌──────┴───────┐
│    振捣       │
└──────┬───────┘
       │
┌──────┴───────┐
│   整平饰面    │
└──────┬───────┘
       │
┌──────┴───────┐
│  抗滑构造施工  │
└──────┬───────┘
       │
┌──────┴───────┐          ┌──────────────┐
│    养护       │◀─────────┤    切缝      │
└──────┬───────┘          └──────────────┘
       │
┌──────┴───────┐
│    灌缝       │
└──────┬───────┘
       │
┌──────┴───────┐
│   开放交通    │
└──────────────┘
```

施工流程

考点 64：水泥混凝土路面模板及其架设与拆除★

1. 施工模板应采用刚度足够的槽钢、轨模或钢制边侧模板。

2. 支模前在基层上应进行模板安装及摊铺位置的测量放样，核对路面标高、面板分板、胀缝和构造物位置。

3. 纵横曲线路段应采用短模板，每块横板中点应安装在曲线切点上。

4. 模板与混凝土拌合物接触表面应涂隔离剂。

5. 模板拆除应在混凝土抗压强度不小于 8.0MPa 时方可进行。

典型例题

【真题-多选】关于水泥混凝土路面施工的说法，正确的有（　　　）。

A. 施工模板应便于搬运，尽量使用木模板、塑料模板

B. 支模前在基层上应进行模板安装及摊铺位置的测量放样，核对路面标高、面板分板、胀缝和构造物位置

C. 曲线路段应采用短模板，每块模板起点应安装在曲线切点上

D. 模板安装应能承受摊铺、振实、整平设备的负载行进，冲击振动时不发生位移

E. 模板与混凝土拌合物接触表面应喷水润滑

【参考答案】B、D

考点 65：混凝土拌合物搅拌★

1. 搅拌楼的配备，应优先选配间歇式搅拌楼，也可使用连续搅拌楼。

2. 每台搅拌楼在投入生产前，必须进行标定和试拌。在标定有效期满或搅拌楼搬迁安装后，均应重新标定。施工中应每 15d 校验一次搅拌楼计量精确度。

3. 外加剂应以稀释溶液加入，其稀释用水和原液中的水量，应从拌合加水量中扣除。

考点 66：混凝土拌合物的运输★

应根据施工进度、运量、运距及路况，选配车型和车辆总数。总运力应比总拌合能力略有富余。确保新拌混凝土在规定时间内运到摊铺现场。

工程运输车辆是运送工程材料的运输车辆。计算公式如下：

$$n = a\frac{t_1 + t_2 + t_3}{T}$$

式中：t_1——重载动程时间（min）；

t_2——空载动程时间（min）；

t_3——在工地卸料和等待的总时间（min）；

T——拌制一车混合料所需的时间，$T = 60G_0/G$（min），G（t/h）为生产能力，G_0（t）为车辆的载重能力；

a——储备系数，视交通情况而定，一般取 $a=1.1 \sim 1.2$。

考点 67：滑模摊铺机铺筑施工★★

采用滑模摊铺机铺筑水泥混凝土面层的施工工艺。其特征是不架设边缘固定模板，布料、摊铺、振捣密实、挤压成型、抹面装饰等施工流程在摊铺机行进过程中连续完成。

（一）一般规定

1. 滑模摊铺工艺宜用于高速、一级、二级公路普通水泥混凝土面层、配筋混凝土面层、纤维混凝土面层、钢筋混凝土桥面、隧道混凝土面层、混凝土路缘石、路肩石及护栏等的滑模施工。

2. 传力杆和胀缝拉杆钢筋宜采用前置支架法施工，也可采用滑模摊铺机配备的自动插入装置（DBI）施工。

3. 上坡纵坡大于 5%、下坡纵坡大于 6%、平面半径小于 50m 或超高横坡超过 7% 的路段，不宜采用滑模摊铺机进行摊铺。

（二）准备工作

滑模摊铺面层前，应准确架设基准线。基准线架设与保护应符合下列规定：

1. 滑模摊铺高速公路、一级公路时，应采用单向坡双线基准线；横向连接摊铺时，连接一侧可依托已铺成的路面，另一侧设置单线基准线。

2. 滑模整体铺筑二级公路的双向坡路面时，应设置双线基准线，滑模摊铺机底板应设置为路拱形状。

3. 基准线桩纵向间距直线段不宜大于 10m，桥面铺装、隧道路面及竖曲线和平曲线路段宜为 5 ~ 10m，大纵坡与急弯道可加密布置。基准线桩最小距离不宜小于 2.5m。

4. 基层顶面到夹线臂的高度宜为 450 ~ 750mm。基准线桩夹线臂夹口到桩的水平距离宜为 300mm。基准线桩应固定牢固。

5. 单根基准线的最大长度不宜大于 450m。架设长度不宜大于 300m。

6. 基准线宜使用钢绞线。采用直径为 2.0mm 的钢绞线时，张线拉力不宜小于 1000N；采用直径为 3.0mm 的钢绞线时，不宜小于 2000N。

7. 基准线设置后，应避免扰动、碰撞和振动。多风季节施工，宜缩小基准线桩间距。

（三）水泥混凝土面层滑模摊铺机铺筑

1. 滑模摊铺机前布料，应采用机械完成，布料高度应均匀一致，不得采用翻斗车直接卸料的方式，布料尚应符合下列规定：

当面层传力杆、胀缝与隔离缝钢筋采用前置支架法施工时，不得在支架顶面直接卸料。传力杆以下的混凝土宜在摊铺前采用手持振捣棒振实。

2. 滑模摊铺应缓慢、匀速、连续不间断地作业。滑模摊铺速度应根据板厚、混凝土工作性能、布料能力、振捣排气效果等确定，可在 0.75 ～ 2.5m/min 选择，宜采用 1m/min。

3. 滑模摊铺水泥混凝土面层时，严禁快速推进、随意停机与间歇摊铺。

4. 滑模摊铺振捣频率应根据板厚、摊铺速度和混凝土工作性能确定，以保证拌合物不发生过振、欠振或漏振。振捣频率可在 100 ～ 183Hz 调整，宜为 150Hz。

典型例题

【模拟题 – 多选】滑模摊铺机的摊铺速度考虑的因素有（　　　）。

A. 板宽度　　　　　　　　　　　B. 混凝土工作性

C. 布料能力　　　　　　　　　　D. 振捣排气效果

E. 摊铺宽度

【参考答案】B、C、D

考点 68：混凝土振捣（小型机具施工）★

1. 在待振横断面上，每车道路面应使用 2 根振捣棒，组成横向振捣棒组，沿横断面连续振捣密实，并应注意路面板底、内部和边角处不得欠振或漏振。

2. 振捣棒在每一处的持续时间，应以拌合物全面振动液化、表面不再冒气泡和泛水泥浆为限，不宜过振，也不宜少于 30s。振捣棒的移动间距不宜大于 500mm，至模板边缘的距离不宜大于 200mm。应避免碰撞模板、钢筋、传力杆和拉杆。

3. 在振捣棒已完成振实的部位，可开始振动板纵横交错两遍，全面提浆振实，每车道路面应配备 1 块振动板。

4. 振动板移位时，应重叠 100 ～ 200mm，振动板在一个位置的持续振捣时间不应少于 15s。

5. 缺料的部位，应辅以人工补料找平。

6. 振动梁振实，每车道路面宜使用 1 根振动梁。振动梁应具有足够的刚度和质量，振动梁应垂直路面中线沿纵向拖行，往返 2 ～ 3 遍，使表面泛浆均匀平整。

考点 69：水泥混凝土路面整平饰面★

每车道路面应配备 1 根滚杠（双车道两根）。振动梁振实后，应拖动滚杠往返 2 ～ 3 遍提浆整平。

典型例题

【真题 – 单选】水泥混凝土路面采用小型机具施工时，滚杠所起的作用是（　　　）。

A. 振密材料　　　　　　　　　　B. 提浆整平

C. 避免材料离析　　　　　　　　D. 提高表面粗糙度

【参考答案】B

考点 70：水泥混凝土路面纵、横缝设置与施工 ★★

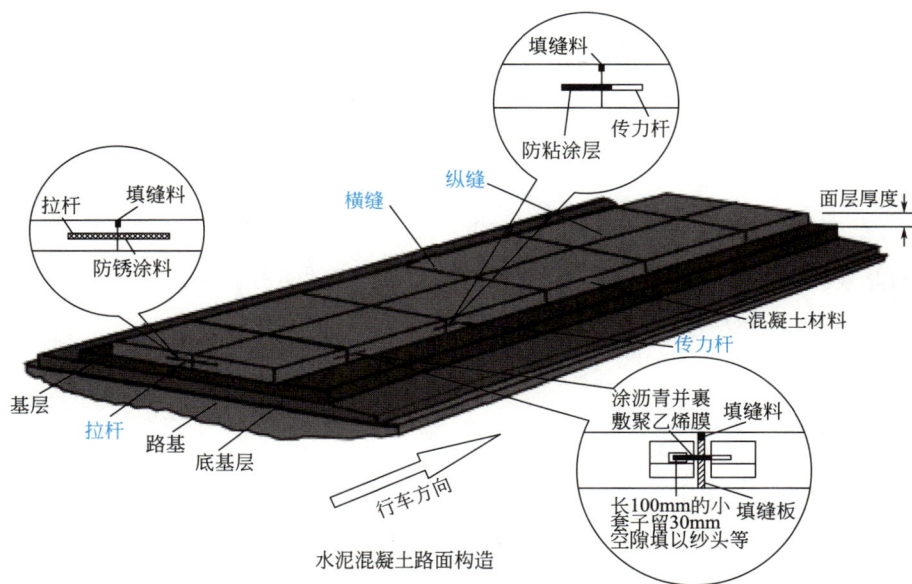

水泥混凝土路面构造

纵缝	横缝
施工缝、缩缝	施工缝、缩缝、胀缝
＜路面宽；＞4.5m	施工结束、中断；（板宽、6m）
拉杆	传力杆

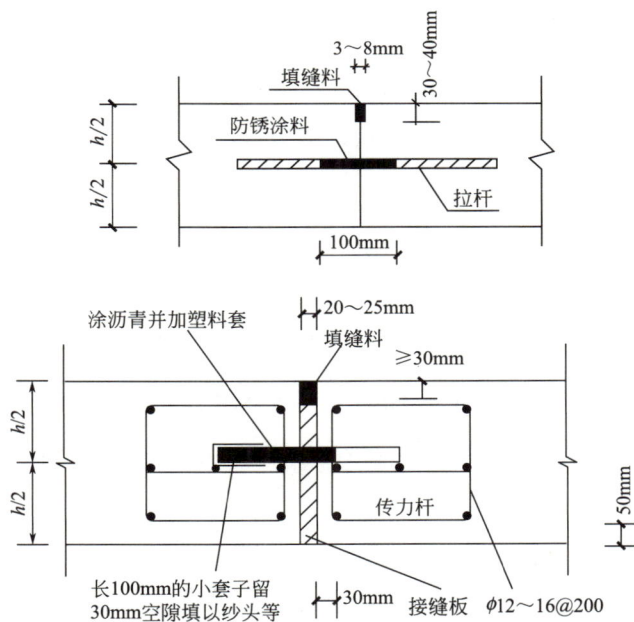

典型例题

1.【模拟题－单选】当一次铺筑宽度小于路面宽度时，应设置（   ）平缝型。

　　A. 拉杆　　　　　　　　　　　　　　B. 传力杆

    C. 加强筋   D. 箍筋

【参考答案】A

2. 【模拟题 – 单选】横向施工缝设在缩缝之间时应设置（   ）。

    A. 设传力杆平缝型   B. 设传力杆假缝型

    C. 设拉杆的平缝型   D. 设拉杆的企口型

【参考答案】D

🏢 考点 71：水泥混凝土路面抗滑构造施工★

    特重和重交通混凝土路面宜采用硬刻槽，凡使用圆盘、叶片式抹面机整平后的混凝土路面、钢纤维混凝土路面必须采用硬刻槽方式制作抗滑沟槽。

🏢 考点 72：混凝土路面养护★

    1. 混凝土路面铺筑完成或软作抗滑构造完毕后立即开始养护。在雨天或养护用水充足的情况下，也可采用覆盖保湿膜、土工毡、土工布、麻袋、草袋、草帘等洒水湿养护方式，不宜使用围水养护方式。

    2. 养护时间根据混凝土弯拉强度增长情况而定，不宜小于设计弯拉强度的80%，应特别注重前7d的保湿（温）养护。一般养护天数宜为14～21d，高温天不宜小于14d，低温天不宜小于21d。掺粉煤灰的混凝土路面，最短养护时间不宜少于28d，低温天应适当延长。

    3. 混凝土板养护初期，严禁人、畜、车辆通行，在达到设计强度40%后，行人方可通行。在路面养护期间，平交道口应搭建临时便桥。面板达到设计弯拉强度后，方可开放交通。

📋 典型例题

【模拟题 – 单选】面板达到设计强度（   ）后方可开放交通。

    A.40%   B.80%

    C.90%   D.100%

【参考答案】D

🏢 考点 73：水泥混凝土路面灌缝★

    常温施工式填缝料的养护期，低温天宜为24h，高温天宜为12h。加热施工式填缝料的养护期，低温天宜为12h，高温天宜为6h。在灌缝料养护期间应封闭交通。

📑 重点回顾

考点	检测
模板及其架设与拆除	模板拆除应在混凝土抗压强度不小于（ ）时方可进行
滑模摊铺机铺筑施工	①上坡纵坡大于（ ）、下坡纵坡大于（ ）、平面半径小于（ ）或超高横坡超过（ ）的路段，不宜采用滑模摊铺机进行摊铺。 ②滑模摊铺高速公路、一级公路时，应采用（ ）。 ③传力杆以下的混凝土宜在摊铺前采用（ ）振实

📝 小试牛刀

一、单选题

1. 下列（   ）路段宜采用滑模摊铺机进行摊铺。

    A. 上坡纵坡大于 5%

    B. 下坡纵坡大于 6%

    C. 平面半径大于 50m

    D. 超高横坡超过 7% 的路段

2. 水泥混凝土路面拆模应在混凝土抗压强度不低于（   ）时进行。

    A. 2MPa   B. 4MPa

    C. 6MPa   D. 8MPa

二、多选题

1. 滑模摊铺振捣频率应根据（   ）确定，以保证拌合物不发生过振、欠振或漏振。

    A. 板厚   B. 摊铺速度

    C. 布料能力   D. 振捣混凝土排气效果

    E. 混凝土工作性能

三、案例题

案例（一）

背景资料：

某施工单位承接了长 65km 的平原区新建高速公路路面施工，路面面层采用 C30 水泥混凝土，基层为水泥稳定碎石，底基层为级配碎石，土路肩采用 M7.5 浆砌片石加固。路面结构如下图所示。

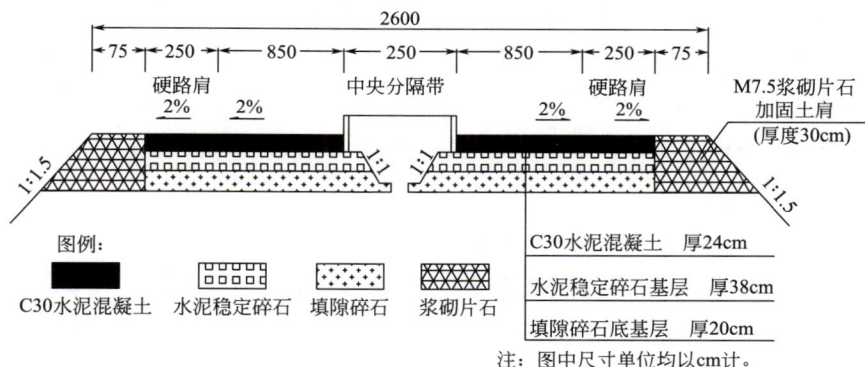

路面结构设计示意图

施工过程中发生了如下事件：

事件一：为控制水泥混凝土路面的施工质量和工期，施工单位计划在面层施工中采用滑模摊铺技术。施工单位的做法如下：

（1）滑模铺筑时应设双线基准线。

（2）单根基准线的架设长度不宜大于 450m。

（3）滑模摊铺机的振捣频率应根据板厚、混凝土工作性能、布料能力、振捣排气效果确定。

（4）当拌合物稠度发生变化时，应采取先调振捣频率，后改变摊铺速度的措施；保证摊铺质量。

事件二：在摊铺过程中，由于路面较宽，施工单位对路面面层分幅铺筑，在纵缝的 1/2 板厚处安装光面钢筋，钢筋的全长范围涂防粘涂层。每日施工结束设置横向缩缝。

事件三：混凝土通过设计和试配确定配合比，并将试配报告提交监理工程批准。在混凝土拌制前施工单位将理论配合比换算为施工配合比。水泥混凝土试验室配比水泥：砂：石子 =367：617：1253，水灰比 W/C=0.48，水泥用量 C=367kg/m³，现场实测砂石含水率 W_{sa}=3%，石子含水率 W_s=1%。

问题：

1. 判断事件一中施工单位的做法是否正确，如不正确请改正。

2. 水泥混凝土面层摊铺中，传力杆和拉杆施工可以采用哪些方法？

3. 改正事件二中的错误之处。

4. 在事件三中，求出施工配合比（以水泥：水：砂：碎石表示）和每方混凝土各种材料用量（写出计算过程，结果保留整数）。

案例（二）

背景资料：

某施工单位承接了一段二级公路水泥混凝土路面工程施工，路面结构示意图如图1所示。

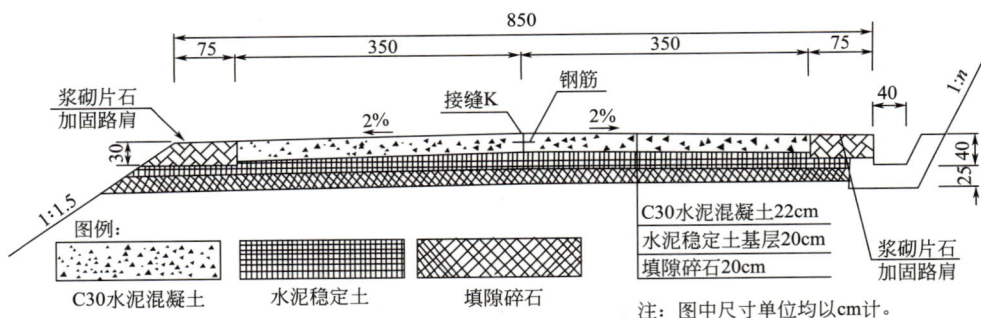

图1 路面结构示意图

施工单位进场后设立了水泥混凝土搅拌站和工地试验室，搅拌站的配电系统实行分级配电：设置总配电箱（代码A），以下依次设置分配电箱（代号B）和开关箱（代码C），开关箱以下是用电设备（代号D），动力配电箱与照明配电箱分别设置。配电箱与开关箱装设在通风、干燥及常温场所，每台用电设备实行"一机一闸"制。施工单位对配电箱与开关箱设置提出一系列安全技术要求，部分摘录如下：

要点一：配电箱的导线进线口和出线口应设在箱体的上顶面。

要点二：移动式开关箱的进口线、出口线必须采用绝缘铝导线。

要点三：总配电箱应装设总隔离开关、分路隔离开关、总熔断器、分熔断器、电压表、总电流表。

基层采用路拌法施工，施工工艺流程如图2所示。为顺利完成基层的施工，施工单位配备了稳定土拌合机、装卸机、运输车、多铧犁。

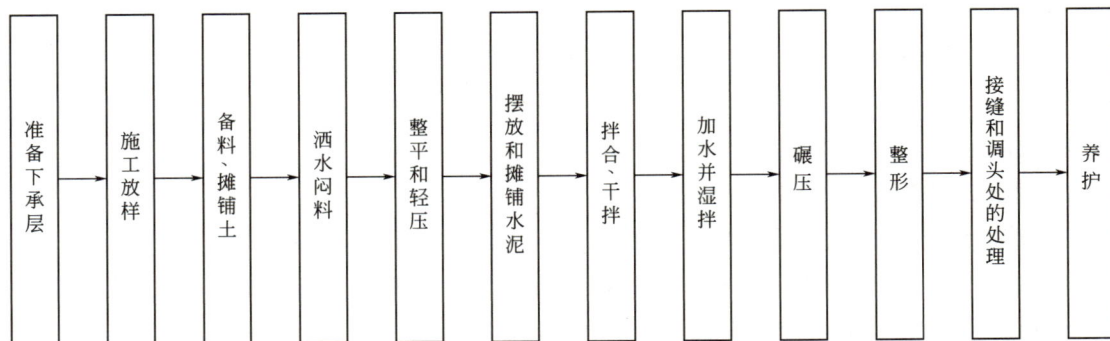

图2 基层施工工艺流程图

公路工程管理与实务 "考点魔炼"

施工单位对路面面层分左右两幅铺筑，先铺筑左幅，后铺筑右幅，在公路中心处设置接缝K，接缝的1/2板厚处安装光圆钢筋，钢筋的全长范围涂防粘涂层。

问题：

1. 写出图1中接缝K的名称，并改正接缝钢筋施工中的错误做法。

2. 改正图2中工艺顺序的错误之处，并补充背景中基层施工还需配置的机械设备。

3. 改正要点一、要点二中的错误。

4. 补充要点三中总配电箱还应装设的电器装置。

5. 用代号写出配电系统与用电设备在使用过程中的送电、断电顺序。

参考答案

一、单选题

1	2			
C	D			

二、多选题

1				
A、B、E				

三、案例题

案例（一）

1.（1）错误；改正：滑模铺筑时应设单向坡双线基准线。

（2）错误；改正：单根基准线的架设长度不宜大于300m。

（3）错误；改正：滑模摊铺机的振捣频率应根据板厚、混凝土工作性能、摊铺速度确定。

（4）正确。

2. 可以采用前置支架法或采用滑模摊铺传力杆自动插入装置（DBI）。

3.（1）接缝的1/2板厚处安装螺纹钢筋，钢筋的中部100mm范围涂防锈涂层。

（2）每日施工结束设置横向施工缝。

4.（1）水泥=367kg

砂=617×（1+3%）=636kg

碎石=1253×（1+1%）=1266kg

水=0.48×367−（617×3%+1253×1%）=145kg

（2）施工配合比为367：145：636：1266。

（3）每方混凝土各种材料用量为：水泥367kg，水145kg，砂636kg，碎石1266kg。

案例（二）

1. 图1接缝K的名称为纵向施工缝（或纵缝）。

改正一：接缝处应安装螺纹钢筋。

改正二：应对拉杆中部100mm内做防锈处理。

2. 错误之处：整形和碾压顺序颠倒；整形应在碾压之前。

基层施工还需配备的机械设备：压路机、平地机、推土机、洒水车。

85

3. 改正要点一的错误：进线口和出线口应分别设在箱体的上顶面和下底面。

改正要点二的错误：移动式开关箱的进口线、出口线必须采用橡胶绝缘电缆。

4. 要点三中总配电箱还应装设的电器装置为漏电保护器、总电度表和其他仪器。

5. 配电系统与用电设备在使用过程中的送电顺序：A→B→C→D。

配电系统与用电设备在使用过程中的断电顺序：D→C→B→A。

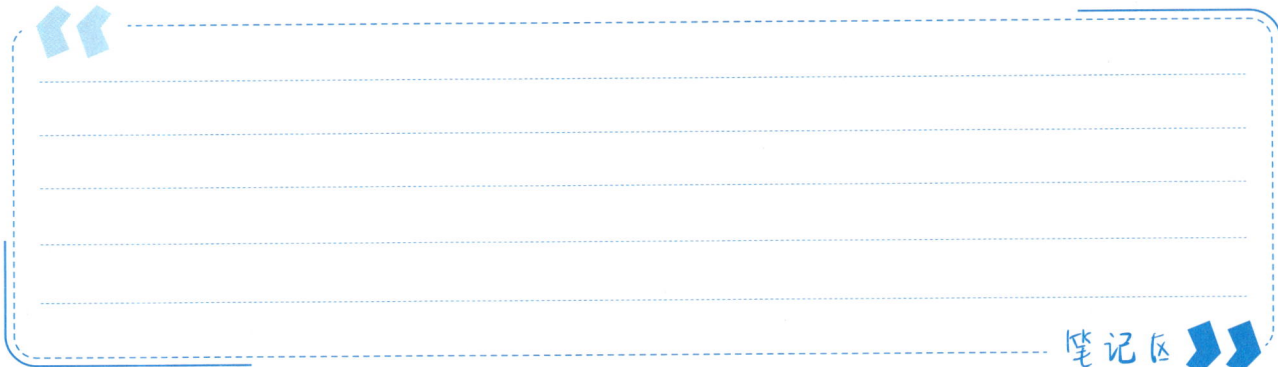

考点 74：路面防水★

（一）概述

路面表面防排水设施由路拱横坡、路肩坡度和拦水带等组成。

（二）施工注意事项

1. 降落在路面上的雨水，应通过路面横向坡度向两侧排走，避免行车道路面范围内出现积水。

2. 在路线纵坡平缓、汇水量不大、路堤较低且边坡坡面不会受到冲刷的情况下，应采用在路堤边坡上横向漫流的方式排除路面表面水。

3. 在路堤较高，边坡坡面未做防护而易遭受路面表面水流冲刷，或者坡面虽已采取防护措施但仍有可能受到冲刷时，沿路肩外侧边缘设置拦水带，汇集路面表面水，然后通过泄水口和急流槽排离路堤。

4. 设置拦水带汇集路面表面水时，拦水带过水断面内的水面，在高速公路及一级公路上不得漫过右侧车道外边缘，在二级及二级以下公路不得漫过右侧车道中心线。拦水缘石一般采用混凝土预制块或用路缘石成型机现场铺筑的沥青混凝土，拦水缘石高出路肩12cm，顶宽8～10cm。

5. 当路基横断面为路堑时，横向排流的表面水汇集于边沟内。当路基横断面为路堤时，可采用两种方式排除路面表面水：一种方式是让路面表面水以横向漫流形式向路堤坡面分散排放；另一种方式是在路肩外侧边缘放置拦水带，将路面表面水汇集在拦水带同路肩铺面（或者路肩和部分路面铺面）组成的浅三角形过水断面内，当硬路肩汇水量较大时，可在土路肩上设置"U"形混凝土预制构件砌筑的排水沟，沟底纵坡同路肩纵坡，并不小于0.3%，在适当长度内（20～50cm）设置泄水口配合急流槽将路面积水排于路基之外。

考点 75：路面封堵、阻隔防水★

1. 在干旱、少雨地区，通常采用透水性小的密级配沥青混合料作表面层。

2. 对多雨、潮湿地区，表面层可采用上封层组成防滑面层，以利于防水。

3. 当面层渗水性大而基层、底基层及路基的水稳定性较差时，可在基层做下封层防止或减少地表水下渗。

4. 对于地下水位较高、路基长期处于潮湿状态的地区，强度和稳定性会降低，在重载作用下路面会出问题的地段，应设置<u>渗透性小的垫层</u>，隔绝地下水向上入渗。

考点 76：路面内部排水★

渗入水在路面结构内的最大渗流时间，冰冻区不应超过 1h，其他地区不超过 2h（重交通）～4h（轻交通）。渗入水在路面结构内渗流路径长度不宜超过 45～60m。

考点 77：路面基层排水★

施工注意事项：

（1）在一些特殊地段，如连续长纵坡坡段、曲线超高过渡段和凹形竖曲线段等，排水层内渗流的自由水有可能被堵封或者渗流路径超过 45～60m。在这些路段，应增设横向排水管以拦截水流，缩短渗流长度。

（2）排水层的透水性材料可以采用经水泥或沥青处治，或者未经处治的开级配碎石集料。

透水性：未处治碎石集料＜水泥处治碎石＜沥青处治碎石集料

（3）排水基层下必须设置不透水垫层或反滤层。

重点回顾

考点	检测
路面防水	路面表面防排水设施由（　）、（　）和（　）等组成
封堵、隔水防水	①当面层渗水性大而基层、底基层及路基的水稳定性较差时，可在基层做（　）防止或减少地表水下渗。 ②对于地下水位较高、路基长期处于潮湿状态的地区，强度和稳定性会降低，在重载作用下路面会出问题的地段，应设置渗透性小的（　），隔绝地下水向上入渗
基层排水	①在一些特殊地段，如连续长纵坡坡段、曲线超高过渡段和凹形竖曲线段等，应增设（　）以拦截水流，缩短渗流长度。 ②排水基层下必须设置（　）或（　）

小试牛刀

单选题：

1. 路面透水性排水基层施工中，在连续长纵坡坡段或凹形竖曲线路段，排水层内渗流的自由水有可能被堵封或渗流路径超过 45～60m 时，为拦截水流及缩短渗流长度应增设（　）。
　　A. 纵向排水管　　　　　　　　　B. 横向排水管
　　C. 纵向集水管　　　　　　　　　D. 横向跌水井

2. 路面基层排水层的透水材料，透水性从高到低排序正确的是（　）。
　　A. 未经处治的开级配碎石集料＞沥青处治的碎石材料＞水泥处治的碎石集料
　　B. 水泥处治的碎石集料＞未经处治的开级配碎石集料＞沥青处治的碎石材料
　　C. 沥青处治的碎石材料＞水泥处治的碎石集料＞未经处治的开级配碎石集料
　　D. 未经处治的开级配碎石集料＞水泥处治的碎石集料＞沥青处治的碎石材料

单选题：

1	2			
B	C			

考点 78：无侧限抗压强度试验适用范围★

适用于测定无机结合料稳定土（包括稳定细粒土、中粒土和粗粒土）试件的无侧限抗压强度，有室内配合比设计试验及现场检测，本试验包括：按照预定的干密度用静力压实法制备试件以及用锤击法制备试件，试件都是高：直径 =1：1 的圆柱体。应该尽可能用静力压实法制备干密度的试件。

考点 79：无侧限抗压强度试验仪器设备★

试模尺寸为：

细粒土（最大粒径不超过 10mm）：试模的直径 × 高 =50mm×50mm

中粒土（最大粒径不超过 25mm）：试模的直径 × 高 =100mm×100mm

粗粒土（最大粒径不超过 40mm）：试模的直径 × 高 =150mm×150mm

典型例题

【真题 – 单选】无侧限抗压强度试验中，适用于无机结合料稳定土（最大粒径不超过 25mm）的试模尺寸是（　　）。

    A. 试模的直径：高 =50mm：50mm

    B. 试模的直径：高 =100mm：100mm

    C. 试模的直径：高 =150mm：150mm

    D. 试模的直径：高 =250mm：250mm

【参考答案】B

考点 80：无侧限抗压强度试验步骤★

1. 试料准备。

2. 确定最佳含水量和最大干密度。

3. 配制混合料。

4. 按预定的干密度制作试件。

5. 成型后试件应立即放入恒温室养护。

6. 无侧限抗压强度试验。

7. 整理数字、强度评定并提供试验报告。

考点81：马歇尔试验目的与适用范围★

马歇尔稳定度试验是对标准击实的试件在规定的温度和速度等条件下受压，测定沥青混合料的稳定度和流值等指标所进行的试验。

空隙率是评价沥青混合料压实程度的指标。空隙率的大小，直接影响沥青混合料的技术性质，空隙率大的沥青混合料，其抗滑性和高温稳定性都比较好，但其抗渗性和耐久性明显降低，而且对强度也有影响。沥青混合料的空隙率是指空隙的体积占沥青混合料总体积的百分率，它是由理论密度和实测密度求得。

沥青饱和度是指压实沥青混合料试件中沥青实体体积占矿料骨架实体以外的空间体积的百分率，又称为沥青填隙率。

稳定度是指沥青混合料在外力作用下抵抗变形的能力，在规定试验条件下，采用马歇尔仪测定的沥青混合料试件达到最大破坏的极限荷载。

流值是评价沥青混合料抗塑性变形能力的指标。在马歇尔稳定度试验时，当试件达到最大荷载时，其压缩变形值，也就是此时流值表上的读数，即为流值（FL），以0.1mm计。

残留稳定度是反映沥青混合料受水损害时抵抗剥落的能力。浸水马歇尔稳定度试验方法与马歇尔稳定度试验方法基本相同，只是将试件在（60±1）℃恒温水槽中保温48h，然后再测定其稳定度，浸水后的稳定度与标准马歇尔稳定度的百分比即为残留稳定度。

考点82：马歇尔试验仪器设备★

包括沥青混合料马歇尔试验仪、恒温水槽、真空保水容器、烘箱、天平、温度计、卡尺。

考点83：马歇尔试验步骤★

1. 将试件置于已达规定温度的恒温水槽中保温。

2. 将马歇尔试验仪的上下压头放入水槽或烘箱中达到同样温度。

3. 在上压头的球座上放妥钢球，并对准荷载测定装置的压头。

4. 当采用自动马歇尔试验仪时，将自动马歇尔试验仪的压力传感器、位移传感器与计算机或 $X-Y$ 记录仪的记录笔对准原点。

5. 当采用压力环和流值计时，将流值计安装在导棒上，使导向套管轻轻地压住上压头，同时将流值计数调零。调整压力环中百分表对零。

6. 启动加载设备，使试件承受荷载，加载速度为（50±5）mm/min。

7. 在试验荷载达到最大值的瞬间，取下流值计，同时读取压力环中百分表读数及流值计的流值读数。

8. 从恒温水槽中取出试件至测出最大荷载值的时间，不应超过30s。

考点 84：水泥混凝土抗压强度试验方法★

（一）概述

目前混凝土抗压强度试件以边长为 150mm 的正立方体为标准试件，混凝土强度以该试件标准养护到 28d，按规定方法测得的强度为准。

（二）试验仪器设备

1. 压力机或万能试验机。

2. 金属直尺。

（三）试验步骤

1. 试件的成型并养护。

2. 试件修整。试件如有蜂窝缺陷，可以在试验前 3d 用水泥浆填补修整，但需在报告中加以说明。

3. 压力试验。以成型时的侧面作为受压面，将混凝土置于压力机中心并使位置对中。

4. 整理试验数据，提供试验报告。

典型例题

【真题－单选】关于水泥混凝土抗压强度试验的说法，正确的是（　　　）。

A. 混凝土抗压强度试件的标准试件为边长 100mm 的正方体

B. 以混凝土标准试件标准养护到 28d，按规定方法测得的强度为准

C. 试件如有蜂窝缺陷，可以在试验前 1d 用水泥浆填平，可在报告中加以说明

D. 压力试验时，以成型时的正面作为受压面

【参考答案】B

考点 85：水泥混凝土抗折（抗弯拉）强度试验方法★

（一）概述

水泥混凝土抗折强度是以 150mm×150mm×550mm 的梁形试件在标准养护条件下达到规定龄期后，净跨径 450mm，双支点荷载作用下的弯拉破坏，并按规定的计算方法得到强度值。

（二）试验仪器设备

1. 万能试验机或具有 50 ～ 300kN 的抗折机。

2. 抗折加载试验装置：由双点加载压头和活动支座组成。

（三）试验步骤

1. 试件的成型并养护。

2. 试件外观检查、修整。将达到规定龄期的抗折试件取出，擦干表面，检查试件，如发现试件中部 1/3 长度内有蜂窝等缺陷，则该试件废弃。

3. 标记试件。从试件一端量起，分别在距端部的 50mm、200mm、350mm 和 500mm 处划出标记，分别作为支点（50mm 和 500mm 处）和加载点（200mm 和 350mm 处）的具体位置。

4. 加载试验。

5. 整理试验数据，提供试验报告。

典型例题

【真题-单选】 水泥混凝土抗折强度的试验步骤包括：①试件的成型和养护；②标记试件；③试件外观检查、修整；④加载试验；⑤整理试验数据，提供试验报告。正确的顺序为（　　）。

A. ①→②→③→④→⑤
B. ①→③→②→④→⑤
C. ①→③→④→②→⑤
D. ①→②→④→③→⑤

【参考答案】 B

重点回顾

考点	检测
无侧限抗压强度	①适用范围：按照预定的干密度用静力压实法制备试件以及用锤击法制备试件，试件都是高：直径=（　　）的圆柱体。 ②中粒土［最大粒径不超过（　　）］：试模的直径×高=（　　）
马歇尔试验	①（　　）是指沥青混合料在外力作用下抵抗变形的能力。 ②（　　）是评价沥青混合料抗塑性变形能力的指标
水泥混凝土抗压强度试验	①试件标准尺寸（　　）。 ②压力试验。以成型时的（　　）作为受压面，将混凝土置于压力机中心并使位置对中

小试牛刀

一、单选题

1. 采用圆柱体试件测试水泥稳定碎石（最大粒径31.5mm）的无侧限抗压强度，制备试件的尺寸应是（　　）。

A. 直径100mm，高：直径=1：1
B. 直径100mm，高：直径=1.5：1
C. 直径150mm，高：直径=1：1
D. 直径150mm，高：直径=1.5：1

2. 无机结合料稳定土的无侧限抗压强度试验的试件为（　　）。

A. 100mm×100mm×100mm的立方体
B. 高：直径=1：1的圆柱体
C. 高：直径=2：1的圆柱体
D. 150mm×150mm×150mm的立方体

二、案例题

案例

背景资料：

某施工单位承接了K0+000～K48+000段二级公路路面施工，路面结构示意图如下图所示，该公路靠近三峡某风景旅游区，沿线居民较多。

施工中发生了如下事件：

事件一：施工单位组建了工地试验室，采购了马歇尔试验仪、恒温水槽、真空保水容器、烘箱、天平、温度计、卡尺等设备。试验室人员通过马歇尔稳定度试验，测试得到了标准试件在标准马歇尔稳定度试验条件下的稳定度为X；另外，将标准试件在（60±1）℃恒温水槽中保温48h，然后测试得到了其稳定度为Y，计算得到$Z=Y/X×100\%$。

事件二：施工单位在K25+100右侧设置了沥青混凝土集中拌合站。在沥青混凝土面层施工过程中，环保部门接到当地居民举报，称施工单位造成了较严重的大气污染。环保部门工作人员到施工现场实测了PM2.5和SO_2等大气质量指标，多项指标严重超标。环保部门工作人员指出施工单位存在的主要问题有：

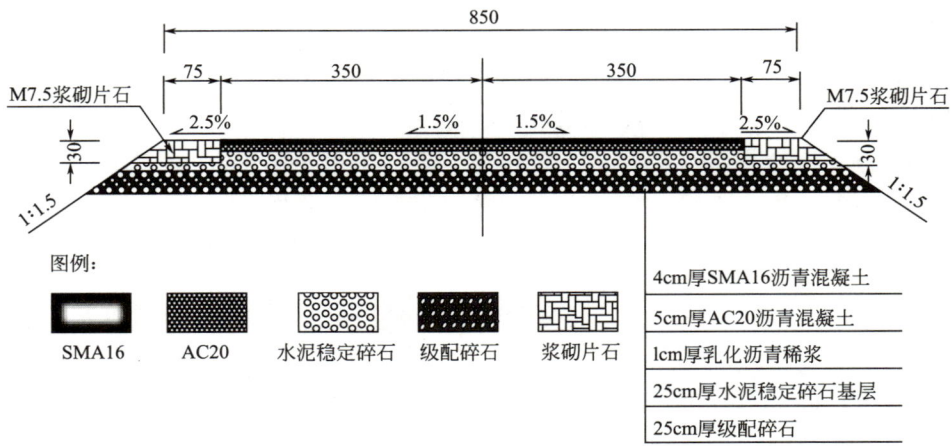

4cm厚SMA16沥青混凝土
5cm厚AC20沥青混凝土
1cm厚乳化沥青稀浆
25cm厚水泥稳定碎石基层
25cm厚级配碎石

注：图中尺寸单位均以cm计。

路面结构示意图

（1）施工便道为简易土路，雨天泥泞、晴天扬尘；

（2）运输砂石、矿粉的车辆未加盖，沿途遗洒、粉尘飞扬；

（3）沥青混凝土集中拌合站的烟尘敞口排放，严重超标。

环保部门工作人员根据《中华人民共和国环境保护法》相关规定，责令施工单位进行整改并处以罚款。

问题：

1. 本工程中基层混合料的拌合方法有哪两种？从环保的角度考虑，本工程宜采用哪一种？

2. 本工程路面结构的上面层和底基层在粒料级配方面分别有何要求？

3. 事件一中试验方法除了用于沥青路面施工质量检验外，还有什么用途？

4. 写出事件一中Z的名称，它是反映沥青混合料什么性能的指标？

5. 针对事件二中环保部门工作人员指出的三个问题，分别写出整改措施。

参考答案

一、单选题

1	2			
C	B			

二、案例题

案例

1. 两种施工方法：路拌法和中心站集中拌合法（或厂拌法）。本工程宜采用中心站集中拌合法（或厂拌法）。

2. 上面层（SMA）的矿料级配组成中应缺少1个或几个档次，形成间断级配。底基层（级配碎石）级配应接近圆滑曲线（或应形成连续级配）。

3. 马歇尔稳定度试验还可用于沥青混合料的配合比设计。

4. Z叫作残留稳定度，它是反映沥青混合料受水损害时抵抗剥落能力的指标。

5. 整改措施：（1）对施工便道进行硬化，防止扬尘。（2）运输易飞扬的材料时，采取遮盖措施（或罐装运输）。（3）对拌合站安装烟尘处理装置（或除尘装置）。

考点 86：水泥稳定碎石基层裂缝病害及防治措施★

预防措施：

1. 控制水泥质量，在保证强度的情况下，应适当降低水泥稳定碎石混合料的水泥用量。

2. 碎石级配应接近要求级配范围的中值。

3. 应严格控制集料中黏土含量。

4. 应严格控制加水量。

5. 混合料碾压成型后及时洒水养护，保持碾压成型混合料表面的湿润。

6. 养护结束后应及时铺筑下封层。

7. 宜在春季末和气温较高的季节组织施工，工期的最低温度在 5℃以上，并在第一次冰冻到来之前一个月内完成，基层表面在冬期上冻前应做好覆盖层（下封层或摊铺下面层或覆盖土）。

考点 87：沥青混凝土路面不平整原因分析★

1. 基层标高、平整度不符合要求，松铺厚度不同或混合料局部集中离析，混合料压缩量的不同，导致了高程厚度上的不平整。

2. 摊铺机自动找平装置失灵，摊铺时产生上下漂浮。

3. 基准线拉力不够，钢钎较其他位置高而造成波动。

4. 摊铺过程中摊铺机停机，熨平板振动下沉，重新启动后形成凹点。

5. 摊铺过程中载料车装卸时撞击摊铺机，推移熨平板而减少夯实，形成松铺压实凹点。

6. 压路机碾压时急停急转，随意停车加水、小修，推拥热的沥青混合料而形成鼓楞。

7. 基层顶面清理不干净，或摊铺现场随地有漏散混合料，摊铺机滑靴或履带时常碾压在漏散混合料上，导致沥青混合料摊铺厚度不均匀。

8. 施工缝接槎处理不好，新旧摊铺压实厚度不一，与构造物伸缩缝衔接不好。

考点 88：沥青混凝土路面接缝病害预防措施★★

（一）横向接缝

1. 尽量采用平接缝。将已摊铺的路面尽头边缘在冷却但尚未结硬时锯成垂直面，并与纵向边缘成直角，或趁未冷透时用凿岩机或人工垂直刨除端部层厚不足的部分。采用斜接缝时，注意搭接长度，一般为 0.4 ～ 0.8m。

2. 预热软化已压实部分路面，加强新旧混合料的粘结。

3. 摊铺机起步速度要慢，并调整好预留高度，摊铺结束后立即碾压，压路机先进行横向碾压（从先铺路面上跨缝逐渐移向新铺面层），再纵向碾压成为一体，碾压速度不宜过快。同时也要注意碾压的温度符合要求。

（二）纵向接缝

1. 尽量采用热接槎施工，采用两台或两台以上摊铺机梯队作业。当半幅路施工或因特殊原因而产生纵向冷接槎时，宜加设挡板或加设切刀切齐，也可在混合料尚未冷却前用镐刨除边缘留下毛槎的方式。铺另半幅前必须将缝边缘清扫干净，并涂洒少量粘层沥青。

2. 将已摊铺混合料留10～20cm暂不碾压，作为后摊铺部分的高程基准面，待后摊铺部分完成后一起碾压。纵缝如为热接缝时，应以1/2轮宽进行跨缝碾压；纵缝如为冷接缝时，应先在已压实路上行走，只压新铺层的10～15cm，随后将压实轮每次再向新铺面移动10～15cm。

3. 碾压完成后，用3m直尺检查，用钢轮压路机处理棱角。

🏢 考点89：水泥混凝土路面裂缝原因分析★

（一）横向裂缝

1. 混凝土路面切缝不及时，由于温缩和干缩发生断裂。混凝土连续浇筑长度越长，浇筑时气温越高，基层表面越粗糙越易断裂。

2. 切缝深度过浅，由于横断面没有明显削弱，应力没有释放，因而在临近缩缝处产生新的收缩缝。

3. 混凝土路面基础发生不均匀沉陷（如穿越河浜、沟槽，拓宽路段处），导致板底脱空而断裂。

4. 混凝土路面板厚度与强度不足，在行车荷载和温度应用下产生强度裂缝。

5. 水泥干缩性大；混凝土配合比不合理，水胶比大；材料计量不准确；养护不及时。

6. 混凝土施工时，振捣不均匀。

（二）纵向裂缝

1. 路基发生不均匀沉陷，如由于纵向沟槽下沉，路基拓宽部分沉陷；路堤一侧积水、排灌等导致路基基础下沉、板块脱空而产生裂缝。

2. 由于基础不稳定，在行车荷载和水温的作用下，产生塑性变形或者由于基层材料水稳性不良，产生湿软膨胀变形，导致各种形式的开裂，纵缝也是其中一种破坏形式。

3. 混凝土板厚度与基础强度不足产生的荷载型裂缝。

（三）龟裂

1. 混凝土浇筑后，表面没有及时覆盖，在炎热或大风天气，表面游离水分蒸发过快，体积急剧收缩，导致开裂。

2. 混凝土拌制时水胶比过大；模板与垫层过于干燥，吸水大。

3. 混凝土配合比不合理，水泥用量和砂率过大。

4. 混凝土表面过度振捣或抹平，使水泥和细集料过多上浮至表面，导致缩裂。

🏢 考点90：水泥混凝土路面裂缝预防措施★

（一）横向裂缝

1. 严格掌握混凝土路面的切缝时间、切缝方式和切缝深度。

2. 当连续浇捣长度很长，切缝设备不足时，可在1/2长度处先锯，之后再分段锯；可间隔几十米设一条压缝，以减少收缩应力的积聚。

3. 保证基础稳定、无沉陷。在沟槽、河浜回填处必须按规范要求，做到密实、均匀。

4. 混凝土路面的结构组合与厚度设计应满足交通需要，特别是重车、超重车的路段。

5. 选用干缩性较小的硅酸盐水泥或普通硅酸盐水泥。严格控制材料用量，保证计量准确，并及时养护。

6. 混凝土施工时，振捣要均匀。

（二）纵向裂缝

1. 对于填方路基，应分层填筑、碾压，保证均匀、密实。

2. 对新旧路基界面处的施工应设置台阶或格栅处理，保证路基衔接部位的严格压实，防止相对滑移。

3. 河浜地段，淤泥必须彻底清除；沟槽地段，应采取措施保证回填材料有良好的水稳性和压实度，以减少沉降。

4. 在上述地段应采用半刚性基层，并适当增加基层厚度；在拓宽路段应加强土基，使其具有略高于旧路的强度，并尽可能保证有一定厚度的基层能全幅铺筑；在容易发生沉陷地段，混凝土路面板应铺设钢筋网或改用沥青路面。

5. 混凝土路面板厚度与基层结构应按现行规范设计，以保证应有的强度和使用寿命。基层必须稳定。宜优先采用水泥、石灰稳定类基层。

（三）龟裂

1. 混凝土路面浇筑后，及时用潮湿材料覆盖，认真浇水养护，防止强风和暴晒。在炎热季节，必要时应搭棚施工。

2. 配制混凝土时，应严格控制水胶比和水泥用量，选择合适的粗集料级配和砂率。

3. 在浇筑混凝土路面时，将基层和模板浇水湿透，避免吸收混凝土中的水分。

4. 干硬性混凝土采用平板振捣器时，应防止过度振捣而使砂浆积聚表面。砂浆层厚度应控制在 2～5mm 范围内。抹面时不必过度抹平。

考点 91：水泥混凝土路面断板治理措施★

（一）裂缝的灌浆封闭

裂缝的灌浆封闭对于轻微断裂、裂缝无剥落或轻微剥落、裂缝宽度小于 3mm 的断板，宜采用灌入胶粘剂的方法灌缝封闭。灌缝工艺有直接灌浆法、压注灌浆法、扩缝灌注法。

（二）局部带状修补

1. 对轻微断裂、裂缝有轻微剥落的，先画线放样，按画线范围凿开成深 5～7cm 的长方形凹槽，刷洗干净后，用快凝小石子填补。

2. 对轻微断裂、裂缝较宽且有轻微剥落的断板，应按裂缝两侧至少各 20cm 的宽度放样，按画线范围开凿成深至板厚一半的凹槽，此凹槽底部裂缝应与中线垂直，刷洗干净凹槽，在凹槽底部裂缝的两侧用冲击钻沿与中线平行方向，间距 30～40cm，打眼贯通至板厚达基层表面，然后再清洗凹槽和孔眼，在孔眼安设Ⅱ形钢筋，冲击钻钻头采用 φ30 规格，Ⅱ形钢筋采用 φ20 热轧带肋钢筋制作，安设钢筋完成后，用高强度砂浆填塞孔眼至密实，最后用与原路面相同强度的快凝混凝土浇筑至与路面齐平。

3. 较为彻底的办法是将凹槽凿至贯通板厚，在凹槽边缘两侧板厚中央打洞，深 10cm、直径 4cm，水平间距 30～40cm。每个洞应先将其周围润湿，插入一根直径 18～20mm、长约 200mm 的钢筋，然后用快凝砂浆填塞捣实，待砂浆硬后浇筑快凝混凝土夯捣实齐平路面即可。

（三）整块板更换

对于严重断裂，裂缝处有严重剥落，板被分割成 3 块以上，有错台或裂块已开始活动的断板，应采取整块板更换的措施。

典型例题

【真题－多选】水泥混凝土路面断板的治理措施有（　　　）。

A. 直接灌浆   B. 局部带状修补

C. 扩缝灌浆   D. 罩面补强

E. 整块板更换

【参考答案】 A、B、C、E

重点回顾

考点	检测
水泥混凝土路面断板的防治	裂缝宽度小于 3mm 的断板可以采用的灌缝工艺有（　　　）、（　　　）、（　　　）。
	对轻微断裂、裂缝有轻微剥落的，先画线放样，按画线范围凿开成深 5～7cm 的长方形凹槽，刷洗干净后，用（　　　）填补
	对于严重断裂，裂缝处有严重剥落，板被分割成 3 块以上，有错台或裂块已开始活动的断板，应采取（　　　）的措施

小试牛刀

一、单选题

1. 水泥混凝土路面中，对于严重断裂、缝隙处有严重剥落、面板被分割成 3 块以上且裂块已开始活动的断板，最合适的治理方法是（　　　）。

A. 扩缝灌注法   B. 裂缝灌浆封闭

C. 整块板更换   D. 压注灌浆法

二、多选题

1. 下列情形中，属于沥青混凝土路面不平整病害原因的是（　　　）。

A. 摊铺机自动找平装置失灵，摊铺时产生上下漂浮

B. 压路机碾压时急停急转，随意停车加水、小修

C. 在摊铺机前设专人清除掉在"滑靴"前的混合料及摊铺机履带下的混合料

D. 施工缝接槎处理不好

E. 新旧摊铺压实厚度不一

2. 为防止水泥稳定碎石基层裂缝病害，可采取的预防措施有（　　　）。

A. 在保证强度的情况下，适当增加水泥稳定碎石混合料的水泥用量

B. 适量掺加粉煤灰或掺砂

C. 采用塑性指数较高的土

D. 养护结束后应及时铺筑下封层

E. 宜在气温较高的季节组织施工

参考答案

一、单选题

1			
C			

二、多选题

1	2			
A、B、D、E	D、E			

笔记区

考点 92：桥梁的组成 ★★

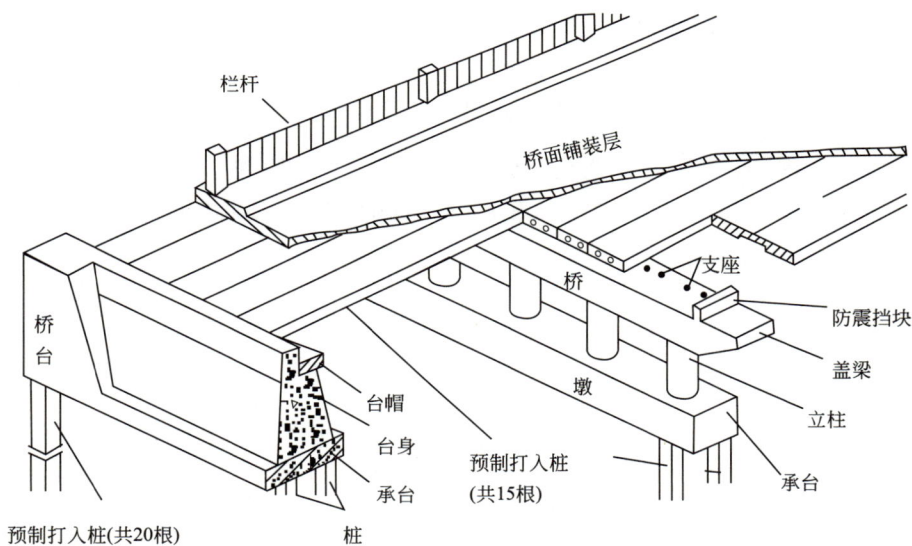

上部结构	跨越障碍的主要承重结构
下部结构	桥墩、桥台和基础
附属设施	包括：桥面系、伸缩缝、桥头搭板和锥形护坡 桥面系包括：桥面铺装、排水防水系统、栏杆（或防撞栏杆）、灯光照明等
支座系统	支座、垫石

相关尺寸与术语名称：

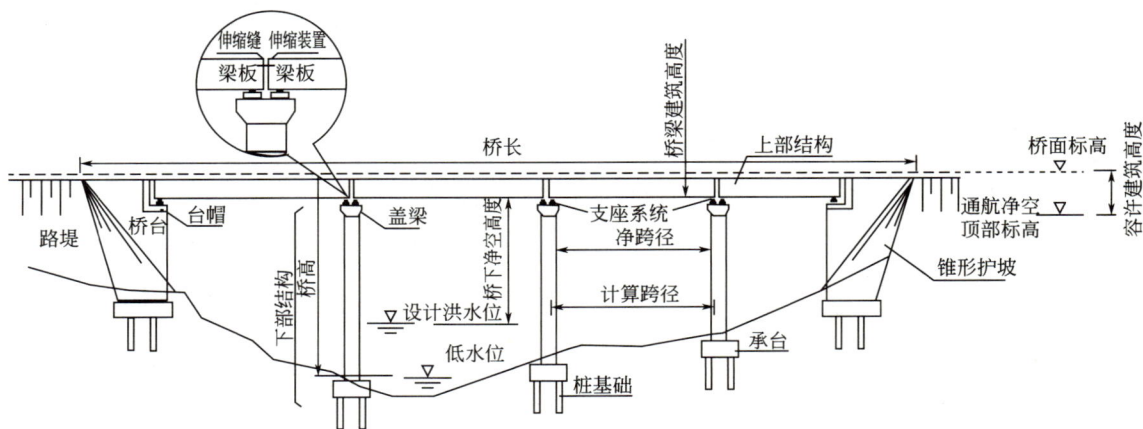

桥梁纵断面示意图

长	净跨径（l_0）	对梁式桥，是指设计洪水位上相邻两个桥墩（桥台）间的净距
	总跨径（Σl_0）	是多孔桥梁中各孔净跨径的总和，反映桥下宜泄洪水的能力
	计算跨径（l）	对有支座的桥梁，是指桥跨结构相邻两个支座中心间的距离
	桥长（L）	是桥梁两端两个桥台的侧墙或八字墙后端点间的距离
高	桥梁高度	是指桥面与低水位（或地面）之间的高差，或为桥面与桥下路面间的高差。桥高在某种程度上反映了桥梁施工的难易性
	桥下净空高度（H）	是设计洪水位或计算通航水位至桥跨结构最下缘间的距离，应保证能安全排洪，并不得小于河流通航所规定的净空高度
	建筑高度	是行车路面（或轨顶）标高至桥跨结构最下缘间的距离
	容许建筑高度	桥面（或轨顶）标高与通航净空顶部标高的距离，桥梁的建筑高度不得大于容许建筑高度

单孔跨径不到5m的结构物，均称为涵洞

典型例题

【模拟题】案例

已知图中桥下净空高度H=10m，计算图中柱顶标高h。

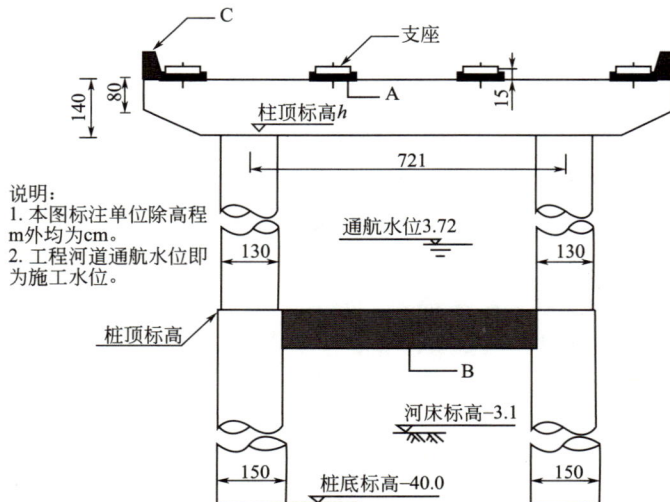

桥梁下部结构横断面示意图

【参考答案】

图中柱顶标高 $h=3.72+10-0.15-1.4=12.17m$

考点93：桥梁的分类★★

（一）桥梁的基本体系

结构体系	特点
梁式桥	梁作为承重结构是以它的抗弯能力来承受荷载的。梁分为简支梁、悬臂梁、固端梁和连续梁等。悬臂梁、固端梁和连续梁都是利用支座上的卸载弯矩去减少跨中弯矩，使梁跨内的内力分配更合理，以同等抗弯能力的构件断面就可建成更大跨径的桥梁
拱式桥	拱式桥的主要承重结构是拱肋（或拱箱），以承压为主，可采用抗压能力强的圬工材料（石、混凝土与钢筋混凝土）来修建。拱分单铰拱、双铰拱、三铰拱和无铰拱
刚架桥	刚架桥是介于梁与拱之间的一种结构体系，它是由受弯的上部梁（或板）结构与承压的下部柱（或墩）整体结合在一起的结构。由于梁与柱的刚性连接，梁因柱的抗弯刚度而得到卸载作用，整个体系是压弯结构，也是有推力的结构
悬索桥	悬索桥就是指以悬索为主要承重结构的桥。其主要构造是：缆、塔、锚、吊索及桥面，一般还有加劲梁
组合体系桥	（1）梁、拱组合体系。 （2）斜拉桥是由承压的塔、受拉的索与承弯的梁体组合起来的一种梁－索组合结构体系

（二）桥梁其他分类

1. 按用途划分，有公路桥、铁路桥、公路铁路两用桥、农桥、人行桥、运水桥（渡槽）及其他专用桥梁（如通过管路、电缆等）。

2. 按桥梁全长和跨径的不同，分为特大桥、大桥、中桥和小桥。

3. 按主要承重结构所用的材料划分，有圬工桥（包括砖、石、混凝土桥）、钢筋混凝土桥、预应力混凝土桥、钢桥和木桥等。

4. 按跨越障碍的性质，可分为跨河桥、跨线桥（立体交叉）、高架桥和栈桥。

5. 按上部结构的行车道位置，分为上承式桥、下承式桥和中承式桥。

典型例题

1.【真题－多选】按结构体系划分，桥梁结构基本体系包括（　　）。

A. 梁式桥　　　　　　　　　　　　B. 拱式桥

C. 连续刚构桥　　　　　　　　　　D. 悬索桥

E. 斜拉桥

【参考答案】A、B、D

2.【真题－单选】某简支空心板梁桥桥面高21.75m，板厚60cm，桥面铺装厚12cm，设计洪水位标高16.5m，施工水位标高12.25m，低水位标高7.8m，则该桥梁高度为（　　）m。

A.5.25　　　　　　　　　　　　　B.9.5

C.13.23　　　　　　　　　　　　　D.13.95

【参考答案】D

考点94：桥梁常用模板、支架和拱架的设计★★

承包人应在制作模板、拱架和支架前14d，向监理工程师提交模板、拱架和支架的施工方案，施工方案应包括工艺图和强度、刚度与稳定性等的计算书，经监理工程师批准才能制作和架设。监理工程师的批准及制作、架设过程中的检查，并不免除承包人对此应负的责任。

（一）设计的一般要求

1. 模板和支架均应进行施工图设计，经批准后方可用于施工，施工图设计应包括下列内容：

（1）工程概况和工程结构简图。

（2）结构设计的依据和设计计算书。

（3）总装图和细部构造图。

（4）制作、安装的质量及精度要求。

（5）安装、拆除时的安全技术措施及注意事项。

（6）材料的性能质量要求及材料数量表。

（7）设计说明书和使用说明书。

2. 模板和支架应具有足够的强度、刚度和稳定性，应能承受施工过程中所产生的各种荷载。

3. 在模板上设置的吊环应采用HPB300级钢筋，严禁采用冷加工钢筋制作，吊环的拉应力应不大于65MPa。

4. 支架不得与应急安全通道相连接。

5. 支架的立杆之间应根据其受力要求和结构特点设置水平和斜向等支撑连接杆件，增强支架的整体刚度和稳定性。

6. 托架结构宜设置成三角形，且与预埋件的连接固定方式应可靠。

（二）设计与验算

1. 计算模板、支架和拱架时，应考虑下列荷载进行荷载组合：

（1）模板、支架自重。

（2）新浇筑混凝土、钢筋、预应力筋或其他圬工结构物的重力。

（3）施工人员及施工设备、施工材料等荷载。

（4）振捣混凝土时产生的振动荷载。

（5）新浇筑混凝土对模板侧面的压力。

（6）混凝土入模时产生的水平方向的冲击荷载。

（7）设于水中的支架所承受的水流压力、波浪力、流冰压力、船只及其他漂浮物的撞击力。

（8）其他可能产生的荷载，如风荷载、雪荷载、冬季保温设施荷载、温度应力等。

模板、支架结构类别	荷载组合	
	计算强度	验算刚度
梁、板和拱的底模板以及支承板、支架及拱等	（1）+（2）+（3）+（4）+（7）+（8）	（1）+（2）+（7）+（8）
缘石、人行道、栏杆、柱、梁、板、拱等的侧模板	（4）+（5）	（5）
基础、墩台等厚大建筑物的侧模板	（5）+（6）	（5）

2. 验算模板、支架的刚度时，其变形值不得超过下列数值：

（1）结构表面外露的模板，挠度为模板构件跨度的1/400。

（2）结构表面隐蔽的模板，挠度为模板构件跨度的1/250。

（3）钢模板的面板变形为1.5mm。

3. 验算模板、支架在自重和风荷载等作用下的抗倾覆稳定性时，其抗倾覆稳定系数应不小于1.3。

典型例题

【真题－单选】桥梁施工模板吊环设计计算拉应力应（　　）65MPa。

A. 不大于　　　　　　　　　　　　B. 不小于

C. 大于　　　　　　　　　　　　　D. 等于

【参考答案】A

考点95：桥梁常用模板、支架和拱架的施工★★

（一）模板的制作及安装

模板制作与安装施工工艺流程如下：选择模板及支撑材料→模板设计与绘图→构件基础平整及支撑系统施工→模板加工制作与安装→模板表面及接缝处理→模板安装质量检验→钢筋安装及质量检验→混凝土浇筑→混凝土养护→拆除模板。

1. **模板的安装应符合下列规定：**

（1）模板应按设计要求准确就位，且不宜与脚手架连接。

（2）安装侧模板时，支撑应牢固，应防止模板在浇筑混凝土时产生移位。

（3）模板在安装过程中，必须设置防倾覆的临时固定设施。

（4）模板安装完成后，其尺寸、平面位置和顶部高程等应符合设计要求，节点联系应牢固。

（5）梁、板等结构的底模板宜根据需要设置预拱度。

（6）固定在模板上的预埋件和预留孔洞均不得遗漏，安装应牢固，位置应准确。

2. **采用翻转模板和爬升模板施工时，其结构应满足强度、刚度及稳定性要求。**

模板沿墩身周边方向应始终保持顺向搭接。在施工过程中，应随时检查爬模的中线、水平位置和高程等，发现问题应及时纠正。

3. **采用滑升模板时，应符合下列规定：**

（1）模板的高度宜根据结构物的实际情况确定；模板的结构应具有足够的强度、刚度和稳定性。

（2）模板的滑升速度宜不大于250mm/h，滑升时应检测并控制其位置。滑升模板的施工宜连续进行，因故中断时，宜在中断前将混凝土浇筑齐平，中断期间模板仍应继续缓慢地滑升，直到混凝土与模板不致粘住时为止。

（二）支架、拱架的制作及安装

1. 制作木支架时，两相邻立柱的连接接头宜分设在不同的水平面上，并应尽量减少长杆件接头。主要压力杆的接长连接，宜使用对接法，并用木夹板或铁夹板夹紧。次要构件的连接可用搭接法。

2. 支架宜根据其结构形式、所用材料和地基情况的不同，在施工前确定是否对其进行预压，并应符合下列规定：

（1）对位于刚性地基上的刚度较大且非弹性变形可确定控制在一定范围内的支架，在经计算并通过一定审核程序，确认其满足强度、刚度和稳定性等要求的前提下，可不预压，但在施工过程中应对支架的材料和安装施工质量采取严格的管控措施。

（2）对位于软土地基或软硬不均地基上的支架，宜通过预压的方式，消除地基的不均匀沉降和支架的非弹性变形。

（3）对支架进行预压时，预压荷载宜为支架所承受荷载的 1.05 ～ 1.10 倍，预压荷载的分布宜模拟需承受的结构荷载及施工荷载。

3. 支架应结合模板的安装一并考虑设置预拱度和卸落装置，并符合下列规定：

（1）设置的预拱度值，应包括结构本身需要的预拱度和施工需要的预拱度两部分。

（2）施工预拱度应考虑下列因素：模板、支架承受施工荷载引起的弹性变形；受载后由于杆件接头的挤压和卸落装置压缩而产生的非弹性变形；支架地基在受载后的沉降变形。

（3）专用支架应按其产品的要求进行模板的卸落；自行设计的普通支架应在适当部位设置相应的木楔、木马、砂筒或千斤顶等卸落模板的装置，并应根据结构形式、承受的荷载大小确定卸落量。

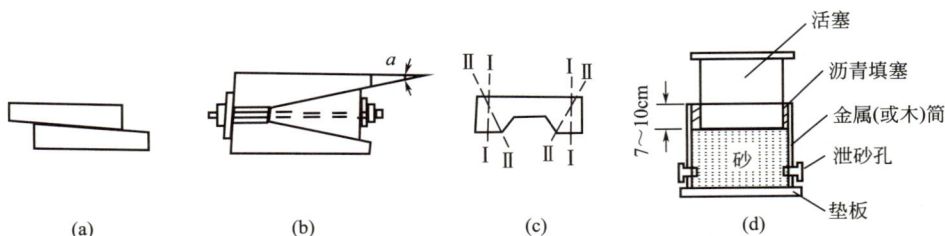

（a）　　　　　　（b）　　　　　　（c）　　　　　　（d）

（三）模板、支架和拱架的拆除

承包人应在拟定拆模时间的 12h 以前，向监理工程师报告拆模建议，并应取得监理工程师同意。如果由于拆模不当而引起混凝土损坏，其修补费用应由承包人承担。

1. 模板、支架和拱架的拆除期限和拆除程序应根据结构物特点、模板部位和混凝土所达到的强度确定，并应严格按其相应的施工图设计的要求进行。

2. 非承重侧模板应在混凝土抗压强度达到 2.5MPa，且能保证其表面及棱角不致因拆模而受损坏时方可拆除。

3. 对预应力混凝土结构，其侧模应在预应力钢束张拉前拆除；底模及支架应在结构建立预应力后方可拆除。

4. 模板、支架的拆除应遵循后支先拆、先支后拆的原则顺序进行。墩、台的模板宜在其上部结构施工前拆除。

5. 拆除梁、板等结构的承重模板时，应在横向同时、纵向对称均衡卸落。简支梁、连续梁结构的模板宜从跨中向支座方向依次循环卸落；悬臂梁结构的模板宜从悬臂端开始顺序卸落。

6. 拱架的拆卸应符合下列规定：

现浇混凝土拱圈的拱架，拆除期限应符合设计规定；设计未规定时，应在拱圈混凝土强度达到设计强度的 85% 后，方可卸落拆除。

典型例题

一、多选题

【真题－多选】关于模板、支架和拱架拆除的说法，正确的有（　　）。

A. 非承重侧模板一般应在混凝土抗压强度达到 2.5MPa 时拆除

B. 芯模和预留孔道内模，应在混凝土强度能保证其表面不发生塌陷和裂缝现象时才可拔除

C. 钢筋混凝土结构的承重模板、支架，应在混凝土强度能承受其自重荷载及其他可能的叠加荷载时，才可拆除

D. 对预应力混凝土结构，其侧模应在预应力钢束张拉后拆除，底模及支架应在结构建立预应力后方可拆除

E. 现浇混凝土拱圈的拱架，设计未规定时，应在拱圈混凝土强度达到设计强度的 85% 后，方可卸落拆除

【参考答案】 A、B、C、E

二、案例题

【模拟题】案例

找出下图中支架有哪些不妥之处。

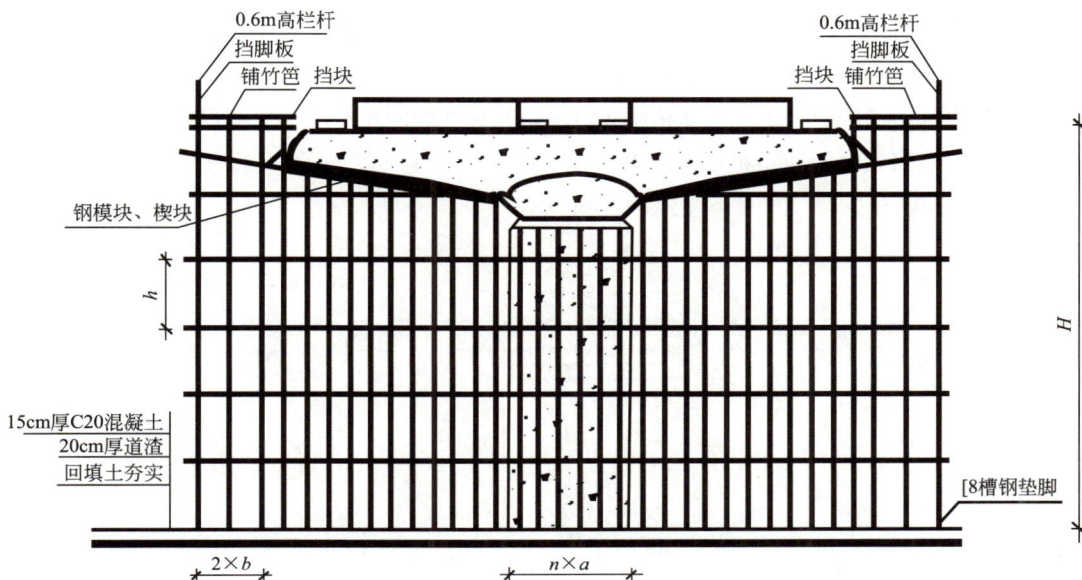

支架模板施工图

【参考答案】

不妥之处有：

（1）未设置扫地杆、剪刀撑、斜撑。

（2）未设置安全网、防护网，防护栏杆高度不应小于 1.2m。

（3）未设置排水沟。

（4）脚手架与支架相连，二者不应相连。

（5）相关规范规定的其他要求。

考点 96：桥梁钢筋工程施工 ★

（一）一般规定

钢筋应具有出厂质量证明书和试验报告单，进场时除应检查其外观和标志外，还应按不同的钢种、等级、牌号、规格及生产厂家分批抽取试样进行力学性能检验，检验试验方法应符合现行国家标准的规定，钢筋经进场检验合格后方可使用。

在工地存放时，应按不同品种、规格，分批分别堆置整齐，不得混杂，并应设立识别标志，存放的时间不宜超过 6 个月。

钢筋的级别、种类和直径应按设计规定采用，当需要代换时，应得到设计认可。预制构件的吊环，必须采用未经冷拉的热轧光圆钢筋制作，且其使用时的计算拉应力应不大于 65MPa。

（二）普通钢筋的加工制作

1. 钢筋的连接宜采用焊接接头或机械连接接头。绑扎接头仅当钢筋构造复杂施工困难时方可采用，绑扎接头的钢筋直径不宜大于 28mm，对轴心受压和偏心受压构件中的受压钢筋可不大于 32mm，轴心受拉和小偏心受拉构件不应采用绑扎接头。

2. 钢筋的焊接接头宜采用闪光对焊，或采用电弧焊、电渣压力焊或气压焊，但电渣压力焊仅可用于竖向钢筋的连接，不得用作水平钢筋和斜筋的连接。

3. 电弧焊宜采用双面焊缝，仅在双面焊无法施焊时，方可采用单面焊缝。采用搭接电弧焊时，两钢筋搭接端部应预先折向一侧，两接合钢筋的轴线应保持一致。

采用帮条电弧焊时，帮条应采用与主筋相同的钢筋，其总截面面积不应小于被焊接钢筋的截面面积。电弧焊接头的焊缝长度，对双面焊缝应不小于 $5d$，单面焊缝应不应小于 $10d$（d 为钢筋直径）。电弧焊接与钢筋弯曲处的距离不应小于 $10d$，且不宜位于构件的最大弯矩处。

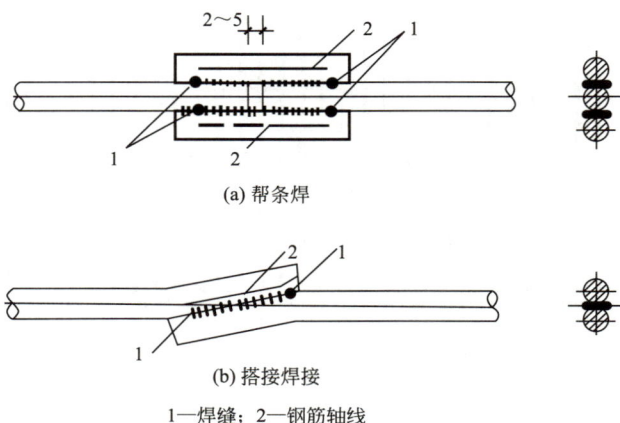

(a) 帮条焊

(b) 搭接焊接

1—焊缝；2—钢筋轴线

4. 受力钢筋焊接或绑扎接头应设置在内力较小处，并错开布置。

接头长度区段内受力钢筋接头面积的最大百分率

接头形式	接头面积最大百分率（%）	
	受拉区	受压区
主钢筋绑扎接头	25	50
主钢筋焊接接头	50	不限制

（三）预应力钢筋的加工制作

1. 预应力钢筋进场时应分批验收，验收时，除应对其质量证明书、包装、标志和规格等进行检查外，尚须按下列规定进行检查：

种类	每批	外观频次	其他
钢丝	≤60t	5%且≥5盘	抗拉强度、弯曲和伸长率
钢绞线	≤60t	任取3盘	表面质量、直径偏差、力学性能
螺纹钢筋	≤100t	逐根	拉伸试验（任选2根）

2. 预应力筋制作时的下料长度应通过计算确定，计算时应考虑结构的孔道长度或台座长度、锚夹具厚度、千斤顶长度、镦头预留量、冷拉伸长值、弹性回缩值、张拉伸长值和张拉工作长度等因素。

3. 预应力筋的下料，应采用切断机或砂轮锯切断，严禁采用电弧切割。

考点 97：桥梁混凝土工程施工 ★

（一）一般规定

试块分类	养护条件	标准养护	标准方式成型的试件，置于标准养护条件下（温度为（20±2）℃及相对湿度不低于95%）养护 28d 所测得的抗压强度值（MPa）进行评定	用于评定
		同条件养护	同条件	用于过程控制
	实验目的	抗压试块	150×150×150（mm）	
		抗折试块	150×150×550（mm）	
试块计算	每组数量	同龄期者三块为一组		
	计算原则	①每组试件的抗压强度应以三个试件测值的算术平均值为测定值。②如有一个测值与中间值的差值超过中间值的15% 时，则取中间值为测定值。③如有两个测值与中间值的差值均超过15% 时，则该组试件无效		

（二）混凝土的配合比

1. 混凝土的配合比，应以质量比计，并应通过设计和试配选定。试配时应使用施工实际采用的材料，配制的混凝土拌合物应满足和易性、凝结时间等施工技术条件，制成的混凝土应符合强度力学性能、耐久性（抗冻、抗渗、抗侵蚀）等质量要求。

2. 公路桥涵工程使用的外加剂，与水泥、矿物掺合料之间应具有良好的相容性。所采用的外加剂，应是经过具备相关资质的检测机构检验并附有检验合格证明的产品。在混凝土中掺入外加剂时，应符合下列规定：

（1）在钢筋混凝土和预应力混凝土中，均不得掺用氯化钙、氯化钠等氯盐。

（2）减水剂宜采用聚羧酸类减水剂。

（3）各种外加剂中的氯离子总含量宜不大于混凝土中胶凝材料总质量的 0.02%，硫酸钠含量宜不大于减水剂干重的 15%。

（4）从各种组成材料引入的氯离子总含量（折合氯盐含量）应不超过《公路桥涵施工技术规范》JTG/T 3650—2020 规定的限值。

3. 泵送混凝土的配合比宜符合下列规定：

胶凝材料用量宜不小于 300kg/m³。水泥宜选用硅酸盐水泥、普通硅酸盐水泥、矿渣硅酸盐水泥或粉煤灰硅酸盐水泥；细集料宜采用中砂；粗集料宜采用连续级配，其针片状颗粒含量宜不大于 10%，粗集料的最大公称粒径与输送管径之比宜符合《公路桥涵施工技术规范》JTG/T 3650—2020 的规定。

4. 通过设计和试配确定配合比后，应填写试配报告单，提交施工监理工程师或有关方面批准。混凝土配合比使用过程中，应根据混凝土质量的动态信息，及时进行调整、报批。通过设计和试配确定的配合比，应经批准后方可使用，且应在混凝土拌制前将理论配合比换算为施工配合比。

【例题】

某 C30 混凝土结构试验室配合比相对用量表示法为 $1：1.95：2.93$，$W/C=0.52$，如混凝土表观密度为 2400kg/m³，则混凝土的试验室配合比转换成单位用量表示法为：

水泥：水：砂：碎石 =375 ： 195 ： 731 ： 1099。

如施工现场砂的含水率为 3%，碎石的含水率为 1%，则混凝土施工配合比单位用量表示法为：

水泥：水：砂：碎石 =375：162：753：1110，相对用量表示法为 1：2.01：2.96，W/C=0.43。

（三）混凝土的拌制与运输

1. 混凝土搅拌完毕后，应检测混凝土拌合物的坍落度及其损失，宜在搅拌地点和浇筑地点分别取样检测，每一工作班或每一单元结构物应不少于两次，评定时应以浇筑地点的测值为准。当混凝土拌合物从搅拌机出料起至浇筑入模的时间不超过 15min 时，其坍落度可仅在搅拌地点取样检测。

2. 混凝土采用泵送方式时应符合下列规定：

混凝土的供应宜使输送混凝土的泵能连续工作，泵送的间歇时间宜不超过 15min。在泵送过程中，受料斗内应具有足够的混凝土，应防止吸入空气产生阻塞。

3. 用搅拌运输车运输已拌成的混凝土时，途中应以 2～4rad/min 的慢速进行搅动，卸料前应采用快挡旋转搅拌罐不少于 20s。

4. 混凝土运至浇筑地点后发生离析、严重泌水或坍落度不符合要求时，应进行第二次搅拌。二次搅拌时不得任意加水，确有必要时，可同时加水、相应的胶凝材料和外加剂，并保持其原水胶比不变；二次搅拌仍不符合要求时，则不得使用。

（四）混凝土的浇筑

1. 自高处向模板内倾卸混凝土时，应防止混凝土离析：

（1）直接倾卸时，其自由倾落高度不宜超过 2m。

（2）当倾落高度超过 2m 时，应通过串筒、溜管（槽）或振动溜管（槽）等设施下落；倾落高度超过 10m 时，应设置减速装置。

2. 混凝土应按一定厚度、顺序和方向分层浇筑，应在下层混凝土初凝或能重塑前浇筑完成上层混凝土。上下层同时浇筑时，上层与下层前后浇筑距离应保持 1.5m 以上。在倾斜面上浇筑混凝土时，应从低处开始逐层扩展升高，保持水平分层。混凝土分层浇筑厚度宜不超过下表规定。

混凝土分层浇筑厚度

捣实方法		浇灌层厚度（mm）
用插入式振动器		300
用附着式振动器		300
用表面振动器	无筋或配筋稀疏时	250
	配筋较密时	150

3. 采用振动器振捣混凝土时，应符合下列规定：

（1）插入式振动器的移位间距应不超过振动器作用半径的 1.5 倍，与侧模应保持 50～100mm 的距离，且插入下层混凝土中的深度宜为 50～100mm。

（2）表面振动器的移位间距应使振动器平板能覆盖已振实部分不小于 100mm。

（3）附着式振动器的布置距离，应根据结构物形状和振动器的性能通过试验确定。

（4）每一振点的振捣延续时间宜为 20～30s，以混凝土停止下沉、不出现气泡、表面呈现浮浆为度。

4. 混凝土的浇筑应连续进行，如因故必须间断时，其间断时间应小于前层混凝土的初凝时间或能重塑的时间。混凝土的运输、浇筑及间歇的全部允许时间宜不超过下表规定。超出时应按浇筑中断处理，并应留置施工缝。

混凝土的运输、浇筑及间歇的全部允许时间（min）

混凝土强度等级	气温不高于 25℃	气温高于 25℃
≤ C30	210	180
> C30	180	150

注：当混凝土中掺有促凝或缓凝剂时，其允许时间应根据试验结果确定。

5. 施工缝的位置应在混凝土浇筑之前确定，且宜留置在结构受剪力和弯矩较小并便于施工的部位。对施工缝的处理应符合下列规定：

（1）施工缝处混凝土表面的光滑表层、松弱层应予以凿除，凿毛的最小深度应不小于 8mm。

对施工缝处混凝土的强度，当采用水冲洗凿毛时，应达到 0.5MPa；人工凿除时，应达到 2.5MPa；采用风动机凿毛时，应达到 10MPa。

（2）经凿毛处理后的混凝土面，新混凝土浇筑前，应采用洁净水冲洗干净。

（3）重要部位及有抗震要求的混凝土结构或钢筋稀疏的钢筋混凝土结构，宜在施工缝处补插适量的锚固钢筋，补插的锚固钢筋直径可比结构主筋小一个规格，间距宜不小于 150mm，插入和外露的长度均不宜小于 300mm；有抗渗要求的混凝土，其施工缝宜做成凹形、凸形或设置止水带；施工缝为斜面时宜浇筑或凿成台阶状。

（五）混凝土的养护

1. 混凝土浇筑完成后，应在其收浆后尽快予以覆盖和洒水养护。对干硬性混凝土、高强度和高性能混凝土、炎热天气浇筑的混凝土以及桥面等大面积裸露的混凝土，应加强初始保湿养护，具备条件的可在浇筑完成后立即加设棚罩，待收浆后再予以覆盖和洒水养护。覆盖时不得损伤或污染混凝土的表面。

2. 混凝土养护严禁采用海水。混凝土的洒水保湿养护时间应不少于 7d。当气温低于 5℃时，应采取保温养护措施，不得向混凝土表面洒水。

3. 新浇筑的混凝土与流动的地表水或地下水接触时，应采取临时防护措施，保证混凝土在 7d 以内且强度达到设计强度的 50% 以前，不受水的冲刷侵袭。当环境水具有侵蚀作用时，应保证混凝土在 10d 以内，且强度达到设计强度的 70% 以前，不受水的侵袭。混凝土处于冻融循环作用的环境时，宜在结冰期到来 4 周前完成浇筑施工，且在混凝土强度未达到设计强度等级的 80% 前不得受冻，否则应采取技术措施，防止发生冻害。

（六）大体积混凝土施工

原则	降低水化热（60d 龄期抗压强度）
材料	①宜选用低水化热和凝结时间长的水泥品种。 ②粗集料宜采用连续级配，细集料宜采用中砂。 ③外加剂（缓凝剂、减水剂）。 ④掺合料（宜采用粉煤灰、粒化高炉矿渣粉）
配合比设计	①改善粗集料级配。 ②提高掺合料和粗集料的含量。 ③降低水胶比。 ④减少单方混凝土的水泥用量
施工	①温控设计和温控监测（内部最高温度 ≤ 75℃、内表温差 ≤ 25℃、混凝土表面与大气温差不大于 20℃）。 ②可分层（凿毛、温差宜 < 20℃、间歇期 < 7d）、分块浇筑（平行于短边）。 ③气温较低时进行（5 ～ 28℃）。 ④"内降外保"。 ⑤养护（普通 ≥ 14d，其他 ≥ 21d）

（七）高强度混凝土、高性能混凝土

高强度混凝土	①高强度混凝土水泥宜选用硅酸盐水泥和普通硅酸盐水泥。掺合料可选用粉煤灰、粒化高炉矿渣粉和硅灰等，粉煤灰等级应不低于 II 级。 ②水泥用量不宜大于 500kg/m³，胶凝材料总量不宜大于 600kg/m³。 ③确定配合比后，应采用该配合比进行不少于 6 次的重复试验验证。 ④应采用强制式搅拌机拌制，不得采用自落式搅拌机。搅拌时高效减水剂宜采用后掺法，且宜制成溶液后再加入，并应在混凝土用水量中扣除溶液用水量
高性能混凝土	①水泥宜选用强度等级不低于 42.5 的硅酸盐水泥或普通硅酸盐水泥。 ②外加剂应选用高性能减水剂、高效减水剂或复合减水剂，并应选择减水率高、坍落度损失小、适量引气、与水泥之间具有良好的相容性、能明显改善或提高混凝土耐久性能且质量稳定的产品。 ③混凝土中宜适量掺加优质的粉煤灰、粒化高炉矿渣粉或硅灰等矿物掺合料，且不宜小于胶凝材料总量的 20%。 ④高性能混凝土搅拌时，宜先投入细集料和掺合料干拌均匀，再加水泥和部分拌合用水搅拌，最后加入粗集料、外加剂溶液及余额拌合用水

典型例题

1.【真题－单选】泵送混凝土中不适合采用的外掺剂或掺合料是（　　）。

A. 减水剂　　　　　　　　　　　B. 速凝剂

C. 粉煤灰　　　　　　　　　　　D. 活性矿物掺合料

【参考答案】B

2.【真题－单选】关于高性能混凝土使用的减水剂性能的要求，错误的是（　　）。

A. 减水率低　　　　　　　　　　B. 坍落度损失小

C. 能明显改善混凝土耐久性能　　D. 与水泥的相容性好

【参考答案】A

考点98：预应力混凝土工程施工★★★

（一）预应力材料及预应力管道

1. 预应力钢筋和金属管道在仓库内保管时，仓库应干燥、防潮、通风良好、无腐蚀气体和介质；在室外存放时，时间不宜超过 6 个月，不得直接堆放在地面上，必须采取垫以枕木并用苫布覆盖等有效措施，防止雨露和各种腐蚀性气体、介质的影响。

2. 预应力筋锚具应按设计要求采用。锚具应满足分级张拉、补张拉以及放松预应力的要求。

3. 夹具应具有良好的自锚性能、松锚性能和安全的重复使用性能，主要锚固零件应具有良好的防锈性能，可重复使用的次数不应少于 300 次。

4. 混凝土结构或构件中的永久性预应力筋连接器，应符合锚具的性能要求；用于先张法施工且在张拉后还需进行放张和拆卸的连接器，应符合夹具的性能要求。

5. 锚垫板应具有足够的强度和刚度，且宜设置锚具对中止口以及压浆孔或排气孔，压浆孔的内径宜不小于 20mm。与后张预应力筋用锚具或连接器配套的锚垫板和局部加强钢筋，在规定的局部承压试件尺寸及混凝土强度下，应满足传力性能要求。

6. 锚具、夹具和连接器进场时，除应按出厂合格证和质量证明书核查锚固性能类别、型号、规格及数量外，还应按下列规定进行验收：

项目	频次	规则
外观检查	2%且≥10套	外形尺寸应符合产品质保书所示的尺寸范围，且表面不得有裂纹及锈蚀
尺寸检验	2%且≥10套	双倍→逐件
硬度检验	3%且≥5套（多孔夹片式锚具，每套抽取6片）	双倍→逐个
静载锚固性能试验	3个组装件	双倍→不合格

（1）对特大桥、大桥和重要桥梁工程中使用的锚具产品，应进行上述4项检查和检验；对锚具用量较小的一般中、小桥梁工程，如生产厂能提供有效的静载锚固性能试验合格的证明文件，则仅需进行外观检查和硬度检验。

（2）进场检验时，同种材料、同一生产工艺条件下、同批进场的产品可视为同一验收批。

锚具的每个验收批不宜超过2000套；

夹具、连接器的每个验收批不宜超过500套；

获得第三方独立认证的产品其验收批可扩大1倍。检验合格的产品，在现场的存放期超过1年时，再用时应进行外观检查。

7. 在后张有粘结预应力混凝土结构或构件中，预应力筋的孔道宜由浇筑在混凝土中的刚性或半刚性管道构成，或采取钢管抽芯、胶管抽芯及金属伸缩套管抽芯等方法进行预留。设置于混凝土中的刚性或半刚性管道不应有漏浆现象，且应具有足够的强度和刚度，应能在浇筑混凝土重力的作用下保持原有的形状，并能按要求传递粘结应力。

8. 刚性管道应是壁厚不小于2mm的平滑钢管，且应具有光滑的内壁并可被弯曲成适当的形状而不出现卷曲或被压扁；半刚性管道应是波纹状的金属管或高密度聚乙烯塑管，且金属波纹管宜采用镀锌钢带制作，壁厚宜不小于0.3mm。

（二）混凝土的浇筑

1. 浇筑混凝土时，宜根据结构或构件的不同形式选用插入式、附着式或平板式等振动器进行振捣。

对箱梁腹板与底板及顶板连接处的承托、预应力筋锚固区及其他预应力钢束与钢筋密集的部位，应采取有效措施加强振捣；对先张构件应避免振动器碰撞预应力筋；对后张结构应避免振动器碰撞预应力筋的管道、预埋件等。浇筑过程中应随时检查模板、管道、锚固端垫板等的稳固性，保证其位置及尺寸符合设计要求。

2. 用于判断现场预应力混凝土结构或构件强度的混凝土试件，应置于现场与结构或构件同环境、同条件养护。

（三）施加预应力

1. 机具及设备要求

（1）预应力筋的张拉宜采用穿心式双作用千斤顶，整体张拉或放张宜采用具有自锚功能的千斤顶；张拉千斤顶的额定张拉力宜为所需张拉力的1.5倍，且不得小于1.2倍。与千斤顶配套使用的压力表应选用防振型产品，其最大读数应为张拉力的1.5～2.0倍，标定精度应不低于1.0级。张拉机具设备应与锚具产品配套使用，并应在使用前进行校正、检验和标定。

（2）张拉用的千斤顶与压力表应配套标定、配套使用，标定应在经国家授权的法定计量技术机构定期进行，标定时千斤顶活塞的运行方向应与实际张拉工作状态一致。当处于下列情况之一时，应重新进行标定：

① 使用时间超过 6 个月。

② 张拉次数超过 300 次。

③ 使用过程中千斤顶或压力表出现异常情况。

④ 千斤顶检修或更换配件后。

2. 施加预应力的准备工作

实施张拉时，应使千斤顶的张拉力作用线与预应力筋的轴线重合一致。

3. 张拉应力控制

（1）预应力筋的张拉控制应力应符合设计要求。当施工中预应力筋需要超张拉或计入锚圈口预应力损失时，可比设计要求提高 5%，但在任何情况下不得超过设计规定的最大张拉控制应力。

（2）预应力筋采用应力控制方法张拉时，应以伸长值进行校核，实际伸长值与理论伸长值的差值应符合设计要求，设计无规定时，实际伸长值与理论伸长值的差值应控制在 6% 以内，否则应暂停张拉，待查明原因并采取措施予以调整后，方可继续张拉。

（3）预应力筋张拉时，应先调整到初应力，该初应力宜为张拉控制应力 σ_{con} 的 10% ~ 25%，伸长值应从初应力时开始量测。预应力筋的实际伸长值除量测的伸长值外，尚应加上初应力以下的推算伸长值。

预应力筋张拉的实际伸长值 $\triangle L_s = \triangle L_1 + \triangle L_2$

$\triangle L_1$：初应力至最大张拉应力间的实测伸长值（mm）；

$\triangle L_2$：初应力以下的推算伸长值（mm），可采用相邻级的伸长值。

📋 **典型例题**

【真题 - 单选】关于预应力钢筋和金属管道存放的说法，正确的是（　　）。

　A. 进场后如需长时间存放，必须安排定期的外观检查

　B. 室外存放时，时间不宜超过 12 个月

　C. 如直接堆放在地面上，地面应先进行硬化

　D. 存放的仓库内若有腐蚀性气体，应设挡板隔离

【参考答案】A

🏢 **考点 99：先张法★★**

先张法预制梁板施工工艺流程：

张拉台座准备→穿预应力筋、调整初应力→张拉预应力筋→钢筋骨架制作→立模→浇筑混凝土→混凝土养护→拆模→放松预应力筋→成品存放、运输。

（一）墩式台座结构应符合的规定

1. 承力台座应进行专门设计，并应具有足够的强度、刚度和稳定性，其抗倾覆安全系数应不小于 1.5，抗滑移系数应不小于 1.3。

2. 锚固横梁应有足够的刚度，受力后挠度应不大于 2mm。

（二）先张法预应力筋的张拉规定

1. 同时张拉多根预应力筋时，应预先调整其初应力，使相互之间的应力一致，再整体张拉。张拉过程中，应使活动横梁与固定横梁始终保持平行，并应抽查预应力筋的预应力值，其偏差的绝对值不得超过按一个构件全部预应力筋预应力总值的 5%。

2. 预应力筋的张拉应符合设计要求，设计无规定时，其张拉程序可按下表的规定进行。

预应力筋种类		张拉程序
钢丝、钢绞线	夹片式等具有自锚性能的锚具	低松弛预应力筋：0 → 初应力 → σ_{con}（持荷 5min 锚固）
	其他锚具	0 → 初应力 → 1.05 σ_{con}（持荷 5min）→ 0 → σ_{con}（锚固）
螺纹钢筋		0 → 初应力 → 1.05 σ_{con}（持荷 5min）→ 0.9 σ_{con} → σ_{con}（锚固）

注：1. 表中 σ_{con} 为张拉时的控制应力值，包括预应力损失值。

2. 超张拉数值超过设计或《公路桥涵施工技术规范》JTG/T 3650—2020 规定的最大超张拉应力限值时，应按设计或规范规定的限制张拉应力进行张拉。

3. 张拉螺纹钢筋时，为保证施工安全，应在超张拉并持荷 5min 后放张至 0.9 σ_{con} 时安装模板、普通钢筋及预埋件等。

3. 张拉时，同一构件内预应力钢丝、钢绞线的断丝数量不得超过总数的 1%，同时对于螺纹钢筋不容许断筋。

4. 预应力筋张拉完毕后，其位置与设计位置的偏差不得大于 5mm，同时不应大于构件最短边长的 4%，且宜在 4h 内浇筑混凝土。

（三）先张法预应力筋的放张规定

1. 预应力筋放张时构件混凝土的强度和弹性模量（或龄期）应符合设计规定；设计未规定时，混凝土的强度应不低于设计强度等级值的 80%，弹性模量应不低于混凝土 28d 弹性模量的 80%。当采用混凝土龄期代替弹性模量控制时应不少于 5d。

2. 在预应力筋放张之前，应将限制位移的侧模、翼缘模板或内模拆除。

3. 预应力筋的放张顺序应符合设计规定；设计未规定时，应分阶段、均匀、对称、相互交错地放张。

4. 多根整批预应力筋的放张，当采用砂箱放张时，放砂速度应均匀一致；采用千斤顶放张时，放张宜分数次完成；单根钢筋采用拧松螺母的方法放张时，宜先两侧后中间，并不得一次将一根预应力筋松完。放张后，预应力筋在构件端部的内缩值宜不大于 1.0mm。

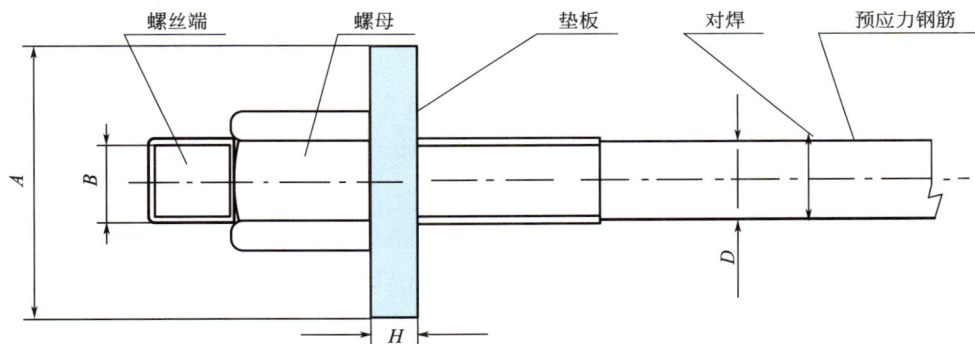

LM型螺丝端杆锚具构造图

5. 预应力筋放张后，对钢丝和钢绞线，应采用机械切割的方式进行切断；对螺纹钢筋，可采用乙炔－氧气切割，但应采取必要措施防止高温对其产生不利影响。

考点100：后张法★★

（一）采用金属或塑料管道构成后张预应力混凝土结构或构件的孔道时应符合的规定

1. 管道的规格、尺寸应符合设计规定，且其内横截面积应不小于预应力筋净截面积的 2 倍；对长度大于 60m 的管道，宜通过试验确定其面积比是否可以进行正常的压浆作业。

2. 管道应按设计规定的坐标位置进行安装，并应采用定位钢筋固定，使其能牢固地置于模板内的设计位置，且在混凝土浇筑期间不产生位移。管道与普通钢筋重叠时，应移动普通钢筋，不得改变管道的设计坐标位置。

固定各种成孔管道用的定位钢筋的间距，对钢管不宜大于1.0m；波纹管不宜大于0.8m；位于曲线上的管道和扁平波纹管道应适当加密。定位后的管道应平顺，其端部的中心线应与锚垫板相垂直。

3. 所有管道均应在每个顶点设排气孔及需要时在每个低点设排水孔，在每个顶点和两端设检查孔。压浆管、排气管和排水管应是最小内径为20mm的标准管或适宜的塑性管，与管道之间的连接应采用金属或塑料结构扣件，长度应足以从管道引出结构物以外。

（二）预应力筋的安装规定

1. 预应力筋可在浇筑混凝土之前或之后穿入孔道，穿束前应检查锚垫板和孔道，锚垫板的位置应准确；孔道内应畅通，无水和其他杂物。

2. 对在混凝土浇筑及养护之前安装在孔道中但在设计文件或技术规范规定时限内未压浆的预应力筋，应采取防止锈蚀或其他防腐蚀的措施，直至压浆。

3. 对在混凝土浇筑之前穿束的管道，预应力筋安装完成后，应进行全面检查，查出可能被损坏的管道。在混凝土浇筑之前，应将管道上所有非有意留的孔、开口或损坏之处进行修复，并应在浇筑混凝土过程中随时检查预应力筋能否在管道内自由移动。

（三）后张法预应力筋的张拉和锚固规定

1. 预应力张拉之前，宜对不同类型的孔道进行至少一个孔道的摩阻测试，通过测试所确定的 μ 值和 k 值宜用于对设计张拉控制应力的修正。

2. 张拉时，结构或构件混凝土的强度、弹性模量（或龄期）应符合设计规定；设计未规定时，混凝土的强度应不低于设计强度等级值的80%，弹性模量应不低于混凝土28d弹性模量的80%。当采用混凝土龄期代替弹性模量控制时应不少于5d。

3. 预应力筋的张拉顺序应符合设计规定；设计未规定时，可采取分批、分阶段的方式对称张拉。

4. 预应力筋张拉端的设置应符合设计要求；当设计未要求时，应符合下列规定：

（1）对钢束长度小于20m的直线预应力筋可在一端张拉；对曲线预应力筋或钢束长度大于或等于20m的直线预应力筋，应采用两端张拉。

（2）当同一截面中有多束一端张拉的预应力筋时，张拉端宜分别交错设置在结构或构件的两端。

（3）预应力筋采用两端张拉时，宜两端同时张拉；或先在一端张拉锚固后，再在另一端补足预应力值进行锚固。

5. 两端张拉时，各千斤顶之间同步张拉力的允许误差宜为 ±2%。

6. 张拉程序按设计文件或技术规范的要求进行。设计无规定时，其张拉程序可按下表的规定进行。

预应力筋种类		张拉程序
夹片式等具有自锚性能的锚具	钢绞线束、钢丝束	低松弛预应力筋：$0 \rightarrow$ 初应力 $\rightarrow \sigma_{con}$（持荷5min锚固）
其他锚具	钢绞线束	$0 \rightarrow$ 初应力 $\rightarrow 1.05\sigma_{con}$（持荷5min）$\rightarrow \sigma_{con}$（锚固）
	钢丝束	$0 \rightarrow$ 初应力 $\rightarrow 1.05\sigma_{con}$（持荷5min）$\rightarrow 0 \rightarrow \sigma_{con}$（锚固）
螺母锚固锚具	螺纹钢筋	$0 \rightarrow$ 初应力 $\rightarrow \sigma_{con}$（持荷5min）$\rightarrow 0 \rightarrow \sigma_{con}$（锚固）

7. 预应力筋在张拉控制应力达到稳定后方可锚固。对夹片式锚具，锚固后夹片顶面应平齐，其相互间的错位不宜大于2mm，且露出锚具外的高度不应大于4mm。锚固完毕并经检验确认合格后方可切割端头多余的预应力筋，切割时应采用砂轮锯，严禁采用电弧进行切割，同时不得损伤锚具。

8. 切割后预应力筋的外露长度不应小于30mm，且不应小于1.5倍预应力筋直径。锚具应采用封端混凝土保护，当需长期外露时，应采取防止锈蚀的措施。

（四）后张法预应力孔道压浆及封锚

1. 预应力筋张拉锚固后，孔道应尽早压浆，且应在48h内完成，否则应采取避免预应力筋锈蚀的措施。

压浆用水泥浆的强度应符合设计规定。

2. 后张预应力孔道应采用专用压浆料或专用压浆剂配制的浆液进行压浆。所用原材料应符合下列规定：

水泥应采用性能稳定、强度等级不低于 42.5 的低碱硅酸盐或低碱普通硅酸盐水泥。外加剂应与水泥具有良好的相容性，且不得含有氯盐、亚硝酸盐或其他对预应力筋有腐蚀作用的成分。

3. 压浆前应对孔道进行清洁处理；应对压浆设备进行清洗，清洗后的设备内不应有残渣和积水。

4. 压浆时，对曲线孔道和竖向孔道应从最低点的压浆孔压入；对水平直线孔道可从任意一端的压浆孔压入；对结构或构件中以上下分层设置的孔道，应按先下层后上层的顺序进行压浆。同一管道的压浆应连续进行，一次完成。压浆应缓慢、均匀地进行，不得中断，并应将所有最高点的排气孔依次打开和关闭，使孔道内排气通畅。

5. 浆液自拌制完成至压入孔道的延续时间不宜超过 40min，且在使用前和压注过程中应连续搅拌，对因延迟使用所致流动度降低的水泥浆，不得通过额外加水增加其流动度。

6. 对水平或曲线孔道，压浆的压力宜为 0.5～0.7MPa；对超长孔道，最大压力不宜超过 1.0MPa；对竖向孔道，压浆的压力宜为 0.3～0.4MPa。压浆的充盈度应达到孔道另一端饱满且排气孔排出与规定流动度相同的水泥浆为止，关闭出浆口后，宜保持一个不小于 0.5MPa 的稳压期，该稳压期的保持时间宜为 3～5min。

7. 压浆时，每一工作班应制作留取不少于 3 组尺寸为 40mm×40mm×160mm 的试件，标准养护 28d，进行抗压强度和抗折强度试验，作为质量评定的依据。

8. 压浆过程中及压浆后 48h 内，结构或构件混凝土的温度及环境温度不得低于 5℃，否则应采取保温措施，并应按冬期施工的要求处理。浆液中可适量掺用引气剂，但不得掺用防冻剂。当环境温度高于 35℃ 时，压浆宜在夜间进行。

9. 压浆完成后，应及时对锚固端按设计要求进行封闭保护或防腐处理，需要封锚的锚具，应在压浆完成后对梁端混凝土凿毛并将其周围冲洗干净，设置钢筋网浇筑封锚混凝土。封锚应采用与结构或构件同强度的混凝土并应严格控制封锚后的梁体长度。长期外露的锚具，应采取防锈措施。

10. 对后张预制构件，在孔道压浆前不得安装就位；压浆后，应在浆液强度达到规定的强度后方可移运和吊装。

11. 孔道压浆应填写施工记录。记录项目应包括：压浆材料、配合比、压浆日期、搅拌时间、出机初始流动度、浆液温度、环境温度、压浆量、稳压压力及时间，采用真空辅助压浆工艺时尚应包括真空度。

典型例题

1.【真题–单选】采用夹片式带有自锚性能的锚具，其后张法张拉程序正确的是（　　）。

A.0→初应力→ $1.05\sigma_{con}$ → σ_{con}（锚固）

B.0→初应力→ $1.05\sigma_{con}$（持荷 5min）→ σ_{con}（锚固）

C.0→初应力→ σ_{con}（持荷 5min）

D.0→初应力→ σ_{con}（持荷 3min）

【参考答案】C

2.【真题–单选】预应力混凝土梁的封端施工，混凝土强度应符合设计规定，并应严格控制梁体（　　）。

A. 高度　　　　　　　　　　　　　　B. 长度

C. 宽度　　　　　　　　　　　　　　D. 体积

【参考答案】B

3.【真题–单选】关于先张法预应力张拉操作时，热轧带肋钢筋张拉程序的说法，正确的是（　　）。

A.0→初应力→ $1.03\sigma_{con}$（锚固）

B.0→初应力→ $1.03\sigma_{con}$（持荷 5min 锚固）

C. 0 → 初应力 → $1.05\sigma_{con}$（持荷 5min）→ 0 → σ_{con}（锚固）

D. 0 → 初应力 → $1.05\sigma_{con}$（持荷 5min）→ $0.9\sigma_{con}$ → σ_{con}（锚固）

【参考答案】D

考点 101：各类桥梁基础适用条件★

桩基础：按施工方法可分为沉桩、钻孔灌注桩、挖孔灌注桩，其中沉桩又分为锤击沉桩法、振动沉桩法、射水沉桩法、静力压桩法。

（1）锤击沉桩法一般适用于松散、中密砂土，黏性土。

（2）钻孔灌注桩适用于黏性土、砂土、砾卵石、碎石、岩石等各类土层。

（3）挖孔灌注桩适用于无地下水或少量地下水，且较密实的土层或风化岩层，如空气污染物超标，必须采取通风措施。

考点 102：明挖扩大基础施工★

明挖扩大基础施工的主要内容包括：基础的定位放样、基坑开挖、基坑排水、基底处理及砌筑（浇筑）基础结构物等。

（一）基坑开挖

1. 基坑开挖的安全防护要求

（1）地表排水：基坑边缘的顶面应设置截水沟。

（2）安全设施：深基坑四周距基坑边缘不小于 1m 处应设立钢管护栏、挂密目式安全网。

（3）保证边坡稳定：①基坑周边 1m 范围内不得堆载和停放设备。②在基坑边缘与荷载之间应设置护道，基坑深度小于或等于 4m 时护道的宽度应不小于 1m。

（4）施工环境：挖基施工宜安排在枯水或少雨季节进行。

（5）预防基底超挖：采用机械开挖时应避免超挖，宜在挖至基底前预留一定厚度，再由人工开挖至设计高程。

（6）基底检验：基坑开挖施工完成后应及时检验其尺寸、高程、基底承载力。

（7）基坑监测：①边坡的稳定性；②支护结构的位移和应力；③围堰及邻近建（构）筑物的沉降与位移；④地下水位变化；⑤基底隆起。

2. 不支护坑壁进行开挖的基坑施工

（1）当为无水基坑且土层构造均匀时，基坑坑壁坡度可按下表确定。

基坑坑壁坡度表

坑壁土类别	坑壁坡度		
	坡顶无荷载	坡顶有静荷载	坡顶有动荷载
砂类土	1：1	1：1.25	1：1.5
卵石、砾类土	1：0.75	1：1	1：1.25
粉质土、黏质土	1：0.33	1：0.5	1：0.75
极软岩	1：0.25	1：0.33	1：0.67
软质岩	1：0	1：0.1	1：0.25
硬质岩	1：0	1：0	1：0

（2）基坑为渗水性的土质基底时，坑底的平面尺寸应根据排水要求（包括排水沟、集水井、排水管网等）和基础模板所需基坑大小确定。

3. 对坑壁采取挡板支护措施

地质条件	支护措施
（1）基坑较浅且渗水量不大	竹排、木板、混凝土板、钢板
（2）基坑深度≤4m 且渗水量不大	槽钢、型钢、工字钢
（3）地下水位较高，基坑开挖深度＞4m	锁口钢板桩、锁口钢管桩围堰
（4）在条件许可时亦可采用水泥土墙、混凝土围圈或桩板墙、钢筋混凝土挡板等支护方式	

4. 基坑坑壁采用喷射混凝土、锚杆喷射混凝土、预应力锚索和土钉支护等方式进行加固

（1）对基坑开挖深度小于 10m 的较完整中风化基岩，可直接喷射混凝土加固坑壁。

（2）对锚杆、预应力锚索和土钉支护，均应在施工前按设计要求进行抗拉拔力的验证试验，并确定适宜的施工工艺。

（3）采用锚杆挂网喷射混凝土加固坑壁。

①注浆工艺	孔深≤3m	先注浆，后插入锚杆
	孔深＞3m	先插入锚杆，后注浆
②注浆要求	注浆应采用孔底注浆法。注浆管应插至距孔底 50～100mm 处。注浆的压力宜不小于 0.2MPa	

（二）基坑降排水

1. 集水坑排水法	（1）除严重流沙外，一般情况下均可适用。（2）排水设备的能力宜为总渗水量的 1.5～2.0 倍
2. 井点降水法	（1）用于粉砂、细砂、地下水位较高、有承压水、挖基较深、坑壁不易稳定的土质基坑，在无砂的黏质土中不宜使用。 （2）井点降水曲线应低于基底设计高程或开挖高程至少 0.5m
3. 止水帷幕法	（1）类型：硅化法、深层搅拌桩隔水墙、压力注浆、高压喷射注浆、冻结帷幕法。 （2）对于土质渗透性较大、挖掘较深的基坑。 （3）止水帷幕的渗透系数宜小于 $10×10^{-6}$mm/s

（三）基底处理

1. 基地处理方法

（1）换填土法；（2）挤密土法；（3）胶结土法；（4）土工聚合物法。

2. 基底处理要求

地基处理的范围：应宽出基础之外不小于 0.5m	
岩层基底的处理	对坚硬的倾斜岩层，宜将岩层面凿平；倾斜度较大无法凿平时，则宜凿成多级台阶，台阶的宽度宜不小于 0.3m
多年冻土地基的处理	（1）基础不应置于季节性冻融土层上，并不得直接与冻土接触。 （2）基础位于多年冻土层（即永冻土）上时，基底之上应设置隔温层或保温层材料，其铺筑宽度应在基础外缘加宽 1m。 （3）施工期间如有明水，应在距坑顶边缘 10m 之外设置排水沟

（四）基底检验

检验内容	(1) 基底平面位置、尺寸大小、基底高程。 (2) 基底的地质情况及承载力。 (3) 基底处理和排水情况。 (4) 施工记录及有关试验资料	
检验方法	(1) 小桥涵	直观或触探
	(2) 大、中桥地基土质复杂、结构对地基有特殊要求的	触探和钻探（钻深至少 4m）取样做土工试验

考点 103：桩基础施工 ★★★★

（一）挖孔灌注桩施工

适用条件	①在无地下水或有少量地下水，且较密实的土层或风化岩层中，可采用人工挖孔施工。 ②岩溶地区和采空区不宜采用人工挖孔施工。 ③桩径或最小边宽度小于 1.2m 时不得采用人工挖孔施工
方案编制	①人工挖孔施工应制订专项施工方案。 ②深度不小于 15m 的人工挖孔桩或开挖深度不超 15m，但地质条件复杂或存在有毒有害气体
设备配置	气体浓度检测仪器、通风机与风管（备用）、防毒面具
施工准备	入孔前应先通风 15min 以上，并检查孔内空气符合规定的三级标准浓度限值，现场应至少备用 1 套通风设备

1. 挖孔灌注桩施工的技术要求

（1）孔口处应设置高出地面不小于 300mm 的护圈，并应设置临时排水沟。

（2）挖孔施工时相邻两桩孔不得同时开挖，宜间隔交错跳挖。

（3）采用混凝土护壁支护的桩孔，护壁混凝土的强度等级，当桩径 ≤ 1.5m 时应不小于 C25，桩径 > 1.5m 时应不小于 C30。挖孔作业时必须挖一节浇筑一节护壁。护壁外侧与孔壁间应填实。

（4）孔壁支护不得占用桩径尺寸，挖孔过程中，应经常检查桩孔尺寸、平面位置和竖轴线倾斜情况。

（5）孔口四周作业范围内不得堆积弃土及其他杂物。

2. 挖孔灌注桩施工的安全要求

（1）桩孔内的作业人员必须戴安全帽、系安全带、穿防滑鞋，人员上下时必须系安全绳，安全绳必须系在孔口。作业人员应通过带护笼的直梯进出，人员上下不得携带工具和材料。作业人员不得利用卷扬机上下桩孔。

（2）桩孔内应设防水带罩灯泡照明，电压应为安全电压，电缆应为防水绝缘电缆，并应设置漏电保护器。

（3）孔深大于 10m 时或空气质量不符合要求时，孔内作业必须采取机械强制通风措施。

（4）孔深不宜超过 15m。孔深超过 15m 的桩孔内应配备有效的通信器材，作业人员在孔内连续作业不得超过 2h；桩周支护应采用钢筋混凝土护壁，护壁上的爬梯应每间隔 8m 设一处休息平台。孔深超过 30m 的应配备作业人员升降设备。

（5）桩孔内遇岩层需爆破作业时，宜采用浅眼松动爆破法。孔深大于 5m 时，必须采用导爆索或电雷管引爆。桩孔内爆破后应先通风排烟 15min 并经检查确认无有害气体后，方可进入作业。

（二）钻孔灌注桩施工

1. 钻孔前应先布置施工平台

桩位位于旱地时，可在原地适当平整并填土压实形成工作平台；桩位位于浅水区时，宜采用筑岛法施工；桩位位于深水区时，宜搭设钢制平台，当水位变动不大时，亦可采用浮式工作平台，但在水流湍急或潮位涨落较大的水域，不应采用浮式平台。顶面高程应高于桩施工期间可能的最高水位 1.0m 以上（浪高）。

2. 钻孔灌注桩施工的主要工序

钻孔灌注桩施工的主要工序有：埋设护筒、制备泥浆、钻孔、清底、钢筋笼制作与吊装、灌注水下混凝土等。

1）埋设护筒

护筒要求	①护筒宜采用钢板卷制，其内径应大于桩径至少 200mm。 ②护筒中心与桩中心的平面位置偏差应不大于 50mm，护筒在竖直方向的倾斜度应不大于 1%。 ③护筒顶宜高于地面 0.3m 或水面 1.0～2.0m，同时应高于桩顶设计高程 1.0m。一般情况护筒埋置深度宜为 2～4m
护筒作用	①稳定孔壁、防止塌孔。 ②隔离地表水。 ③保护孔口地面。 ④固定桩孔位置和钻头导向

2）泥浆制备

组成	由水、黏土（膨润土）和添加剂组成
泥浆作用	①浮悬钻渣。 ②冷却钻头。 ③润滑钻具（减少钻进阻力）。 ④增大静水压力，在孔壁形成泥皮，隔断孔内外渗流，防止塌孔

3）钻孔

（1）正、反循环回转钻机

适用范围：适应性很强，可以应对各种覆盖层直到极硬的岩层，但对直径大于 2/3 钻杆内径的松散卵石层却无能为力	
正循环回转钻孔	①泥浆泵→胶管→泥浆笼头→钻杆中心→钻头→沿钻孔上升→沉淀池→泥浆池。 ②钻进与排渣同时进行，在适用的土层中钻进速度较快；但须设泥浆槽、沉淀池等，占地较多，机具设备较复杂
反循环回转钻孔	①输入钻孔→钻头吸入→钻杆中心→沉淀池→泥浆池。 ②钻进与排渣效率较高；但接长钻杆时装卸麻烦，钻渣容易堵塞管路，孔壁坍塌的可能性较正循环法的大

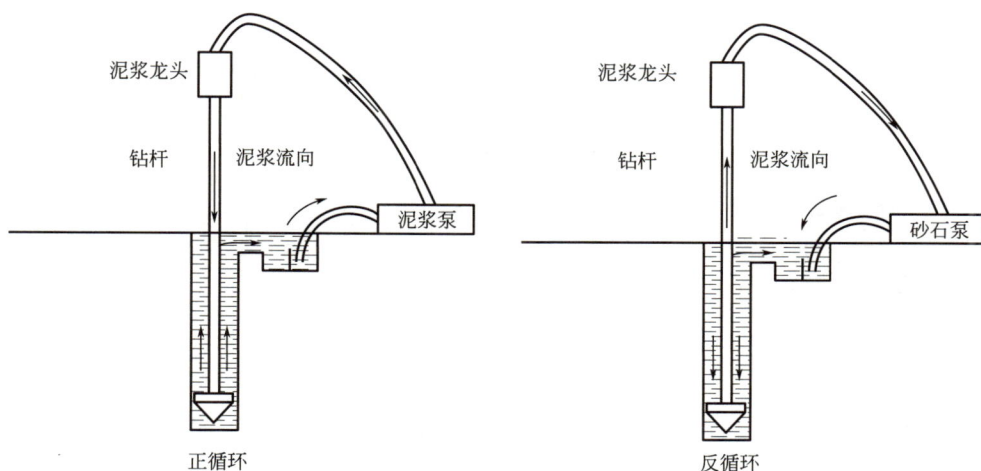

正循环　　　　　　反循环

（2）冲击钻、旋挖钻机

冲击钻	①特别适合于在有孤石的砂砾石层、漂石层、硬土层、岩层中使用。 ②开始钻进宜慢不宜快，须反复冲击挤压，施工中注意垂直度校正，2～3m 后立即校正。 ③岩层倾斜时，通过回填卵石反复冲钻，直到岩层平整，再继续钻进
施挖钻机	①一般适用黏土、粉土、砂土、淤泥质土、人工回填土及含有部分卵石、碎石的地层、微风化岩层。 ②桶式钻斗直接取土出渣，能缩短成孔时间，提高施工效率。 ③钻进过程中应保证泥浆面始终不得低于护筒底部，保证孔壁稳定

4）成孔检查与清孔

（1）钻孔灌注桩在终孔后，应对桩孔的孔位、孔径、孔形、孔深和倾斜度进行检验；清孔后，应对孔底的沉淀厚度进行检验。

（2）清孔方法：抽浆法、换浆法、掏渣法、喷射清孔法、砂浆置换钻渣清孔法。

（3）清孔质量要求：摩擦桩（$D \leqslant 1.5m$，$\leqslant 200mm$；$D > 1.5m$ 或 $L > 40m$，$\leqslant 300mm$）；端承桩（$\leqslant 50mm$）。

（4）吊入钢筋骨架后，灌注水下混凝土前，应再次检查孔内泥浆性能指标和孔底沉淀厚度；如超过规定，应进行第二次清孔，不得用加深钻孔深度的方式代替清孔。

5）灌注水下混凝土

（1）水下混凝土宜采用钢导管灌注，导管内径宜为 $200 \sim 350mm$。导管使用前应进行水密承压和接头抗拉试验，严禁采用压气试压。进行水密试验的水压应不小于孔内水深 1.3 倍的压力，亦应不小于导管壁和焊缝可能承受灌注混凝土时最大内压力 p 的 1.3 倍。

（2）水泥可采用火山灰水泥、粉煤灰水泥、普通硅酸盐水泥或硅酸盐水泥，采用矿渣水泥时应采取防离析的措施；粗集料宜选用卵石，细集料宜采用级配良好的中砂。

混凝土拌合物应具有良好的和易性，坍落度宜为 $160 \sim 220mm$，且应考虑坍落度损失。

（3）灌注水下混凝土

① 水下混凝土的灌注时间不得超过首批混凝土的初凝时间。

② 首批灌注混凝土的数量应能满足导管首次埋置深度 1.0m 以上的需要，所需混凝土数量可按下式和下图计算。

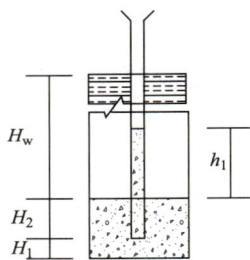

$$V = \frac{\pi D^2}{4}(H_1 + H_2) + \frac{\pi d^2}{4}h_1$$

式中：V——灌注首批混凝土所需数量（m³）；

D——桩孔直径（m）；

H_1——桩孔底至导管底端间距（m），一般为 $0.3 \sim 0.4m$；

H_2——导管初次埋置深度（m）；

d——导管内径（m）；

h_1——桩孔内混凝土达到埋置深度 H_2 时，导管内混凝土柱平衡导管外（或泥浆）压力所需的高度（m），即 $h_1 = H_w \gamma_w / \gamma_c$。

③ 在灌注过程中，应保持孔内的水头高度。导管的埋置深度宜控制在 $2 \sim 6m$（最大不超过 9m）。

④ 灌注桩桩顶高程应比设计高程高出不小于 0.5m。

⑤ 灌注时应采取措施防止钢筋骨架上浮。当灌注的混凝土顶面距钢筋骨架底部以下 1m 左右时，宜降低灌注速度；混凝土顶面上升到骨架底部 4m 以上时，宜提升导管，使其底口高于骨架底部 2m 以上后再恢复正常灌注速度。

（4）宜选择有代表性的桩采用无破损法进行检测，设计有规定或对无破损法检测和桩的质量有疑问时，应采用钻取芯样法对桩进行检测。当需检验柱桩的桩底沉淀与地层的结合情况时,其芯样应钻至桩底0.5m以下。

典型例题

1.【真题－单选】特别适合在有孤石的砂砾石层、漂石层、硬土层中使用的钻机是（   ）。

    A. 回旋钻机   B. 冲击钻机

    C. 旋挖钻机   D. 潜水钻机

【参考答案】B

2.【真题－单选】钻孔灌注桩施工中,埋放护筒的作用是（   ）。

    A. 固定钻机   B. 保护孔口地面

    C. 截断地下水   D. 保证孔的垂直度

【参考答案】B

3.【真题－单选】钻孔灌注桩施工中埋设护筒,不属于护筒作用的是（   ）。

    A. 稳定孔壁   B. 钻头导向

    C. 隔离地表水   D. 增强桩身强度

【参考答案】D

考点104：承台施工 ★

（一）承台施工方式的选择

承台位置	做法
干处	明挖基坑
水中	一般先设围堰（钢板桩围堰、套箱围堰、双壁钢围堰等）,将群桩围在堰内,然后在堰内河底灌注水下混凝土封底,凝结后,将水抽干,使各桩处于干处,再安装承台模板,在干处灌筑承台混凝土

（二）钢围堰施工

1. 钢围堰设计与施工的一般规定

（1）围堰的平面尺寸宜根据承台的结构尺寸、安装及放样误差等确定,且宜满足承台施工操作空间的需要,围堰内侧距承台边缘的净距宜不小于1m（围堰内侧兼作模板时除外）。围堰的顶面高程应高出施工期间可能出现的最高水位(包括浪高)$0.5\sim0.7m$；在有潮汐的水域,应同时考虑最高和最低施工潮位对围堰的不利影响。

（2）围堰除应满足自身的强度、刚度和稳定性要求外,尚应考虑河床断面被压缩后,流速增大导致的河床冲刷和对通航、导流等的影响。

（3）钢围堰的混凝土封底厚度应符合设计规定；设计未规定时,应根据桩周摩擦力、浮力、围堰结构自重及封底混凝土自身强度等因素经计算后确定。

（4）钢围堰在施工前应制定专项施工方案,明确施工工艺流程。

2. 钢板桩及钢管桩围堰的施工规定

（1）钢板桩施打前应设置测量观测点,控制其施打的定位。

（2）钢板桩在施打前,其锁口宜采用止水材料捻缝,防止在使用过程中漏水。

（3）施打钢板桩必须有导向装置,应能保证钢板桩的位置正确。

施打顺序应按既定的施工技术方案进行,并宜从上游开始分两头向下游方向合龙。施打时应随时检查其位置和垂直度是否准确,不符合要求的应立即纠正或拔起重新施打。施打完成后所有钢板桩的锁口均应闭合。

（4）接长的钢板桩,其相邻桩的接头位置应上下错开。

（5）锁口钢管桩围堰施工除应符合钢板桩围堰的施工的相关规定外，尚应符合：施打钢管时，如土层中有孤石、片石或其他障碍物，其底口应做加强处理。

3. 钢套箱施工规定

套箱围堰可采用有底套箱或无底套箱：

（1）有底钢套箱在浇筑封底混凝土之前，应对底板和钢护筒的表面进行清理，并应采用适宜的止水装置或材料对底板与桩基之间的缝隙进行封堵。

（2）钢套箱内的排水应在封底混凝土符合设计规定的强度后或达到设计强度的80％及以上时方可进行，在封底混凝土未达到规定强度之前，应打开套箱上设置的连通器，保持套箱内外水头一致，排水时不应过快，并应在排水过程中加强对套箱情况变化的监测。对有底钢套箱，必要时可设反压装置抵抗过大的浮力。

4. 双壁钢围堰的施工规定

（1）围堰的双壁间距应根据下沉时需要克服的浮力、土层摩阻力及基底抗力等经计算确定，并应在双壁之间分设多个对称的、横向互不相通的隔水仓。

（2）双壁钢围堰兼作钻孔平台时，应将钻孔施工产生的全部荷载及各种工况加入围堰结构的最不利荷载组合中进行设计和验算。

（3）双壁钢围堰结构的制作宜在工厂按设计要求进行，各节、块应按预定的顺序对称组装拼焊，制作完成后应进行焊接质量检验，并应进行水密性试验。

（4）围堰下沉至设计高程，在灌注封底混凝土之前，应对河床面进行清理和整平。围堰置于岩面上时，宜将岩面整平；基岩岩面倾斜或凹凸不平时，宜将围堰底部制作成与岩面相应的异形刃脚，增加其稳定性并减少渗漏。

考点105：墩台施工★

（一）钢筋混凝土墩台施工

1. 高度小于40m的桥墩施工

（1）桥墩施工前，应对其施工范围内基础顶面的混凝土进行凿毛处理，并应将表面的松散层、石屑等清理干净；对分节段施工的桥墩，其接缝亦应做相同的凿毛和清洁处理。

（2）桥墩高度小于或等于10m时可整体浇筑施工；高度超过10m时，可分节段施工，节段的高度宜根据施工环境条件和钢筋定尺长度等因素确定。上一节段施工时，已浇筑节段的混凝土强度应不低于2.5MPa。各节段之间浇筑混凝土的间歇期宜控制在7d以内。

2. 高度大于或等于40m的高墩施工

高度大于或等于40m的高墩施工，除应符合上述高度小于40m的桥墩施工要求之外，尚应符合下列规定：

（1）施工前应编制专项施工方案，对各项临时受力结构和临时设施应进行必要的施工设计计算和验算。

（2）宜设置塔式起重机或其他可靠的起重设备，用于施工期间钢筋或其半成品材料以及其他材料的垂直起吊运输。

（3）宜设置施工电梯作为运送作业人员和小型机具、操作工具的垂直运输设施。

（二）圬工结构墩台施工

1. 砌块在使用前应浇水湿润，砌块的表面如有泥土、水锈，应清洗干净。

2. 砌筑基础的第一层砌块时，如基底为土质，可直接坐浆砌筑；如基底为岩层或混凝土地基，应先将基底表面清洗、湿润，再坐浆砌筑。

3. 砌体宜分层砌筑，砌体较长时可分段分层砌筑，但两相邻工作段的砌筑高差宜不超过1.2m；分段位置宜设在沉降缝或伸缩缝处，各段的水平砌缝应一致。

4. 各砌层应先砌外圈定位行列，再砌筑里层，其外圈砌块应与里层砌块交错连成一体。

5. 台背回填施工要求：

（1）桥涵台背的填料应符合设计规定。设计未规定时，宜采用天然砂砾、二灰土、水泥稳定土或粉煤灰等轻质材料，不得采用含有泥草、腐殖质或冻块的土。

（2）台背回填应顺路线方向，自台身起，其填土的长度在顶面应不小于桥台高度加 2m，在底面应不小于 2m；拱桥台背填土的长度应不小于台高的 3～4 倍。锥坡填土应与台背填土同时进行，并应按设计宽度一次填足。

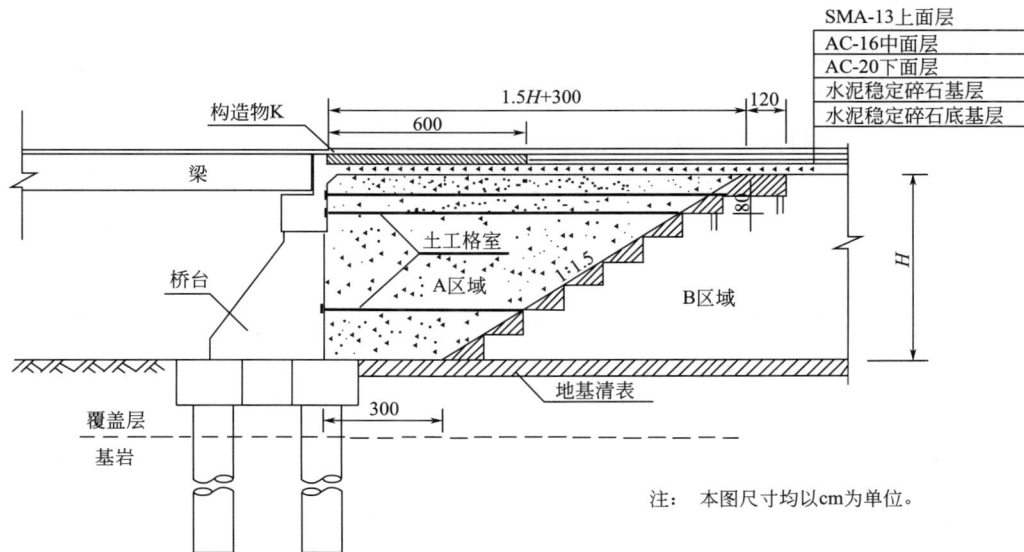

桥头处治示意图

（3）台背回填应严格控制土的分层厚度和压实度，应设专人负责监督检查，检查频率应每 $50m^2$ 检验一点，不足 $50m^2$ 时应至少检验一点，每点均应合格，且宜采用小型机械压实。桥涵台背填土的压实度应不小于 96%。

（4）台背回填的顺序应符合设计规定。设计未规定时，拱桥的台背填土宜在主拱圈安装或砌筑以前完成；梁式桥轻型桥台的台背填土宜在梁体安装完成以后，在两端桥台平衡地进行；埋置式桥台的台背填土宜在柱侧对称、平衡地进行。

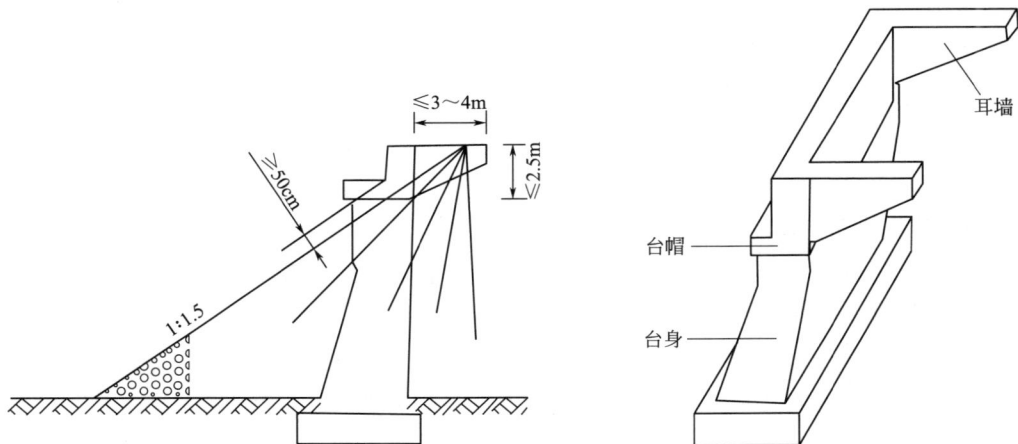

考点 106：桥梁上部结构装配式施工★★★★

（一）钢筋混凝土和预应力混凝土梁（板）桥施工

1. 一般要求：

（1）装配式桥的构件在脱底模、移运、存放和吊装时，混凝土的强度应不低于设计规定的吊装强度；设计未规定时，应不低于设计强度的 80%。

（2）对分层、分段安装的构件，应在先安装的构件可靠固定且受力较大的接头混凝土达到设计强度的 80% 后，方可继续安装。

2. 构件的预制台座应符合下列规定：

（1）预制台座的地基应具有足够的承载能力和稳定性。当用于预制后张预应力混凝土梁板时，宜对台座两端及适当范围内的地基进行特殊加固处理。

（2）预制台座应采用适宜的材料和方式制作，且应保证其坚固、稳定、不沉陷。

（3）预制台座的间距应能满足施工作业的要求；台座表面应光滑、平整，在 2m 长度上平整度的允许偏差应不超过 2mm，且应保证底座或底模的挠度不大于 2mm。

3. 各种构件混凝土的浇筑除应符合《公路桥涵施工技术规范》JTG/T 3650—2020 的有关规定外，尚应符合下列规定：

（1）腹板底部为扩大断面的 T 形梁和 I 形梁时，应先浇筑扩大部分并振实后，再浇筑其上部腹板。

（2）U 形梁可上下一次浇筑或分两次浇筑。一次浇筑时，宜先浇筑底板至底板承托顶面，待底板混凝土振实后再浇筑腹板；分两次浇筑时，宜先浇筑底板至底板承托顶面，按施工缝处理后，再浇筑腹板混凝土。

（3）箱形梁宜一次浇筑完成，且宜先浇筑底板至底板承托顶面，待底板混凝土振实后再浇筑腹板、顶板。

4. 构件的场内移运应符合下列规定：

（1）对后张预应力混凝土梁、板，在施加预应力后可将其从预制台座吊移至场内的存放台座再进行孔道压浆，但必须满足下列要求：

① 从预制台座上移出梁、板仅限一次，不得在孔道压浆前多次倒运。

② 吊移的范围必须限制在预制场内的存放区域，不得移往他处。

③ 吊移过程中不得对梁、板产生任何冲击和碰撞。

（2）后张预应力混凝土梁、板在孔道压浆后进行移运的，其压浆浆体强度应不低于设计强度的 80%。

（3）梁、板构件移运时的吊点位置应符合设计规定；设计未规定时，应根据计算决定。构件的吊环必须采用未经冷拉的 HPB300 钢筋制作，且吊环应顺直。吊绳与起吊构件的交角小于 60°，应设置吊架或起吊扁担，使吊环垂直受力。吊移板式构件时，不得吊错上、下面。

5. 构件的存放应符合下列规定：

（1）存放台座应坚固稳定，且宜高出地面 200mm 以上。存放场地应有相应的防排水设施，并应保证梁板等构件在存放期间不致因支点沉陷而受到损坏。

（2）梁、板构件存放时，其支点应符合设计规定的位置，支点处应采用垫木和其他适宜的材料进行支承，不得将构件直接支承在坚硬的存放台座上；存放时混凝土养护期未满的，应继续养护。

（3）构件应按其安装的先后顺序编号存放，预应力混凝土梁、板的存放时间宜不超过 3 个月，特殊情况下应不超过 5 个月。存放时间超过 3 个月时，应对梁、板的上拱度值进行检测，当上拱度值过大将会严重影响后续桥面铺装施工或梁、板混凝土产生严重开裂时，则不得使用。

（4）当构件多层叠放时，层与层之间应以垫木隔开，各层垫木的位置应设在设计规定的支点处，上下层垫木应在同一条竖直线上；叠放的高度宜按构件强度、台座地基的承载力、垫木强度及叠放的稳定性等经计算确定，大型构件宜为2层，不应超过3层，小型构件宜为6～10层。

（5）雨季或春季融冻期间，应采取有效措施防止地面软化下沉而造成构件断裂及损坏。

6. 简支梁、板的安装应符合下列规定：

（1）采用架桥机进行安装作业时，其抗倾覆稳定系数应不小于1.3；架桥机过孔时，应将起重小车置于对稳定最有利的位置，且抗倾覆稳定系数应不小于1.5；不得采用将梁、板吊挂在架桥机后部配重的方式进行过孔作业。

双导梁架桥机施工工艺流程主要包括：

①梁体预制及运输、铺设轨道→②架桥机及导梁拼装→③试吊→④架桥机前移至安装跨→⑤支顶前支架→⑥运梁、喂梁→⑦吊梁，纵移到位→⑧降梁，横移到位→⑨安放支座，落梁→⑩重复第⑤～⑨步，架设下一片梁→⑪铰缝施工，完成整跨安装→⑫架桥机前移至下一跨，直至完成整桥安装。

（2）采用起重机吊装构件时，如采用1台吊机起吊，应在吊点位置的上方设置吊架或起吊扁担；如采用两台吊机起吊，应统一指挥，协调一致，使构件的两端同时起吊、同时就位。

（3）采用缆索吊机进行安装时，应事先对缆索吊机进行1.2倍最大设计荷载的静力试验和设计荷载下的试运行，全面验收合格后方可使用。

（4）梁、板安装施工期间及架桥机移动过孔时，严禁行人、车辆和船舶在作业区域的桥下通行。

（5）安装在同一孔跨的梁、板，其预制施工的龄期差不宜超过10d，特殊情况应不超30d。梁、板上有预留孔道的，其中心应在同一轴线上，偏差应不大于4mm。梁板之间的横向湿接缝，应在板全部安装完成后方可进行施工。

7. 先简支后连续的梁，其施工应符合下列规定：

（1）先简支安装的梁，当设置临时支座进行支承时，对一片梁中的各临时支座，其顶面的相对高差应不大于2mm。

（2）对湿接头处的梁端，应按施工缝的要求进行凿毛处理。永久支座应在设置湿接头底模之前安装。

（3）湿接头的混凝土宜在一天中气温相对较低的时段浇筑，且一联中的全部湿接头应尽快浇筑完成。湿接头混凝土的养护时间应不少于14d。

（4）湿接头按设计要求施加预应力、孔道压浆且浆体达到规定强度后，应立即拆除临时支座，按设计规定的顺序完成体系转换。同一片梁的临时支座应同时拆除。

（二）预应力混凝土箱梁施工

1. ①箱梁混凝土宜一次连续浇筑完成，且宜采取水平分层、斜向推进的方式浇筑，水平分层的厚度不得大于300mm。

② 各层间混凝土的间隔浇筑时间不应超过其初凝时间。

梁体腹板下部的底板混凝土宜采用设于底模处的附着式振捣器振动；腹板混凝土宜采用插入式振捣器及附着式振捣器辅助振捣；对钢筋和预应力管道密布区域的混凝土，应提前按一定间距设置混凝土溜槽和插入式振捣器辅助导向等装置，保证该区域的混凝土能振捣密实。

2. 梁体混凝土的抗压强度达到设计强度的1/3以上、弹性模量不低于设计值的50%时，可对部分预应力钢束进行初张拉，但其张拉应力不应超过设计张拉控制应力的1/3，且初张拉的预应力钢束编号及张拉应力应符合设计规定。

对箱梁预应力钢束的终张拉，应在其混凝土抗压强度达到设计强度的 80%、弹性模量不小于设计值的 80% 后进行。设计对张拉有具体规定时应从其规定。

3. 箱梁的场内移运及存放应符合下列规定：

（1）箱梁在场内的移运可采用龙门吊机、轮胎式移梁机或滑移方式，且应预设相应的移运通道。

（2）采用滑移方式移梁时，滑道应设在坚固稳定的地基基础上。滑道应保持平整，滑移时 4 个支点的相对高差不得超过 4mm，两滑道之间的高差不得超过 50mm。

4. 箱梁的运输应符合下列规定：

（1）当采用运梁车运输箱梁时，运梁线路的路面应平坦，地基应有足够的承载能力，纵向坡度应不大于 3%，横向坡度（人字坡）应不大于 4%，最小曲率半径应不小于运梁车的允许转弯半径。在运梁车通过的限界内，不得有任何障碍物。

（2）运梁车装载箱梁时，其支承应牢固，起步和运行应缓慢，平稳前进，严禁突然加速或紧急制动。重载运行时的速度宜控制在 5km/h 以内，曲线、坡道地段应严格控制在 3km/h 以内。当运梁车接近卸梁地点或架桥机时，应减速徐停。

5. 箱梁的架设安装应符合下列规定：

（1）箱梁应采用通过技术质量监督部门产品认证的专用架桥机，或由海事部门颁发船舶证书及起重检验证书的起重船进行架设安装，且起重参数应能满足架梁的要求。

（2）在墩顶设置的临时支座，其形式和位置应符合设计规定，梁底与支座应密贴；4 个临时支座的顶面相对高差不得超过 4mm。

（3）箱梁架设安装后的吊梁孔应采用收缩补偿混凝土封填。

6. 箱梁简支变连续时的体系转换应符合下列规定：

（1）需浇筑湿接头的箱梁端部的形状应符合设计规定，预应力钢束及其他预留孔道的位置偏差应不大于 4mm。

（2）宜先将一联箱梁采用型钢在纵向予以临时固结，且宜在一天中气温最低且温度场均匀稳定的时段浇筑湿接头混凝土。

📋 典型例题

1. 【真题－单选】桥梁预应力混凝土梁存放时间超 3 个月，应对梁进行检测的项目是（ 　　 ）。

    A. 混凝土强度 　　　　　　　　　　　　B. 应变

    C. 应力 　　　　　　　　　　　　　　　D. 上拱度

【参考答案】D

2. 【真题－多选】关于桥梁预制构件存放的说法，正确的有（ 　　 ）。

    A. 存放台座宜高出地面 200mm 以上

    B. 直接支承在坚硬台座上时应注意支撑稳固

    C. 预应力混凝土梁、板的存放时间不宜超过 3 个月

    D. 箱形梁叠放时不应超过 3 层

    E. 多层叠放时，上下层垫木不得在同一条竖直线上

【参考答案】A、C

考点107：桥梁上部结构支架施工（以现浇箱梁为例叙述）★★★★

施工流程		地基处理→支架搭设→模板系统安装→支架加载预压→钢筋、预应力安装→内模安装→混凝土浇筑→混凝土养护→预应力张拉→预应力孔道压浆→落架、模板支架拆除
施工要点	地基处理	地基处理： ①地基换填压实、混凝土条形基础、桩基础加混凝土横梁等。 ②地基处理时要做好地基的排水
	交通导行	梁式桥跨越需要维持正常通行（航）的道路（水域）时，对其现浇支架应采取防碰撞的安全措施，并应设置必要的交通导流标志，保证施工安全和交通安全
	模板	①对于腹板模板，应根据腹板高度设置对拉杆，对拉杆宜采用塑料套管，以便拉杆取出，不得用气割将拉杆割断。 ②混凝土的隔离剂应采用清洁的机油、肥皂水或其他质量可靠的隔离剂，不得使用废机油
	浇筑	梁体混凝土在顺桥向宜从低处向高处进行浇筑，在横桥向宜对称浇筑
就地浇筑梁板实测项目		混凝土强度（△）、轴线偏位、梁（板）顶面高程、断面尺寸（△）、长度、与相邻梁段间错台、横坡、平整度

注：△为关键项目。

考点108：桥梁上部结构逐孔施工★★★★

（一）移动模架法

适用情况	①当桥墩较高，桥跨较长或桥下净空受到约束时，可以采用。 ②适用跨径20～70m、梁体断面形式基本相同的多跨简支和连续梁
组成	支腿或牛腿托架、主梁导梁、模板、液压电气系统及辅助设施等
分类	①按导梁形式分为前一跨式导梁、前半跨式导梁、前后结合导梁。 ②按与箱梁的位置和过孔方式分为上行（承）式、下行（承）式

1. 上行式、下行式移动模架特征表：

项目	上行式	下行式
承重支撑方式	一般通过支腿支撑，后端支撑在已成梁上，前端支撑在前方墩上	一般通过墩旁托架支撑，两端均支撑在桥墩上
外模开合方式	旋转张开或横向滑移	横向滑移
施工安全性	施工时主梁支承安全可靠，但整机重心较高	施工时主梁支承的可靠性受摩擦力及锚固力影响大，但整机重心较低
施工方便性	主梁下可设起重设备、雨棚，作业空间相对封闭，过孔速度快	主梁上不易设起重设备、雨棚，墩旁托架倒装相对复杂，过孔速度慢
施工适应性	不受墩高限制，方便完成首末跨箱梁施工，但不易在桥中部拼装	受墩高限制，墩高矮于4m时不易采用，首末跨箱梁施工需设临时支墩
制梁周期	制梁周期长	制梁周期短
制造费用	用钢量大，自重大	用钢量少，自重小

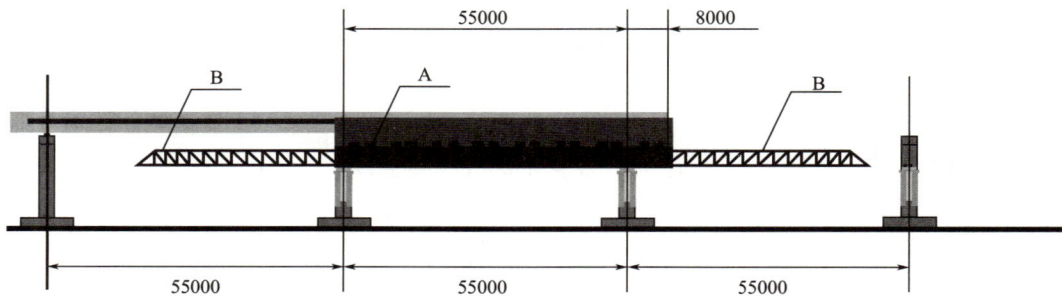

移动模架构造侧立面图(图中单位：mm)

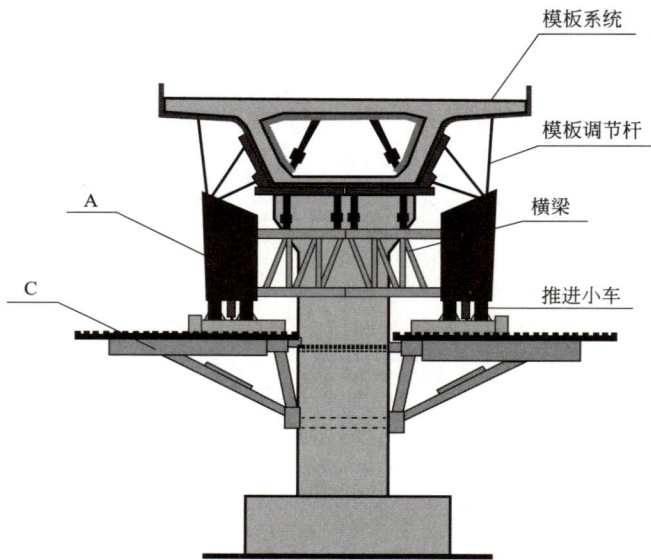

模板系统
模板调节杆
横梁
推进小车

移动模架构造横断面图

2. 施工工序、施工要点

施工工序	支腿或牛腿托架安装→主梁安装→导梁安装→模板系统与液压电气系统及其他附属设施安装→加载试验→支座安装→预拱度设置与模板调整→绑扎底板及腹板钢筋→预应力系统安装→内模就位→顶板钢筋绑扎→箱梁混凝土浇筑→内模脱模→施加预应力和管道压浆→落模拆底模及滑模纵移
模架安装	①移动模架现浇施工主要包括模架的拼装、运行、拆除三个关键环节。拼装是施工准备阶段的重点，运行是施工过程中的关键，拆除是施工收尾阶段的难点。 ②整套移动模架的拼装分为支承托架（牛腿）拼装、钢主梁（导梁）拼装、横梁拼装、模板系统及其他附属部件拼装四大部分。移动模架拼装完成后，应对其拼装质量进行检验，并应在首孔梁的浇筑位置就位后进行荷载加载试验，检验和试压合格后方可正式使用

（二）整孔吊装或分段吊装逐孔施工

整孔吊装和分段吊装施工的注意问题：

采用分段组装逐孔施工的接头位置可以设在桥墩处也可设在梁的1/5附近；前者多为由简支梁逐孔施工连接成连续梁桥，后者多为悬臂梁转换为连续梁。在接头位置处可设有0.5～0.6m现浇混凝土接缝，当混凝土达到足够强度后张拉预应力筋，完成连续。

考点 109：桥梁上部结构悬臂施工★★★★

（一）悬臂拼装施工

1. 概述

优点	①梁体的预制可与桥梁下部构造施工同时进行，平行作业缩短了建桥周期。 ②预制梁的混凝土龄期比悬浇法的长，从而减少了悬拼成梁后混凝土的收缩和徐变。 ③预制场或工厂化的梁段预制生产利于整体施工的质量控制
缺点	①悬臂拼装采用梁段间的接缝、预应力束的穿束连接张拉，使结构整体性相对差一些。 ②因梁段已完成预制，能调整的余地相对较小，再加上施工中有许多不确定因素，造成施工变形控制难度较大。 ③悬臂拼装需要起吊大块预制梁段，对预制场地、设备等配置要求高，致使造价偏高

2. 悬拼施工方法

预制方法	长线法	①组成梁体的所有梁段均在固定台座上的活动模板内浇筑且相邻段的拼合面应相互贴合浇筑，缝面浇筑前涂抹隔离剂，以利于脱模。 ②长线法梁段施工工序：预制台座建造→台座立面、平面线形调整→外模安装→刷隔离剂、堵缝→安装底腹板普通钢筋及预应力管道→内模安装→安装普通钢筋及预应力管道→混凝土浇筑及养护→拆除模板→台座立面、平面线形调整（预制下一节段）
	短线法	①梁段在固定台座能纵移的模内浇筑。待浇梁段一端设固定模架，另一端为已浇梁段（配筑梁段），浇毕达到强度后运出原配筑梁段，达到要求强度梁段为下一待浇梁段配筑，如此周而复始，台座仅需 3 个梁段长。 ②短线法梁段预制工序：台车及模板系统加工→端模、底模及外侧模安装→匹配梁段定位→钢筋骨架吊装→内模就位→固定端模复测→混凝土浇筑及养护→拆除模板→匹配梁段转运存放→新浇筑梁段移至匹配梁位置→匹配梁段定位（下一块段施工）
预制方法	长线法	①优点是由于台座固定可靠，成桥后梁体线性较好。 ②缺点是占地较大，地基要求坚实，混凝土的浇筑和养护移动分散
	短线法	①优点是场地较小，浇筑模板及设备基本不需要移机，可调的底、侧模便于平竖曲线梁段的预制。 ②缺点是精度要求高，施工要求严，施工周期相对较长

3. 梁段的拼接施工

（1）1号块是紧邻 0 号块两侧的第一箱梁节段，也是悬拼构件的基准梁段，是全跨安装质量的关键，一般采用湿接缝连接。

湿接缝拼装梁段施工程序包括：吊机就位→提升、起吊 1 号梁段→安装波纹管→中线测量→丈量湿接缝的宽度→调整波纹管→高程测量→检查中线→固定 1 号梁段→安装湿接缝的模板→浇筑湿接缝混凝土→湿接缝养护、拆模→张拉预应力筋→压浆→下一梁段拼装。

（2）其他梁段拼装：

① 移动式导梁架桥机施工

悬臂节段拼装工艺流程图：架桥机安装及调试→运梁就位→架桥机落钩起吊箱梁至桥面→节段胶结层涂抹→临时预应力张拉→胶结层养护至固化→悬拼预应力钢束张拉→架桥机解钩，前移至下一个节段施工。

整跨拼装工艺流程图：架桥机安装及调试→运梁就位→梁段吊装及调整→节段胶结层涂抹→临时预应力张拉→胶结层养护至固化→整孔预应力张拉→整孔落梁就位→架桥机纵移过孔，吊钩前移至下一个节段施工。

② 悬拼吊机法施工

悬拼吊机法节段拼装工艺流程图：吊机安装及调试→梁端就位→起吊梁段、试拼→节段胶结层涂抹→临时预应力张拉→胶结层养护至固化→悬拼预应力钢束张拉→吊机解钩，前移至下一个节段施工。

③ 浮吊悬拼法施工

浮吊悬拼工艺流程图：浮吊船移动就位→梁预制节段驳船运输到位→移动浮吊挂钩、固定缆风绳、起吊→浮吊调整梁段起吊高度、停钩靠近待吊墩位→稳住浮吊、起钩→就位停钩、稳住浮吊、梁段调正→调整梁段、浮吊落钩→摘钩、移船。

4. 悬臂拼装施工时应注意的要点

（1）梁段的存放场地应平整，承载力应满足要求，支垫位置应与吊点一致。

（2）施工前应按施工荷载对起吊设备进行强度、刚度和稳定性验算，其安全系数应不小于2.0，节段起吊安装前，应对起吊设备进行全面安全技术检查，并应分别进行1.25倍设计荷载的静载和1.1倍设计荷载的动载试验。

（3）采用胶接缝拼装的节段，涂胶前应就位试拼。

（4）胶粘剂宜采用机械拌合，且在使用过程中应连续搅拌并保持其均匀性，胶粘剂应涂抹均匀，覆盖整个匹配面，涂抹厚度不宜超过3mm。对胶接缝施加临时预应力进行挤压时，挤压力宜为0.2MPa，胶粘剂应在梁体的全断面挤出，且胶接缝的挤压应在3h以内完成；当施工时间超过明露时间的70%时，在固化之前应清除被挤出的胶结料。胶粘剂在涂抹和挤压时，应采取措施对预应力孔道的端口处进行防护，防止胶粘剂进入孔道内。

（5）对采用胶接缝的节段，在拼装工作结束并经检查符合要求后，应立即施加预应力对接缝进行挤压；对采用湿接缝的节段，应在接缝混凝土强度达到设计强度的80%以上时方可对其施加预应力。

5. 悬臂拼装合龙段施工

悬臂拼装合龙段工艺流程：合龙段起吊就位→合龙段临时锁定→湿接缝预应力管道连接→穿合龙预应力束→安装湿接缝模板→现浇湿接缝、养护、脱模→张拉预应力束→解除临时锁定。

（二）悬臂浇筑施工

1. 概述

适用	大跨径预应力混凝土悬臂梁桥、连续梁桥、T型刚构桥、连续刚构桥
特点	无须建立落地支架，无须大型起重与运输机具，主要设备是一对能行走的挂篮

2. 挂篮设计及加工

挂篮是悬浇箱梁的主要设备，它是沿着轨道行走的活动脚手架及模板支架。

分类	按抗倾覆平衡方式可分为：压重式、锚固式、半压重式半锚固式。 按移动方式可分为：滑动式、滚动式、组合式	
技术 要求	①除必须满足强度、刚度、稳定性要求外，还要行走、锚固方便可靠，重量不大于设计规定。 ②挂篮试拼后，必须进行荷载试验。通常采用水箱加压法、试验台加压法及砂袋法	
挂篮 指标	挂篮质量／悬浇混凝土质量	宜≤0.5
	最大变形（含吊带）	≤20mm
	抗倾覆系数、安全系数	≥2

3. 0号、1号块浇筑

若0号、1号块挂篮没有支撑点或支撑长度不够，需采用其他方式浇筑。一般采用扇形托架浇筑。

4. 临时固结

对于连续箱梁，梁与墩未固结在一起，施工时，两侧悬浇施工难以保持绝对平衡，必须在施工中采取临时固结措施，使梁具有抗弯能力。

临时固结一般采用在支座两侧临时加预应力筋，梁和墩顶之间浇筑临时混凝土垫块。将梁固结在桥墩上，使梁具有一定的抗弯能力。在条件成熟时，再采用静态破碎方法，解除固结。

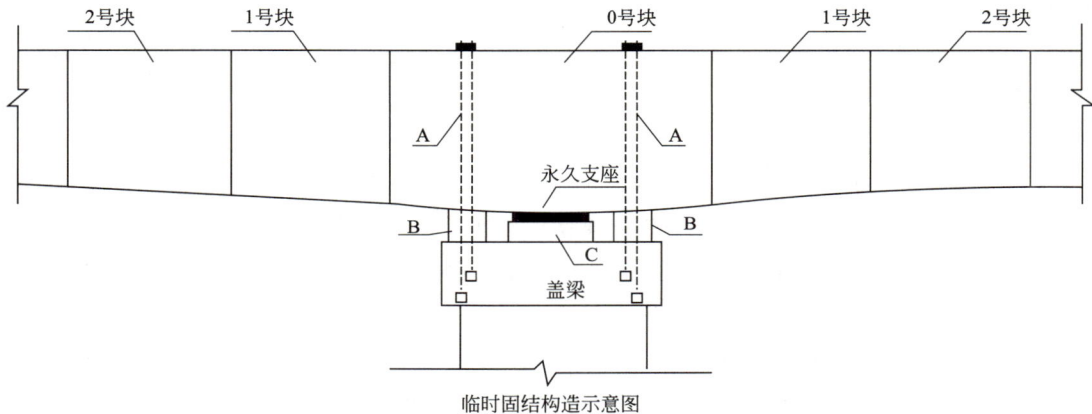

临时固结构造示意图

5. 悬臂浇筑施工工艺流程

（1）连续刚构桥悬臂浇筑施工流程图：0号块支架搭设、预压→0号块混凝土浇筑→0号块预应力钢束张拉→组拼挂篮→挂篮预压→对称悬臂浇筑1号块→1号块预应力钢束张拉→挂篮分离、前移就位→悬臂浇筑2号块（下一块段施工）→边跨合龙（边跨现浇混凝土浇筑）→中跨合龙。

（2）连续梁桥悬臂浇筑施工流程图：0号块支架搭设、预压→0号块混凝土浇筑→0号块预应力钢束张拉→墩梁临时固结→组拼挂篮→挂篮预压→对称悬臂浇筑1号块→1号块预应力钢束张拉→挂篮前移就位→悬臂浇筑2号块（下一块段施工）→边跨合龙（边跨现浇混凝土浇筑）→解除临时固结→中跨合龙。

6. 悬臂浇筑施工中应注意的要点

（1）主梁各部分的长度应充分考虑主梁的形式、跨径、墩宽、挂篮的形式以及施工周期来确定。0号段长度一般为5～20m，悬浇分段长度一般为3～5m。

（2）桥墩顶梁段及桥墩顶附近梁段施工时，可采用托架或膺架为支架就地浇筑混凝土。托架或膺架应经过设计，计算弹性及非弹性变形。墩顶梁段宜全断面一次浇筑完成，当梁段过高一次浇筑完成难以保证质量时，可沿高度方向分两次浇筑，但首次浇筑的高度宜超过底板承托顶面以上至少500mm，且宜将两次浇筑混凝土的龄期差控制在7d以内。

（3）挂篮安装时应保证安全、稳定、可靠。

① 挂篮的主纵横梁的分联和移动操作应特别精心，以防急剧的塌落和倾覆。

② 浇筑混凝土时，后端应锚固于已完成的梁段上，后锚和移动架可采取保险锚、保险索或保险手拉葫芦等安全措施。

③ 挂篮桁架在已完成的梁段上行走时，应于后端压重稳定。

④ 挂篮组拼后，应全面检查安装质量，并对挂篮进行试压，以消除结构的非弹性变形。挂篮试压通常采用水箱加压法、试验台加压法及砂袋法。

（4）悬臂浇筑施工应符合下列规定：

① 悬臂浇筑施工应对称、平衡地进行，两端悬臂上荷载的实际不平衡偏差不得超过设计规定值；设计未规定时，宜不超过梁段重的1/4。悬臂梁段应全断面一次浇筑完成，并应从悬臂端开始，向已完成梁段推进分层浇筑。

② 悬臂浇筑的施工过程控制宜遵循变形和内力双控的原则，且宜以变形控制为主。悬臂浇筑施工时，立模高程的误差应不大于 ±5mm，立模轴线的偏位应不大于 5mm。

③ 挂篮前移时，宜在其后方设置控制其滑动的装置或在滑道上设置止动装置；前移就位后，应立即将后锚固点锁定，防止倾覆。

7. 混凝土梁的合龙和体系转换应符合的规定

（1）合龙的程序和顺序应符合设计规定，边跨、中跨合龙段施工可参照如下流程：

① 悬臂浇筑边跨合龙施工流程：

施工准备及模架安装→设置平衡重→普通钢筋及预应力管道安装→合龙锁定→浇筑合龙段混凝土→预应力施工→拆模、落架。

② 悬臂浇筑中跨合龙施工流程：

吊架及模板安装→设置平衡重→普通钢筋及预应力管道安装→合龙锁定→解除连续梁墩顶临时固结，完成体系转换→浇筑合龙段混凝土→预应力施工→拆除模板及吊架。

（2）合龙施工前应对两端悬臂梁段的轴线、高程和梁长受温度影响的偏移值进行观测，并应根据实际观测值进行合龙的施工计算，确定准确的合龙温度、合龙时间及合龙程序。

（3）合龙时，宜采取措施将合龙口两侧的悬臂端予以临时刚性连接后，再浇筑合龙段混凝土。宜在合龙口两侧的梁体顶面设置等重压载水箱，并在浇筑合龙段混凝土时同步卸载。

（4）合龙段的混凝土宜在一天中气温最低且稳定的时段内浇筑，浇筑后应及时覆盖洒水养护，养护时间宜不少于14d。

（5）合龙时在桥面上设置的全部临时施工荷载应符合施工控制的要求。对预应力混凝土连续梁，合龙后应在规定的时间内尽快拆除墩梁临时固结装置，按设计规定的程序完成体系转换和支座反力调整。

📖 典型例题

1.【真题-单选】关于桥梁悬臂浇筑挂篮施工要求的说法，正确的是（　　）。

A. 挂篮与悬浇梁段混凝土的重量比宜不大于0.8

B. 挂篮的最大变形应不大于50mm

C. 挂篮在浇筑混凝土状态时的抗倾覆安全系数应不小于2

D. 挂篮行走时的抗倾覆安全系数应不小于1.5

【参考答案】C

2.【真题-单选】挂篮悬臂浇筑施工方法适用的桥梁类型是（　　）。

A. T型刚构桥　　　　　　　　　B. 简支T梁桥

C. 空心板梁桥　　　　　　　　　D. 预制箱梁桥

【参考答案】A

3.【真题 - 单选】关于预制梁块悬臂拼装使用胶粘剂的说法，正确的是（　　　）。

A. 采用人工拌合

B. 涂抹厚度不小于 3mm

C. 涂抹覆盖不少于半个断面

D. 应在梁体的全断面挤出

【参考答案】D

考点 110：桥梁试验检测技术★

1. 桥梁试验检测的分类

桥梁试验检测从方法上来讲，分为静载试验、动载试验和无损检测。

从时间上来看，分为短期试验和长期试验。

从进行时期来看，分为成桥试验和施工阶段监测控制。

2. 桥梁试验检测的工作内容

桥梁现场检测通常可分为三个阶段，即准备规划阶段、加载与观测阶段和分析总结阶段。

重点回顾

考点	检测
桥梁高度	桥梁高度是指桥面与（　　　）（或地面）之间的高差，或为桥面与桥下路面间的高差。桥高在某种程度上反映了桥梁施工的难易性
常用模板、支架和拱架	（1）模板安装完成后，其（　　　）、（　　　）和（　　　）等应符合设计要求，节点联系应牢固。 （2）对支架进行预压时，预压荷载宜为支架所承受荷载的（　　　）倍。 （3）拆除梁、板等结构的承重模板时，应在横向（　　　）、纵向（　　　）卸落。简支梁、连续梁结构的模板宜从（　　　）向（　　　）方向依次循环卸落；悬臂梁结构的模板宜从（　　　）端开始顺序卸落
混凝土	（1）混凝土的抗压强度应以边长为（　　　）的立方体尺寸标准试件测定；每组试件的抗压强度应以三个试件测值的（　　　）为测定值，如有一个测值与中间值的差值超过中间值的 15% 时，则取（　　　）为测定值；如有两个测值与中间值的差值均超过 15% 时，则该组试件（　　　）。 （2）当混凝土倾落高度超过（　　　）时，应通过串筒、溜管或振动溜管等设施下落；倾落高度超过（　　　）时，应设置减速装置。 （3）混凝土表面的松弱层应予以凿除。对处理层混凝土的强度，当采用水冲洗凿毛时，应达到（　　　）；人工凿毛时，应达到（　　　）；风动机凿毛时，应达到（　　　）
预应力混凝土工程	（1）锚具、夹具和连接器进场时，应按出厂合格证和质量证明书核查锚固性能类别、型号、规格及数量，且还应按下列规定验收：（　　　）、（　　　）、（　　　）、（　　　）。 （2）预应力筋实际伸长值 =（　　　）+（　　　）
先张法	（1）同时张拉多根预应力筋时，应预先调整其（　　　），使相互之间的应力一致，再整体张拉；张拉过程中，应使活动横梁与固定横梁始终（　　　），并应抽查预应力筋的预应力值，其偏差的绝对值不得超过按一个构件全部预应力筋预应力总值的（　　　）。 （2）低松弛钢丝、钢绞线采用夹片式锚具的张拉程序为：（　　　）。 （3）预应力筋放张后，对钢丝和钢绞线，应采用（　　　）的方式进行切断；对热轧带肋钢筋，可采用（　　　）切割，但应采取必要措施防止高温对其产生不利影响
后张法	（1）所有管道均应在每个顶点设（　　　）及需要时在每个低点设（　　　）。 （2）张拉时，结构或构件混凝土的强度、弹性模量（或龄期）应符合设计规定；设计未规定时，混凝土的强度应不低于设计强度等级值的（　　　），弹性模量应不低于混凝土 28d 弹性模量的（　　　）。当采用混凝土龄期代替弹性模量控制时应不少于（　　　）。 （3）两端张拉时，各千斤顶之间同步张拉力的允许误差宜为（　　　）

考点	检测
后张法	（4）切割后预应力筋的外露长度不应小于（ ），且不应小于（ ）倍预应力筋直径。 （5）压浆时，每一工作班应制作留取不少于3组尺寸为（ ）的试件，标准养护28d，进行抗压强度和抗折强度试验，作为质量评定的依据
明挖扩大基础	（1）基坑周边（ ）范围内不得堆载和停放设备。 （2）地下水位较高，基坑开挖深度＞（ ）应采用的支护措施是（ ）、（ ）。 （3）井点降水曲线应低于基底设计高程或开挖高程至少（ ）
挖孔桩	（1）孔口处应设置高出地面不小于（ ）的护圈，并应设置临时排水沟。 （2）孔壁支护不得占用（ ）尺寸，挖孔过程中，应经常检查（ ）、（ ）和（ ）。 （3）孔深大于（ ）时或空气质量不符合要求时，孔内作业必须采取机械强制通风措施
钻孔灌注桩	（1）护筒顶宜高于地面（ ）或水面（ ），同时应高于桩顶设计高程（ ）。 （2）吊入钢筋骨架后，灌注水下混凝土前，应再次检查孔内泥浆性能指标和孔底沉淀厚度；如超过规定，应进行（ ），不得用加深钻孔深度的方式代替清孔。 （3）水下混凝土宜采用钢导管灌注，导管内径宜为200～350mm。导管使用前应进行（ ）和（ ），严禁采用（ ）。 （4）混凝土拌合物应具有良好的和易性，坍落度宜为（ ），且应考虑坍落度损失。 （5）首批灌注混凝土的数量应能满足导管首次埋置深度（ ）以上的需要，在灌注过程中，应保持孔内的水头高度。导管的埋置深度宜控制在（ ）
上部结构装配式施工	（1）装配式桥的构件在脱底模、移运、存放和吊装时，混凝土的强度应不低于设计规定的吊装强度；设计未规定时，应不低于设计强度的（ ）。 （2）当构件多层叠放时，层与层之间应以垫木隔开，各层垫木的位置应设在设计规定的支点处，上下层垫木应在（ ）竖直线上。 （3）双导梁架桥机施工工艺流程主要包括：①梁体预制及运输、铺设轨道→②架桥机及导梁拼装→③（ ）→④架桥机前移至安装跨→⑤支顶前支架→⑥运梁、喂梁→⑦（ ）→⑧降梁、横移到位→⑨（ ）→⑩重复第⑤～⑨步，架设下一片梁→⑪铰缝施工，完成整跨安装→⑫架桥机前移至下一跨，直至完成整桥安装
上部结构支架施工	地基处理形式有：（ ）、（ ）、（ ）等
悬臂拼装	（1）1号块：1号块是紧邻0号块两侧的第一箱梁节段，也是悬拼构件的基准梁段，是全跨安装质量的关键，一般采用湿接缝连接。湿接缝拼装梁段施工程序包括：吊机就位→提升、起吊1号梁段→安装波纹管→（ ）→（ ）→调整波纹管→高程测量→检查中线→固定1号梁段→安装湿接缝的模板→浇筑湿接缝混凝土→湿接缝养护、拆模→张拉预应力筋→压浆→下一梁段拼装。 （2）悬拼吊机法节段拼装工艺流程图：吊机安装及调试→梁端就位→起吊梁段、试拼→节段胶结层涂抹→（ ）→（ ）→悬拼预应力钢束张拉→吊机解钩，前移至下一个节段施工。 （3）施工前应对起吊设备进行强度、刚度和稳定性验算，安全系数应不小于（ ），节段起吊前，应对起吊设备全面验收，并应分别进行（ ）倍设计荷载静荷和（ ）倍设计荷载动载试验。 （4）悬臂拼装合龙段工艺流程图：合龙段起吊就位→（ ）→湿接缝预应力管道连接→（ ）→安装湿接缝模板→现浇湿接缝、养护、脱模→张拉预应力束→解除临时锁定
悬臂浇筑	（1）连续梁桥悬臂浇筑施工流程图：0号块支架搭设、预压→0号块混凝土浇筑→0块预应力钢束张拉→（ ）→组拼挂篮→挂篮预压→对称悬臂浇筑1号块→1号块预应力钢束张拉→挂篮前移就位→悬臂浇筑2号块（下一块段施工）→边跨合龙（边跨现浇混凝土浇筑）→（ ）→中跨合龙。

考点	检测
悬臂浇筑	（2）挂篮组拼后，应全面检查安装质量，并对挂篮进行试压，以消除结构的非弹性变形。挂篮试压通常采用（　　　）、（　　　）及（　　　）。 （3）悬臂浇筑中跨合龙施工流程图：吊架及模板安装→（　　　　　　　　）→普通钢筋及预应力管道安装→（　　　　）→解除连续梁墩顶临时固结，完成体系转换→浇筑合龙段混凝土→预应力施工→拆除模板及吊架

小试牛刀

一、单选题

1. 混凝土质量评定时，一组（三块）试件的抗压强度测值分别为 45.6MPa、42.5MPa、53.0MPa，则该组试件的测定值为（　　　）。

    A. 44.1MPa
                             B. 45.6MPa

    C. 47.0MPa
                             D. 无效

2. 预应力筋张拉的实际伸长值 ΔL_s（mm），可按下式计算 $\Delta L_s = \Delta L_1 + \Delta L_2$，式中 ΔL_1 表示从初应力至最大张拉力间的实测伸长值，ΔL_2 表示（　　　）。

    A. 初应力以下的推算伸长值
              B. 超张拉伸长值

    C. 预应力损失伸长值
              D. 锚具变形伸长值

3. 关于基坑开挖安全防护要求的说法，正确的是（　　　）。

    A. 在基坑边缘与荷载之间应设置护道，基坑深度不大于 4m 时，护道宽度不大于 0.5m

    B. 在基坑边缘与荷载之间应设置护道，基坑深度大于 4m 时，护道宽度为 1m

    C. 深基坑四周距基坑边缘不大于 0.5m 处应设置钢管护栏，挂密目式安全网

    D. 基坑周边 1m 范围内不得堆载和停放设备

4. 梁、板构件移运时，吊绳与起吊构件的交角小于（　　　）时，应设置吊架或起吊扁担，使吊环垂直受力。

    A. 30°
                             B. 45°

    C. 60°
                             D. 75°

5. 下列关于悬臂浇筑边跨合龙施工流程的表述，正确的是（　　　）。

    A. 施工准备及模架安装→设置平衡重→合龙锁定→普通钢筋及预应力管道安装→浇筑合龙段混凝土→预应力施工→拆模、落架

    B. 施工准备及模架安装→设置平衡重→普通钢筋及预应力管道安装→合龙锁定→浇筑合龙段混凝土→预应力施工→拆模、落架

    C. 施工准备及模架安装→普通钢筋及预应力管道安装→设置平衡重→合龙锁定→浇筑合龙段混凝土→预应力施工→拆模、落架

    D. 施工准备及模架安装→普通钢筋及预应力管道安装→合龙锁定→设置平衡重→浇筑合龙段混凝土→预应力施工→拆模、落架

6. 关于预制梁块悬臂拼装使用胶粘剂的说法，正确的是（　　　）。

    A. 采用人工拌合
             B. 涂抹厚度不小于 3mm

    C. 涂抹覆盖不少于半个断面
        D. 应在梁体的全断面挤出

二、多选题

1. 桥梁高度简称桥高，是指（　　）。

    A. 桥面与低水位之间的高差

    B. 桥面与地面之间的高差

    C. 桥面与设计水位之间的高差

    D. 桥面与桥下线路路面之间的高差

    E. 桥面与桥跨结构最下缘之间的距离

2. 桥梁支架、底模板强度计算时应考虑的荷载有（　　）。

    A. 风荷载

    B. 新浇筑混凝土对模板侧面的压力

    C. 模板、支架的自重

    D. 新浇筑混凝土的重力

    E. 振捣混凝土时产生的振动荷载

3. 支架施工预拱度设置时应考虑的因素有（　　）。

    A. 结构本身需要的预拱度

    B. 支架地基受载后的沉降变形

    C. 杆件接头挤压产生的弹性变形

    D. 模板、支架承受施载后引起的弹性变形

    E. 卸落装置压缩产生的非弹性变形

4. 关于钻孔灌注桩反循环回转钻法的说法，正确的有（　　）。

    A. 它是利用钻具旋转切削土体钻进，泥浆泵将泥浆压进泥浆笼头，通过钻杆中心从钻头喷入钻孔内

    B. 泥浆输入钻孔内，然后从钻杆下口钻头吸进，通过钻杆中心排出至沉淀池内

    C. 泥浆挟带钻渣沿钻孔上升，从护筒顶部排浆孔排出至沉淀池

    D. 泥浆在桩孔内是从上向下流动

    E. 需设置泥浆槽、沉淀池等

5. 下列关于上行式移动模架特征，描述错误的有（　　）。

    A. 一般通过墩旁托架支撑，两端均支撑在桥墩上

    B. 施工时主梁支撑安全可靠，但整机重心较高

    C. 使用受墩的高度限制

    D. 制梁周期长

    E. 用钢量大，自重大

三、案例题

案例（一）

背景资料：

某公司承建一座桥梁，该桥上部结构为6×20m简支预制预应力混凝土空心板梁，每跨设置边梁2片，中梁24片；下部结构为盖梁及φ1000mm圆柱式墩，重力式U形桥台，基础均采用φ1200mm钢筋混凝土钻孔灌注桩。桥墩构造如下图所示。

开工前，项目部对该桥划分了相应的分部、分项工程和检验批，作为施工质量检查、验收的基础。划分后的分部（子分部）、分项工程及检验批对照表如下表所示。

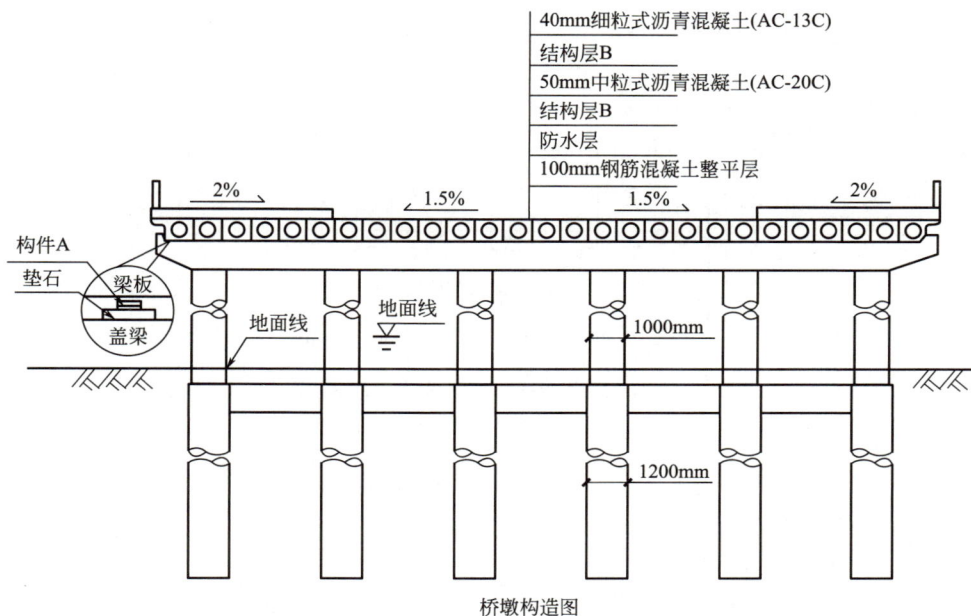

桥墩构造图

桥梁分部（子分部）、分项工程及检验批对照表（节选）

序号	分部分项	子分部分项	分项工程	检验批
1	地基与基础	灌注桩	机械成孔	54（根桩）
			钢筋笼制作与安装	54（根桩）
			C	54（根桩）
		承台	⋯	⋯
2	墩台	现浇混凝土墩台	⋯	⋯
		台背填土	⋯	⋯
3	盖梁		D	E
			钢筋	E
			混凝土	E
⋯	⋯	⋯	⋯	⋯

问题：

1. 按矿料级配分类，桥面铺装层沥青混凝土属于哪种类别？

2. 写出图中构件 A 和桥面铺装结构层 B 的名称，并说明构件 A 在桥梁结构中的作用。

3. 列式计算图中构件 A 在桥梁中的总数量。

4. 写出表中 C、D 和 E 的内容。

案例（二）

背景资料：

某施工单位承建一级公路桥梁工程，跨径布置为 30m+40m+30m，上部结构为预应力现浇混凝土箱梁（单箱双室等截面），梁高为 2m，箱梁混凝土强度等级为 C50。混凝土箱梁施工支架采用满堂盘扣式支架，支架由立杆、横杆、斜杆、连接盘等组成，支架上纵梁采用 112 工字钢，横梁采用 10cm 方木，上铺胶合板。桥梁支架立面示意图如下图 1 所示，桥梁支架横断面示意图如下图 2 所示。

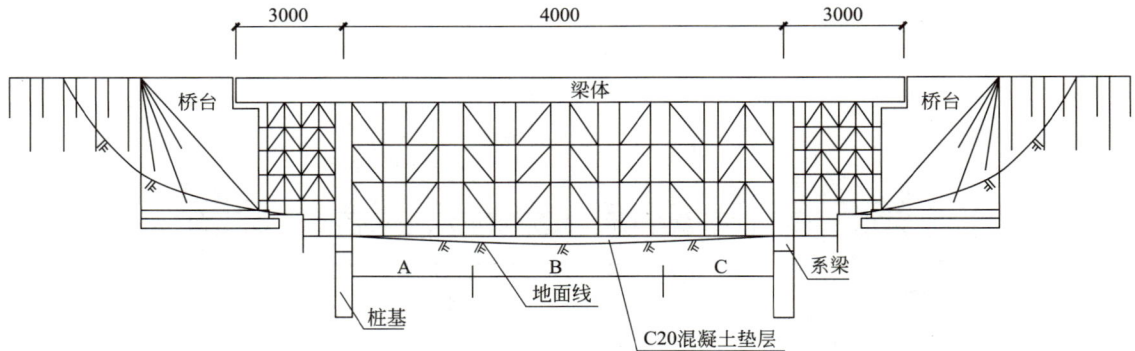

图1 桥梁支架立面示意图(图中尺寸以cm计)

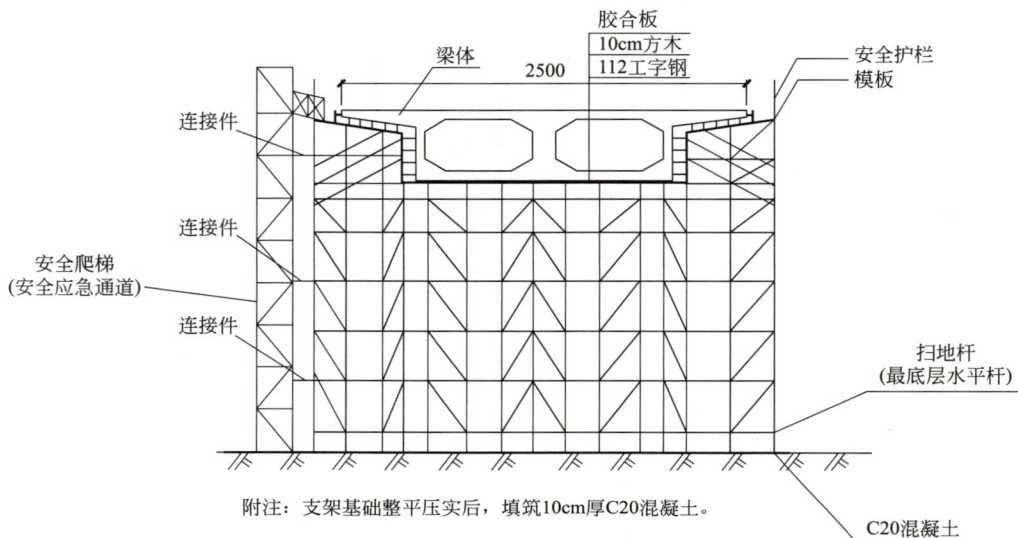

附注：支架基础整平压实后，填筑10cm厚C20混凝土。

图2 桥梁支架横断面示意图(图中尺寸以cm计)

事件一：搭设支架时，支架扫地杆（最底层水平杆）与立杆底托底面距离为60cm，为了方便施工人员上下通行，施工单位在支架旁搭设了人员安全应急通道，为保证通道的稳定，将通道与支架三处紧固连接，箱梁翼板处，临边安全护栏上横杆距作业平台顶面高1.0m。

事件二：支架搭设完毕后，施工单位进行了支架预压。40m跨径上部结构混凝土箱梁支架施工设计荷载（结构荷载及施工荷载）2800t，最终预压荷载范围为 $G \sim H$。

事件三：40m梁支架纵向立面布置（A、B、C段）见上图1，箱梁混凝土浇筑完成后进行了以下工序：①拆除箱梁侧模板；②拆除箱梁底模板；③拆除箱梁盘扣支架；④张拉预应力钢绞线。

问题：

1. 指出事件一中的三个错误做法，并写出正确做法。

2. 写出事件二中最终预压荷载范围 G、H 值。

3. 写出事件三中①、②、③、④工序的正确排序（写出数字序号即可，如4321）和拆除40m梁支架A、B、C段的正确顺序。

案例（三）

背景资料：

某10联现浇预应力混凝土连续箱梁桥地处山岭重丘区，跨越河谷，起点与另一特大桥相连，终点与一隧道相连。部分桥跨布置示意图如下图1所示。

图1 部分桥跨布置示意图

该项目在招标投标和施工过程中发生如下事件：

事件一：招标文件中的设计文件推荐连续箱梁采用移动模架法施工，因现场场地受限，模架在该桥梁终点处的隧道内拼装。然后前移逐孔施工。但某施工单位进场后，发现隧道标未开工（另一施工单位承担该隧道施工），无法按时提供移动模架拼装场地。经桥梁施工单位提出，建设单位、设计单位和监理单位确认，暂缓第十联施工，而从第九联开始施工。因第九联桥墩墩身较高，移动模架采用桥下组拼、整体垂直提升安装方案，第十联箱梁待隧道贯通后采用桩柱梁式支架（第十联支架布置示意图见下图2）施工，由此造成工期推迟一个月。上述方案上报相关单位并经批复后开始施工，根据相关规定，施工单位提出了以下索赔要求：

① 移动模架桥下组拼场地处理费用；

② 工期延长一个月按天索赔增加的现场管理费；

③ 移动模架垂直提升安装费用；

④ 第十联支架摊销费用；

⑤ 因第十联改为支架而损失的模架摊销费。

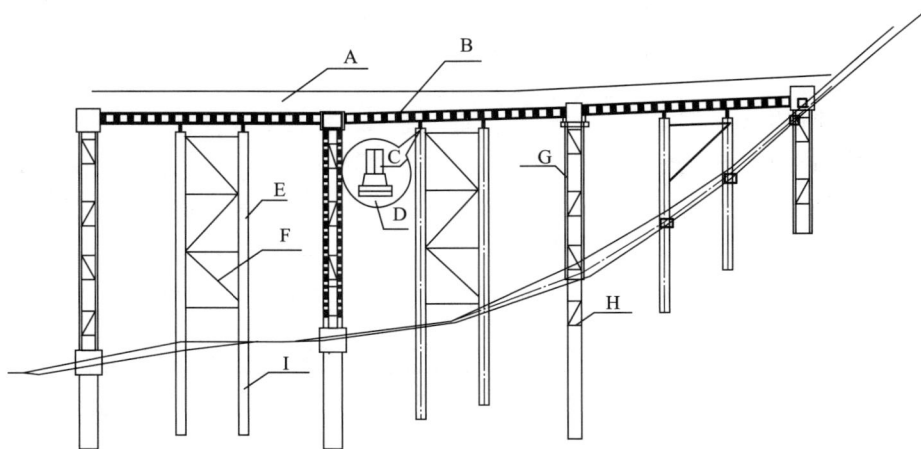

图2 第十联支架布置示意图

事件二：图2所示的桩柱梁式支架由桩基础、钢管柱、卸落装置、贝雷片、型钢、联结件等组成，支架按设计计算设置了施工预拱度。组拼完成后，按相关要求进行检验及加载预压试验，满足要求后投入使用。

事件三：施工单位按照《公路工程施工安全技术规范》要求，编制了支架施工专项方案，该方案经施工单位审核，由技术负责人签字后，报监理工程师审查批准后实施。

问题：

1. 事件一中，逐条判断施工单位提出的索赔要求是否成立。

2. 结合图 2 与事件二，指出型钢、卸落装置、贝雷片分别对应图 2 中的 A ～ H 中的哪个编号？说明应根据哪些因素来确定卸落装置的形式。

3. 事件二中，支架施工预拱度的设置应考虑哪些主要因素？

4. 事件三中，支架专项施工方案实施前的相关程序是否正确？若不正确，写出正确程序。

案例（四）

背景资料：

某施工单位承接了一级公路某标段施工任务，标段内有五座多跨简支桥梁。桥梁上部结构均采用 20m 先张预应力空心板，五座桥梁共计 35 跨，每跨空心板数量均为 20 片。

施工单位在路基上设置了如下图 1 所示的预制场，所有空心板集中预制。为节省费用，编制的施工组织设计中要求张拉端钢绞线用连接器连接并重复使用。

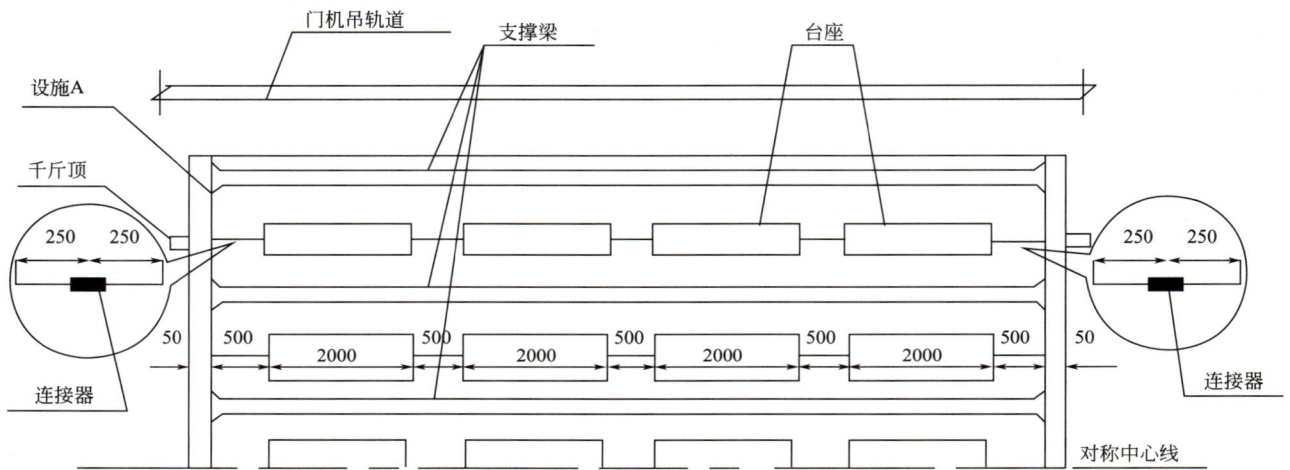

图1 空心板预制场布置示意图(尺寸单位：cm)

施工中还有如下事件发生：

事件一：施工单位制定了 8 套模板（外模 8 套，充气式胶囊内膜 8 套）循环重复使用，设定每片空心板预制周期为 7d，整个预制施工采取平行流水作业，前 20 片空心板预制施工横道图如下图 2 所示。

预制数量/工期	第1天	第2天	第3天	第4天	第5天	第6天	第7天	第8天	第9天
8片									
8片									
4片									

图2 前20片空心板预制施工横道图

事件二：施工单位制定的空心板预应力施工操作要点如下：

（1）预应力张拉采用两套千斤顶、油泵施工，张拉前只要分别对千斤顶、油泵进行检查，即可用于预应力张拉。

（2）预应力张拉采用双控，以张拉力控制为主，以钢绞线的计算伸长量进行校核。

（3）混凝土浇筑完成后，按要求及时拆除外模和内模胶囊，采用空心板同条件养护的试块进行强度评定。

（4）混凝土试块到达设计强度的70%时，使用砂轮锯切断钢绞线放张。

事件三：空心板预制中，发现有5片空心板顶板厚度只有7cm（设计厚度为10cm），施工单位立即组织技术人员召开现场会，排除了外模板制作与安装、混凝土施工、台座变形等因素，查找到事故原因后，及时解决了问题。

问题：

1. 写出图1中设施A的名称，并计算单根钢绞线理论下料长度。

2. 事件一中，计算所有空心板预制完成的工期。

3. 逐条判断事件二中空心板预应力施工操作要点的正误，并改正错误之处。

4. 事件三中，分析空心板顶板厚度不足的原因。

案例（五）

背景资料：

某施工单位承接了一座多跨变截面预应力混凝土连续箱桥梁，大桥分为上下游两幅，每幅单箱顶板宽10.5m，底板宽6m。大桥采用钻孔灌注桩基础，双柱式桥墩（墩柱高15m至26m不等），普通钢筋混凝土盖梁。

上部结构0号采用墩顶混凝土现浇施工，临时固结构造示意图如下图所示。

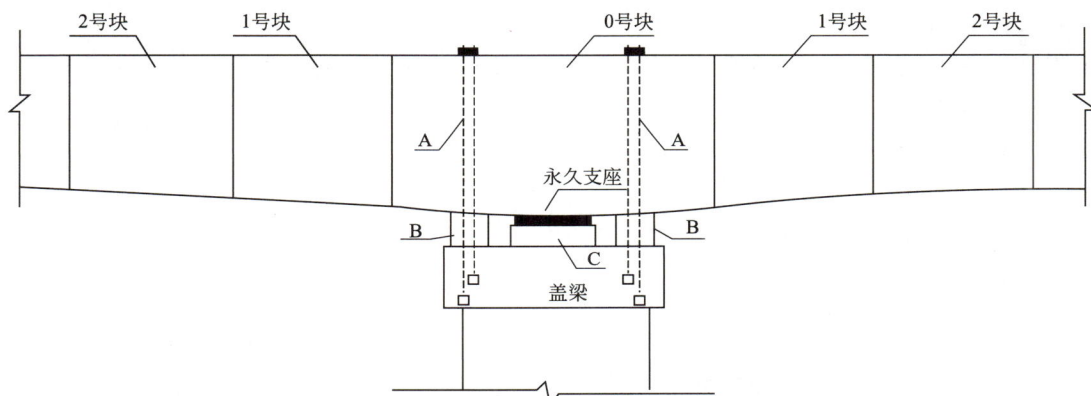

临时固结构造示意图

其他梁段（1～19号）采用预制场长线法台座预制，缆索吊装系统悬臂拼装。各梁段之间腹板采用剪力齿衔接，环氧树脂粘合，顶板与底板均设20cm湿接缝。施工中加强测量管理，各梁段施工按照设计标高安装定位，控制好全桥线形。

1～19号梁段长线法预制及悬拼安装施工工序为：预制场及存梁区布置→梁段浇筑台座准备→梁段浇筑及养护→D→梁段外运→梁段吊拼就位→临时预应力张拉及腹板剪力齿粘合→E→预应力穿索及张拉、封锚→下一梁段施工。

按照交通运输部颁发的《公路桥梁和隧道工程施工安全风险评估指南（试行）》的要求。施工单位对全桥进行了总体风险评估，评估结果为Ⅲ级。

问题：

1. 写出图中A、B、C结构的名称。

2. 长线法预制及悬拼安装施工中工序D、E各是何种工序？

3. 各梁段悬拼安装线形控制测量的关键项目是哪几项？

4. 该大桥是否需要进行专项风险评估？说明理由。若需要进行专项风险评估，说明还需要进行哪几个步骤。

参考答案

一、单选题

1	2	3	4	5
B	A	D	C	B

6				
D				

二、多选题

1	2	3	4	5
A、B、D	A、C、D、E	B、D、E	B、D	A、C

三、案例题

案例（一）

1. 按矿料级配分类，桥面铺装层沥青混凝土属于密级配沥青混凝土混合料。

2. （1）构件 A 为：桥梁支座；结构 B 为：粘层。

（2）支座作用：在桥跨结构与桥墩或桥台的支承处所设置的传力装置。它不仅要传递很大的荷载，并且还要保证桥跨结构能产生一定的变位。

3. 该桥共有 6 跨，每跨有 24+2=26 片箱梁，每个板梁一端有 2 个支座，则每个板梁共 4 个支座，该桥梁共有 26×4×6=624 个支座。

4. C：混凝土灌注；D：模板与支架；E：5 个。

案例（二）

1. 错误一：搭设支架时，支架扫地杆（最底层水平杆）与立杆底托底面距离为 60cm。改正：搭设支架时，支架扫地杆（最底层水平杆）与立杆底托底面距离为 55cm。

错误二：施工单位在支架旁搭设了人员安全应急通道，为保证通道的稳定，将通道与支架三处紧固连接。改正：支架不得与安全应急通道相连接。

错误三：临边安全护栏上横杆距作业平台顶面高 1.0m。改正：临边安全护栏上横杆距作业平台顶面高 1.2m。

2. G 为 2940t，H 为 3080t。

3. 1-4-2-3；B → A、C

案例（三）

1. 第①条成立，理由：建设单位未按合同约定要求提供移动模架拼装场地，造成施工单位需要对第九联下不平整场地进行处理而增加费用。

第②条成立，理由：建设单位未按合同约定要求提供移动模架拼装场地，造成工期延误，理应进行索赔。

第③条成立，理由：因建设单位未按合同约定要求提供移动模架拼装场地造成承包人额外增加垂直提升安装费用，理应进行索赔。

第④条成立，理由：因建设单位未按合同约定要求提供移动模架拼装场地造成承包人采用支架法代替移动模架法而增加费用。

第⑤条不成立，理由：第十联并未采用移动模架施工，不能进行摊销，故不能索赔。

2.（1）C为型钢，B为贝雷片，D为卸落装置。

（2）根据结构形式、跨度、承受的荷载大小来确定卸落装置的形式。

3. 支架施工预拱度的设置应考虑主要因素有：模板、支架承受施工荷载引起的弹性变形；受载后由于杆件接头的挤压和卸落装置压缩而产生的非弹性变形；支架地基在受载后的沉降变形。

4.（1）支架专项施工方案实施前的相关程序不正确。

（2）正确程序应为：①因第十联支架高度大于8m，专项方案要经过专家论证，论证后经施工单位技术负责人审批，再交项目总监理工程师审批；②在专项施工方案实施前，编制人员或项目技术负责人应当向项目施工、技术、安全、质量管理人员和作业人员进行安全技术交底。

案例（四）

1. A为横梁。单根钢绞线理论下料长度为：$20 \times 4 + 5 \times 4 = 100$m。

2. 工期 $= 34 \times 7 + 9 = 247$d。

3.（1）错误。改正：张拉前对千斤顶、油泵进行配套标定，才能使用。

（2）错误。改正：预应力张拉采用双控，以张拉力控制为主，应以钢绞线的实际伸长量进行校核。

（3）错误。改正：混凝土浇筑完成后，按要求及时拆除外模和内模胶囊，采用标准养护的试块进行强度评定。

（4）错误。改正：混凝土试块达到设计规定强度，设计未规定时，不得低于设计强度的80%；采用砂轮锯切断钢绞线放张。

4. 固定充气胶囊的钢筋不牢固或钢筋数量不足、内模气囊上浮导致顶板偏薄。

案例（五）

1. A为支座两侧临时预应力筋，B为临时支座，C为垫石。

2. D是梁段吊运存放，修整；E是检查并清洁预应力管道。

3. 0号块安装必须精确就位，控制每节箱梁施工中的中轴线及标高，监测施工过程中各块箱梁的挠度变化情况，并不断调整。

4. 本桥需要做专项风险评估，因本桥风险等级达到Ⅲ级。

评估步骤：制定评估计划、选择评估方法、开展风险分析，进行风险估测、确定风险等级，提出措施建议、编制评估报告等方面（或还需要进行的评估步骤为：确定专项风险评估范围，开展专项风险评估，确定风险控制措施）。

笔记区

考点 111：涵洞的组成 ★

涵洞	类型
洞身	圆形、矩形、拱形、箱形（管涵、拱涵、盖板涵、箱涵）
洞口	八字墙、端墙式、平头式
基础	整体式、非整体式
附属工程	锥形护坡、铺砌、路基边坡铺砌、人工水道

考点 112：涵洞的分类 ★

根据桥梁涵洞按跨径分类标准，涵洞的单孔跨径小于 5m，但圆管涵及箱涵不论管径或跨径大小、孔数多少，均称为涵洞。

按洞顶填土情况分类：

按洞顶填土情况，涵洞可分为洞顶不填土的明涵和洞顶填土厚度大于 50cm 的暗涵两类。

考点 113：涵洞施工的一般规定 ★

涵洞施工完成后，砌体砂浆或混凝土强度达到设计强度的 85% 时，方可进行涵洞洞身两侧的回填。涵洞两侧紧靠涵台部分的回填土不宜采用大型机械进行压实施工，宜采用人工配合小型机械的方法夯填密实。填土的每侧长度应符合设计规定；设计未规定时，应不小于洞身填土高度的 1 倍，特殊地形条件下应根据实际情况适当加长，填筑应在两侧同时对称、均衡地分层进行，填筑的压实度应不小于 96%。涵洞顶部的填土厚度必须大于 0.5m 后方可通行车辆和筑路机械。

考点 114：混凝土管涵施工 ★

（一）圆管涵施工主要工序

测量放线→基坑开挖→砌筑圬工基础或现浇混凝土管座基础→安装圆管→出入口浆砌→防水层施工→涵洞回填及加固。

（二）涵管预制

管涵的管节宜在工厂内集中制作，仅当不具备集中制作的环境和条件时，方可在工地设置预制场地进行制作。

（三）管节的安装施工要求

1. 管节应经质量检验合格后方可使用。

2. 各管节应顺水流方向安装平顺，当管壁厚度不一致时应调整高度使下部内壁齐平；管节应垫稳坐实，安装完成后应采取有效措施予以临时固定，保证其不产生移位，且管内不得遗留泥土等杂物。

3. 插口管安装时，接口应平直，环形间隙应均匀，并应安装特制的胶圈或用沥青、麻絮等防水材料填塞；平接管安装的接缝宽度宜为 10～20mm，其接口表面应平整，并应采用有弹性的不透水材料嵌塞密实，不得采用加大接缝宽度的方式满足涵洞长度要求。管节的接缝不得有间断、裂缝、空鼓和漏水等现象。

考点 115：拱涵、盖板涵施工★

（一）盖板涵（预制吊装）施工主要工序

测量放线→基坑开挖→下基础→浆砌墙身→现浇板座→吊装盖板→出入口浆砌→防水层施工→涵洞回填及加固。

（二）拱涵、盖板涵的施工要求

1. 预制拱圈和盖板的安装应符合下列规定：

预制构件的混凝土强度应达到设计强度的 85% 后，方可搬运安装，设计有规定时应从其规定。

2. 拱架拆除和拱顶填土应符合下列规定：

先拆除拱架再进行拱顶填土时，拱圈和护拱的砌筑砂浆或混凝土的强度应符合设计规定，设计未规定时，应达到设计强度的 85% 后，方可拆除拱架，且在拱架拆除时应先完成拱脚以下部分回填土的填筑；达到设计强度的 100% 后，方可进行拱顶填土。

考点 116：箱涵施工★

现浇箱涵施工主要工序：

基坑开挖与基础处理→砂砾垫层施工→基础模板安装→基础混凝土浇筑→墙身及顶板混凝土施工→拆模与养护→进出口及附属工程施工→台背填土及加固。

考点 117：桥涵及结构物的回填施工技术★★

（一）填筑要求

台背及与路堤间的回填施工应符合以下规定：

（1）二级及二级以上公路应按设计做好过渡段，过渡段路堤压实度应不小于 96%，并应按设计做好纵向和横向防排水系统。

（2）二级以下公路的路堤与回填的联结部，应按设计要求预留台阶。

（3）台背回填部分的路床宜与路堤路床同步填筑。

（4）桥台背和锥坡的回填施工宜同步进行，一次填足并保证压实整修后能达到设计宽度要求。

涵洞回填施工应符合以下规定：

（1）洞身两侧，应对称分层回填压实，填料粒径宜小于 150mm。

（2）两侧及顶面填土时，应采取措施防止压实过程对涵洞产生不利后果。

（二）填筑方法

1. 桥台台背填筑的方法

采用水平分层填筑的方法，人工摊铺为主，分层松铺厚度宜小于 20cm。当采用小型低等级夯具时，一级以上公路松铺厚度宜小于 15cm。压实尽量使用大型机械，在临近桥台边缘或狭窄地段，则采用小型夯压机械，分薄层认真夯压密实。

2. 涵洞回填一般要求

涵洞完成后，当涵洞砌体砂浆或混凝土强度达到设计强度的 85% 时，方可进行涵洞洞身两侧的回填。涵洞洞身填土每侧长度不应小于洞身填土高度的一倍，亦不应小于设计值，应同时、水平、分层、对称地进行填筑，压实度不应小于 96%。

涵洞两侧紧靠涵台部分的回填土不得用大型机械施工，宜采用人工配合小型机械的方法夯填密实。

用机械填土时，除应按照上述规定办理外，应视通过涵顶筑路机械重力的大小确定涵顶最小的填土厚度，一般情况下，涵顶填土厚度必须大于 0.5～1.0m 时，方允许机械通过。

⭐ 重点回顾

考点	检测
桥涵及结构物的回填施工技术	涵洞回填施工应符合以下规定：洞身两侧，应对称分层回填压实，填料粒径宜小于（　　　　）

📝 小试牛刀

一、单选题

1. 按洞顶填土情况，洞顶填土厚度大于（　　　）的为暗涵。

A. 30cm
B. 40cm

C. 50cm
D. 60cm

二、多选题

1. 关于台背回填的说法正确的是（　　　）。

A. 台背填料选用砂石料或二灰土

B. 自台身起，顺路线方向，填土的长度在顶面处不小于桥台的高度

C. 锥坡填土与台背填土同时进行

D. 采用小型机械进行压实，压实度不小于 94%

E. 台背回填在结构物强度达到设计强度 65% 以上进行

◢◢ 参考答案 ◤◤

一、单选题

1				
C				

二、多选题

1				
A、C				

笔记区

考点 118：钻孔灌注桩断桩原因分析★

1. 集料级配差，混凝土和易性差而造成离析卡管；混凝土坍落度小；石料粒径过大，导管直径较小（导管内径一般为 20～35cm），在混凝土灌注过程中堵塞导管，且在混凝土初凝前未能疏通好，中断施工，形成断桩。

2. 由于测量及计算错误，致使导管底口距孔底距离较大，使首批灌注的混凝土不能埋住导管，从而形成断桩。

3. 在导管提拔时，由于测量或计算错误，或盲目提拔导管使导管提拔过量，从而使导管拔出混凝土面，或使导管口处于泥浆或泥浆与混凝土的混合层中，形成断桩。

4. 提拔导管时，钢筋笼卡住导管，在混凝土初凝前无法提起，造成混凝土灌注中断，形成断桩。

5. 导管接口渗漏致使泥浆进入导管内，在混凝土内形成夹层，造成断桩。

6. 导管埋置深度过深，无法提起或将导管拔断，灌注中断造成断桩。

7. 由于其他意外原因（如机械故障、停电、塌孔、材料供应不足等）造成混凝土不能连续灌注，中断间歇时间过长超过混凝土初凝时间，致使导管内混凝土初凝堵管或孔内顶面混凝土初凝不能被新灌注混凝土顶升而被顶破，从而形成断桩。

考点 119：钻孔灌注桩断桩防治措施★

1. 关键设备（混凝土搅拌设备、发电机、运输车辆）要有备用，材料（砂、石、水泥等）要准备充足，以保证混凝土能连续灌注。

2. 混凝土要求和易性好，坍落度要控制在 16～22cm。对混凝土数量大、浇筑时间长的大直径长桩，混凝土配合比中宜掺加缓凝剂，以防止先期灌注的混凝土初凝，堵塞导管。

3. 在钢筋笼制作时，一般要采用对焊，以保证焊口平顺。当采用搭接焊时，要保证焊缝不要在钢筋笼内形成错台，以防钢筋笼卡住导管。

4. 导管的直径应根据桩径和石料的最大粒径确定，尽量采用大直径导管；对每节导管进行组装编号，导管安装完毕后要建立复核和检验制度。导管使用前，要对导管进行检漏和抗拉力试验，以防导管渗漏。

5. 认真测量和计算孔深与导管长度，下导管时，其底口距孔底的距离控制在 25～40cm 之间（注意导管口不能埋入沉淀的回淤泥渣中），同时要能保证首批混凝土灌注后能埋住导管至少 1.0m。在随后的灌注过程中，导管的埋置深度一般控制在 2.0～6.0m 的范围内。

6. 在提拔导管时要通过测量混凝土的灌注深度及已拆下导管的长度，认真计算提拔导管的长度，严禁不经测量和计算而盲目提拔导管。

7. 当混凝土堵塞导管时，可采用拔插抖动导管（注意不可将导管口拔出混凝土面）。当所堵塞的导管长度较短时，也可以用型钢插入导管内来疏通，也可以在导管上固定附着式振捣器进行振动来疏通导管内的混凝土。

8. 当钢筋笼卡住导管时，可设法转动导管，使之脱离钢筋笼。

典型例题

【真题－单选】为了防止导管堵塞，钻孔灌注桩水下混凝土的坍落度合适的值是（　　　　）cm。

A. 10   B. 15

C. 20   D. 25

【参考答案】C

考点 120：钢筋混凝土梁桥预拱度偏差防治措施★

预拱度偏差防治措施：

1. 提高支架基础、支架及模板的施工质量，并按要求进行预压，确保模板的标高偏差在允许的范围内。按要求设置支架预拱度，使上部构造在支架拆除后能达到设计规定的外形。

2. 加强施工控制，及时调整预拱度误差。

3. 严格控制张拉时的混凝土强度，控制张拉的试块应与梁板同条件养护，对于预制梁还需控制混凝土的弹性模量。

4. 要严格控制预应力筋在结构中的位置，波纹管的安装定位应准确；控制张拉时的应力值，按要求的时间持荷。

5. 钢绞线伸长值的计算应采用同批钢绞线弹性模量的实测值。预制梁存梁时间不宜过长。

考点 121：钢筋混凝土结构构造裂缝原因分析★

钢筋混凝土结构的构造裂缝是指由于结构非荷载原因产生的混凝土结构物表面裂缝，影响因素有：

（一）材料原因

1. 水泥质量不好，如水泥安定性不合格等，浇筑后导致产生不规则的裂缝。

2. 集料含泥料过大时，随着混凝土干燥、收缩，出现不规则的花纹状裂缝。

3. 集料为风化性材料时，将形成以集料为中心的锥形剥落。

（二）施工原因

1. 混凝土搅拌时间和运输时间过长，导致整个结构产生细裂缝。

2. 模板移动鼓出，将使混凝土浇筑后不久产生与模板移动方向平行的裂缝。

3. 基础与支架的强度、刚度、稳定性不够引起支架下沉、不均匀下沉、脱模过早，导致混凝土浇筑后不久产生裂缝，并且裂缝宽度也较大。

4. 接头处理不当，导致施工缝变成裂缝。

5. 养护问题。塑性收缩状态将会在混凝土表面产生方向不定的收缩裂缝，这类裂缝尤以大风、干燥天气最为明显。

6. 在混凝土高度突变以及钢筋保护层较薄部位，由于振捣或析水过多造成沿钢筋方向的裂缝。

7. 大体积混凝土未采用缓凝和降低水泥水化热的措施，使用了早强水泥的混凝土，受水化热的影响浇筑后 2～3d 导致结构中产生裂缝；同一结构物的不同位置温差大，导致混凝土凝固时因收缩所产生的收缩应力超过混凝土极限抗拉强度或内外温差大表面抗拉应力超过混凝土极限抗拉强度而产生裂缝。

8. 水胶比大的混凝土，由于干燥收缩，在龄期 2～3 个月内产生裂缝。

典型例题

【真题－单选】钢筋混凝土结构构造裂缝形成原因不包括（   ）。

A. 集料含泥量过大

B. 混凝土搅拌及运输时间过长

C. 采用了水灰比大的混凝土

D. 采取了推迟水化热峰值出现的措施

【参考答案】D

考点 122：桥面铺装病害防治措施 ★

1. 常规破坏同路面通病防治。

2. 加强对主梁的预拱度控制，避免出现预拱度过大。

3. 加强桥面铺装施工质量控制，严格控制钢筋网的安装。

4. 提高桥面防水混凝土的强度，避免出现防水混凝土层破坏。

5. 桥梁应加强桥面排水的设计和必要的水量计算；优化桥面铺装的混凝土配合比设计，选用优质集料，提高桥面铺装的施工和养护质量。

考点 123：桥梁伸缩缝病害防治措施 ★

1. 在设计方面，精心设计，选择合理的伸缩装置。

2. 提高对桥梁伸缩装置施工工艺的重视程度，严格按施工工序和工艺标准的要求施工。

3. 提高对锚固件焊接施工质量的控制。

4. 提高后浇混凝土或填缝料的施工质量，加强填缝混凝土的振捣密实，确保混凝土达到设计的强度标准，应及时养护，无空隙、空洞。

5. 避免伸缩装置两侧的混凝土与桥面系的相邻部位结合不紧密。

考点 124：桥头跳车原因分析 ★

桥头跳车原因是桥台为刚性体，桥头路基为塑性体，在车辆长期通过的影响及路基填土自然固结沉降下，桥台与桥头路基形成了高差导致桥头跳车。主要影响因素有：

1. 台后地基强度与桥台地基强度不同，台后地基在路堤荷载作用下固结压缩。

2. 桥台基坑空间狭小，回填土压实度不够。

3. 桥头路堤及堆坡范围内地表填前处理不彻底。

4. 路堤自然固结沉降。

5. 台后填土材料不当，或填土含水量过大，压实度达不到标准。

6. 路面水渗入路基，使路基土软化，水土流失造成桥头路基引道下沉。

7. 软基路段台前预压长度不足，软基路段桥头堆载预压卸载过早，软基路段桥头处软基处理深度不到位，质量不符合设计要求。

考点 125：桥头跳车防治措施 ★

1. 改善地基性能，提高地基承载力，减少地基沉降。

2. 桥台基坑采用合适的小型压实机械夯实，选用优质回填料。

3. 对桥头路堤及堆坡范围内地表做好填前处理，清除地表不适宜填筑路堤的表土。

4. 路堤提前施工，留有必要的自然固结沉降期。

5. 台后填料选择透水性砂砾料或石灰、水泥改善料，控制填土含水量，提高桥头路基压实度。

6. 做好桥头路堤的排水、防水工程，设置桥头搭板。

7. 保证足够的台前预压长度，连续进行沉降观测，保证桥头沉降速率达到规定范围内再卸载。确保桥头软基处理深度符合要求，严格控制软基处理质量。

考点 126：涵洞基础不均匀沉降原因分析★

涵洞基础不均匀沉降形成的主要原因有：

1. 挖基坑时，标高未控制好，超挖回填不符合要求。

2. 基坑开挖时防排水措施不到位，排水不及时造成基底被水浸泡承载力降低、基坑壁坍塌等。

3. 基坑积水未抽干即浇筑基础混凝土。

4. 涵洞基坑开挖后没有检测基底承载力。

5. 分离式基础涵洞，基底换填处理时，未同步施工。

6. 未按设计要求设置沉降缝，或基础、墙身、顶板的沉降缝上下不贯通，存在错台。

7. 涵洞回填材料选择不当，或填土含水量过大。

8. 软基路段涵洞基底处理深度不到位，质量不符合设计要求。

重点回顾

考点	检测
钻孔灌注桩断桩的防治	原因： 在导管提拔时，由于测量或计算错误，或盲目提拔导管使导管（　　）。 导管埋置深度（　　）

小试牛刀

单选题：

1. 钢筋混凝土预制梁出现预拱度偏差的原因不包括（　　）。

    A. 混凝土弹性模量不稳定

    B. 用现场同条件养护的混凝土试块弹性模量控制预应力张拉

    C. 施加预应力时间差异

    D. 架梁时间不一致

2. 关于钢筋混凝土结构构造裂缝防治的说法，错误的是（　　）。

    A. 增加混凝土搅拌时间   B. 选择安定性好的水泥

    C. 大体积混凝土中采用粉煤灰水泥   D. 混凝土中适当掺加缓凝剂

3. 下列表述中，不属于钢筋混凝土结构构造裂缝防治措施的是（　　）。

    A. 选用优质的水泥及优质集料

    B. 在工作条件能满足的情况下，尽可能采用较小水灰比及较低坍落度的混凝土

    C. 基础与支架应有较好的强度、刚度、稳定性并应采用预压措施

    D. 提高对锚固件焊接施工质量的控制

单选题:

1	2	3		
B	A	D		

考点127：公路隧道围岩分级★★

围岩级别	围岩或土体主要定性特征	围岩基本质量指标
I	坚硬岩（饱和抗压极限强度 R_b ＞60MPa），岩体完整，巨块状或巨厚层状整体结构	＞550
II	坚硬岩（R_b ＞30MPa），岩体较完整，块状或厚层状结构较坚硬岩，岩体完整，块状整体结构	550～451
III	坚硬岩，岩体较破碎，巨块（石）碎（石）状镶嵌结构较坚硬岩或较软硬质岩，岩体较完整，块状体或中厚层状结构	450～351
IV	坚硬岩，岩体破碎，碎裂（石）结构；较坚硬岩，岩体较破碎－破碎，镶嵌碎裂结构； 较软岩或软硬岩互层，且以软岩为主，岩体较完整－较破碎，中薄层状结构	350～251
	土体：压密或成岩作用的黏性土及砾性土 黄土（Q_1、Q_2） 一般钙质、铁质胶结的碎、卵石土，大块石土	
V	较软岩，岩体破碎 软岩，岩体较破碎－破碎 极破碎各类岩体，碎、裂状、松散结构 一般第四系的半干硬－硬塑的黏性土及稍湿至潮湿的一般碎、卵石土、圆砾、角砾土及黄土（Q_3、Q_4）。非黏性土呈松散结构，黏性土及黄土呈松软结构	＜250
VI	软塑状黏性土及潮湿、饱和粉细砂层、软土等	

考点128：围岩分级的判定方法★★

1. 隧道围岩分级的综合评判方法宜采用两步分级，并按以下顺序进行：

（1）根据岩石的坚硬程度和岩体完整程度两个基本因素的定性特征和定量的岩体基本质量指标BQ，综合进行初步分级。

（2）对围岩进行详细定级时，按修正后的岩体基本质量指标，结合岩体定性特征综合评判，确定围岩的详细分级。

2. 围岩详细定级时，如遇下列情况之一，应对岩体基本质量指标 BQ 进行修正：

（1）有地下水。

（2）围岩稳定性受软弱结构面影响，且由一组起控制作用。

（3）存在高初始应力。

📋 **典型例题**

【真题－单选】隧道围岩分级一般采用两步分级的综合评判方法，其初步分级考虑的基本因素是（ ）。

A. 围岩的坚硬程度和地下水
B. 围岩完整程度和初始应力
C. 岩石的坚硬程度和岩体的完整程度
D. 岩体的完整程度和地下水

【参考答案】C

🏢 **考点 129：公路隧道的分类 ★★**

公路隧道结构构造，由主体构造物和附属构造物两大类组成。主体构造物通常指洞身衬砌和洞门构造物，附属构造物是主体构造物以外的其他建筑，是为了运营管理、维修养护、给水排水、供蓄发电、通风、照明、通信、安全等而修建的构造物。

1. 公路隧道按跨度分类

公路隧道按跨度进行分类，可分为小跨度隧道、一般跨度隧道、中等跨度隧道和大跨度隧道四类，具体分类标准见下表。

公路隧道隧道按跨度分类

按跨度分类	开挖宽度 B（m）	说明
小跨度隧道	$B < 9$	平行导洞、服务隧道、车行横洞、人行横洞、风道及施工通道
一般跨度隧道	$9 \leqslant B < 14$	单洞双车道隧道
中等跨度隧道	$14 \leqslant B < 18$	单洞三车道隧道、单洞双车道＋紧急停车带隧道
大跨度隧道	$B \geqslant 18$	单洞四车道隧道、单洞三车道＋紧急停车带隧道、其他跨度大于18m的隧道

2. 公路隧道按长度分类

公路隧道按长度进行分类，可分为特长隧道、长隧道、中隧道和短隧道四类，具体分类标准见下表。

公路隧道按长度分类

隧道分类	特长隧道	长隧道	中隧道	短隧道
隧道长度 L（m）	$L > 3000$	$1000 < L \leqslant 3000$	$500 < L \leqslant 1000$	$L \leqslant 500$

📋 **典型例题**

【真题－单选】根据《公路工程技术标准》JTG B01—2014，下列公路隧道中，属于长隧道的是（ ）。

A. 长483m的隧道
B. 长875m的隧道

C. 长 1560m 的隧道   D. 长 3459m 的隧道

考点 130：隧道洞门类型及构造★

洞门类型有：端墙式洞门、翼墙式洞门、环框式洞门、柱式洞门、台阶式洞门、削竹式洞门、遮光式洞门等。

洞门构造：

（1）洞口仰坡坡脚至洞门墙背的水平距离不应小于 1.5m，以防仰坡土石掉落到路面上，危及安全；洞门端墙与仰坡之间的水沟的沟底至衬砌拱顶外围的高度不应小于 1.0m，以免落石破坏拱圈；洞门墙顶应高出仰坡坡脚 0.5m 以上，以防水流溢出墙顶，也可防止掉落土石弹出。

（2）洞门墙应根据实际需要设置伸缩缝、沉降缝和泄水孔，以防止洞门变形；洞门墙的厚度可按计算或结合其他工程类比确定，但墙身厚度最小不得小于 0.5m。

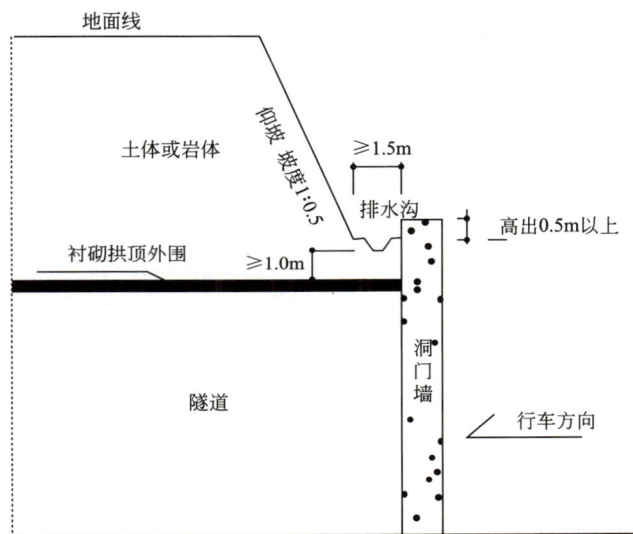

隧道洞门构造及尺寸示意图

考点 131：明洞类型及构造★

类型	分类	特点
拱式明洞	路堑对称型、路堑偏压型、半路堑偏压型、半路堑单压型	能承受较大的垂直压力和侧压力，对地基要求高
棚式明洞	墙式、刚架式、柱式和悬臂式	侧压力较小时可采用棚式明洞

典型例题

【真题－单选】明洞主要分为拱式明洞和（   ）明洞两大类。

A. 端墙式   B. 棚式

C. 环框式   D. 遮光式

考点 132：洞身类型及构造★

（一）洞身类型

按隧道断面形状分为曲墙式、直墙式和连拱式等。

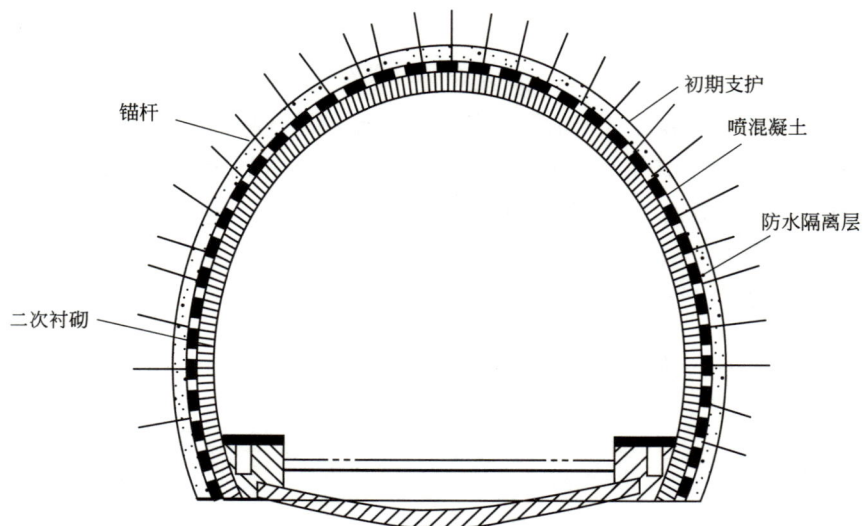

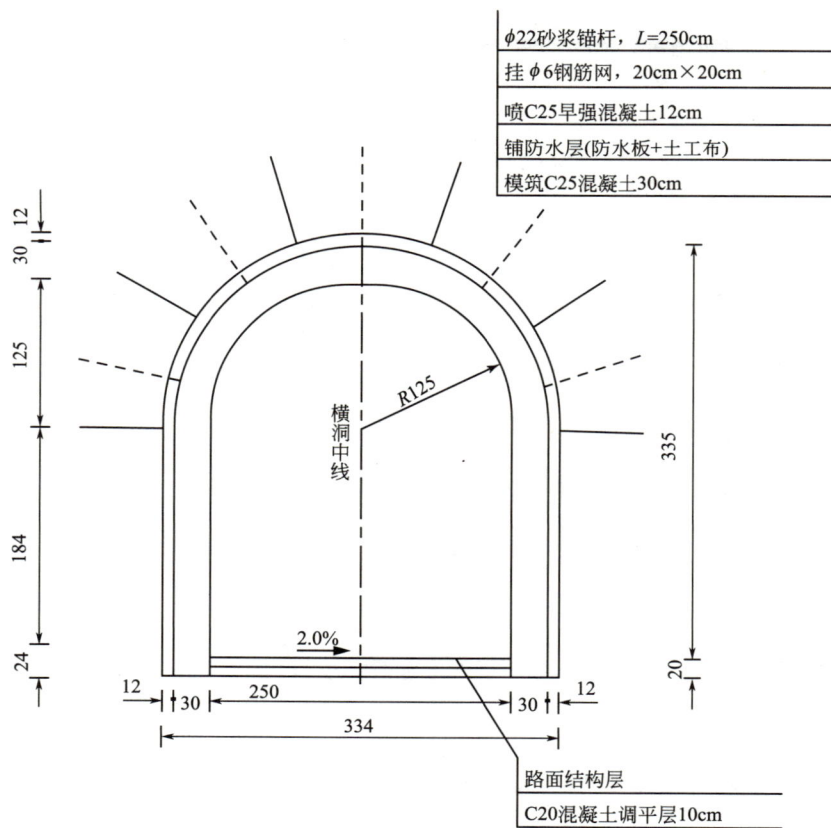

ϕ22砂浆锚杆，L=250cm

挂ϕ6钢筋网，20cm×20cm

喷C25早强混凝土12cm

铺防水层(防水板+土工布)

模筑C25混凝土30cm

路面结构层

C20混凝土调平层10cm

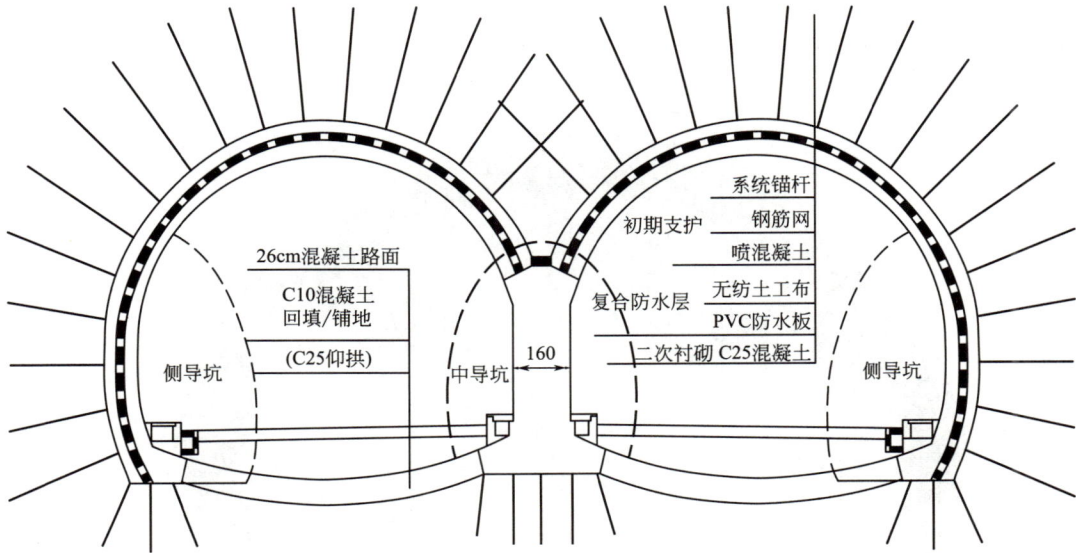

φ50超前注浆小导管，L=3.2m，环向@=40cm，纵向@=2.0m

φ22砂浆锚杆，L=3.5m，@=100cm×100cm(纵向100cm)

挂φ8钢筋网双层，20cm×20cm

格栅钢架H14×W15，主筋25mm，纵向@=80cm

喷C25早强混凝土20cm

铺防水层(防水板+土工布)

模筑C25钢筋混凝土抗墙40cm

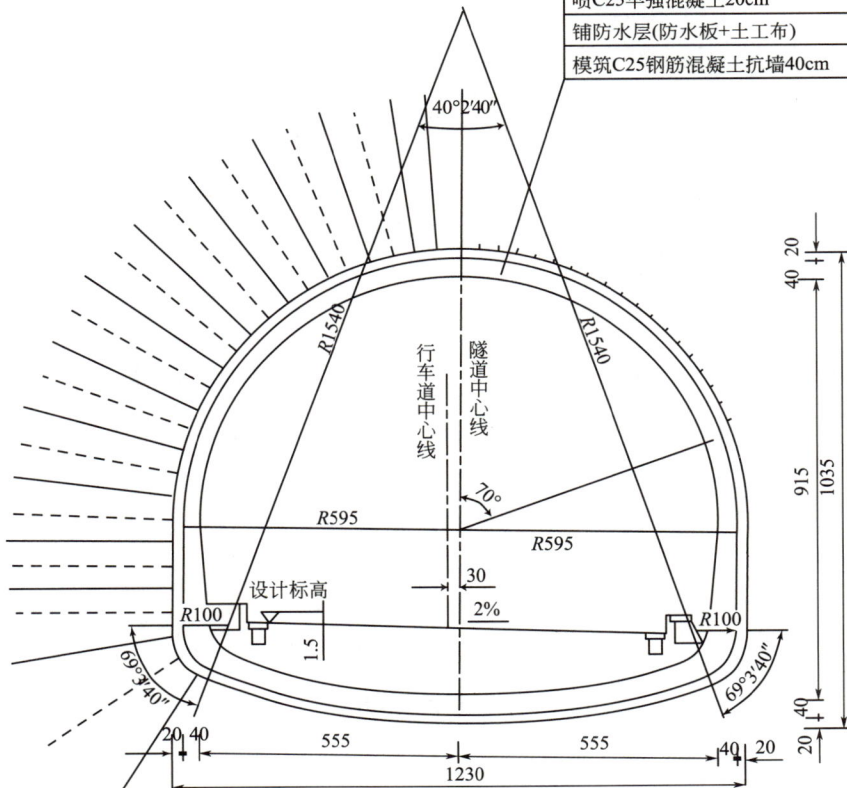

Ⅳ级围岩段衬砌设计图(尺寸单位：cm)

（二）洞身构造

分为一次衬砌和二次衬砌、防排水构造、内装饰、顶棚及路面等。

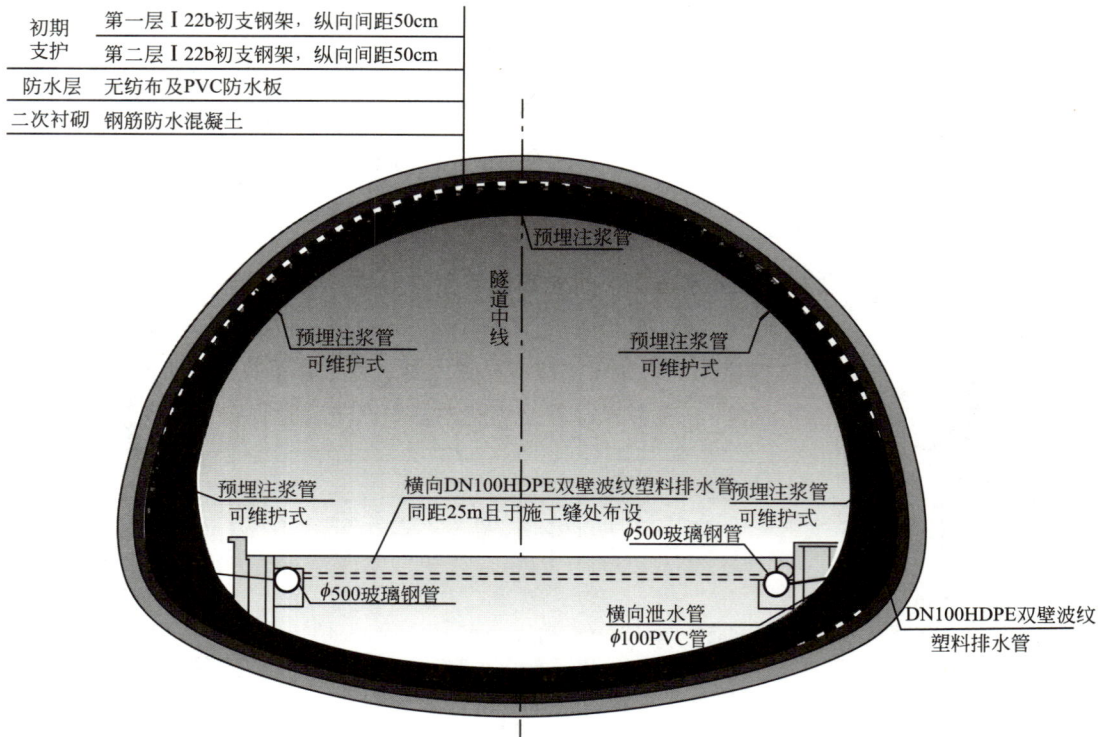

初期支护 第一层 I 22b初支钢架，纵向间距50cm
　　　　 第二层 I 22b初支钢架，纵向间距50cm
防水层　无纺布及PVC防水板
二次衬砌 钢筋防水混凝土

🔖 重点回顾

考点	检测
围岩分级	根据岩石的（　　）和（　　）两个基本因素的定性特征和定量的（　　），综合进行初步分级
公路隧道的分类	按跨度分类：小跨度隧道（　　）、一般跨度隧道（　　）、中等跨度隧道（　　）、大跨度隧道（　　）。 按长度分类：特长隧道（　　）、长隧道（　　）、中隧道（　　）、短隧道（　　）
洞门构造	洞口仰坡坡脚至洞门墙背的水平距离不应小于（　　）；洞门端墙与仰坡之间的水沟的沟底至衬砌拱顶外围的高度不应小于（　　）；洞门墙顶应高出仰坡坡脚（　　）以上

📝 小试牛刀

一、单选题

1. 下列属于中跨度隧道的是（　　）。

　　A. 平行导洞　　　　　　　　　　B. 服务隧道
　　C. 单洞双车道隧道　　　　　　　D. 单洞三车道隧道

2. 关于公路隧道结构构造的说法，正确的是（　　）。

　　A. 拱式明洞主要由顶盖和内外边墙组成
　　B. 公路隧道结构构造由主体构造物和附属构造物组成
　　C. 洞门墙须设置胀缝、施工缝和泄水孔
　　D. 隧道洞门属于附属构造物

二、多选题

1. 隧道围岩详细定级时,确定岩体基本质量指标 BQ 值需考虑的因素有(   )。

A. 地下水   B. 岩石的坚硬程度

C. 主要软弱结构面   D. 岩体完整程度

E. 初始地应力

▶▶ 参考答案 ◀◀

一、单选题

1	2			
D	B			

二、多选题

1				
A、C、E				

笔记区 ▶▶▶

🏢 考点 133:隧道地质超前预报的目的 ★

常规地段应实施跟踪地质调查,不良地质地段应进行超前地质预报。

跟踪地质调查与超前地质预报,应达到下列主要目的:

1. 在施工前期地质勘察成果的基础上,进一步查明掌子面前方一定范围内围岩的地质条件,进而预测前方的不良地质以及隐伏的重大地质问题。

2. 为信息化设计和施工提供可靠依据。

3. 为降低地质灾害发生风险提供预警。

4. 为编制竣工文件提供可靠的地质资料。

🏢 考点 134:隧道地质超前预报的内容 ★

地质超前预报应包括(但不限于)以下内容:

1. 地层岩性,重点为软弱夹层、破碎地层、煤层及特殊岩土等。

2. 地质构造，重点为断层、节理裂隙密集带、褶皱轴等影响岩体完整性的构造发育情况。

3. 特殊岩土和不良地质，特别是溶洞、暗河、人为坑洞、放射性有害气体、高地应力、高地温、高岩温等发育情况。

4. 地下水，特别是岩溶管道水以及富水断层、富水褶皱轴、富水地层中的裂隙水等发育情况。

考点 135：隧道地质超前预报的方法 ★★

名称	特点	适用情况
地质调查法	基础	各种
物理勘探法	包括有弹性波反射法、地质雷达法、陆地声呐法、红外探测法、瞬变电磁法、高分辨直流电法	长、特长隧道或地质条件复杂隧道
TSP	每次预报的距离宜为 100～150m	各种
地质雷达法	—	岩溶、采空区，探测断层破碎带、软弱夹层等不均匀地质体
超前水平钻探法	每循环钻孔长度应不低于 30m	富水构造破碎带、富水岩溶发育地段、煤系或油气地层、瓦斯发育区、采空区以及重大物探异常地段等地质复杂隧道和水下隧道
超前导洞法	平行超前导洞法和隧道内超前导洞法	—
水力联系观测	—	当隧道排水或突涌水造成重大影响

考点 136：隧道地质超前预报的分级 ★

地质灾害的情况	地质灾害分级	预报分级
存在重大地质灾害隐患的地段，可能产生大型、特大型突水突泥地段	A 级地质灾害	1 级预报
存在中、小型突水突泥隐患的地段，较大异常地段，断裂带	B 级地质灾害	2 级预报
发生突水突泥的可能性较小	C 级地质灾害	3 级预报
发生突水突泥的可能性极小，非可溶岩地段	D 级地质灾害	4 级预报

考点 137：监控量测的目的 ★

监控量测是施工工艺流程中的一个重要工序，应贯穿施工的全过程。监控量测应达到下列目的：

1. 掌握围岩和支护的动态信息并及时反馈，指导施工作业。

2. 通过对围岩和支护的变形、应力量测，修改支护系统设计。

考点 138：监控量测内容与方法 ★★★

1. 隧道开挖后应及时进行围岩、初期支护的周边位移量测，拱顶下沉量测；安设锚杆后，应进行锚杆抗拔力试验。当围岩差、断面大或地表沉降控制严时宜进行围岩体内位移量测和其他量测。

2. 位于 $\mathrm{IV}\sim\mathrm{VI}$ 级围岩中且覆盖层厚度小于 40m 的隧道，应进行地表沉降量测。

序号	项目名称	方法及工具	测点布置	精度	量测间隔时间			
					1～15d	16d～1个月	1～3个月	大于3个月
1	洞内、外观察	现场观测、地质罗盘等	开挖及初期支护后进行	—	—			
2	周边位移	各种类型收敛计、全站仪或其他非接触量测仪器	每5～100m一个断面，每新面2～3对测点	0.5mm（预留变形量不大于30mm时）；1mm（预留变形量大于30mm时）	1～2次/d	1次/2d	1～2次/周	1～3次/月
3	拱顶下沉	水准仪、铟钢尺、全站仪或其他非接触量测仪器	每5～100m一个断面		1～2次/d	1次/2d	1～2次/周	1～3次/月
4	地表下沉	水准仪、铟钢尺、全站仪	洞口段、浅埋段（$h_0 \leqslant 2.5b$），布置不少于2个断面，每断面不少于3个测点	0.5mm	开挖面距量测断面前后＜2.5b时，1～2次/d；开挖面距量测断面前后＜5b时，1次/（2～3d）；开挖面距量测断面前后≥5b时，1次/（3～7d）			
5	拱脚下沉	水准仪、铟钢尺、全站仪	富水软弱破碎围岩、流沙、软岩大变形、含水黄土、膨胀岩土等不良地质和特殊性岩土段	0.5mm	仰拱施工前，1～2次/d			

注：1. b——隧道开挖宽度，h_0——隧道埋深。

2. 量测部位和测点布置，应根据地质条件、量测项目和施工方法等确定。

3. 测点应距开挖面2m的范围内尽快安设，并应保证爆破后24h内或下一次爆破前测读初次读数。

📋 **典型例题**

【真题-单选】下列隧道现场监控量测项目中，属于必测项目的是（   ）。

　A. 围岩压力　　　　　　　　　　　　B. 锚杆轴力

　C. 周边位移　　　　　　　　　　　　D. 爆破振动

【参考答案】C

🏢 **考点139：监控量测数据处理与应用★★**

1. 应及时对现场量测数据绘制时态曲线（或散点图）和空间关系曲线。

2. 当位移-时间曲线趋于平缓时，应进行数据处理或回归分析，以推算最终位移和掌握位移变化规律。

3. 当位移-时间曲线出现反弯点时，则表明围岩和支护已呈不稳定状态，此时应密切监视围岩动态，并加强支护，必要时暂停开挖。

4. 隧道监控量测工作应根据控制基准建立预警机制。

管理等级	管理位移	处理建议
Ⅲ	$U < U_0/3$	可正常施工
Ⅱ	$U_0/3 \leq U \leq 2U_0/3$	应加强支护
Ⅰ	$U > 2U_0/3$	应采取特殊措施

注：U——实测位移值，U_0——设计极限位移值。

遇到下列情况之一时，也应提出预警并分级管理：

（1）支护结构出现开裂，实行Ⅰ级管理。

（2）地表出现开裂、坍塌，实行Ⅰ级管理。

（3）渗水压力或水流量突然增大，实行Ⅱ级管理。

（4）水体颜色或悬着物发生变化，实行Ⅱ级管理。

5. 二次衬砌的施作应在满足下列要求时进行：

（1）隧道水平净空变化速度及拱顶或底板垂直位移速度明显下降。

（2）隧道位移相对值已达到相对位移量的 90% 以上。

考点 140：竣工文件中应包括的量测资料★

1. 现场监控量测计划。

2. 实际测点布置图。

3. 围岩和支护的位移－时间曲线图、空间关系曲线图以及量测记录汇总表。

4. 量测变更设计和改变施工方法地段的信息反馈记录。

5. 现场监控量测说明。

重点回顾

考点	检测
量测内容与方法	必测项目：（ ）
量测数据处理与应用	①当位移－时间曲线出现反弯点时：则表明围岩和支护（ ），此时应密切监视围岩动态，并加强支护，必要时暂停开挖。 ②二次衬砌的施作应满足下列要求： （1）隧道（ ）变化速度及（ ）垂直位移速度明显下降。 （2）隧道（ ）已达到相对位移量的（ ）以上

小试牛刀

一、单选题

1. 隧道地质超前预报方法中，属于物理勘探法的是（   ）。

    A. 红外探测法   B. 地质调查法

    C. 超前水平钻探法   D. 超前导洞法

二、多选题

1. 隧道监控量测位移值 $U_0/3 \leq U \leq 2U_0/3$ 时的处理建议有（   ）。

    A. 正常施工   B. 综合评价设计、施工措施

    C. 加强监控   D. 暂停施工

E. 推算最终位移

参考答案

一、单选题

1				
A				

二、多选题

1				
B、C				

笔记区

考点 141：隧道洞口工程★

（一）洞口土石方开挖与防护施工规定

1. 洞口边坡仰坡应自上而下开挖。

2. 宜采用人工配合机械开挖，或者采用控制爆破措施减少对边仰坡及围岩的扰动，严禁采用大爆破。

3. 临时防护应视地质条件、施工季节和施工方法等，及时采取喷锚等措施。

（二）洞口截排水设施应符合的规定

1. 洞口截、排水设施应在雨季和融雪期之前完成。

2. 截水沟迎水面不得高于原地面。

（三）隧道洞门施工规定 隧道洞门应在隧道开挖的初期完成，并应符合下列规定：

1. 洞门端墙的砌筑与回填应两侧对称进行，不得对衬砌产生偏压。

2. 洞门的排水设施应与洞门工程配合施工，同步完成。

3. 洞门的排水沟砌筑在填土上时，填土必须夯实。

考点 142：隧道明洞工程★

（一）明洞回填施工规定

1. 明洞拱背回填应在外模拆除、防水层和排水盲管施工完成后进行；人工回填时，拱圈混凝土强度不应小于设计强度的 75%。机械回填时，拱圈混凝土强度不应小于设计强度。

2. 明洞两侧回填水平宽度小于 1.2m 的范围应采用浆砌片石或同级混凝土回填。

3. 回填顶面 0.2m 可用耕植土回填。

4. 墙背回填两侧对称进行。底部应铺填 0.5～1.0m 厚碎石并夯实，然后向上回填。

5. 石质地层，当墙背与岩壁空隙不大时，可采用与墙身同级混凝土回填；空隙较大时，可采用片石混凝土或浆砌片石回填密实。

土质地层，应将墙背坡面开凿成台阶状，用干砌片石分层码砌，缝隙用碎石填塞紧密，不得任意抛填土石。

6. 墙后有排水设施时，应与回填同时施工。

7. 拱背回填应对称分层夯实，每层厚度不得大于 0.3m，两侧回填高差不得大于 0.5m，回填至拱顶以上1.0m 后，方可采用机械碾压。

8. 单侧设有反压墙的明洞回填应在反压墙施工完成后进行。

9. 回填时不得倾填作业。

（二）明洞防水层施工规定

1. 防水层施工前应用水泥砂浆将衬砌外表涂抹平顺。

2. 防水卷材应与拱背粘贴紧密，接头搭接长度不小于 100mm，铺设应自下而上进行，上下层接缝宜错开，不得有通缝。

3. 回填拱背的黏土层应与边坡、仰坡搭接良好，封闭严密。

4. 靠山侧边墙顶或边墙墙后，应设置纵向和竖向盲管（沟），将水引至边墙泄水孔排出。

考点 143：公路隧道主要开挖方式及适用范围★★★★

（一）全断面法

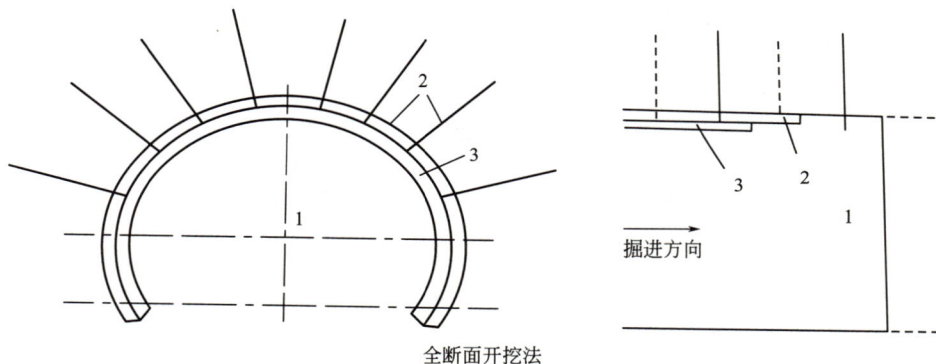

全断面开挖法

名称	开挖方法	适用地质
全断面法	按设计断面一次基本开挖成型的施工方法	①可用于Ⅰ～Ⅲ级围岩的中小跨度隧道。 ②Ⅳ级围岩中跨度隧道和Ⅲ级围岩大跨度隧道在采用了有效的预加固措施后，也可采用全断面法开挖

（二）台阶法

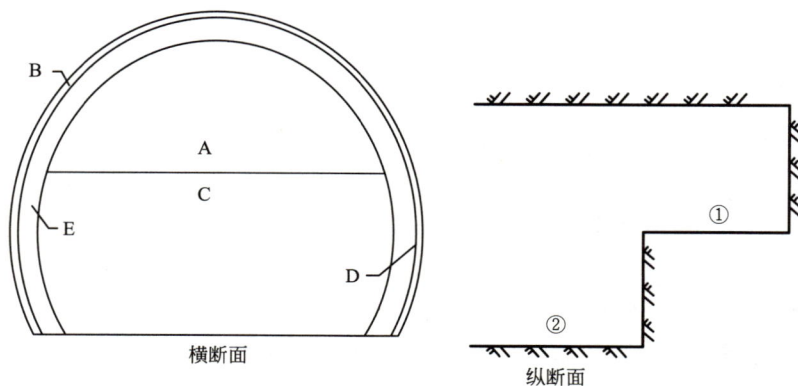

横断面　　　　　纵断面

名称	开挖方法	适用地质
台阶法	①先开挖上半断面，待开挖至一定距离后再同时开挖下半断面，上下半断面同时并进的施工方法。 ②台阶法分为二台阶法、三台阶法	①可用于Ⅲ～Ⅳ级围岩的中小跨度隧道。 ②Ⅴ级围岩的中小跨度隧道在采用了有效的预加固措施后亦可采用台阶法开挖

（三）环形开挖留核心土法

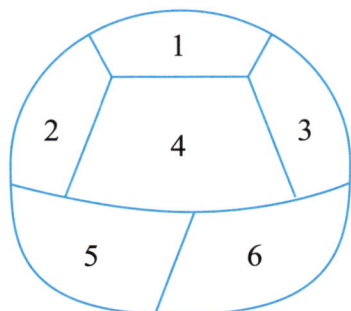

名称	开挖方法	适用地质
环形开挖留核心土法	先开挖上部导坑成环形，并进行支护，再分部开挖中部核心土、两侧边墙的施工方法	①可用于Ⅳ～Ⅴ级围岩的中小跨度隧道。 ②一般土质围岩的中小跨度隧道

（四）中隔壁法（CD法）

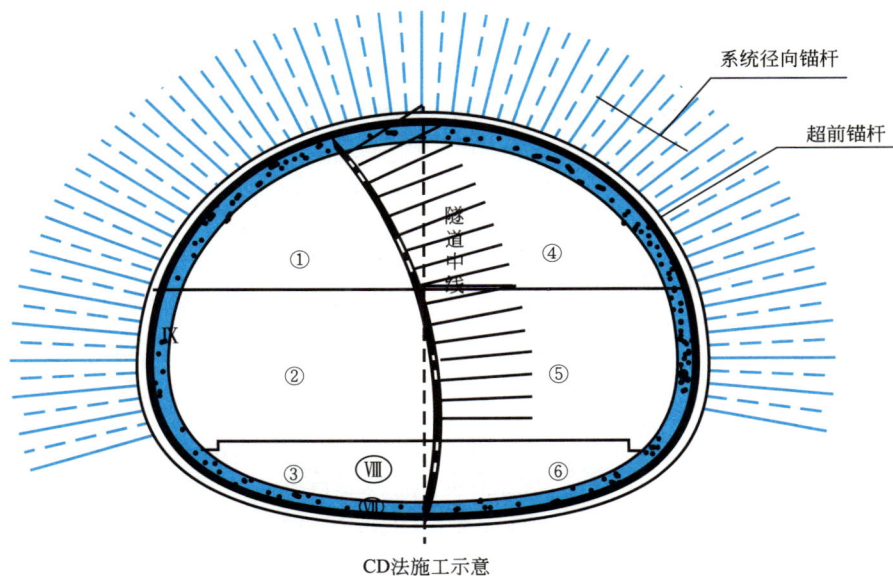

CD法施工示意

名称	开挖方法	适用地质
CD法	在软弱围岩大跨隧道中，先开挖隧道的一侧，并施作中隔壁墙，然后再分部开挖隧道的另一侧的施工方法	适用于围岩较差、跨度大、浅埋、地表沉降需要控制的场合

（五）交叉中隔壁法（CRD法）

名称	开挖方法	适用地质
CRD法	是一种在中隔壁法的基础上增加临时仰拱，更快地封闭初期支护的施工方法	适用于围岩较差、跨度大、浅埋、地表沉降需要控制的场合

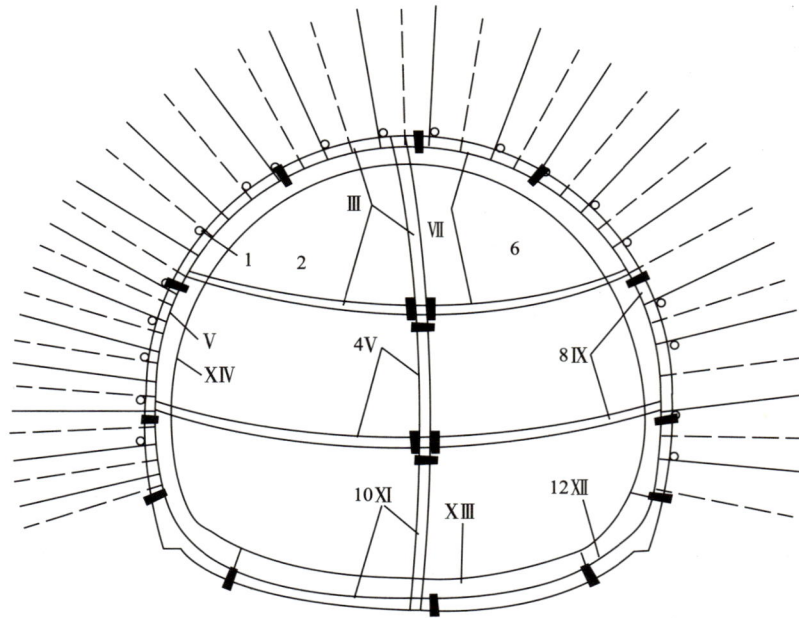

（六）双侧壁导坑法

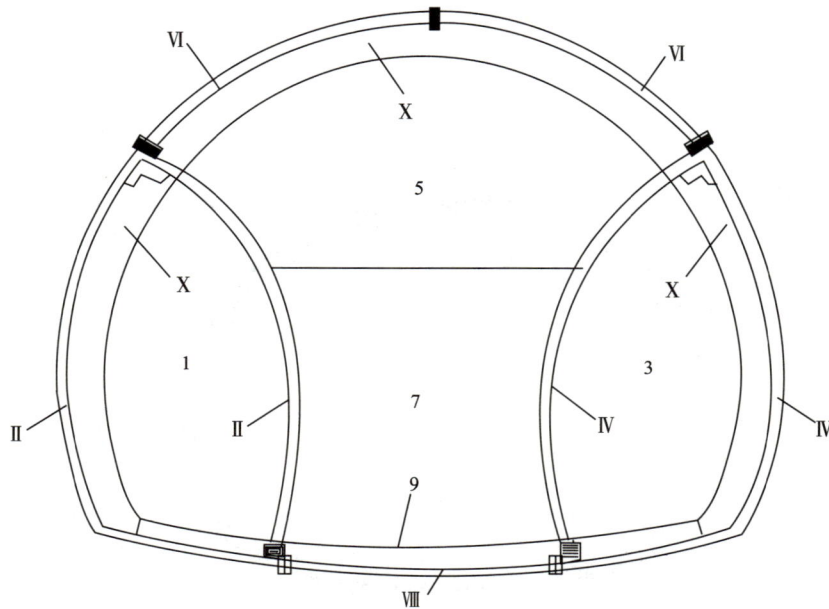

名称	开挖方法	适用地质
双侧壁导坑法	先开挖隧道两侧的导坑，并进行初期支护，再分部开挖剩余部分的施工方法	适用于浅埋大跨度隧道及地表下沉量要求严格而围岩条件很差的情况

（七）中导洞法

名称	开挖方法	适用地质
中导洞法	①宜先贯通中导洞、浇筑中隔墙，然后依次开挖主洞。 ②主洞开挖时，左右两洞开挖掌子面错开距离宜大于30m。 ③导洞宽度宜大于4m	连拱隧道

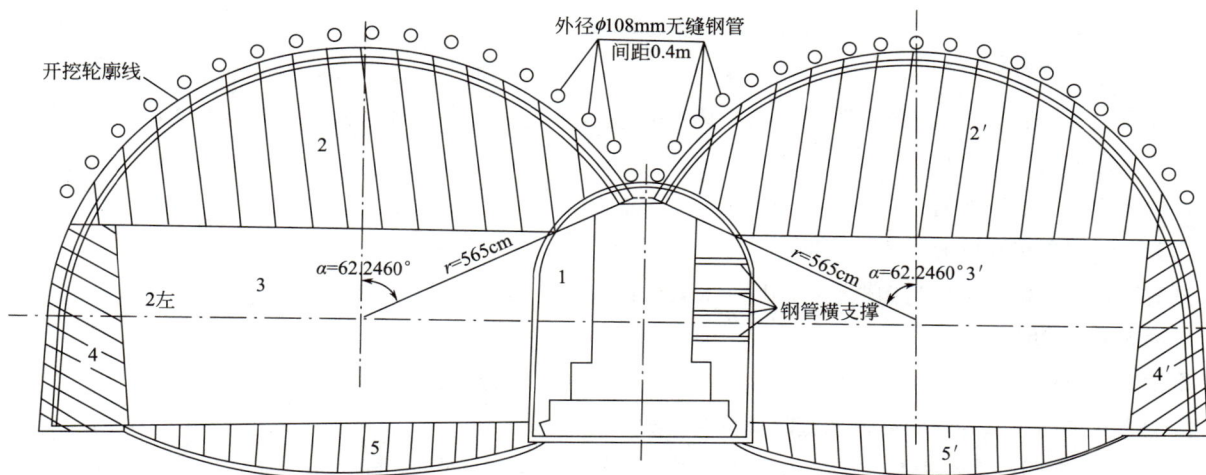

连体隧道开挖顺序示意图

1—中导洞开挖；2(2′)—上拱部开挖；3(3′)—中槽开挖；4(4′)—侧墙开挖；5(5′)—仰拱开挖

典型例题

【真题－单选】关于公路隧道开挖方式适用范围的说法，正确的是（   ）。

A. 采取有效的预加固措施后，全断面法可用于Ⅳ级围岩的大跨度隧道

B. 台阶法不可用于Ⅴ级围岩的中小跨度隧道

C. 环形开挖预留核心土法可用于Ⅳ－Ⅵ级围岩的大跨度隧道

D. 中隔壁法（CD法）适用于围岩较差、跨度大、浅埋隧道

【参考答案】D

考点 144：公路隧道开挖的要求 ★

1. 石渣块度（石渣大小）便于装渣作业。

2. 掘进速度快，少占作业循环时间。

考点 145：公路隧道超欠挖控制 ★★

1. 当岩层完整，岩石抗压强度大于 30MPa，并确认不影响衬砌结构稳定和强度时，允许岩石个别突出部分（每 $1m^2$ 内不宜大于 $0.1m^2$）欠挖，但其隆起量不得大于 50mm。拱脚、墙脚以上 1m 范围内及净空图折角对应位置严禁欠挖。

2. 超挖应回填密实。超挖回填应符合设计规定，设计没有规定时应符合下列规定：

（1）拱部坍塌形成的超挖处理应编制方案，并经审批后按方案处理。

（2）沿设计轮廓线的均匀超挖，有钢架时，可采用喷射混凝土回填，或增大钢架支护断面尺寸，使钢架贴近开挖轮廓，在施工二次衬砌时，以二次衬砌混凝土回填；无钢架时，可在施工二次衬砌时，以二次衬砌混凝土回填。

（3）局部超挖，超挖量不超过 200mm 时，宜采用喷射混凝土回填密实。

（4）边墙部位超挖，可采用混凝土或片石混凝土回填。

考点 146：钻眼爆破掘进施工技术要点 ★★

（一）施工顺序

1. 布眼；2. 钻孔；3. 装药和填塞；4. 起爆；5. 通风排烟；6. 处理哑炮和险石；7. 装渣运输和弃渣。

（二）钻眼机具

风动凿岩机、液压凿岩台车。

（三）炮眼布置和周边眼的控制爆破

掘进工作面的炮眼可分为掏槽眼、辅助眼和周边眼。

1. 掏槽眼布置

掏槽炮眼一般要比其他炮眼深 10 ～ 20cm，以保证爆破后开挖深度一致。

掏槽方式总的可分为斜眼掏槽和直眼掏槽两大类。

（1）斜眼掏槽：其特点是掏槽眼与开挖面斜交。斜眼掏槽的优点是可以按岩层的实际情况选择掏槽方式和掏槽角度，容易把岩石抛出，而且所需掏槽眼的个数较少。缺点是眼深受坑道断面尺寸的限制，也不便于多台钻机同时凿岩。

（2）直眼掏槽：直眼掏槽可以实行多机凿岩、钻眼机械化，从而为加快掘进速度提供了有利条件。

直眼掏槽：凿岩作业比较方便，不需随循环进尺的改变而变化掏槽形式，仅需改变炮眼深度。

斜眼掏槽则要随循环进尺的不同而改变炮眼位置和角度。直眼掏槽石碴抛掷距离也可缩短。所以目前现场多采用直眼掏槽。

2. 辅助眼布置

辅助眼的作用是进一步扩大掏槽体积和增大爆破量，并为周边眼创造有利的爆破条件。其布置主要是解决间距和最小抵抗线问题。一般最小抵抗线略大于炮眼间距。

3. 周边眼布置

周边眼原则上沿着设计轮廓均匀布置，间距和最小抵抗线应比辅助眼的小，以便爆出较为平顺的轮廓。

4. 周边眼的控制爆破

在隧道爆破施工中，首要的要求是炮眼利用率高，开挖轮廓及尺寸准确，对围岩振动小。

（1）光面爆破的特点

主要标准是：开挖轮廓成型规则，岩面平整；岩面上保存 50% 以上孔痕，且无明显的爆破裂缝；爆破后围岩壁上无危石。

隧道施工中采用光面爆破，对围岩的扰动比较轻微，增进了施工安全，并为喷锚支护创造了条件。

（2）光面爆破的主要参数

光面爆破的主要参数包括周边眼的间距、光面爆破层的厚度、周边眼密集系数、周边眼的线装药密度等。

（3）预裂爆破及主要参数

在爆破的顺序上，光面爆破是先引爆掏槽眼，接着引爆辅助眼，最后才引爆周边眼；而预裂爆破则是首先引爆周边眼，使沿周边眼的连心线炸出平顺的预裂面。

预裂爆破适用于稳定性差而又要求控制开挖轮廓的软弱岩层。但预裂爆破的周边眼间距和最小抵抗线都要比光面爆破的小，相应地要增多炮眼数量，钻眼工作量增大。

典型例题

【真题－单选】关于隧道光面爆破特点的说法，正确的是（　　）。

A. 增加了对围岩的扰动　　　　　　　　B. 开挖轮廓成型不规则

C. 减少了超欠挖量   D. 加重了应力集中现象

【参考答案】C

考点 147：公路小净距及连拱隧道施工★★

小净距隧道是指隧道间的中间岩墙厚度小于分离式独立双洞的最小净距的特殊隧道布置形式。

分离式独立双洞的最小净距表

围岩级别	I	II	III	IV	V	VI
最小净距（m）	$1.0×B$	$1.5×B$	$2.0×B$	$2.5×B$	$3.5×B$	$4.0×B$

注：B——隧道开挖断面的宽度。

典型例题

【真题-多选】根据《公路隧道设计规范 第一册 土建工程》JTG 3370.1—2018，分离式独立双洞隧道的最小净距的确定，应考虑的因素有（   ）。

A. 隧道的埋深   B. 公路等级

C. 围岩级别   D. 隧道开挖断面的宽度

E. 隧道开挖断面的高度

【参考答案】C、D

考点 148：公路隧道逃生与救援★★

软弱围岩隧道开挖掌子面至二次衬砌之间应设置逃生通道，随开挖进尺不断前移，逃生通道距离开挖掌子面不得大于20m。逃生通道的刚度、强度及抗冲击能力应满足安全要求，逃生通道内径不宜小于0.8m。

典型例题

【真题-单选】关于隧道逃生通道的说法，正确的是（   ）。

A. 逃生通道距离掌子面不得大于20m

B. 逃生通道内径不宜小于1.0m

C. 逃生通道应随开挖进尺的增加不断加长

D. 逃生通道应设置在洞口至二次衬砌之间

【参考答案】A

考点 149：隧道超前支护★★

分类	适用地层	材料	技术要点
超前锚杆、插板	地下水较少的软弱破碎围岩，如土砂质地层、弱膨胀性地层、流变性较小的地层、裂隙发育的岩体、断层破碎带、浅埋无显著偏压的隧道等	宜用不小于$\phi22$的热轧带肋钢筋	向岩体内打入一排纵向锚杆（或型钢，或小钢管），以形成一道顶部加固的岩石棚

续表

分类	适用地层	材料	技术要点
超前小导管	不仅适用于一般软弱破碎围岩，也适用于地下水丰富的松软围岩	钢管：φ32～50mm 管长 3～5m 常用 φ42mm	超前小导管注浆对围岩加固的范围和强度是有限的，常作为一项主要的辅助措施
管棚	土砂质地层、强膨胀性地层、强流变性地层、裂隙发育的岩体、断层破碎带、浅埋有显著偏压等围岩的隧道中	钢管：φ70～180mm 管长 10～40m	围岩压力来得快、来得大，用于对围岩变形及地表下沉有较严格限制要求的软弱破碎围岩隧道工程中

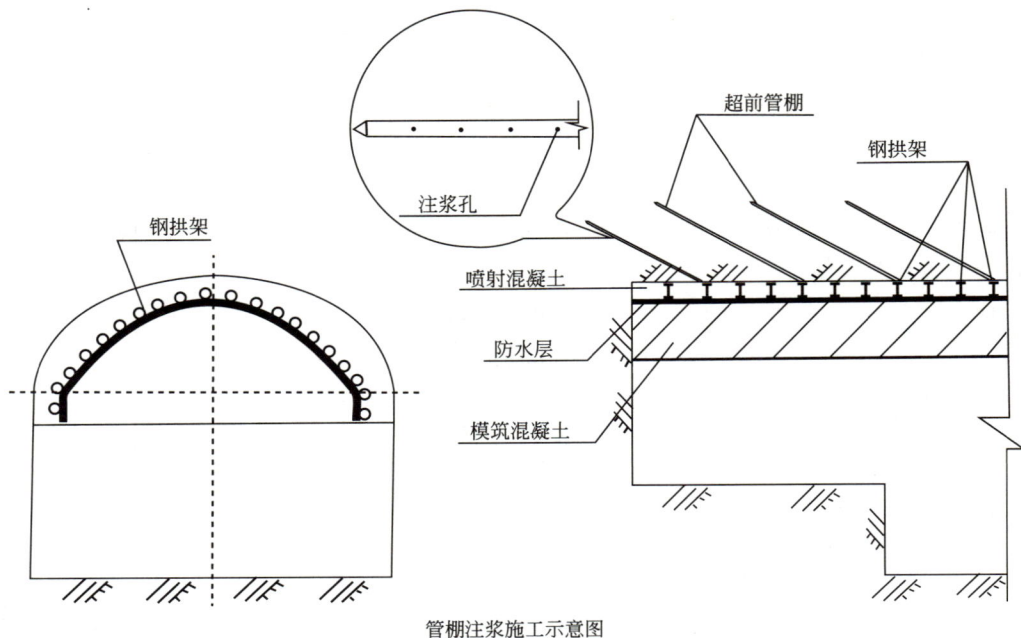

管棚注浆施工示意图

分类	适用地层	材料	技术要点
围岩预注浆	适用于有压地下水及地下水丰富的地层中，更适用于采用大中型机械化施工	水泥浆等	①在掌子面前方的围岩中将浆液注入，形成较大范围筒状封闭加固区；一般可超前开挖面 30～50m。 ②有洞内超前注浆、地表超前注浆（浅埋）和平导超前注浆（深埋长大）三种方式

📋 **典型例题**

【真题－多选】公路隧道超前支护工程的主要技术措施有（　　　）。

　　A. 钢拱架和格栅钢架

　　B. 超前小导管

　　C. 管棚

　　D. 围岩预注浆加固

　　E. 超前锚杆

【参考答案】B、C、D、E

考点 150：隧道初期支护★★

（一）喷射混凝土

干喷法	粉尘污染及回弹情况较严重，质量不稳定，很多地方已禁止使用
潮喷法	加少量水，粉尘少，潮喷混凝土强度可达到C20
湿喷法	①粉尘和回弹量少，质量容易控制，目前使用较多。 ②机械清洗和故障处理较麻烦

（二）锚杆

锚杆是用钢筋或其他高抗拉性能的材料制作的一种杆状构件。锚杆种类有砂浆锚杆、药卷锚杆、中空注浆锚杆、自进式锚杆、组合中空锚杆和树脂锚杆等。按照锚固形式可划分为全长粘结型、端头锚固型、摩擦型和预应力型四种。锚杆对地下工程的稳定性起着重要的作用，尤其是在节理裂隙岩体中，锚杆对岩体的加固作用十分明显，具有结构简单、施工方便、成本低和对工程适应性强等特点。

（三）钢支撑

分类	材料	特点		适用地质
		优点	缺点	
钢拱架	①工字钢。 ②钢轨	①刚度和强度大，可作临时支撑并单独承受较大的围岩压力。 ②也可设于混凝土内作为永久衬砌的一部分。 ③最大特点是架设后能够立即承载	①钢拱架与围岩间的空隙难以用喷射混凝土紧密充填。 ②与喷射混凝土粘结也不好，导致钢拱架附近喷射混凝土易出现裂缝	多设在需要立即控制围岩变形的场合，在Ⅴ、Ⅵ级软弱破碎围岩中或处理塌方时使用较多
格栅钢架	钢筋	①格栅钢架能够很好地和喷射混凝土一起与围岩密贴，喷射混凝土能够充满格栅钢架及其围岩的空隙。 ②能和锚杆、超前支护结构连成一体，支护效果好		其他

（四）锚喷支护

1. 使用最多的组合形式：锚杆+喷射混凝土、锚杆+钢筋网+喷射混凝土、钢架+锚杆+钢筋网+喷射混凝土。

2. 锚喷联合支护的施工中各分次施作的支护彼此要牢固相连，如超前锚杆与系统锚杆及钢拱架的连接、钢筋网及钢拱架要尽可能多地与锚杆头焊连，以充分发挥联合支护效应。

3. 锚杆要有适量的露头。钢筋网及钢拱架要被喷射混凝土所包裹密实、覆盖。

典型例题

【真题－多选】根据锚固形式分类，隧道锚杆类型有（　　　　）。

A. 全长粘结型　　　　　　　　　　B. 中空注浆型

C. 端头锚固型　　　　　　　　　　D. 摩擦型

E. 预应力型

【参考答案】A、C、D、E

考点 151：隧道模筑混凝土衬砌★★

单层衬砌中的现浇整体式混凝土衬砌常用于Ⅱ、Ⅲ级围岩中。复合式衬砌中二次衬砌的作用：（1）起饰面和增加安全度的作用；（2）承受了施工后发生的外部水压、软弱围岩的蠕变压力、膨胀性地压，或者浅埋隧道受到的附加荷载等。

模筑混凝土衬砌的施工技术要点如下：

衬砌施工顺序，目前多采用由下到上、先墙后拱的顺序连续浇筑。在隧道纵向，则需分段进行，分段长度一般为8～12m。在全断面开挖成型或大断面开挖成型的隧道衬砌施工中，则应尽量使用金属模板台车灌注混凝土整体衬砌。

衬砌施工的准备工作：

（一）主洞模板施工

主洞模板施工应满足下列要求：

1. 隧道主洞模筑混凝土衬砌施工宜采用全断面衬砌模板台车。

2. 全断面衬砌模板台车支架应有足够的强度和稳定性，便于整体移动、准确就位。

3. 衬砌模板应表面光滑、接缝严密，有足够的刚度。

4. 断面衬砌模板台车，模板应留振捣窗，振捣窗间距纵向不宜大于3m，横向不宜大于2.5m，振捣窗不宜小于0.45m×0.45m，振捣窗周边应加固，防止周边变形，窗门应平整、严密、不漏浆。

5. 全断面衬砌模板台车就位应以隧道中线为准，按路线方向垂直架设。

6. 顶模设置通气孔、注浆管。

（二）混凝土施工

1. 混凝土搅拌

衬砌混凝土应采用强制式混凝土搅拌机搅拌。

2. 混凝土浇筑

（1）混凝土浇筑应采用混凝土输送泵送料入模、均匀布料；混凝土入模温度应控制在5～32℃。

（2）混凝土应从两侧边墙向拱顶、由下向上依次分层、对称、连续浇筑，两侧混凝土浇筑高差不应大于1.0m，同一侧混凝土浇筑面高差不应大于0.5m。

（3）拱、墙混凝土应一次连续浇筑，不得采用先拱后墙浇筑，不得先浇矮边墙。

3. 混凝土振捣

（1）宜采用附着式和插入式振捣相结合的方式振捣。

（2）振捣不应使模板、钢筋和预埋件移位。

4. 混凝土养护

（1）混凝土养护时间不得少于7d。

（2）掺加引气剂或引气型减水剂时，混凝土养护时间不得少于14d。

（3）隧道内空气湿度不小于90%时，可不进行洒水养护。

（三）仰拱衬砌、仰拱填充和垫层施工

1. 仰拱混凝土衬砌应先于拱墙混凝土衬砌施工，超前距离应根据围岩级别、施工机械作业环境要求确定，一般不宜大于拱墙衬砌浇筑循环长度的2倍。

2. 仰拱初期支护喷射混凝土及仰拱填充混凝土不得与仰拱衬砌混凝土一次浇筑。

3. 仰拱衬砌混凝土应整幅一次浇筑成型，不得左右半幅分次浇筑，一次浇筑长度不宜大于5.0m。

4. 仰拱和仰拱填充混凝土应在其强度达到2.5MPa后方可拆模。

5. 仰拱、仰拱填充和垫层混凝土浇筑宜采用插入式振捣器振捣密实。

6. 仰拱填充和垫层混凝土强度达到设计强度100%后方可允许运渣车辆通行。

📖 典型例题

【真题－单选】关于仰拱和底板施工的说法，错误的是（　　）。

　　A. 仰拱混凝土衬砌应先于拱墙混凝土衬砌施工，一般不宜大于拱墙衬砌浇筑循环长度的 2 倍

　　B. 仰拱初期支护喷射混凝土及仰拱填充混凝土不得与仰拱衬砌混凝土一次浇筑

　　C. 仰拱和底板混凝土强度达到设计强度 90% 后方可允许车辆通行

　　D. 仰拱衬砌混凝土应整幅一次浇筑成型，不得左右半幅分次浇筑

【参考答案】C

🏢 **考点 152：公路隧道施工安全步距要求★★★★**

　　1. 仰拱与掌子面的距离，Ⅲ级围岩不得超过 90m，Ⅳ级围岩不得超过 50m，Ⅴ级及以上围岩不得超过 40m。

　　2. 软弱围岩及不良地质隧道的二次衬砌应及时施作，二次衬砌距掌子面的距离Ⅳ级围岩不得大于 90m，Ⅴ级及以上围岩不得大于 70m。

📖 典型例题

【模拟题－单选】二次衬砌与掌子面的距离在Ⅳ围岩不得超过（　　）。

　　A.90m　　　　　　　　　　　　　　　B.70m

　　C.50m　　　　　　　　　　　　　　　D.40m

【参考答案】A

🏢 **考点 153：隧道施工防排水★★**

　　（一）隧道洞口及辅助坑道洞（井）口排水系统应符合的要求

　　1. 边坡、仰坡坡顶的截水沟应结合永久排水系统在洞口开挖前修建。

　　2. 洞外路堑向隧道内为下坡时，路基边沟应做成反坡，向路堑外排水。

　　（二）洞内反坡排水应符合的要求

　　井下工作水泵的排水能力应不小于 1.2 倍正常涌水量，并应配备备用水泵；井下备用水泵排水能力不应小于工作水泵排水能力的 70%。

　　（三）井点降水施工应符合的要求

　　1. 在隧道两侧地表面布置井点，间距宜为 25 ～ 35m。井底应在隧底以下 3 ～ 5m。

　　2. 工作水泵的排水能力应不小于预测抽水量的 1.2 倍。

　　3. 隧道施工期间围岩地下水位应保持在开挖线以下 0.5m。

🏢 **考点 154：隧道结构防排水★★**

　　（一）纵、横、环向盲管、中心排水管（沟）的施工应符合的要求

　　1. 环向排水盲管的间距应符合设计要求，在地下水较大的地段应适当加密。

　　2. 环向排水盲管应紧贴支护表面或渗水岩壁安设，排水盲管布置应圆顺，不得起伏不平。

　　3. 管路连接宜采用变径三通方式，连接应牢固、畅通，安装坡度应符合设计要求。

　　4. 中心排水管（沟）设在仰拱下时，应和仰拱、底板同步施工。

（二）防水板铺设

防水板宜选用高分子材料，幅宽 2 ~ 4m，厚度不宜小于 1.5mm，应符合设计要求，耐刺穿性好、柔性好、耐久性好。防水板铺设应超前二次衬砌施工 1 ~ 2 个衬砌段，并应与开挖掌子面保持一定距离。初期支护表面应平整，无空鼓、裂缝、松酥，对支护表面外露的坚硬物和局部渗涌水处应先进行处理，不平处用喷射混凝土或砂浆找平。

防水板铺设应符合以下要求：

1. 防水板铺设宜采用专用台架，铺设前进行精确放样，画出标准线后试铺，确定防水板每环的尺寸，并尽量减少接头。

2. 防水板应无钉铺设，并留有余量，防水板与初期支护或岩面应密贴。

3. 防水板的搭接缝焊接质量应按充气法检查，当压力表达到 0.25MPa 停止充气，保持 15min 压力下降在 10% 以内，焊缝质量合格。

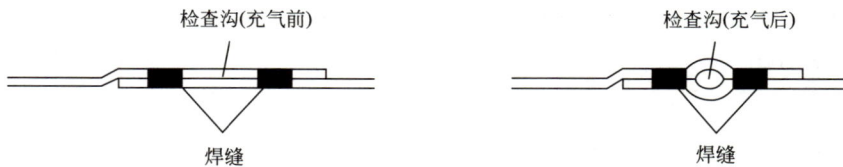

防水板焊缝检查示意图

（三）衬砌的施工缝和沉降缝防水

衬砌的施工缝和沉降缝采用橡胶止水带或塑料止水带防水时，止水带不得被钉子、钢筋和石子刺破。在固定止水带和灌注混凝土过程中应防止止水带偏移。应加强混凝土振捣，排除止水带底部气泡和空隙，使止水带和混凝土紧密结合。

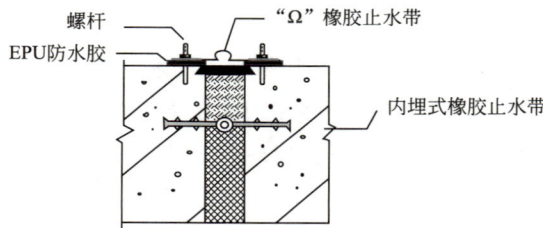

外贴式橡胶止水带示意图

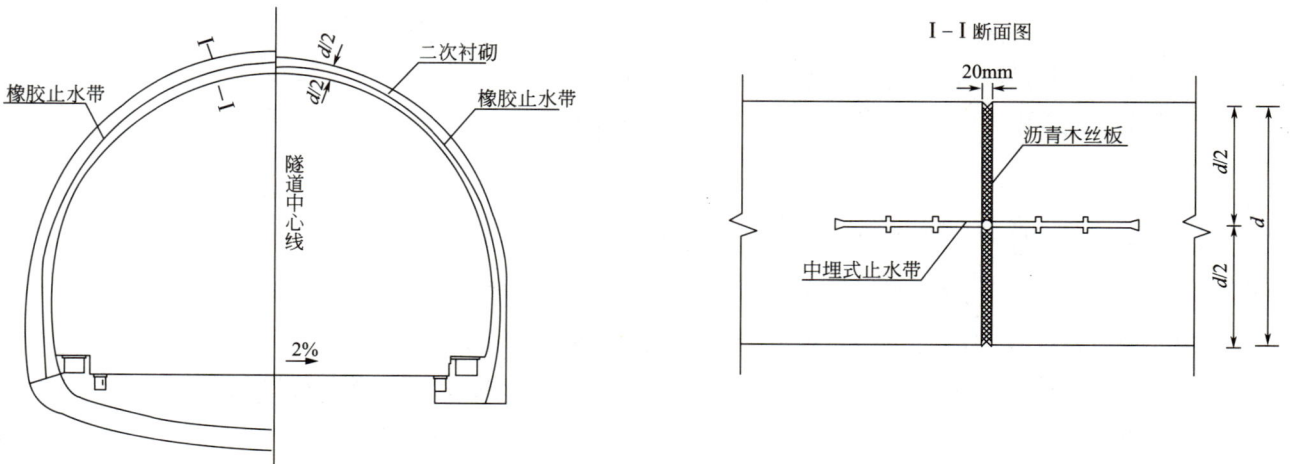

沉降缝、施工缝止水带布置横断面图

I－I 断面图

考点 155：隧道注浆防水 ★

1. 掌子面前方存在较高水压的富水区，具有较大可能、较大规模的涌水、突水且围岩结构软弱，自稳能力差，开挖后可能导致掌子面失稳而诱发突水、突泥者，宜采用全断面帷幕注浆或周边注浆。

2. 掌子面前方围岩基本稳定，但局部存在一定的水流，开挖后可能导致掌子面大量渗漏水而无法施作初期支护时，宜采用超前局部注浆。

3. 围岩有一定自稳能力，开挖后水压和水量较小，但出水量超过设计允许排放量时，宜采用径向注浆。

4. 钻孔注浆顺序应由下往上、由少水处到多水处、隔孔钻注。

考点 156：隧道通风 ★

（一）风管式通风

风流经由管道输送，分为压入式、抽出式、混合式三种方式。

（二）巷道式通风

利用巷道，适用于有平行导坑的长隧道。

（三）风墙式通风

适用于较长隧道。

考点 157：隧道防尘 ★

（一）湿式凿岩标准化

1. 应先开水后开风，先关风后关水，凿岩时机体与钻钎方向应一致，不得摆动，以免卡断水针。

2. 在特别缺水地区，可用"干式捕尘"装置来代替混式凿岩，但效果欠佳。

（二）机械通风正常化

机械通风可稀释空气中的粉尘含量，是降低洞内粉尘含量的重要手段。因此在一般主要作业（钻眼、装渣等）进行期间应始终保持风机的运转。

（三）喷雾洒水正规化

喷雾洒水不仅能降低因爆破、出渣等所产生的粉尘，还能溶解少量的有害气体（如二氧化碳、硫化氢等）并能降低温度，使空气清新。

（四）个人防护普遍化

佩戴防尘口罩。

考点 158：隧道供电 ★

（一）隧道供电电压应符合的要求

1. 供电线路应采用 220/380V 三相五线系统。

2. 动力设备应采用三相 380V。

3. 隧道照明，成洞段和不作业地段可用 220V，瓦斯地段不得超过 110V，一般作业地段不宜大于 36V，手提作业灯为 12 ～ 24V。

（二）洞外变电站设置要求

洞外变电站宜设在洞口附近，并应靠近负荷集中地点和设在电源来线一侧。

（三）供电线路布置和安装要求

1. 成洞地段固定的电线路，应使用绝缘良好胶皮线架设；施工地段的临时电线路宜采用橡套电缆；竖井、斜井宜使用铠装电缆；瓦斯地段的输电线必须使用煤矿专用密封阻燃铜芯电缆，不得使用皮线。

2. 瓦斯地段的电缆应沿侧壁铺设，不得悬空架设。涌水隧道的电动排水设备、瓦斯隧道的通风设备和斜井、竖井内的电气装置应采用双回路输电，并有可靠的切换装置。

🏢 考点 159：隧道水害的防治 ★

（一）原因分析

1. 隧道穿过含水层的地层

（1）砂类土和漂卵石类土含水地层。

（2）节理、裂隙发育，含裂隙水的岩层。

（3）石灰岩、白云岩等可溶性岩的地层，当有充水的溶槽、溶洞或暗河等与隧道相连通时。

（4）浅埋隧道地段，地表水可沿覆盖层的裂隙、孔洞渗透到隧道内。

2. 隧道衬砌防水及排水设施不完善

（1）原建隧道衬砌防水、排水设施不全。

（2）混凝土衬砌施工质量差，蜂窝、孔隙、裂缝多，自身防水能力差。

（3）防水层（内贴式、外贴式或中埋式）施工质量不良或材质耐久性差，经使用数年失效。

（4）混凝土的工作缝、伸缩缝、沉降缝等未做好防水处理。

（5）既有排水设施，如衬砌背后的暗河、盲沟，无衬砌的辅助坑道、排水孔、暗槽等，年久失修，造成阻塞。

（二）防治措施

（1）因势利导，给地下水以可排走的通道，将水迅速地排到洞外。

（2）将流向隧道的水源截断，或尽可能使其水量减少。

（3）堵塞衬砌背后的渗流水，集中引导排出。

（4）合理选择防水材料，严格施工工艺。

📋 典型例题

【真题－单选】关于隧道水害原因的说法，正确的是（　　　　）。

A. 隧道穿过含煤层地层   B. 衬砌混凝土收缩

C. 衬砌厚度不足   D. 穿过节理、裂隙发育、含裂隙水的岩层

【参考答案】D

🏢 考点 160：隧道衬砌病害的防治 ★

（一）原因分析

1. 围岩压力不均。

2. 衬砌背后局部空洞。

3. 衬砌厚度严重不足。

4. 混凝土收缩。

5. 不均匀沉降：

衬砌不均匀下沉和隧道仰拱地基不均匀沉降导致隧道衬砌产生裂缝。

6. 施工管理：

过早拆除模板支撑，施工质量管理不善，施工配合比控制不严，水胶比过大等。

（二）预防措施

1. 施工过程中发现围岩地质情况有变化，与原设计不符时，应及时变更设计，欠挖必须控制在容许范围内。

2. 钢筋保护层厚度必须保证不小于3cm，钢筋使用前应做除锈、清污处理。

3. 混凝土强度必须符合设计要求，宜采用较大骨灰比，降低水胶比，合理用外加剂。

4. 确定分段灌筑长度及浇筑速度，混凝土拆模时，内外温差不得大于20℃，加强养护。

5. 衬砌背后如有可能形成水囊，应对围岩进行止水处理，根据设计施作防水隔离层。

6. 衬砌施工时应严格按要求正确设置沉降缝、伸缩缝。

重点回顾

考点	检测
开挖方法及适用范围	全断面法：可用于（ ）级围岩的中小跨度隧道。 台阶法：可用于（ ）级围岩的中小跨度隧道。 环形开挖预留核心土法：可用于（ ）级围岩。 中隔壁法（CD法）＆交叉中隔壁法（CRD法）：围岩（ ）差、跨度大、浅埋、地表沉降（ ）控制的场合。 双侧壁导坑法：适用于浅埋大跨度隧道及地表下沉量（ ）而围岩条件很差的情况
钻眼爆破掘进施工技术	光面爆破炮眼起爆顺序：（ ）。 预裂爆破炮眼起爆顺序：（ ）
超前支护	（ ）：适用地下水较少的软弱破碎围岩，适用中小型机械施工。 （ ）：适用围岩压力来得快、来得大，对围岩变形及地表下沉有较严格限制要求的软弱破碎围岩。 （ ）：适用一般软弱破碎围岩及地下水丰富的松软围岩
模筑衬砌	衬砌施工顺序，目前多采用（ ）的顺序连续浇筑。 混凝土应从（ ）、（ ）依次分层、对称、连续浇筑，两侧混凝土浇筑高差不应大于（ ），同一侧混凝土浇筑面高差不应大于（ ）。 仰拱混凝土衬砌应先于拱墙混凝土衬砌施工，超前距离应根据围岩级别、施工机械作业环境要求确定，一般不宜大于拱墙衬砌浇筑循环长度的（ ）。 仰拱衬砌混凝土应整幅一次浇筑成型，不得左右半幅分次浇筑，一次浇筑长度不宜大于（ ）。 仰拱和仰拱填充混凝土应在其强度达到（ ）后方可拆模。 仰拱填充及垫层混凝土强度达到设计强度（ ）后方可允许运渣车辆通行
安全步距	仰拱与掌子面的距离，Ⅲ级围岩不得超过（ ）m，Ⅳ级围岩不得超过（ ）m，Ⅴ级及以上围岩不得超过（ ）m。 软弱围岩及不良地质隧道的二次衬砌应及时施作，二次衬砌距掌子面的距离Ⅳ级围岩不得大于（ ）m，Ⅴ级及以上围岩不得大于（ ）m

小试牛刀

一、单选题

1. 下列关于隧道明洞回填施工的说法，正确的是（ ）。

A. 机械回填时，拱圈混凝土强度应不小于设计强度的 75%

B. 回填材料不宜采用膨胀岩土

C. 拱背回填每层厚度不得小于 0.3m

D. 回填时宜采用倾填作业

2. 台阶法适用于（　　）。

A. Ⅲ～Ⅳ级围岩的中小跨度隧道　　　　B. Ⅴ级围岩的大跨度隧道

C. 浅埋大跨度地表沉降需要控制的隧道　　D. 一般土质围岩的中小跨度隧道

3. 隧道监控量测的位移管理等级分为（　　）级。

A. 一　　　　　　　　　　　　　　　　B. 二

C. 三　　　　　　　　　　　　　　　　D. 四

二、多选题

1. 关于隧道超挖回填规定的说法，正确的有（　　）。

A. 局部超挖且超挖量不超过 200mm 时，可采用喷射混凝土回填

B. 沿设计轮廓线的均匀超挖，有钢架时必须采用喷射混凝土回填

C. 沿设计轮廓线的均匀超挖，无钢架时可采用二衬混凝土回填

D. 边墙部位超挖可采用混凝土或片石混凝土回填

E. 仰拱超挖部分可采用片石回填

2. 仰拱衬砌、仰拱回填和垫层施工说法正确的是（　　）。

A. 仰拱混凝土衬砌应先于拱墙混凝土衬砌施工，一般不宜大于拱墙衬砌浇筑循环长度的 2 倍

B. 仰拱初期支护喷射混凝土及仰拱填充混凝土宜与仰拱衬砌混凝土一次浇筑

C. 仰拱衬砌混凝土应整幅一次浇筑成型，不得左右半幅分次浇筑，一次浇筑长度不宜大于 5.0m

D. 仰拱和仰拱填充混凝土应在其强度达到 70% 后方可拆模

E. 仰拱填充和垫层混凝土强度达到设计强度 100% 后方可允许运渣车辆通行

3. 隧道施工的排水应符合的规定有（　　）。

A. 隧道内反坡排水时，降水管路必须按照一次性降水排出洞外进行布置

B. 洞顶排水沟应与洞门结构同时完成

C. 洞顶设高压水池时，水池应有防渗措施，但无需设溢水疏导设施

D. 高冒水风险隧道内反坡施工时，宜设置两个独立的供电系统和排水管路

E. 洞外路堑向隧道内为下坡时，路基边沟应做成反坡，向路堑外排水

三、案例题

案例（一）

背景资料：

某山岭隧道为单洞双向两车道公路隧道，其起讫桩号为 K68+238 ～ K69+538，隧道长 1300m。该隧道设计图中描述的地质情况为：K68+238 ～ K68+298 段以及 K69+498 ～ K69+538 段为洞口浅埋段，地下水不发育，出露岩体极破碎，呈碎裂状；K68+298 ～ K68+598 段和 K69+008 ～ K69+498 段，地下水不发育，岩体为较坚硬岩，岩体较破碎，裂隙较发育且有夹泥，其中 K68+398 ～ K68+489 段隧道的最小埋深为 80m；K68+598 ～ K69+008 段，地下水不发育，岩体为较坚硬岩，岩体较为完整，呈块状体或中厚层结构，裂隙面内夹软塑状黄泥。

施工过程中发生如下事件：

事件一：施工单位对该隧道的围岩进行了分级。按安全、经济原则从：①全断面法、②环形开挖留核心土法、③双侧壁导坑法中选出了一种浅埋段隧道施工方法。

事件二：根据设计要求，施工单位计划对 K68+398 ～ K68+489 段隧道实施监控量测，量测项目有：洞内外观察、地表下沉、钢架内力和外力、围岩压力、周边位移、拱顶下沉、锚杆轴力等。

事件三：施工单位在 K68+690 ～ K68+693 段初期支护施工时，首先采用激光断面仪对该段隧道开挖断面的超欠挖情况进行测量，检验合格后，采用干喷技术，利用挂模的方式喷射混凝土，并对喷射混凝土强度等实测项目进行了实测。

事件四：在二次衬砌施工前，施工单位发现 K68+328 ～ K68+368 段多处出现了喷射混凝土掉落的现象，掉落处原岩表面残留有黄泥。施工单位提出了掉落段的处治方法，并进行了复喷施工。

问题：

1. 判断隧道各段围岩的级别，指出事件一中比选出的施工方法。

2. 事件二中哪三项为必测项目？写出拱顶下沉量测的方法和工具。

3. 指出事件三施工中的错误。补充喷射混凝土质量检验实测项目的漏项。

4. 分析事件四中喷射混凝土因原岩面残留黄泥而掉落的原因，并写出施工单位复喷前应采取的措施。

5. 本项目是否需要编制专项施工方案？是否需要专家论证、审查？

案例（二）

背景资料：

某施工单位承接了二级公路一桥隧相连项目，其中桥梁桥跨布置为（65+120+65）m，③号桥台紧邻隧道进口洞门。隧道全长910m，净宽12m，净高5m，单洞双向两车道，最大埋深100m，进、出口50m范围内埋深均小于20m（属浅埋隧道）。桥跨布置与隧道围岩级别及其长度、掘进速度如下图所示。

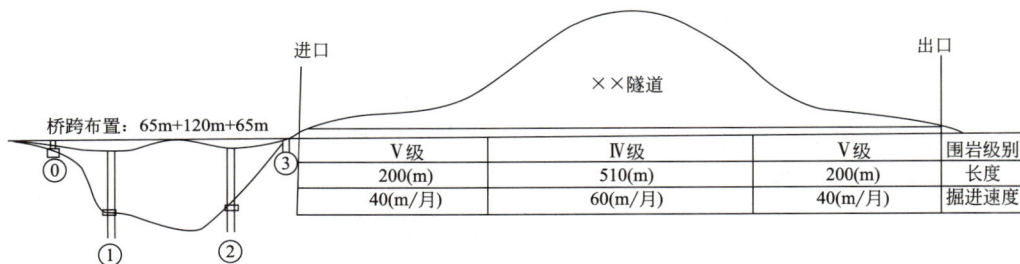

	V级	IV级	V级	围岩级别
	200(m)	510(m)	200(m)	长度
	40(m/月)	60(m/月)	40(m/月)	掘进速度

桥隧布置示意图

该项目实施过程中发生了如下事件：

事件一：桥梁为T型刚构，采用挂篮悬臂浇筑，设计文件要求悬臂浇筑须对称平衡。中跨、边跨合龙段长度均为2m，靠近桥台4m梁段采用现浇施工。

事件二：隧道掘进工期为12个月，采用进、出口双向开挖，但最后30m为单向开挖。由于受③号桥台施工限制，决定先由A作业队从出口向进口方向掘进，待③号桥台施工完成后，立即由B作业队从进口掘进，且最后30m决定由B作业队单独完成。

事件三：洞口工程施工包括以下工序：①截水沟施工；②边、仰坡开挖；③套拱及长管棚施工；④边、仰坡防护。

事件四：A作业队在进洞30m后，现场负责人决定将开挖方法由台阶法改为全断面法。

问题：

1. 事件一中，主跨悬臂浇筑施工是否需要在墩梁处采取临时固结措施？说明理由。

2. 事件二中，边跨4m现浇梁段应采用何种方法施工？说明本桥合龙顺序。

3. 事件二中，为保证隧道掘进工期，③号桥台施工最迟应在A作业队掘进开工后多少个月完成？（列式计算，计算结果小数点后保留1位）

4. 写出事件三洞口工程施工的正确顺序。（用编号表示即可）

5. 事件四中，改变后的开挖方法是否合理？说明理由。

案例（三）

背景资料：

某隧道为上、下行双线四车道隧道，其中左线长858m，右线长862m，隧道最大埋深98m，净空宽度9.64m，净空高度6.88m，设计车速为100km/h，其中YK9+928 ～ YK10+004 段为 V 级围岩，采用环形开挖留核心土法施工，开挖进尺为3m，该段隧道复合式衬砌横断面示意图如下图所示，采用喷锚网联合支护形式，结合超前小导管作为超前支护措施，二次衬砌采用灌注混凝土，初期支护与二次衬砌之间铺设防水层。

在一个模筑段长度内灌注边墙混凝土时，施工单位为施工方便，先灌注完左侧边墙混凝土，再灌注右侧边墙混凝土。

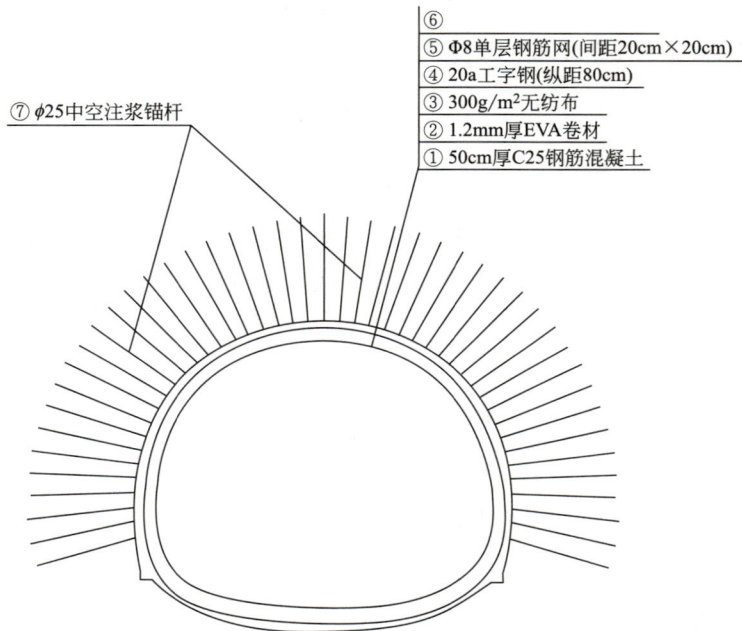

⑥
⑤ Φ8单层钢筋网(间距20cm×20cm)
④ 20a工字钢(纵距80cm)
③ 300g/m²无纺布
② 1.2mm厚EVA卷材
① 50cm厚C25钢筋混凝土

⑦ φ25中空注浆锚杆

问题：

1. 指出环形开挖留核心土施工中的错误之处，并改正。

2. 根据上图，写出结构层⑥的名称，并写出初期支护、防水层、二次衬砌分别由哪几部分组成。（写出相应编号）

3. 为充分发挥喷锚网联合支护效应，背景资料中系统锚杆应与哪些支护彼此牢固连接？（只需写出相应的编号）

4. 背景资料中边墙灌注施工错误，写出正确的做法。

案例（四）

背景资料：

某施工单位承建一分离式双向六车道高速公路山岭隧道工程，其起讫桩号为 K19+720 ～ K21+450，全长1730m。隧道两端洞口 100m 范围内为偏压浅埋段，其围岩级别为 V 级。隧道洞口开挖断面宽度为 13.5m，左右洞口中心线间距为 50m，隧道左右洞地质情况相同。隧道最大埋深为 80m，隧道纵断面示意图如下图所示，该隧道设计支护结构为复合式衬砌（即初期支护+混凝土二次衬砌）。

开工前，有关单位根据围岩特性对该隧道各段围岩的级别进行了核实，并计算了各级围岩段占全隧长的百分比。

在隧道施工过程中进行了安全质量检查，发现施工单位存在如下错误做法：

① 初期支护施工过程中，喷射混凝土采用干喷工艺。

② 对于隧道底部超挖部分采用洞渣回填。

③ 仰拱和底板混凝土强度达到设计强度 75%，允许车辆通行。

④ 二次衬砌距 Ⅳ 级围岩掌子面的距离为 100m。

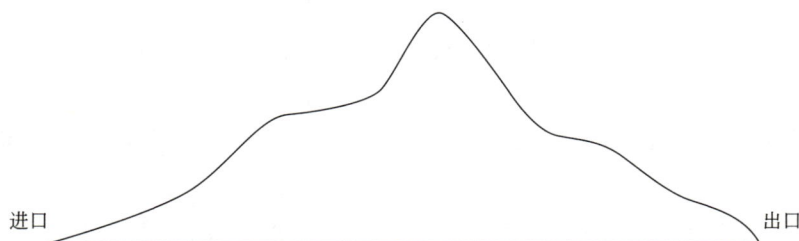

里程桩号	K19+720	K19+820	K20+230	K20+970	K21+350	K21+450
围岩特性		强风化灰质泥岩，岩质较软，岩体较破碎～破碎，夹层有黏性土，稍湿～潮湿的角砾土，$BQ<250$	中风化泥质灰岩，岩质较坚硬，裂隙发育，岩体破碎。$BQ=251\sim350$	中～弱风化灰岩，岩质坚硬，裂隙较发育，岩体较破碎。$BQ=351\sim400$	中风化泥质灰岩，岩质较坚硬，裂隙发育，岩体破碎。$BQ=251\sim350$	强风化灰质泥岩，岩质较软，岩体较破碎～破碎，夹层有黏性土，稍湿～潮湿的角砾土，$BQ<250$
长度(m)		100	410	740	380	100

隧道纵断面示意图

问题：

1. 该隧道是否属于小净距隧道？说明理由。

2. 写出图中 BQ 的中文名称，判断 K20+230～K20+970 段、K20+970～K21+350 段围岩级别，计算 Ⅳ 级围岩总长与全隧长度的百分比（小数点后保留 1 位）。

3. 逐条修改安全质量检查过程中发现的错误做法。

案例（五）

背景资料：

某双车道公路隧道。全长 620m，地层岩性为石灰岩，地下水较丰富。有一条 F 断层破裂带，隧道最大埋深 490m，纵坡为 -3%。其围岩级别及长度见隧道纵段面示意图。合同总工期为 20 个月。为保证施工安全，施工单位结合项目地质和设备条件，拟在全面法、台阶法、单侧壁导坑法、CD 法、CRD 法 5 种工法中选择组织施工。

根据以往施工经验及该项目实际情况，施工前，相关人员经讨论分析确定隧道主要施工内容的进度计划指标为：Ⅲ级围岩 70～90m/月，Ⅳ级围岩 50～70m/月，Ⅴ级围岩 30～50m/月，施工准备 3 个月，隧道内沟槽、路面及附属设施施工 3 个月。

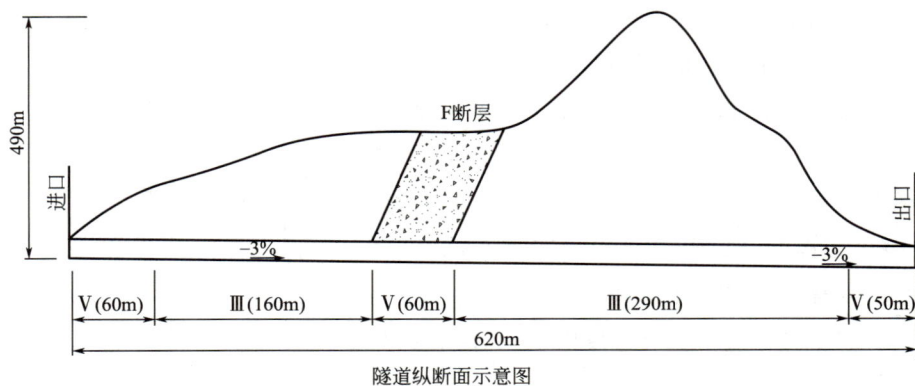

隧道纵断面示意图

问题：

1. 从满足进度要求及经济性考虑，给隧道布置几个工作面？工作面掘进方向如何设置较为合理？分别说明理由。

2. 根据《公路桥梁和隧道工程施工安全风险评估指南（试行）》，该隧道是否需要进行安全风险评估？说明理由。

3. 根据背景资料给出的地质条件，写出该隧道在地质方面存在的主要安全危险源以及可能造成的安全事故类别。

4. 根据背景材料，针对不同级别的围岩分别采用哪些施工工法较为合理？

参考答案

一、单选题

1	2	3		
B	A	C		

二、多选题

1	2	3
A、C、D	A、C、E	D、E

三、案例题

案例（一）

1.（1）① K68+238 ～ K68+298 段以及 K69+498 ～ K69+538 段应为 V 级围岩（洞口浅埋段，地下水不发育，出露岩体极破碎，呈碎、裂状）；② K68+298 ～ K68+598 段和 K69+008 ～ K69+498 段应为 Ⅳ 级围岩（地下水不发育，岩体为较坚硬岩，岩体较破碎，裂隙较发育且有夹泥）；③ K68+598 ～ K69+008 段应为 Ⅲ 级围岩（地下水不发育，岩体为较坚硬岩，岩体较为完整，呈块状体或中厚层结构，裂隙面内夹软塑状黄泥）。

（2）比选出的施工方法为环形开挖留核心土法。

2.（1）事件二中必测项目为：洞内外观察，拱顶下沉，周边位移。

（2）拱顶下沉量测方法为水准测量，工具为水准仪和铟钢尺、全站仪等。

3. 事件三中的错误有采用干喷技术，采用挂模的方式喷射混凝土。隧道喷射混凝土不得采用干喷工艺。喷射混凝土的实测项目有喷层厚度、喷层与围岩接触状况。

4.（1）事件四中喷射混凝土掉落的原因为喷射混凝土前没有对岩面清理干净，喷射混凝土因残留黄泥不能和围岩很好地结合而掉落。

（2）施工单位应将原来喷射混凝土凿除，并清理清洗岩面，再按设计要求喷射混凝土。

5.（1）本项目需要编制专项施工方案，因属于浅埋、不良地质隧道。

（2）不需要专家论证。

案例（二）

1. 不需要采取临时固结措施。因为 0 号块与桥墩是固结的，已具有抗弯能力。

2. 应采用支架法（或托架法，或钢管柱法）

合龙顺序：先边跨后中跨。

3. B 作业队完成最后 30m 掘进时间 0.5 个月。

A 作业队最长掘进时间：12-0.5=11.5 个月。

A 作业队最长掘进距离：40×5+60×6.5=590m。

B 作业队最短掘进长度：910-590=320m。

B 作业队掘进需要最短时间：200/40+120/60=7 个月。

最多滞后时间为 12-7=5 个月

即：③号桥台施工最迟在 A 作业队掘进开工后 5 个月完成。

4. 正确顺序：①→②→④→③。

5. 不合理。因为进洞 30m 处尚处于浅埋段，根据相关规范规定，浅埋段不应采用全断面法开挖（或浅埋段采用全断面法开挖不安全，或浅埋段采用全断面法开挖易塌方）。

案例（三）

1. 错误之处：采用环形开挖留核心土法施工，开挖进尺为 3m。

正确的做法：隧道软弱围岩施工应遵循"超前探、管超前、短进尺、弱（不）爆破、强支护、勤量测、紧衬砌"的原则，施工组织围绕这一原则开展施工。开挖进尺应为 0.5～1.0m，确保施工安全。

2. ⑥为喷射混凝土。

初期支护是④⑤⑥⑦；防水层是②③；二次衬砌是①。

3. 系统锚杆应与④⑤⑥彼此牢固连接。

4. 边墙灌注施工错误是：先浇筑一边，再浇筑另一边。

正确的做法应为：灌注边墙混凝土时，要求两侧混凝土保持分层对称地均匀上升，以免两侧边墙模板受力不均匀而倾斜或移位。

案例（四）

1. 该隧道属于小净距隧道。

理由：小净距隧道是指隧道间的中间岩墙厚度小于分离式独立双洞的最小净距的特殊隧道布置形式。Ⅴ级围岩最小净距应≥3.5B（B 为开挖断面宽度）。

标准厚度：13.5×3.5=47.25m。实际中间岩墙厚度：50-13.5=36.5m。

36.5m＜47.25m，符合小净距隧道标准。

2.BQ：岩体基本质量指标。

K20+230～K20+970 段：Ⅲ级

K20+970～K21+350 段：Ⅳ级

Ⅳ级围岩总长占全隧长度百分比：［（380+410）÷1730］×100%≈45.7%

3. ①初期支护中，应采用湿喷法或潮喷法。

②超挖部分应采用与衬砌同强度混凝土浇筑。

③仰拱和底板强度达到100%，允许车辆通行。

④二次衬砌距Ⅳ级围岩掌子面的距离不大于90m。

案例（五）

1. Ⅴ级围岩地段施工工期=（60+60+50）/30=5.7≈6个月

Ⅲ级围岩地段施工工期=（160+290）/70=6.42≈6.5个月

总工期=3+6+6.5+3=18.5个月。隧道施工工期按照最慢的施工速度总工期为18.5月，为了节约施工成本，可以采用一个工作面进行施工。

自出口向进口方向掘进。由于地下水丰富，顺坡施工更有利于地下水的自然排出，节省排水费。

2. 该隧道工程应当进行安全风险评估。理由：在该隧道工程中，Ⅴ级围岩连续长度均超过50m，根据规范应当进行安全风险评估。

3. 地质方面存在的主要危险源有溶洞、地下水、断层破裂带、洞口浅埋段。可能造成的安全事故类别有：隧道坍塌、突泥、突水。

4. Ⅲ级围岩隧道段应当采用台阶法；石灰岩，地层较差，岩体完整性较好可采用台阶法施工，成本低；Ⅴ级围岩隧道段地质条件差，位于浅埋地带或存在断层带和地下水，应当采用单侧壁导坑法，成本低；当采用CD法或CRD工法时，成本高，且适用于大断面隧道，一般不采用。

笔记区

考点161：交通安全设施的构成★

交通安全设施主要包括交通标志、交通标线、防撞设施、隔离栅、轮廓标、防眩设施、桥梁护网、里程标、百米标、公路界碑等。

考点162：各种交通安全设施的功能与构成★★

（一）交通标志

交通标志是用图形符号、颜色、形状和文字向交通参与者传递特定信息，用于管理交通的设施，主要起到提示、诱导、指示等作用，使道路使用者安全、快捷到达目的地，促进交通畅通。它主要包括警告标志、禁令标志、指示标志、指路标志、旅游区标志、作业区标志等主标志以及附设在主标志下的辅助标志。

（二）交通标线

交通标线的主要作用是传递有关道路交通的规则、警告和指引交通。它是由施划或安装于道路上的各种线条、箭头、文字、图案、立面标记、实体标记、突起路标等构成的。

（三）防撞设施

防撞设施主要包括护栏、防撞筒等。护栏的主要作用是防止失控车辆越过中央分隔带或在路侧比较危险的路段冲出路基，不致发生二次事故。同时，还具有吸收能量，减轻事故车辆及人员的损伤程度，以及诱导视线的作用。

防撞筒的主要作用是起到警示和减缓冲击作用，吸收能量，减轻事故车辆及人员的损伤程度，同时也有诱导视线的作用。

（四）隔离栅

隔离栅的主要作用是将公路用地隔离出来，防止非法侵占公路用地的设施，同时将可能影响交通安全的人和畜等与公路分离，保证公路的正常运营。它主要包括编织网、钢板网、焊接网、刺钢丝网、隔离墙以及常青绿篱等形式。

（五）轮廓标

轮廓标的主要作用是在夜间通过对车灯光的反射，使司机能够了解前方道路的线形及走向，使其提前做好准备。轮廓标的结构主要包括附着式、柱式等。

（六）防眩设施

防眩设施的主要作用是避免对向车辆前照灯造成的眩目影响，保证夜间行车安全。防眩设施分为人造防眩设施和绿化防眩设施，人造防眩设施主要包括防眩板、防眩网等结构形式。

（七）桥梁护网

桥梁护网主要设置于天桥或主线下穿的分离立交以及主线上跨铁路或等级较高的其他公路的分离立交上，用于防止杂物落在桥梁下方的道路行车道上，保证行车安全。它主要包括钢板网、电焊网、编织网和实体网等结构形式。

（八）里程标（碑）、百米标（桩）和公路界碑

里程标（碑）、百米标（桩）和公路界碑属于交通标志的范畴，主要作用是标识出道路里程和公路用地界限。

典型例题

1.【真题－多选】交通标线是由施划或安装于道路上的各种线条、箭头、（　　　）等构成。

　　A. 文字　　　　　　　　　　　　　B. 图案

　　C. 禁令标志　　　　　　　　　　　D. 实体标记

　　E. 立面标记

【参考答案】A、B、D、E

2.【真题－多选】下列设施中，属于交通标志的有（　　　）。

　　A. 警告标志　　　　　　　　　　　B. 指示标志

　　C. 指令标志　　　　　　　　　　　D. 提示标志

　　E. 旅游区标志

【参考答案】A、B、E

3.【真题－多选】下列交通安全设施中，属于交通标线的有（　　　）。

　　A. 路面文字标记　　　　　　　　　B. 立面标记

C. 实体标记　　　　　　　　　　　　　D. 突起路标

E. 线形诱导标

【参考答案】A、B、C、D

4.【真题－多选】下列交通安全设施中，能起诱导视线作用的有（　　　）。

A. 轮廓标　　　　　　　　　　　　　　B. 隔离栅

C. 护栏　　　　　　　　　　　　　　　D. 突起路标

E. 防撞筒

【参考答案】A、C、E

5.【真题－多选】护栏的主要作用是防止失控车辆越过中央分隔带，或在路侧比较危险的路段冲出路基，不致发生次事故。护栏还具有的作用有（　　　）。

A. 指示　　　　　　　　　　　　　　　B. 吸收能量

C. 标识公路用地界线　　　　　　　　　D. 减轻事故车辆及人员的损伤程度

E. 诱导视线

【参考答案】B、D、E

6.【真题－多选】护栏的主要作用有（　　　）。

A. 将公路用地隔离出来，防止非法侵占公路用地

B. 防止失控车辆冲出路基，不致发生二次事故

C. 吸收能量以减轻事故车辆及人员的损伤程度

D. 警示和缓冲

E. 诱导视线

【参考答案】B、C、E

考点 163：标线、突起路标、轮廓标的施工技术要求★

在标线工程正式开工前应进行实地试划试验。在正式划标线前，应首先清理路面，保证路面表面清洁干燥，然后根据设计图纸进行放样，并使用划线机进行划线。在进行划线时，应通过划线机的行驶速度控制好标线厚度。喷涂施工应在白天进行，雨天、风天、温度低于10℃时应暂时停止施工。喷涂标线时，应用交通安全措施，设置适当警告标志，阻止车辆及行人在作业区内通行，防止将涂料带出或形成车辙，直至标线充分干燥。

在进行突起路标施工时，首先将设置位置的路面清洁干净，然后将环氧树脂均匀涂覆于突起路标的底部，涂覆厚度约为8mm，最后将突起路标压在路面的正确位置上，在环氧树脂凝固前对突起路标不得扰动。突起路标设置高度，顶部不得高出路面25mm。在降雨、风速过大或温度过高、过低时，不应进行施工。

典型例题

【真题－单选】关于标线施工技术要求的说法，错误的是（　　　）。

A. 标线工程正式开工前，应进行标线车自动行驶试验

B. 在正式划标线前，应保证路面表面清洁干燥

C. 应根据设计图纸进行放样

D. 通过划线机的行驶速度控制好标线厚度

【参考答案】A

考点 164：护栏的施工技术要求 ★

（一）波形梁护栏

在进行波形梁护栏施工之前，应以桥梁、涵洞、通道、立体交叉、分隔带开口及人孔处等为控制点，进行立柱定位放样。护栏板的搭接方向应与行车方向相同。

（二）混凝土护栏

1. 当采用混凝土护栏块预制施工时，预制场地应平整、坚实，并应采取必要的排水措施。

2. 预制混凝土护栏块使用的模板，应采用钢模板。

3. 混凝土护栏的安装应从一端逐步向前推进。

4. 在安装过程中应使每块护栏构件的中线与公路中心线相一致。在曲线路段，应使护栏布设圆滑。在竖曲线路段，应使护栏与公路线形协调。

5. 每节护栏构件的混凝土必须一次浇筑完成，不得间断。就地浇筑的混凝土护栏，可采用湿治养护或塑料薄膜养护。

考点 165：隔离栅、桥梁护网、公路界碑的施工技术要求 ★

隔离栅宜在路基工程完成后尽早实施。施工时应先按图纸要求及实际地形、地物的情况进行施工放样，定出立柱中心线，隔离栅立柱的埋设应分段进行，先埋设两端的立柱，然后拉线埋设中间立柱。立柱纵向应在一条直线上，不得出现参差不齐的现象。柱顶应平顺，不得出现高低不平的情况。安装隔离栅网片时，应从立柱端部开始安装。

重点回顾

考点	检测
交通安全设施	（　　　）主要包括警告标志、禁令标志、指示标志、指路标志、旅游区标志、作业区标志等主标志以及附设在主标志下的辅助标志。 （　　　）由施划或安装于道路上的各种线条、箭头、文字、图案、立面标记、实体标记、突起路标等构成的。 （　　　）主要作用是防止失控车辆越过中央分隔带或在路侧比较危险的路段冲出路基，不致发生二次事故。同时，还具有吸收能量，减轻事故车辆及人员的损伤程度，以及诱导视线的作用。 （　　　）的主要作用是起到警示和减缓冲击作用，吸收能量，减轻事故车辆及人员的损伤程度，同时也有诱导视线的作用。 里程标（碑）、百米标（桩）和公路界碑属于（　　　　）的范畴，主要作用是标识出道路里程和公路用地界限

小试牛刀

多选题：

1. 防撞筒的主要作用有（　　　）。

　　A. 警示

　　B. 减缓冲击

　　C. 诱导视线

　　D. 避免对向车辆灯光造成的眩目影响

　　E. 吸收能量，减轻事故车辆及人员的损失程度

2. 交通标志的主要作用有（　　）。

A. 提示、诱导、指示作用
B. 使道路使用者安全、快捷到达目的地
C. 使道路更美观
D. 促进交通畅通
E. 防止车辆失控

参考答案

多选题：

1	2			
A、B、C、E	A、B、D			

笔记区

考点166：公路工程施工部署★

施工总体部署是对建设项目的施工全局做出统筹规划，简明阐述施工条件的创造和施工展开的战略总体思路，使之成为全部施工活动及过程组织的基本框架和纲领，它主要解决影响建设项目全局的重大战略问题。

施工总体部署主要内容包括：（1）设定管理目标；（2）设置项目组织机构；（3）划分施工任务；（4）确定施工顺序；（5）拟定主要项目的施工方案；（6）主要施工阶段工期分析（或节点工期分析）；（7）主要资源配置。

（一）项目组织机构设置

1. 项目经理部的功能

项目经理部是代表施工企业履行工程承包合同的主体，是最终产品质量责任的承担者，要代表企业对业主全面负责。

2. 公路工程施工项目经理部的组织结构模式

公路工程施工项目经理部的组织结构模式一般有四种，即直线式、职能式、直线职能式、矩阵式。目前主要采用的组织结构模式有直线式和直线职能式，大型项目可采用矩阵式。

项目经理部一般设置工程技术部、安全管理部、材料设备部、合同经营部、财务部和办公室六个职能部门。

（二）施工段落的划分

公路施工标段里程较长，为了方便管理，将整个项目划分为若干个施工段落分别管理，同时进行施工，以加快进度，减少管理难度。施工段落的划分应符合以下原则：

（1）为便于各段落的组织管理及相互协调，段落的划分不能过小。

（2）各段落之间工程量基本平衡，投入的劳力、材料、施工设备及技术力量基本一致，都能够在一个合理的（或最短的）工期内完成工程。

（3）避免造成段落之间的施工干扰，如施工交通、施工场地、临时用地干扰等。

（4）工程性质相同的地段（如石方、软土段）或施工复杂难度较大而施工技术相同的地段尽可能避免化整为零，以免影响效率、质量。

（5）保持构造物的完整性，除了特大桥之外，尽可能不肢解完整的工程构造物。

（三）施工开展顺序

统筹安排各类项目施工，保证重点、兼顾其他，确保项目按期完成。要根据其重要程度及在施工生产中所处的地位进行排序。通常应优先安排的项目有：

① 按生产工艺要求，须先期投入生产或起主导作用的项目。

② 工程量大、施工难度大、工期长的项目。

③ 运输系统、动力系统。

④ 公路运行需要的服务区、收费站的办公楼及部分建筑等，以便施工临时占用。

⑤ 供施工使用的工程项目，如采砂（石）场、木材加工厂、各种构件加工厂、混凝土搅拌站等施工辅助项目；以及其他施工服务项目，如临时设施等。

对于工程项目中工程量小、施工难度不大、周期较短而又不急于使用的辅助项目，可以考虑与主体工程相配合，作为平衡项目穿插在主体工程的施工中进行。

典型例题

1.【真题－单选】能作为全部施工活动及过程组织基本框架和纲领的是（　　）。

A. 施工总体部署　　　　　　B. 施工组织设计

C. 专项施工方案　　　　　　D. 综合应急预案

【参考答案】A

2.【真题－多选】确定施工开展顺序时，应优先安排的项目有（　　）。

A. 按生产工艺要求，须先期投入生产的项目　B. 采用新技术、新工艺的项目

C. 施工难度大、工期长的项目　　　　D. 工程量小、周期较短的项目

E. 临时设施等施工辅助项目

【参考答案】A、C、E

3.【模拟题－单选】关于施工段落的划分，错误的是（　　）。

A. 各段落之间工程量基本平衡　　B. 尽可能化整为零

C. 避免造成段落之间的施工干扰　D. 保持构造物的完整性

【参考答案】B

4.【真题－单选】公路工程施工项目经理部是代表施工企业履行工程承包合同的主体，是最终产品质量责任的承担者，要代表企业对（　　）全面负责。

A. 监理单位　　　　　　B. 业主

C. 质量监督机构　　　　D. 交通运输主管部门

【参考答案】B

考点 167：公路工程施工组织设计的主要内容 ★

1. 编制说明

2. 编制依据

3. 工程概况

4. 施工总体部署

5. 主要工程项目的施工方案

6. 施工进度计划

7. 各项资源需求计划

根据已确定的施工进度计划，编制各项资源需求及进场计划，主要有：①劳动力需求计划；②材料需求计划；③施工机械设备需求计划；④资金需求计划。

8. 施工总平面图设计

9. 大型临时工程

10. 主要分项工程施工工艺

11. 季节性施工技术措施

12. 质量管理与质量控制的保证措施

13. 安全管理与安全保证措施

典型例题

【模拟题－单选】公路工程项目施工组织设计中各项资源需求计划不包括（   ）。

A. 劳动力需求计划　　　　　　　　　B. 材料需求计划

C. 进度需求计划　　　　　　　　　　D. 资金需求计划

【参考答案】C

考点 168：公路工程施工组织设计的优化 ★

（一）施工方案的优化内容

主要包括：施工方法的优化、施工顺序的优化、施工作业组织形式的优化、施工劳动组织优化、施工机械组织优化等。

劳动组织符合下列原则：

1. 能够按工程项目总体施工计划要求，按时、按质、按量完成预定的分项和分部工程的全部施工任务。

2. 各队、班（组）之间的作业基本平衡，并且符合各自的特点；班（组）内各工种及每个人的工作量达到满负荷。

3. 投入项目人工日数不超过项目人力全员计划的总数。

4. 施工队、班（组）的工人技术平均等级不高于定额规定的平均等级。

5. 各队、班组的工人技术等级要成比例，搭配合理，不能全高，也不能全低。

6. 施工队、班（组）的工人施工水平不能低于规定的施工定额水平。

（二）资源利用的优化

资源利用的优化主要包括：物资采购与供应计划的优化、机械需要计划的优化。

📖 重点回顾

考点	检测
施工组织部署	（　　　）是代表施工企业履行工程承包合同的主体，是最终产品质量责任的承担者，要代表企业对业主全面负责。一般设置工程技术部、（　　　）、材料设备部、（　　　）、财务部和（　　　）六个职能部门
施工组织设计主要内容	各项资源需求计划：（　　　）、（　　　）、（　　　）、（　　　）

📝 小试牛刀

一、单选题

1. 公路工程项目施工总体部署主要内容不包括（　　　）。

　　A. 划分施工任务　　　　　　　　B. 确定施工顺序

　　C. 节点工期分析　　　　　　　　D. 质量保证措施

二、多选题

1. 编制施工组织设计时，下列方法可用于优化施工方案的有（　　　）。

　　A. 施工顺序的优化　　　　　　　B. 施工方法的优化

　　C. 施工进度的优化　　　　　　　D. 施工质量的优化

　　E. 施工机械组织的优化

参考答案

一、单选题

1				
D				

二、多选题

1				
A、B、E				

🏢 考点 169：公路工程进度计划的主要形式 ★★

（一）横道图

公路工程的进度横道图是以时间为横坐标，以各分部（项）工程或工作内容为纵坐标，按一定的先后施工顺序，用带时间比例的水平横线表示对应工作内容持续时间的进度计划图表。公路工程中常常在横道图的对应分项的横线下方表示当月计划应完成的累计工程量或工作量百分数，横线上方表示当月实际完成的累计工程量或工作量百分数。

（二）"S"曲线

"S"曲线是以时间为横轴，以累计完成的工程费用的百分数为纵轴的图表化曲线。一般在图上标注有一条计划曲线和实际支付曲线，实际线高于计划线则实际进度快于计划，否则就慢；曲线本身的斜率也反映进度推进的快慢。有时，为反映实际进度另增加一条实际完成线（支付滞后于完成）。在公路工程中，常常将"S"

曲线和横道图合并于同一张图表中，称之为"公路工程进度表"，既能反映各分部（项）工程的进度，又能反映工程总体的进度。

（三）垂直图（也称斜条图、时间里程图）

垂直图是以公路里程或工程位置为横轴，以时间为纵轴，而各分部（项）工程的施工进度则相应地以不同的斜线表示。斜率越陡进度越慢，斜率越平坦进度越快。

（四）斜率图

斜率图是以时间（月份）为横轴，以累计完成的工程量的百分数为纵轴，将分项工程的施工进度相应地用不同斜率表示的图表化曲（折）线。事实上就是分项工程的"S"曲（折）线，主要是作为公路工程投标文件中施工组织设计的附表，以反映公路工程的施工进度。

典型例题

1.【真题－单选】以公路里程或工程位置为横轴的进度计划形式是（　　）。

A. 横道图　　　　　　　　　　　B. S曲线图

C. 垂直图　　　　　　　　　　　D. 网络图

【参考答案】C

2.【真题－单选】公路工程进度计划图中，斜率越大表明进度越慢的图是（　　）。

A. 横道图　　　　　　　　　　　B. "S"曲线

C. 垂直图　　　　　　　　　　　D. 斜率图

【参考答案】C

考点170：公路施工过程组织方法和特点★★

（一）顺序作业法（也称为依次作业法）的主要特点

1. 没有充分利用工作面进行施工，（总）工期较长。

2. 每天投入施工的劳动力、材料和机具的种类比较少，有利于资源供应的组织工作。

3. 施工现场的组织、管理比较简单。

4. 不强调分工协作，若由一个作业队完成全部施工任务，不能实现专业化生产，不利于提高劳动生产率；若按工艺专业化原则成立专业作业队（班组），各专业队是间歇作业，不能连续作业，材料供应也是间歇供应，劳动力和材料的使用可能不均衡。

（二）平行作业法的主要特点

1. 充分利用工作面进行施工，（总）工期较短。

2. 每天同时投入施工的劳动力、材料和机具数量较大，材料供应特别集中，所需作业班组很多，影响资源供应的组织工作。

3. 如果各工作面之间需共用某种资源时，施工现场的组织管理比较复杂、协调工作量大。

4. 不强调分工协作，各作业单位都是间歇作业，此点与顺序作业法相同。

这种方法的实质是用增加资源的方法来达到缩短（总）工期的目的，一般适用于需要突击性施工时施工作业的组织。

（三）流水作业法的主要特点

1. 必须按工艺专业化原则成立专业作业队（班组），实现专业化生产，有利于提高劳动生产率，保证工程质量。

2. 专业化作业队能够连续作业，相邻作业队的施工时间能最大限度地搭接。

3. 尽可能利用工作面进行施工，工期比较短。

4. 每天投入的资源量较为均衡，有利于资源供应的组织工作。

5. 需要较强的组织管理能力。

这种方法可以科学地利用工作面，实现不同专业作业队之间的平行施工。

施工过程	人数	顺序作业法												平行作业法			流水作业法					
		3	6	9	12	15	18	21	24	27	30	33	36	3	6	9	3	6	9	12	15	18
基础	4												…..									…..
洞身	8											…..										…..
洞口	6										…..											…..

典型例题

1.【真题−单选】具有工期较短、资源供应特别集中、现场组织管理复杂、不强调分工协作等特点的施工过程组织方法是（　　）。

　　A. 顺序作业法　　　　　　　　　　　　B. 平行作业法

　　C. 流水作业法　　　　　　　　　　　　D. 分层流水作业法

【参考答案】B

2.【真题−单选】在施工过程基本组织方法中，可以科学地利用工作面，实现不同专业队之间平行施工的是（　　）。

　　A. 顺序作业法　　　　　　　　　　　　B. 平行作业法

　　C. 流水作业法　　　　　　　　　　　　D. 平行顺序作业法

【参考答案】C

3.【真题−多选】公路施工过程基本组织方法除流水作业法外，还有（　　）。

　　A. 矩阵作业法　　　　　　　　　　　　B. 时差作业法

　　C. 班组作业法　　　　　　　　　　　　D. 平行作业法

　　E. 顺序作业法

【参考答案】D、E

考点 171：公路工程常用的流水施工组织★★

（一）公路工程常用的流水参数

1. 工艺参数：施工过程数 n（工序个数），流水强度 V。

2. 空间参数：工作面 A、施工段 m、施工层。

3. 时间参数：流水节拍 t、流水步距 K、技术间歇 Z、组织间歇、搭接时间。

（二）路面工程的线性流水施工组织

1. 相邻结构层之间的速度决定了相邻结构层之间的搭接类型，前道工序的速度快于后道工序时选用开始到开始搭接类型；否则选用完成到完成搭接类型。

2. 相邻结构层工序之间的搭接时距的计算：时距＝最小工作面长度／两者中快的速度。

（三）通道和涵洞的流水段施工组织

1. 不窝工的无节拍流水工期=<u>流水步距和＋最后一道工序流水节拍的和＋要求间歇和</u>。

2. 无多余间歇的无节拍流水工期=<u>施工段间间隔和＋最后一个施工段流水节拍的和＋要求间歇和</u>。

3. 有窝工并且有多余间歇的无节拍流水工期。

一般通过横道图来确定；如果是异节拍流水，往往是不窝工或者无多余间歇流水施工中的<u>最小值</u>。

典型例题

一、选择题

1.【真题－多选】公路工程流水施工的空间参数有（　　　）。

　　A. 施工过程数　　　　　　　　　　　　B. 工作面

　　C. 施工段　　　　　　　　　　　　　　D. 流水节拍

　　E. 施工层

【参考答案】B、C、E

2.【模拟题－单选】路面各结构层组织施工时，当前道工序快于后道工序，工序控制应选择（　　　）类型，以加快施工进度。

　　A. 完成到完成　　　　　　　　　　　　B. 完成到开始

　　C. 开始到开始　　　　　　　　　　　　D. 开始到完成

【参考答案】C

二、案例题

【模拟题】案例

某工程有 5 座通道，每座通道的工序和流水节拍如下：

挖基 2d →清基 2d →浇基 4d →台身 8d →盖板 4d →回填 6d。

浇基后至少要等待 4d 才能施工台身，台身完成后至少要等待 2d 才能进行盖板施工。

施工单位组织一个通道队，内设对应其 6 道工序的 6 个班组进行流水施工。

问题：

1. 计算不窝工的流水工期。绘制流水横道图。

2. 计算无多余间歇的流水工期。

3. 有窝工而且有多余间歇流水时的流水工期是多少？

【参考答案】

1. 该流水施工属于异节拍，按照不窝工有间歇（即分别流水）的流水形式组织施工，根据题意第三道工序与第四道工序之间的技术间歇 $Z_3 = 4$，第四道工序与第五道工序之间的技术间歇 $Z_4 = 2$。

工序	通道 1	通道 2	通道 3	通道 4	通道 5
挖基	2（2）	2（4）	2（6）	2（B）	2（10）
清基	2（2）	2（4）	2（6）	2（B）	2（10）
浇基	4（4）	4（8）	4（12）	4（16）	4（20）
台身	8（8）	8（16）	8（24）	8（32）	8（40）

工序	通道1	通道2	通道3	通道4	通道5
盖板	4（4）	4（8）	4（12）	4（16）	4（20）
回填	6（6）	6（12）	6（18）	6（24）	6（30）

① 各个工序之间的流水步距计算，按照累加数列错位相减取大差的方法得：

$K_1 = 2$，$K_2 = 2$，$K_3 = 4$，$K_4 = 24$，$K_5 = 4$

② 计算不窝工有多余间歇（分别流水）的流水工期：

$T = \sum K + \sum t + \sum Z = (2 + 2 + 4 + 24 + 4) + 5 \times 6 + (4 + 2) = 36 + 30 + 6 = 72d$

③ 不窝工有多余间歇的流水横道图如下图所示：

2. 各施工段之间的时间间隔计算，同段节拍累加错位相减取大差就等于流水节拍的最大值8。

计算无多余间歇的流水工期：

流水工期＝各施工段之间的间隔和＋最后一个施工段流水节拍和＋要求间歇和＝（5－1）×8＋26＋（4＋2）＝32＋26＋6＝64d

3. 有窝工而且有多余间歇流水时的流水工期取不窝工、无多余间歇流水的最小值＝64d。

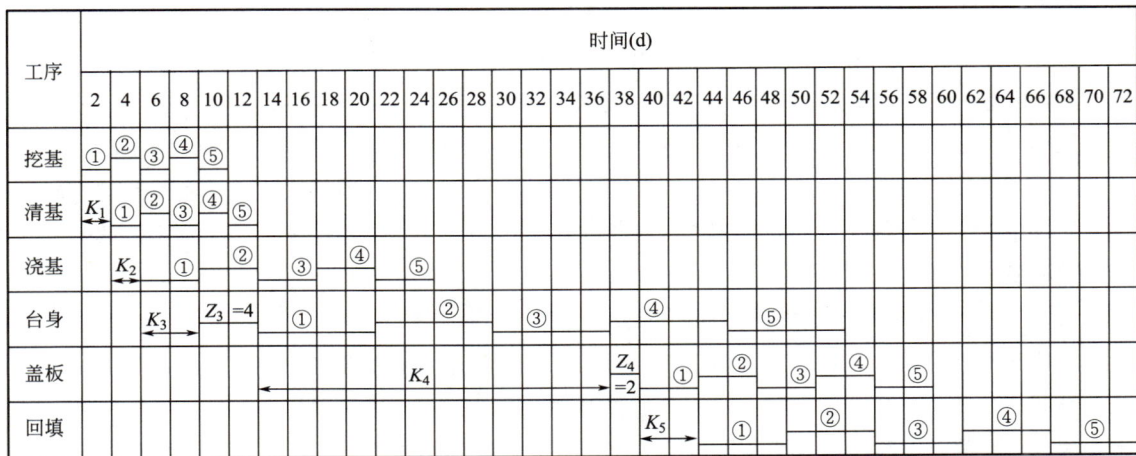

考点172：进度计划的审批★

（一）进度计划的提交

总体进度计划	①一份详细和格式符合要求的工程总体进度计划及必要的各项关键工程的进度计划。 ②一份有关全部支付的现金流动估算。 ③一份有关施工方案和施工方法的总说明（即通过施工组织设计提出）
阶段进度计划	①年、月（季）度进度计划及现金流动估算。 ②分项（或分部）工程的进度计划

（二）进度计划的审查要点

1. 工期和时间安排的合理性。

2. 施工准备的可靠性。

3. 计划目标与施工能力的适应性。

考点 173：进度计划的检查与调整 ★★

（一）进度计划的检查

1. 公路工程项目进度检查应包括下列内容：

（1）工作量的完成情况。

（2）工作时间的执行情况。

（3）资源使用及进度的互配情况。

（4）上次检查提出问题的处理情况。

2. 进度计划检查的方法：

（1）横道图比较法。

（2）"S"形曲线比较法。它是以横坐标表示进度时间，纵坐标表示累计完成任务量，而绘制出一条按计划时间累计完成任务量的"S"形曲线，将施工项目的各检查时间实际完成的任务量与"S"形曲线进行实际进度与计划进度相比较的一种方法。

（3）"香蕉"曲线比较法。"香蕉"曲线是由两条以同一开始时间、同一结束时间的"S"形曲线组合而成。其中，一条"S"形曲线是工程按最早完成时间安排进度所绘制的"S"形曲线，简称 ES 曲线；而另一条"S"形曲线是工作按最迟完成时间安排进度所绘制的"S"形曲线，简称 LS 曲线。

（4）公路工程进度表（横道图法与"S"形曲线法的结合）。

（5）前锋线比较法。它主要适用于时标网络计划。所谓前锋线是指在原时标网络计划上，从检查时刻的时标点出发，用点划线依此将各项工作实际进展位置点连接而成的折线。前锋线比较法就是通过实际进度前锋线与原进度计划中各工作箭线交点的位置来判断工作实际进度与计划进度的偏差，进而判定该偏差对后续工作及总工期影响程度的一种方法。

（6）一般网络图（无时标）进度检查的割线法——完工时点计算法。

在检查时需记载实际进度情况，收集进度的实际信息与实际进度前锋线方法相同。

可用割线将正施工的各工作进行切割，只需关注被切割到的工作，通过对这些工作实际进度和计划进度进行计算比较和分析，找出进度偏差和工期影响程度，以及对后续工作的影响。

（二）进度计划的调整

通常采用以下两种方法：

1. 改变某些工作间的逻辑关系。

2. 缩短某些工作的持续时间。

典型例题

【模拟题】案例

背景资料：

某公路工程，合同工期275d，施工合同签订后，施工单位向监理提交了如下图所示的进度计划（单位：d），并得到监理批准。

施工过程中，在第三个月末（第90d末）检查时发现：E 工作尚需 60d 完工，C 工作尚需 30d 完工，F 工作尚需 10d 完工，G 工作尚需 100d 完工。为满足业主坚持按合同工期完工的要求，施工单位首先将 P 工作（路面施工）由顺序改为两个施工段流水施工，基层每施工段为 24d，面层每施工段为 18d。在不改变除 P 工作之外网络计划逻辑关系的条件下，施工单位根据下表按照经济性原则进行计划调整。

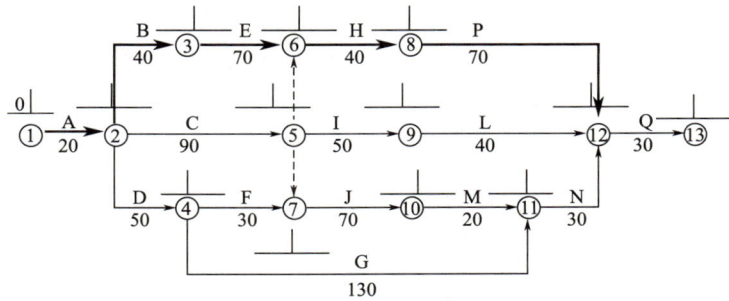

各工作的可压缩时间和费率表

工作	…	B	E	H	Q	…
可压缩天数	…	5	5	10	5	…
费率（万元/d）	…	0.1	0.2	0.3	1.0	…

在 G 工作进行到一半左右，出现了合同中未标明的硬质岩石，导致施工困难。施工单位及时采取合理措施进行处理并通知了监理。因处理硬质岩石导致增加费用 20 万元、G 工作延误 25d，对此，施工单位在规定时间内提出了工期及费用索赔。

问题：

1. 根据时间参数的含义说明 F 工作计划最早什么时间开始和完成？F 工作计划最迟什么时间完成和开始？

2. 针对第三月末进度检查结果，评价各工作和工程的进度，并分析确定调整计划的最经济方案。

3. 针对 G 工作中出现硬质岩石的处理，分别指出施工单位提出的工期索赔 25d 及费用索赔 20 万元是否合理？并说明理由。

【参考答案】

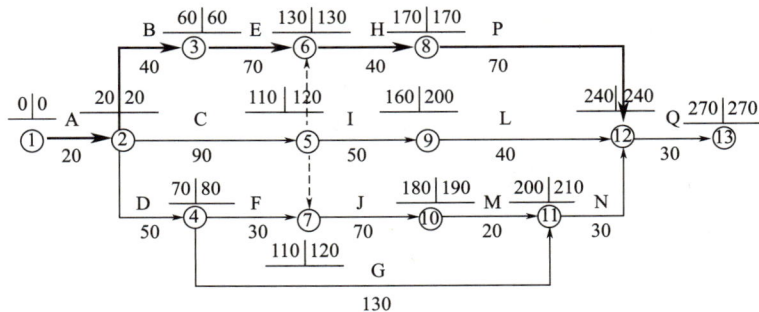

1. F 工作计划最早开始为 70d，表示最早在第 70d 后（即 71d 早晨）开始施工；F 最早完成为 70＋30＝100d，表示最早在第 100d 末完成施工。F 工作计划最迟完成为 120d，表示最迟必须在第 120d 末完成施工；F 工作计划最迟开始＝120－30＝90d，表示最迟必须在第 90d 后（即 91d 早晨）开始施工。

2. 第三月末进度检查结果 E 工作延误＝90＋60－130＝20d，C 工作延误＝90＋30－110＝10d，F 工作延误＝90＋10－（70＋30）＝0d，说明按计划进行，G 工作延误＝90＋100－200＝－10d，说明提前 10d。因为 E 关键工作而其他的非关键工作的（总）工期拖延量分别是 C 为 120－120、F 为 100－120、G 为 190－210，三个都小于 20，所以工程相对原计划工期将拖 20d，但相对于合同工期只拖延 15d，为满足业主按合同工期完工的要求，按照经济性原则进行如下工期压缩 15d 的计划调整：

施工单位首先将路面施工 P 工作变成流水施工，流水步距 K＝30。

P 工作路面流水工期＝30＋（18＋18）＝66d，P 工作压缩了 4d。

第三月末即第 90d 后，E 工作加快 5d，H 压缩 6d。

3. 处理硬质岩石导致 G 工作延误 25d 提出的工期索赔 25d 不合理。因为原计划 G 工作有 10d 总时差＝210 － 70 － 130，在第三月末时 G 工作提前了 10d，因此相对于 270d 的工期有 20d 的总时差，如果相对于 275d 的合同工期则是 25d 的总时差。G 工作进行一半时处理硬质岩石的开始时间大约是 70 ＋ 65 ＝ 135d，是在第三月末以后发生的，所以提前的 10d 可以利用。相对于合同工期 275d 的 25d 的总时差可以消化这 25d 的延误，不会造成工程（总）工期拖延，不能索赔工期。

处理硬质岩石导致增加费用 20 万元，施工单位可以索赔。因为合同未标明硬质岩石是业主方的责任，所造成的费用增加理应获得补偿。处理费用索赔不需考虑该工作总时差的影响。

重点回顾

考点	检测
施工计划主要形式	（　　）以时间为横坐标，以各分部（项）工程或工作内容为纵坐标。 （　　）以时间为横轴，以累计完成的工程费用的百分数为纵轴的图表化曲线。 （　　）以公路里程或工程位置为横轴，以时间为纵轴。 （　　）以时间（月份）为横轴，以累计完成的工程量的百分数为纵轴
施工过程基本组织方法	（　　　）、（　　　　）、（　　　　）
流水参数	（　　）参数：施工过程数 n（工序个数），流水强度 V。 （　　）参数：工作面 A、施工段 m、施工层。 （　　）参数：流水节拍 t、流水步距 K、技术间歇 Z、组织间歇、搭接时间。 不窝工的无节拍流水工期＝（　　　　）＋（　　　　）＋（　　　　）

小试牛刀

一、单选题

1. 公路工程中，常常将 "S" 形曲线与（　　）合并于同一图表中，称之公路工程进度表。

A. 横道图　　　　　　　　　　B. 垂直图

C. 斜率图　　　　　　　　　　D. 网络图

2. "前锋线比较法" 主要适用于（　　）的进度计划检查。

A. 时标网络图　　　　　　　　B. "S" 形曲线

C. 横道图　　　　　　　　　　D. "香蕉" 形曲线

二、多选题

1. 下列流水参数中，属于工艺参数的有（　　）。

A. 施工段　　　　　　　　　　B. 流水步距

C. 流水强度　　　　　　　　　D. 组织间歇

E. 施工过程数

三、案例题

案例（一）

背景资料：

某施工单位承接了某高速公路合同段的施工任务。该合同段起讫桩号为 K9+060 ～ K14+270，公路沿线经过大量水田，水系发育，有大量软土地基，其中在 K11+350 附近软土厚度为 4.5 ～ 8.0m，设计采用水泥粉体搅拌桩进行处理，水泥掺量为14%，桩径为50cm，桩间距为150cm，呈正三角形布置，桩顶地基设砂砾垫层，厚度为30cm，另有一座中心桩号为K13+050的大桥，其桥台后填土较高，荷载较大，需按规范要求进行台背回填。项目开工前，施工单位编制了实施性施工组织设计，确定了主要分部分项工程的施工方法、施工机械设备等，制定了进度计划，并经监理工程师批准，双代号网络计划如下图所示。

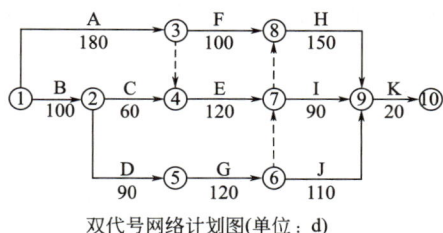

双代号网络计划图(单位：d)

施工过程中发生了如下事件：

事件一：水泥粉体搅拌桩施工前，施工单位进行成桩试验，确定了满足设计喷入量要求的水泥粉体搅拌桩施工工艺参数，包括钻进速度、搅拌速度等。施工过程中，施工单位严格按规范要求进行质量检验，实测项目包括垂直度、承载力、桩长、桩径、桩距等。

事件二：施工组织设计中，桥台台背回填的技术方案部分内容如下：

① 台背填料选用砂石料或二灰土。

② 自台身起，顺路线方向，填土的长度在顶面处不小于桥台的高度。

③ 锥坡填土与台背填土同时进行。

④ 台背填土应分层夯实，压实度不小于94%。

问题：

1. 计算网络计划的工期，指出关键线路。

2. 事件一中，施工单位在成桩试验中还应确定哪些工艺参数？补充质量检验实测项目。

3. 逐条判断事件二中施工单位的技术方案是否正确？若不正确写出正确技术方案。

案例（二）

背景资料：

某施工单位承接了某二级公路的普通水泥混凝土路面施工项目，合同段总长度36km，路面结构层为15cm厚级配碎石底基层、20cm厚水泥稳定碎石基层、24cm厚水泥混凝土面层，面层采用轨道摊铺机摊铺施工。钢材、水泥供应厂家由建设单位指定。施工单位对基层和面层分别组织一个专业队采用线性流水施工，其施工组织设计内容摘要如下。

摘要一：基层施工进度为每天450m，养护时间至少7d；水泥混凝土面层施工进度为每天400m，养护时间至少14d，所需最小工作面长度为3600m，其流水施工横道图如下图所示。

路面工程线性流水施工横道图

工作	时间（d）																							
内容	5	10	15	20	25	30	35	40	45	50	55	60	65	70	75	80	85	90	95	100	105	110	115	120
基层																								
面层																								

摘要二：施工单位现有主要施工设备包括混凝土生产设备、混凝土及原材料运输设备、吊车、布料机、摊铺机、整平机、压路机、拉毛养护机和石屑撒布机，项目部根据实际情况调用。

摘要三：项目部要求工地试验室在检查了产品合格证、质量保证书后向监理工程师提交每批水泥清单。

问题：

1. 计算摘要一中路面基层和面层工作的持续时间。

2. 计算基层和面层的流水工期并按表绘制路面工程线性流水施工横道图。（注：将表抄绘在答题纸上作答）

3. 结合摘要二，为完成水泥混凝土面层施工，施工单位还需配备哪两个关键设备？并指出肯定不需要调用的两个设备。

4. 摘要三中工地试验室的做法能否保证进场水泥质量？说明理由。

参考答案

一、单选题

1	2			
A	A			

二、多选题

1				
C、E				

三、案例题

案例（一）

1. 工期：480d；关键线路：B-D-G-H-K（或①→②→⑤→⑥→⑦→⑧→⑨→⑩）。

2. 还应确定的工艺参数：提升速度、喷气压力、单位时间喷入量等。

补充实测项目：强度、单桩每延米喷粉量。

3. ①正确。

②不正确。改正：台背填土顺路线方向长度，应自台身起，顶面不小于桥台高度加2m。

③正确。

④不正确。改正：台背填土应分层夯实，压实度不小于96%。

案例（二）

1. 路面基层工作的持续时间 =36000m÷450m/d=80d。

路面面层工作的持续时间 =36000m÷400m/d=90d。

2. 因为基层的速度450m/d快于面层的速度400m/d，基层与面层之间逻辑关系应选择STS（开始到开始）搭接关系。

搭接时距计算应该除以两者中较快的速度，结果为3600m÷450m/d=8d。

考虑到养护至少7d，所以STS=（8+7）d=15d。

基层和面层的流水工期 =（15+90）d=105d。

绘制路面工程线性流水施工横道图如下图所示：

工作	时间（d）																							
内容	5	10	15	20	25	30	35	40	45	50	55	60	65	70	75	80	85	90	95	100	105	110	115	120
基层																								
面层																								

3. 为完成水泥混凝土面层施工，施工单位还需配备的关键设备包括卸料机和振捣机。肯定不需要调用的两个设备是压路机和石屑撒布机。

4. 摘要三中工地试验室的做法不能保证进场水泥质量。理由：没有依据标准规范规定的试验方法、试验项目、检验规则进行取样检定，检验合格后方可使用。

考点174：图纸会审的组织方式★

项目总工组织各专业技术管理人员认真核对施工图，提出需要澄清、解决和协调的问题，以书面形式报送监理单位并抄报业主，由监理或业主联系设计单位安排图纸会审。

考点175：施工方案的编制★

施工方案编制内容：

（1）编制依据。

（2）工程概况。

（3）工艺流程及操作要点、关键技术参数与技术措施等。

（4）施工技术方案设计图。

（5）技术方案的主要有关计算书。

（6）安全、环保、质量保证、文物保护及文明施工措施。

（7）预案措施。

考点176：施工方案的审批流程★★★

（一）施工方案编制、审核和审批

一般施工方案：由各专业工程师编制，项目技术部门审核，由项目总工程师审批。

重大施工方案：由项目总工程师组织编制，施工单位技术管理部门组织审核，必要时组织相关专家进行论证，由施工单位技术负责人或技术负责人授权的技术人员进行审批。

（二）超过一定规模的危险性较大的分部分项工程专项方案

超过一定规模的危险性较大的分部分项工程专项方案应当由施工单位组织召开专家论证会。实行施工总承包的，由施工总承包单位组织召开专家论证会。

专家论证内容：

（1）专项方案内容是否完整、可行。

（2）专项方案计算书和验算依据是否符合有关标准规范。

（3）安全施工的基本条件是否满足现场实际情况。

典型例题

【真题-单选】超过一定规模的危险性较大的分部分项工程专项方案应当由（   ）组织召开专家论证会。

A. 业主　　　　　　　　　　　　B. 设计单位

C. 施工单位　　　　　　　　　　D. 监理单位

【参考答案】C

考点 177：技术交底的分级要求★★★

第一级：项目总工向项目各部门负责人及全体技术人员进行交底。

第二级：项目技术部门负责人或各分部分项工程主管工程师向现场技术人员和班组长进行交底。

第三级：现场技术员负责向班组全体作业人员进行技术交底。

考点 178：技术交底的主要内容★

第一级交底主要内容为实施性施工组织设计、技术策划、总体施工方案、重大施工方案等，包括合同文件中规定使用的有关技术规范、监理办法及总工期；设计文件、施工图纸的说明和施工特点以及试验工程项目的施工技术标准、采用的工艺；施工技术方案、工程的重难点、施工主要使用的材料标准和要求，主要施工设备的能力要求和配置；主要危险源、质量保证措施、安全技术措施、季节性施工措施以及有关"四新"技术要求等。

第二级交底主要内容为分部分项工程施工方案、危险性较大的分部分项施工方案等，包括施工详图和加工图；试验参数及配合比；测量放样桩、测量控制网、监控量测；爆破设计；施工方案实施的具体措施及施工方法；交叉作业的协作及注意事项；施工质量标准及检验方法；重大危险源的应急救援措施；成品保护方法及措施；施工注意事项等。

第三级交底主要内容为分部分项工程的施工工序等，包括作业标准、施工规范及验收标准、工程质量要求；施工工艺流程及施工先后顺序；施工工艺细则、操作要点及质量标准；质量问题预防及注意事项；施工技术措施和安全技术措施；重大危险源、出现紧急情况下的应急救援措施、紧急逃生措施等。

考点 179：公路工程施工技术档案管理基本规定★

分类与主要内容：

基建文件：决策立项文件，建设规划用地、征地、拆迁文件，勘察、测绘、设计文件，工程招标投标及承包合同文件，开工文件、商务文件、工程竣工备案文件等。

监理资料：监理管理资料、施工监理资料、竣工验收监理资料等。

施工资料：施工管理资料、施工技术文件、物资资料、测量资料、施工记录、验收资料、质量评定资料等。

考点 180：技术档案编制要求★

1. 项目部应设专人负责施工资料管理工作。实行主管负责人责任制，建立施工资料员岗位责任制。

2. 工程施工资料一般按工程项目分类，使同一项工程的资料都集中在一起，这样能够反映该项目工程的全貌。

3. 工程资料中文字材料幅面尺寸规格宜为 A4 幅面，图纸宜采用国家标准图幅。

4. 利用施工图改竣工图，必须标明变更修改的依据；凡施工图结构、工艺、平面布置等有重大改变，或变更部分超过图面 1/3 的，应当重新绘制竣工图所有竣工图应加盖竣工图章。

考点 181：施工测量的三个阶段★

开工准备阶段：交接桩、设计控制桩贯通复测、施工控制网建立、地形地貌复核测量。

施工阶段：施工放样测量、工序检查测量、施工控制网复测、沉降位移变形观测及安全监控测量。

竣工阶段：竣工贯通测量和工点竣工测量。

考点 182：工地试验室设备管理★★

仪器设备应实施标识管理，分为管理状态标识和使用状态标识。

管理状态标识包括设备名称、编号、生产厂商、型号、操作人员和保管人员等信息。

使用状态标识分为"合格""准用""停用"三种，分别用"绿""黄""红"三色标签进行标识。

典型例题

【模拟题-单选】工地试验室设备管理中，使用状态标识为"合格"时，用（　　）色标签进行标识。

A. 红
B. 黄
C. 绿
D. 蓝

【参考答案】C

考点 183：工地试验外委管理★★

1. 工地试验室应加强外委试验管理，超出母体检测机构授权范围的试验检测项目和参数应进行外委，外委试验应向项目建设单位报备。

2. 接受外委试验的检测机构应取得《公路水运工程试验检测机构等级证书》（含相应参数），通过计量认证（含相应参数）且上年度信用等级为 B 级及以上。工地试验室应将接受外委试验的检测机构的有关证书复印件存档备查。

3. 外委试验取样、送样过程应进行见证。

4. 工程建设项目的同一合同段中的施工、监理单位和检测机构不得将外委试验委托给同一家检测机构。

重点回顾

考点	检测
施工方案编制、审核和审批	一般施工方案：由（　　　）编制，（　　　）审核，由（　　　）审批； 重大施工方案：由（　　　）组织编制，（　　　）组织审核，必要时组织相关专家进行论证，由（　　　）或技术负责人授权的技术人员进行审批
技术交底	（　　　）：项目总工向项目各部门负责人及全体技术人员进行交底。 （　　　）：项目技术部门负责人或各分部分项工程主管工程师向现场技术人员和班组长进行交底。 （　　　）：现场技术员负责向班组全体作业人员进行技术交底
工地试验室外委管理	工地试验室应加强外委试验管理，超出母体检测机构授权范围的试验检测项目和参数应进行外委，外委试验应向项目（　　　）报备

小试牛刀

单选题：

1. 对于重大施工方案，应由（　　　）进行审批。

　　A. 项目总工程师　　　　　　　　　　B. 总监理工程师

　　C. 项目经理　　　　　　　　　　　　D. 单位技术负责人

2. 下列关于公路工程施工技术交底工作的记述，正确的是（　　　）。

　　A. 第三级项目总工向项目各部门负责人及全体技术人员进行交底

　　B. 第二级项目技术部门负责人或各分部分项工程主管工程师向现场技术人员和班组长进行交底

　　C. 第一级现场技术员负责向班组全体作业人员进行技术交底

　　D. 第一级交底主要内容为分部分项工程的施工工序等

3. 关于技术档案编制要求的叙述，错误的是（　　　）。

　　A. 项目部应设专人负责施工资料管理工作

　　B. 工程资料中文字材料幅面尺寸规格宜为 A4 幅面

　　C. 凡施工图结构、工艺、平面布置等有重大改变，或变更部分超过图面 1/3 的，应当重新绘制竣工图

　　D. 所有竣工图应加盖交工图章

参考答案

单选题：

1	2	3		
D	B	D		

笔记区

考点 184：工程质量控制关键点 ★★

（一）桥梁基础工程施工中常见质量控制关键点

1. 扩大基础

（1）基底地基承载力的检测确认，满足设计要求。

（2）基底表面松散层的清理。

（3）及时浇筑垫层混凝土，减少基底暴露时间。

（4）大体积混凝土施工裂缝控制。

2. 钻孔桩

（1）桩位坐标与垂直度控制。

（2）护筒埋深。

（3）泥浆指标控制。

（4）护筒内水头高度。

（5）孔径的控制，防止缩径。

（6）桩顶、桩底标高的控制。

（7）清孔质量（嵌岩桩与摩擦桩要求不同）。

（8）钢筋笼接头质量。

（9）导管接头质量检查与水下混凝土的灌注质量。

（二）桥梁上部结构施工中常见质量控制关键点

1. 简支梁桥

（1）简支梁混凝土的强度控制。

（2）预拱度的控制。

（3）支座预埋件的位置控制。

（4）大梁安装时梁与梁之间高差控制。

（5）支座安装型号、方向的控制。

（6）梁板之间现浇带混凝土质量控制。

（7）伸缩缝安装质量控制。

2. 连续梁桥

先简支后连续：后浇段工艺控制、体系转换工艺控制、后浇段收缩控制、临时支座安装与拆除控制。

（三）公路隧道施工中常见质量控制关键点

1. 正确判断围岩级别，及时调整施工方案。

2. 认真测量、检查和修正开挖断面，减少超挖。

3. 制定切实可行的开挖方案，包括新奥法、矿山法的选择，炮孔布置、装药量、每一循环的掘进深度。

4. 严格遵循不同围岩级别的施工安全步距及喷锚支护。

5. 控制在开挖后围岩自稳定时间的 1/2 以内完成认真观测。

6. 收集资料，做好施工质量的信息反馈。

典型例题

1.【真题－多选】钻孔灌注桩的质量控制关键点有（   ）。

A. 护筒深度   B. 孔径控制

C. 基底表面松散层清理   D. 桩顶，桩底标高控制

E. 钢筋笼接头质量

【参考答案】A、B、D、E

2.【模拟题－单选】不属于简支梁桥的质量控制关键点的是（　　）。

A. 预拱度的控制   B. 梁板之间现浇带混凝土质量控制

C. 伸缩缝安装质量控制   D. 临时支座安装与拆除控制

【参考答案】D

考点 185：路基工程质量检验 ★★

对结构安全、耐久性和主要使用功能起决定性作用的检查项目为关键项目，以下叙述"△"标识。关键项目的合格率不得低于 95%（机电工程为 100%）；有规定极值的检查项目，任一单个检测值不应突破规定极值，否则该检查项目为不合格；一般项目，合格率应不低于 80%。

（一）土方路基

实测项目：

压实度（△）、弯沉（△）、纵断高程、中线偏位、宽度、平整度、横坡、边坡。

（二）填石路基

实测项目：

压实（△）、弯沉（△）、纵断高程、中线偏位、宽度、平整度、横坡、边坡坡度和平顺度。

典型例题

1.【真题－单选】根据《公路工程质量检验评定标准　第一册　土建工程》JTG F80/1—2017，一般项目的合格率应不低于（　　）。

A. 75%   B. 80%

C. 85%   D. 90%

【参考答案】B

2.【真题－单选】路基工程质量检验时，合格率不低于 95% 的项目是（　　）。

A. 压实度   B. 纵断高程

C. 宽度   D. 平整度

【参考答案】A

考点 186：路面工程质量检验 ★★

（一）稳定土基层和底基层

压实度（△）、平整度、纵断高程、宽度、厚度（△）、横坡、强度（△）。

（二）级配碎（砾）石基层和底基层

压实度（△）、弯沉值、平整度、纵断高程、宽度、厚度（△）、横坡。

（三）水泥混凝土面层

弯拉强度（△）、板厚度（△）、平整度、抗滑构造深度、横向力系数 SFC、相邻板高差、纵横缝顺直度、

中线平面偏位、路面宽度、纵断高程、横坡、断板率。

（四）沥青混凝土面层和沥青碎（砾）石面层

压实度（△）、平整度、弯沉值、渗水系数、摩擦系数、构造深度、厚度（△）、中线平面偏位、纵断高程、宽度、横坡、矿料级配（△）、沥青含量（△）、马歇尔稳定度。

考点187：桥梁工程质量检验★★

（一）钻孔灌注桩

实测项目：

混凝土强度（△）、桩位、孔深（△）、孔径、钻孔倾斜度、沉淀厚度、桩身完整性（△）。

（二）混凝土扩大基础

实测项目：

混凝土强度（△）、平面尺寸、基础底面高程、基础顶面高程、轴线偏位。

（三）预应力筋加工和张拉

实测项目：

（1）钢丝、钢绞线先张法实测项目：镦头钢丝同束长度相对差、张拉应力值（△）、张拉伸长率（△）、同一构件内断丝根数不超过钢丝总数的百分数、预应力筋张拉后在横断面上的坐标、无黏结段长度。

（2）后张法实测项目：管道坐标、管道间距（包含同排和上下层）、张拉应力值（△）、张拉伸长率（△）、断丝滑丝数。

（四）悬臂施工梁

实测项目：

（1）悬臂浇筑梁的实测项目：混凝土强度（△）、轴线偏位、顶面高程、断面尺寸（△）、合龙后同跨对称点高程差、顶面横坡、平整度、相邻梁段间错台。

（2）悬臂拼装梁的实测项目：合龙段混凝土强度（△）、轴线偏位、顶面高程、合龙后同跨对称点高程差、相邻梁段间错台。

（五）混凝土桥面板桥面铺装

实测项目：

（1）水泥混凝土桥面铺装实测项目：混凝土强度（△）、厚度、平整度、横坡、抗滑构造深度。

（2）沥青混凝土桥面铺装实测项目：压实度（△）、厚度、平整度、渗水系数、横坡、抗滑构造深度。

考点188：隧道工程质量检验★★

（一）隧道总体质量检验

实测项目：

车行道宽度、内轮廓宽度、内轮廓高度（△）、隧道偏位、边坡或仰坡坡度。

（二）喷射混凝土

实测项目：

喷射混凝土强度（△）、喷层厚度、喷层与围岩接触状况（△）。

📋 **典型例题**

【真题－单选】隧道总体质量检验合格率不得低于 95％的实测项目是（　　　）。

　　A. 车行道宽度　　　　　　　　　　　B. 内轮廓高度

　　C. 内轮廓宽度　　　　　　　　　　　D. 隧道偏位

【参考答案】B

🏢 **考点 189：质量检验评定★**

工程质量评定：

1. 工程质量等级应分为合格与不合格。

2. 分项工程质量评定合格应符合下列规定：（1）检验记录应完整；（2）实测项目应合格；（3）外观质量应满足要求。

3. 分部工程质量评定合格应符合下列规定：（1）评定资料应完整；（2）所含分项工程及实测项目应合格；（3）外观质量应满足要求。

4. 单位工程质量评定合格应符合下列规定：（1）评定资料应完整；（2）所含分部工程应合格；（3）外观质量应满足要求。

5. 评定为不合格的分项工程、分部工程，经返工、加固、补强或调测，满足设计要求后，可重新进行检验评定。

6. 所含单位工程合格，该合同段评定为合格；所含合同段合格，该建设项目评定为合格。

📖 **重点回顾**

考点	检测
路面	1. 稳定土基层和底基层 （　　）（△）、平整度、纵断高程、宽度、（　　）（△）、横坡、（　　）（△）。 2. 级配碎（砾）石基层和底基层 （　　）（△）、弯沉值、平整度、纵断高程、宽度、（　　）（△）、横坡。 3. 水泥混凝土面层 （　　）（△）、（　　）（△）、平整度、抗滑构造深度、横向力系数 SFC、相邻板高差、纵横缝顺直度、中线平面偏位、路面宽度、纵断高程、横坡、断板率。 4. 沥青混凝土面层和沥青碎（砾）石面层 （　　）（△）、平整度、弯沉值、渗水系数、摩擦系数、构造深度、（　　）（△）、中线平面偏位、纵断高程、宽度、横坡、（　　）（△）、（　　）（△）、马歇尔稳定度

📝 **小试牛刀**

单选题：

1. 下列不属于钻孔桩常见质量控制关键点的是（　　　）。

　　A. 桩位坐标控制　　　　　　　　　　B. 泥浆指标控制

　　C. 沉淀池水位高度控制　　　　　　　D. 混凝土灌注质量控制

2. 不属于稳定土基层实测关键项目的是（　　　）。

　　A. 压实度　　　　　　　　　　　　　B. 厚度

　　C. 宽度　　　　　　　　　　　　　　D. 强度

3. 下列属于悬臂浇筑梁实测关键项目的是（　　　）。

A. 顶面高程　　　　　　　　　　　　B. 横坡

C. 断面尺寸　　　　　　　　　　　　D. 平整度

参考答案

单选题:

1	2	3		
C	C	C		

笔记区

考点 190:危险源辨识、评价与控制措施★

风险控制方法:

1. 消除。

2. 替代。

3. 工程控制措施。

4. 标志、警告或管理控制。

5. 个人防护设备。

考点 191:公路工程项目职业健康安全管理教育和培训★

1. 从业单位应当依法对从业人员进行安全生产教育和培训。未经安全生产教育和培训合格的从业人员,不得上岗作业。

2. 公路水运工程从业人员中的特种作业人员应当按照国家有关规定取得相应资格,方可上岗作业。

3.(1)生产经营单位应当进行安全培训的从业人员包括主要负责人、安全生产管理人员、特种作业人员和其他从业人员。

(2)生产经营单位主要负责人和安全生产管理人员初次安全培训时间不得少于 32 学时。每年再培训时间不得少于 12 学时。

(3)生产经营单位新上岗的从业人员,岗前安全培训时间不得少于 24 学时。

考点 192:公路工程项目职业健康安全管理实施与控制★★★

专项方案与技术交底:

1. 专项施工方案应当由施工单位技术负责人审核签字、加盖单位公章,并由总监理工程师审查签字、加盖执业印章后方可实施。

2. 对于超过一定规模的危大工程，施工单位应当组织召开专家论证会对专项施工方案进行论证。实行施工总承包的，由施工总承包单位组织召开专家论证会。专家论证前专项施工方案应当通过施工单位审核和总监理工程师审查。

3. 专项施工方案应包括下列主要内容：

（1）工程概况：工程基本情况、施工平面布置、施工要求和技术保证条件。

（2）编制依据：相关法律、法规、规范性文件、标准、规范及图纸（国标图集）、施工组织设计等。

（3）施工计划：包括施工进度计划、材料与设备计划。

（4）施工工艺技术：技术参数、工艺流程、施工方法、检查验收等。

（5）施工安全保证措施：组织保障、技术措施、应急预案、监测监控等。

（6）劳动力计划：专职安全管理人员、特种作业人员等。

（7）计算书及图纸。

危险性较大的分部分项工程

序号	类别	需编制专项施工方案	需专家论证审查
1	基坑开挖、支护、降水工程	1. 开挖深度不小于3m的基坑（槽）开挖、支护、降水工程。 2. 深度小于3m但地质条件和周边环境复杂的基坑（槽）开挖、支护、降水工程	1. 深度不小于5m的基坑（槽）的土（石）方开挖、支护、降水工程。 2. 开挖深度虽小于5m但地质条件、周围环境和地下管线复杂，或影响毗邻建（构）筑安全，或存在有毒有害气体分布的基坑（槽）开挖、支护、降水工程
2	滑坡处理和填、挖方路基工程	1. 滑坡处理。 2. 边坡高度大于20m的路堤或地面斜坡坡率陡于1∶2.5的路堤，或不良地质地段、特殊岩土地段的路堤。 3. 土质挖方边坡高度大于20m、岩质挖方边坡高度大于30m或不良地质、特殊岩土地段的挖方边坡	1. 中型及以上的滑坡处理。 2. 边坡高度大于20m的路堤或地面斜坡坡率陡于1∶2.5的路堤，且处于不良地质地段、特殊土质地段、特殊岩土地段的路堤。 3. 土质挖方边坡高度大于20m、岩质挖方边坡高度大于30m且处于不良地质、特殊岩土地段的挖方边坡
3	基础工程	1. 桩基础。 2. 挡土墙基础。 3. 沉井等深水基础	1. 深度不小于15m的人工挖孔桩或开挖深度不超过15m，但地质条件复杂或存在有毒有害气体分布的人工挖孔桩工程。 2. 平均高度不小于6m且面积不小于1200m²的砌体挡土墙的基础。 3. 水深不小于20m的各类深水基础
4	大型临时工程	1. 围堰工程。 2. 各类工具式模板工程。 3. 支架高度不小于5m；跨度不小于10m；施工总荷载不小于10kN/m²；集中线荷载不小于15kN/m。 4. 搭设高度24m及以上的落地式钢管脚手架工程；附着式整体或分片提升脚手架工程；悬挑式脚手架工程、吊篮脚手架工程；自制卸料平台、移动操作平台工程；新型及异性脚手架工程。 5. 挂篮。 6. 便桥、临时码头。 7. 水上作业平台	1. 水深不小于10m的围堰工程。 2. 高度不小于40m的墩柱、高度不小于100m的索塔的滑模、爬模、翻模工程。 3. 支架高度不小于8m；跨度不小于18m，施工总荷载不小于15kN/m²；集中线荷载不小于20kN/m。 4. 50m及以上落地式钢管脚手架工程。用于钢结构安装等满堂承重支撑体系，承受单点集中荷载7kN以上。 5. 猫道、移动模架

续表

序号	类别	需编制专项施工方案	需专家论证审查
5	桥涵工程	1. 桥梁中的梁拱柱等构件施工。 2. 打桩船作业。 3. 施工船作业。 4. 边通航边施工作业。 5. 水下工程中的水下焊接、混凝土浇筑等。 6. 顶进工程。 7. 上跨或下跨既有公路、铁路、管线施工	1. 长度不小于40m的预制梁的运输与安装，钢箱梁吊装。 2. 跨度不小于150m的钢管拱安装施工。 3. 高度不小于40m的墩柱、高度不小于100m的索塔等的施工。 4. 离岸无掩护条件下的桩基础施工。 5. 开敞式水域大型预制构件的运输与吊装作业。 6. 在三级及以上通航等级的航道上进行的水上、水下施工。 7. 转体施工
6	隧道工程	1. 不良地质隧道。 2. 特殊地质隧道。 3. 浅埋、偏压及邻近建筑物等特殊环境条件隧道。 4. Ⅳ级及以上软弱围岩地段的大跨度隧道。 5. 小净距隧道。 6. 瓦斯隧道	1. 隧道穿越岩溶发育区、高风险断层、砂层、采空区等工程地质或水文地质条件复杂地质环境；Ⅴ级围岩连续长度占总隧道长度10%以上且连续长度超过100m；Ⅵ级围岩的隧道工程。 2. 软岩地区的高地应力区、膨胀岩、黄土、冻土等地段。
		1. 不良地质隧道。 2. 特殊地质隧道。 3. 浅埋、偏压及邻近建筑物等特殊环境条件隧道。 4. Ⅳ级及以上软弱围岩地段的大跨度隧道。 5. 小净距隧道。 6. 瓦斯隧道	1. 深埋小于1倍跨度的浅埋地段；可能产生坍塌或滑坡的偏压地段；隧道上部存在需保护的建筑物地段；隧道下穿水库或河沟地段。 2. Ⅳ级及以上软弱围岩地段，跨度不小于18m的特大跨度隧道。 3. 连拱隧道；中夹岩柱小于1倍隧道开挖跨度的小净距隧道；长度大于100m的偏压棚洞。 4. 高瓦斯或瓦斯突出隧道。 5. 水下隧道
7	起重吊装工程	1. 采用非常规起重设备、方法，且单件起吊重量在10kN及以上的起吊吊装工程。 2. 采用起重机械进行安装的工程。 3. 起重机械设备自身的安装拆卸	1. 采用非常规起重设备、方法，且单件起吊重量在100kN及以上的起吊吊装工程。 2. 起吊重量在300kN及以上的起重设备安装、拆卸工程
8	拆除、爆破工程	1. 桥梁、隧道拆除工程。 2. 爆破工程	1. 大桥及以上桥梁拆除工程。 2. 一级及以上公路隧道拆除工程。 3. C级及以上爆破工程、水下爆破工程

📋 典型例题

【真题－单选】下列分部分项工程中，应编制专项施工方案并需专家论证审查的是（　　）。

A. 涵洞顶进工程　　　　　　　　B. 水深不小于5m的围堰工程

C. 移动模架　　　　　　　　　　D. D级爆破工程

【参考答案】C

考点 193：安全生产事故隐患排查的目标及内容★

（一）"两项达标"

1. 施工人员管理达标：一线人员用工登记、施工安全培训记录、安全技术交底记录、施工意外伤害责任保险等都要符合有关规定。

2. 施工现场安全防护达标：施工现场安全防护设施和作业人员安全防护用品都要按照规定实行标准化管理。

（二）"五项制度"

施工现场危险告知制度，施工安全监理制度，专项施工方案审查制度，设备进场验收登记制度，安全生产费用保障制度。

考点 194：安全生产事故隐患排查治理职责★

项目施工单位是隐患排查治理的责任主体，应建立相应的工作机制，并层层落实责任人。项目施工单位的主要负责人对隐患排查治理工作全面负责。

施工单位法定代表人、项目经理是安全生产事故隐患排查治理的第一责任人，对管理范围内安全生产事故隐患排查治理工作全面负责。

考点 195：公路工程安全隐患事故隐患整改★

一般事故隐患由项目负责人组织相关人员立即整改。

重大事故隐患应当根据需要停止使用相关设备、设施，局部停产停业或者全部停产停业。

重大事故隐患必须由项目负责人组织编制"重大事故隐患治理方案"。治理方案应当包括以下内容：

1. 治理的目标和任务。

2. 采取的方法和措施。

3. 经费和物资的落实。

4. 负责治理的机构和人员。

5. 治理的时限和要求。

6. 安全措施和应急预案。

必要时应当组织专家对重大事故隐患整改治理方案进行论证，必须经项目负责人批准并进行安全技术交底后实施。

项目专职安全员对重大事故隐患治理过程实施全过程监督管理，必要时施工单位安全部门或技术质量部门或设备管理部门派人对重大事故隐患治理过程加强监督管理。

考点 196：应急预案体系★★

应急预案体系由综合应急预案、专项应急预案和现场处置方案组成。

综合应急预案，是指生产经营单位为应对各种生产安全事故而制订的综合性工作方案，是本单位应对生产安全事故的总体工作程序、措施和应急预案体系的总纲。

专项应急预案，是指生产经营单位为应对某一种或者多种类型生产安全事故，或者针对重要生产设施、重大危险源、重大活动防止生产安全事故而制订的专项性工作方案。

现场处置方案，是指生产经营单位根据不同生产安全事故类型，针对具体场所、装置或者设施所制订的应急处置措施。

考点 197：应急预案的编制★

保障措施：（1）通信与信息保障。（2）应急队伍保障。（3）应急物资装备保障。（4）经费保障。（5）其他保障。根据本单位应急工作需求而确定的其他相关保障措施（如交通运输保障、治安保障、技术保障、医疗保障、后勤保障等）。

考点 198：应急预案的评审★★

施工单位应当对编制的应急预案组织评审，并形成书面评审纪要。参加应急预案评审的人员应当包括有关安全生产及应急管理方面的专家。且评审人员与施工单位有利害关系的，应当回避。

考点 199：应急预案备案★

施工单位应当在应急预案公布之日起 20 个工作日内，按照分级属地原则，向属地安全生产监督管理部门和有关部门进行告知性备案。

考点 200：应急预案实施★

1. 培训；2. 演练；3. 评估；4. 修订；5. 落实。

考点 201：路基工程施工安全管理措施★

（一）路基挖（填）方工程

取土场（坑）：

（1）取土场（坑）的边坡、深度等应满足设计要求，且不得危及周边建（构）筑物等既有设施的安全。

（2）取土场（坑）底部应平顺并设有排水设施，取土场（坑）边周围应设置警示标志和安全防护设施，宜设置夜间警示和反光标识。

（3）地面横向坡度陡于 1：10 的区域，取土坑应设在路堤上侧。

（4）取土坑与路基间的距离应满足路基边坡稳定的要求，取土坑与路基坡脚间的护坡道应平整、密实，表面应设 1%～2% 向外倾斜的横坡。

（二）预应力锚固施工风险控制措施

1. 钻孔后要清孔，锚索入孔后 1h 内注浆。采用二次注浆加大锚固力。正式施工前应进行锚固力基本试验，对锚固力较小的地层应加大钻孔孔径和锚固段长度。

2. 切割机安放稳固，由专人操作，戴安全帽、防护镜，切割时前方不得站人，外露旋转部分要安装防护罩。

3. 锚索张拉时，千斤顶后方区域严禁站人。

4. 脚手架高度在 10～15m 时，应设置一组（4～6 根）缆风索，每增高 10m 再增加 1 组，缆风索的地锚应牢固。

5. 混凝土模板用钢管加固，与边坡岩体联结牢固，施工时下方不得站人。

考点 202：桥梁工程施工安全管理措施★

（一）基坑施工风险控制措施

1. 基坑临近各类管线、建（构）筑物时，开挖前应按施工组织设计的要求实施拆移、加固或保护措施，经检查符合要求后，方可开挖。

2. 开挖中，出现基坑顶部地面裂缝、坑壁坍塌或涌水、涌砂时，必须立即停止施工，人员撤离危险区，待采取措施确认安全后，方可恢复施工。

3. 施工现场附近有电力架空线时，应设专人监护。

4. 基坑外堆土时，堆土应距基坑边缘 1m 以外，堆土高度不得超过 1.5m。

5. 人工清基应在挖掘机停止运转，且挖掘机指挥人员同意后进行，严禁在机械回转范围内作业。

6. 基坑内应设安全梯或土坡道等攀登设施。基坑周边应设防护栏杆。

（二）支架现浇法施工风险控制措施

1. 支架立柱应置于平整、坚实的地基上，立柱底部应铺设垫板或混凝土垫块扩散压力；支架地基处应有排水措施，严禁被水浸泡。

2. 支架的立柱应设水平撑和双向斜撑，斜撑的水平夹角以 45° 为宜。立柱高于 5m 时，水平撑间距不得大于 2m，并在两水平撑之间加剪刀撑。

3. 支架高度较高时，应设一组缆风绳。

4. 在河水中支搭支架应设防冲撞设施，并应经常检查防冲撞设计和支架状况，发现松动、变形、沉降应及时加固。

5. 支架搭设应满足下列要求：

（1）立杆应竖直，2m 高度的垂直偏差不得大于 1.5cm。每搭完一步支架后，应进行校正。立杆的纵、横间距应符合施工设计的要求，每搭完一步支架后，应进行校正。

（2）可调底座的调节螺杆伸出长度超过 30cm 时，应采取可靠的固定措施。

（3）满堂红支架的四边和中间每隔四排立杆应设置一道纵向剪刀撑，由底至顶连续设置。

（4）高于 4m 的满堂红支架，其两端和中间每隔四排立杆应从顶层开始向下每隔两步设置一道水平剪刀撑。

6. 支架应按照施工设计要求的方法、程序拆除。严禁使用机械牵引、推倒的方法拆除。

7. 拆除作业应自上而下进行，不得上下多层交叉作业。

考点 203：高处作业安全管理措施★★

1. 在进行高处作业时，除了满足前面提到的高空作业相关要求以外，还应该结合工程特点，制订各种相应的安全防护技术措施，其安全技术相关要求如下：

（1）高处作业不得同时上下交叉进行。

（2）高处作业人员不得沿立杆或栏杆攀登。高处作业人员应定期进行体检。

（3）高处作业场所临边应设置安全防护栏杆。

2. 高处作业场所的孔、洞应设置防护设施及警示标志。

3. 安全网质量应符合现行《安全网》GB 5725—2009 的规定，并应符合下列规定：

（1）安全网安装应系挂安全网的受力主绳。安装和使用安全网不得系挂网格绳。安装完毕应进行检查、验收。

（2）安全网安装或拆除应根据现场条件采取防坠落安全措施。

（3）作业面与坠落高度基准面高差超过2m且无临边防护装置时，临边应挂设水平安全网。作业面与水平安全网之间的高差不得超过3.0m，水平安全网与坠落高度基准面的距离不得小于0.2m。

（4）安全带使用除应符合现行《坠落防护 安全带》GB 6095—2021的规定外，还应符合下列规定：

安全带除应定期检验外，使用前还应进行检查。织带磨损、灼伤、酸碱腐蚀或出现明显变硬、发脆以及金属部件磨损出现明显缺陷或受到冲击后发生明显变形的，应及时报废。

① 安全带应高挂低用，并应扣牢在牢固的物体上。

② 安全带的安全绳不得打结使用，安全绳上不得挂钩。

③ 缺少或不易设置安全带吊点的工作场所宜设置安全带母索。

④ 安全带的各部件不得随意更换或拆除。

⑤ 安全绳有效长度不应大于2m，有两根安全绳的安全带，单根绳的有效长度不应大于1.2m。

⑥ 严禁安全绳用作悬吊绳。严禁安全绳与悬吊绳共用连接器。新更换安全绳的规格及力学性能必须符合规定，并加设绳套。

典型例题

【真题－单选】关于高处作业安全管理的措施，正确的是（   ）。

A. 安全绳不宜用作悬吊绳

B. 高处作业人员应定期进行体检

C. 作业面与水平安全网之间的高差不得超过5.0m

D. 安全绳的有效长度不应大于2.5m

【参考答案】B

考点204：特种设备安全管理措施★★

1. 特种设备生产、使用单位的主要负责人应当对本单位特种设备的安全和节能全面负责。

2. 特种设备使用单位应当在设备投入使用前或者投入使用后30d内到设备所在地市以上的特种设备安全监督管理部门办理特种设备使用登记。

3. 特种设备定期检验：

（1）特种设备报检。特种设备使用单位应在特种设备检验合格有效期届满前1个月向特种设备检验检测机构提出定期检验要求（各特种设备的检验日期可从检验报告、合格标志查看）。

（2）特种设备报检要求。起重机械报检时，必须提供保养合同、有效的作业人员证件。

（3）特种设备换证。特种设备检验合格后，携带使用证、检验合格标志、检验报告、保养合同、保养单位的保养资质到有关主管部门办理年审换证手续。

4. 特种设备安全培训

特种设备使用单位应当对特种设备作业人员进行特种设备安全、节能教育和培训，保证特种设备作业人员具备必要的特种设备安全、节能知识。特种设备的作业人员包括：设备的安装、维修保养、操作等人员。

考点205：其他安全管理措施★

触电事故预防管理措施：

（1）施工现场临时安装的电气设备必须符合安全用电要求，并配备专职电工管理，其他人员不得擅自接电、拉线。

（2）施工用电设备数量在5台及以上，或用电设备容量在50kW及以上时，应编制用电施工组织设计。施工现场临时用电工程专用的低压电力系统，必须符合下列规定：

① 采用三级配电系统。

② 采用 TN-S 接零保护系统。

③ 采用二级保护系统。

（3）坚持"一机、一闸、一漏、一箱"。

（4）雨天禁止露天电焊作业。

重点回顾

考点	检测
实施与控制	专项施工方案应当由（　　　）审核签字、加盖（　　　），并由（　　　）审查签字、加盖（　　　）后方可实施。 专项施工方案应包括下列主要内容： （1）工程概况。（2）编制依据。（3）施工计划。（4）（　　　）。（5）（　　　）。（6）（　　　）。（7）计算书及图纸。 专家论证审查：深度不小于（　　　）的基坑（槽）的土（石）方开挖、支护、降水工程。 深度不小于（　　　）的人工挖孔桩或开挖。 水深不小于（　　　）的围堰工程。 支架高度不小于（　　　）；跨度不小于（　　　）。 长度不小于（　　　）的预制梁的（　　　），钢箱梁吊装。 （　　　）级围岩连续长度占总隧道长度（　　　）以上且连续长度超过（　　　）
两项达标	（　　　）、（　　　）
安全生产事故隐患排查	（　　　）、（　　　）是安全生产事故隐患排查治理的第一责任人
应急预案体系	应急预案体系由（　　　）、（　　　）和（　　　）组成
路基挖（填）方工程	地面横向坡度陡于1：10的区域，取土坑应设在路堤（　　　）。 钻孔后要清孔，锚索入孔后（　　　）内注浆。脚手架高度在（　　　）时，应设置一组（4～6根）缆风索，每增高（　　　）再增加1组，缆风索的地锚应牢固
桥梁工程施工安全管理措施	基坑外堆土时，堆土距基坑边缘（　　　）以外，堆土高度不得超过（　　　）。 支架的立柱应设水平撑和双向斜撑，斜撑的水平夹角以（　　　）为宜。立柱高于（　　　）时，水平撑间距不得大于（　　　），并在两水平撑之间加剪刀撑
高处作业	作业面与坠落高度基准面高差超过（　　　）且无临边防护装置时，临边应挂设水平安全网。作业面与水平安全网之间的高差不得超过（　　　），水平安全网与坠落高度基准面的距离不得小于
其他安全管理措施	施工用电设备数量在（　　　）台及以上，或用电设备容量在（　　　）kW及以上时，应编制用电施工组织设计。施工现场临时用电工程专用的低压电力系统，必须符合下列规定：①采用（　　　）配电系统。②采用（　　　）接零保护系统。③采用（　　　）保护系统

小试牛刀

一、单选题

1. 在确定控制措施或考虑改变现行控制措施时，可考虑按如下顺序（　　　）选择风险控制方法。

A. 消除→替代→工程控制措施→标志、警告或管理控制→个人防护设备

B. 替代→消除→工程控制措施→标志、警告或管理控制→个人防护设备

C. 替代→消除→工程控制措施→个人防护设备→标志、警告或管理控制

D. 消除→替代→工程控制措施→个人防护设备→标志、警告或管理控制

2. 下列分部分项工程中，需组织专家对其专项方案进行论证的是（　　）。

A. 开挖深度不小于 3m 的基坑工程

B. 深度不小于 10m 的人工挖孔桩工程

C. 高度不小于 8m 的支架搭设

D. 长度不小于 35m 的预制梁安装

3. 公路工程项目应急预案体系不包括（　　）。

A. 综合应急预案
B. 专项应急预案
C. 现场处置方案
D. 特殊应急预案

4. 关于支架现浇法施工风险控制措施的说法，正确的是（　　）。

A. 支架高度较高时，应设一根缆风绳

B. 支架高于 6m 时，应设置一道水平剪刀撑

C. 支架应设水平撑和双向斜撑，斜撑的水平夹角以 45° 为宜

D. 预压荷载应为梁重的 1.05 ～ 1.10 倍

二、多选题

1. 下列关于安全带说法正确的是（　　）。

A. 安全带应低挂高用，并应扣在牢固的物体上　B. 安全带的安全绳不得打结使用

C. 安全带的各部件不得随意拆除　　　　　D. 安全绳可以用作悬吊绳

E. 单根安全绳有效长度不应大于 2m

参考答案

一、单选题

1	2	3	4	
A	C	D	C	

二、多选题

1				
B、C				

考点 206：公路工程项目的合同体系★

业主和承包人依法签订的施工合同是"核心合同"，业主又处于合同体系中的"核心位置"。

考点 207：公路项目施工合同文件的优先顺序★★★

除项目专用合同条款另有约定外，解释合同文件的优先顺序如下：

1. 合同协议书及各种合同附件（含评标期间和合同谈判过程中的澄清文件和补充资料）。
2. 中标通知书。
3. 投标函及投标函附录。
4. 项目专用合同条款。
5. 公路工程专用合同条款。
6. 通用合同条款。
7. 工程量清单计量规则。
8. 技术规范。
9. 图纸。
10. 已标价工程量清单。
11. 承包人有关人员、设备投入的承诺及投标文件中的施工组织设计。
12. 其他合同文件。

典型例题

1.【真题－单选】根据《公路工程标准施工招标文件》，除项目专用合同条款另有约定外，下列合同文件：①投标函，②已标价工程量清单，③项目专用合同条款，④工程量清单计量规则，解释的优先顺序是（　　）。

A. ①③④②
B. ③④①②
C. ①③②④
D. ③①②④

【参考答案】A

2.【真题－单选】根据《公路工程标准施工招标文件》，除项目专用合同条款另有约定外，以下各项中解释合同文件优先的是（　　）。

A. 图纸
B. 已标价工程量清单
C. 技术规范
D. 工程量清单计价规则

【参考答案】D

考点 208：分包工程的管理★

（一）严格履行开工申请手续

分包工程在开工前承包人必须填报开工报审表，并附有监理人审批并取得发包人同意的书面文件，由监理人审查其是否具备开工条件，确定是否批复其开工申请。

（二）对分包工程实施现场监督检查

监理人应对分包工程实施现场监管，及时发现分包工程在质量、进度等方面的问题，由承包人采取措施处理。

考点 209：分包合同管理★★

（一）分包合同的管理关系

发包人与分包人没有合同关系，但发包人作为工程项目的投资方和施工合同的当事人，对分包合同的管理主要表现为对分包工程的批准。

监理人只有与承包人有监理与被监理的关系，对分包人在现场施工不承担协调管理义务。监理人就分包工程施工发布的任何指示均应发给承包人。

（二）分包工程的支付管理

分包人不能直接向监理人提出支付要求，必须通过承包人。发包人也不能直接向分包人付款，也必须通过承包人。

（三）分包工程的变更管理

监理人一般不能直接向分包人下达变更指令，必须通过承包人。分包人不能直接向监理人提出分包工程的变更要求，也必须由承包人提出。

（四）分包工程的索赔管理

分包合同履行过程中，当分包人认为自己的合法权益受到损害，无论事件起因于发包人、监理人，还是承包人，他都只能向承包人提出索赔要求。

典型例题

【真题-多选】关于分包合同管理的说法，正确的有（　　）。

A. 监理人只与承包人有监理与被监理关系，对分包人在现场施工仅承担协调管理义务

B. 承包人对分包工程的实施具有全面管理责任

C. 监理人就分包工程施工发布的任何指示均应同时发给承包人和分包人

D. 分包人不能直接向监理人提出付款申请

E. 分包人的索赔要求只能向承包人提出

【参考答案】B、D、E

考点 210：变更程序★★

工程变更的审批程序：

（1）一般工程变更的审批程序

所谓一般工程变更，通常指一些小型的，监理工程师有权直接批准的工程变更。其审批程序大致如下：

① 工程变更的提出人向驻地监理工程师提出工程变更的申请，包括变更的原因、工程变更对造价的影响等分析，必要时附上有关的变更设计资料。

② 驻地监理工程师对变更申请的可行性进行评估，并写出初步的审查意见。

③ 总监理工程师对驻地监理工程师审查的变更申请进行进一步的审定，并签署审批意见。总监理工程师签署工程变更令。

④ 承包单位组织变更工程的施工（包括可能的设计工作）。

⑤ 监理工程师和承包人协商确定变更工程的价款及办理有关的结算工作。

（2）重要工程变更的审批程序

重要工程变更通常指对工程造价影响较大、需要业主批准的工程变更工作。其审批程序是：监理工程师在下达工程变更令之前，一是要报业主批准，二是要同承包人协商确定变更工程的价格不超过业主批准的范围。如果超过业主批准的总额，监理工程师应在下达工程变更令之前请求业主作进一步的批准或授权。

（3）重大工程变更的审批程序

重大工程变更通常指一些对工程造价的影响很大、可能超出设计概算（甚至投资估算）的工程变更。对这些工程变更工作，业主在审批工程变更之前应事先取得国家计划主管部门的批准。

考点 211：工期延误的分类 ★★★

按延误索赔结果划分：

1. 可原谅可补偿的延误

可原谅可补偿的延误是指由于业主或监理工程师的错误或失误而造成的工期延误。在这种情况下，承包商不仅可以得到工期延长，还可以得到经济补偿。

2. 可原谅不可补偿的延误

可原谅不可补偿的延误是指既不是承包商也不是业主的原因，而是由客观原因引起的工期延误。在这种情况下，承包商可获得一定的工期延长作为补偿，但一般得不到经济补偿。

3. 不可原谅的延误

不可原谅的延误是指由于承包商的原因引起的工期延误。在这种情况下，承包商不但不能得到工期延长和经济补偿，而且由这种延误造成的损失全部都要由承包商来负责。

典型例题

【真题－单选】因季节性大雨，施工单位机械未能及时进场导致的工期延误，属于（　　　）。

A. 可原谅可补偿延误　　　　　　　　B. 可原谅不可补偿延误

C. 不可原谅可补偿延误　　　　　　　D. 不可原谅不可补偿延误

【参考答案】D

考点 212：共同延误的责任归属原则 ★

不利于承包商原则：

在交叉时段内，只要出现了承包商的责任或风险，不管其出现次序，亦不论干扰事件的性质，该时段的责任全部由承包商承担。

共同延误有以下几种组合：

（1）可补偿延误与不可原谅延误同时存在。承包人不能要求工期延长和经济补偿。

（2）不可补偿延误与不可原谅延误同时存在，承包人无权要求工期延长。

（3）不可补偿延误与可补偿延误同时存在，承包人可获得工期延长，但不能要求经济补偿。

（4）两项可补偿延误同时存在。承包人只能得到一项工期延长或经济补偿。

典型例题

【模拟题】案例

某道路工程施工采用了包工包地方材料的合同，合同中约定，当工期发生共同性延误时，按照不利于承包商原则进行处理。工程施工过程中，在一个关键工作面上又发生了几种原因造成临时停工。6月20日—6月26日，承包人的施工设备出现了从未出现过的故障。应于6月24日交给承包人的后继图纸直到7月10日才交给承包人；7月7日—7月12日施工现场发生了该季节罕见的特大暴风，造成了7月11日—7月14日该地区的供电全面中断。

问题：

1. 由于几种情况的暂时停工，承包人在7月15日向监理工程师提交延长工期25d，成本损失费人民币2万元/d（此费率已经监理工程师核准）和利润损失费人民币2000元/d的索赔要求，共计索赔款55万元。承包商的这些要求能否得到支持？

2. 若承包人对因业主原因造成窝工损失进行索赔时，要求设备窝工损失按台班计算，人工的窝工损失按工日计价。该要求是否合理？应如何处理？

【参考答案】

1. 可以批准的工期索赔18d，费用索赔额为26.4万元人民币，原因如下：

（1）6月20日—6月26日承包人的施工设备出现了从未出现过的故障，属于承包人应承担的风险，不应考虑承包人的费用索赔要求和工期顺延要求。

（2）6月27日—7月6日，是由于业主迟交图纸引起的，为业主应承担的风险，可以考虑工期和费用的索赔，也应考虑承包人的利润要求，工期顺延10d，索赔额为10d×2万/d＋10d×0.2万/d＝22万元。

（3）7月7日—7月12日特大暴雨属于双方共同的风险，可以考虑承包人工期索赔，但不应考虑费用索赔要求，工期顺延6d。

（4）7月13日、7月14日的停电属于有经验的承包人无法预见的自然条件变化。为业主应承担的风险，可以考虑工期和费用索赔，也应考虑承包人的利润要求，工期顺延2d，索赔额为2d×2万/d＋2d×0.2万/d＝4.4万元。

2. 不合理。窝工闲置的设备应按折旧费或停滞台班费或租赁费计价，不包括运转费部分；人工费损失应考虑这部分工作的工人调做其他工作时功效降低的损失费用，一般用工日单价乘以一个测算的降效系数计算这一部分损失，而且只能按直接成本费用计算，不包括管理费和利润。

重点回顾

考点	检测
合同文件的优先顺序	优先顺序：（　　　　　　　　）
分包工程管理	分包工程在开工前（　　　）必须填报（　　　），并附有监理人审批并取得发包人同意的书面文件，由监理人审查其是否具备开工条件，确定是否批复其开工申请
分包合同管理	发包人与分包人（　　　）合同关系，但发包人作为工程项目的投资方和施工合同的当事人，对分包合同的管理主要表现为对分包工程的批准。 监理人只有与（　　　）有监理与被监理的关系，对分包人在现场施工不承担协调管理义务。监理人就分包工程施工发布的任何指示均应发给（　　　）
变更程序	重要工程变更的审批程序。其审批程序是：监理工程师在下达工程变更令之前，一是要（　　　），二是要（　　　）。 重大工程变更的审批程序。对这些工程变更工作，业主在审批工程变更之前应事先取得（　　　）的批准

考点	检测
工期延误的分类	（　　　）的延误是指由于业主或监理工程师的错误或失误而造成的工期延误。在这种情况下，承包商不仅可以得到工期延长，还可以得到经济补偿。 （　　　）的延误是指既不是承包商也不是业主的原因，而是由客观原因引起的工期延误。在这种情况下，承包商可获得一定的工期延长作为补偿，但一般得不到经济补偿。 （　　　）的延误是指由于承包商的原因引起的工期延误。在这种情况下，承包商不但不能得到工期延长和经济补偿，而且由这种延误造成的损失全部都要由承包商来负责

小试牛刀

一、单选题

1. 在整个公路工程合同体系中，核心合同是（　　　）。

    A. 勘察合同　　　　　　　　　　　B. 设计合同

    C. 施工合同　　　　　　　　　　　D. 供货合同

2. 根据《公路工程施工分包管理办法》，下列说法正确的是（　　　）。

    A. 发包人与分包人没有合同关系

    B. 监理人与分包人有监理与被监理的关系

    C. 分包人对分包工程的实施具有全面管理责任

    D. 分包工程支付，应由分包人向监理人报送进度付款申请单

二、多选题

1. 根据《公路工程标准施工招标文件》，下列各项构成合同文件的有（　　　）。

    A. 合同协议书及各种合同附件　　　B. 投标函及投标函附录

    C. 招标文件　　　　　　　　　　　D. 中标通知书

    E. 已标价工程量清单

三、案例题

案例（一）

背景资料：

某高速公路位于山岭重丘区，其中 K3+780 ～ K4+640 为路堑工程，局部路段存在小型滑坡，采用削坡减载方法处治。路基某分项工程 W 的施工网络计划图如下图所示。

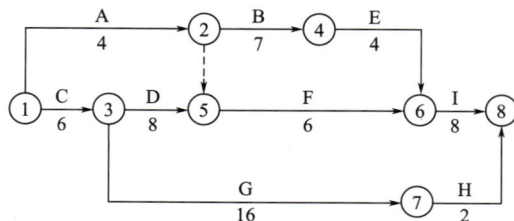

分项工程W施工网络计划图(单位：d)

施工过程中发生了如下事件：

事件一：针对 K3+780 ～ K4+640 段滑坡处治，施工单位编制了专项施工方案，经下列具体流程处理后实施：施工单位技术负责人审核签字、加盖施工单位项目部公章、专业监理工程师审查签字、加盖执业印章。

事件二：针对削坡减载工作，施工单位制定了相应的技术措施，部分内容如下：

① 边坡开挖自下而上逐级进行。

② 边坡开挖严禁采用爆破法施工。

③ 开挖坡面宜适当超挖。

④ 开挖坡面上有裂缝时，应予灌浆封闭或开挖夯填。

事件三：分项工程 W 施工时，出现下列 2 种情形：

① A、B 工作按进度顺利完成，但 E 工作施工时，施工单位发现图纸存在错误，经技术论证后，由设计单位对图纸进行修改后继续施工，由此造成 E 工作停滞 3d。

② 工作 D 施工时，因施工现场条件变化，建设单位提出了更高的质量要求，导致 D 工作量增加了 30%。针对上述情形造成的工期延长和费用增加，施工单位向监理单位递交了工期索赔和费用索赔的申请。

事件四：施工过程中，施工单位积极开展安全生产事故隐患排查工作，避免安全事故的发生。采用的安全生产事故隐患排查方式有日常安全生产检查等。

问题：

1. 改正事件一中专项施工方案处理流程的错误之处。判断该专项施工方案是否需要召开专家论证会并说明理由。

2. 逐条判断事件二中的技术措施是否正确。若不正确改正错误之处。

3. 写出分项工程 W 的施工关键路线（用①→②……或 A → B……形式表达），并计算其总工期。

4. 逐条判断事件三中的工期索赔和费用索赔是否成立，并说明理由。

5. 补充事件四中安全生产事故隐患排查的其他两种方式。

案例（二）

背景资料：

2016 年 3 月，某二级公路工程实行公开招标，招标项目估算价为 7000 万元人民币。资金由项目所在地省交通运输厅筹集，招标人为该省公路建设投资集团公司。按照《公路工程标准施工招标文件》（2009 年版）编制，投标报价方式为工程清单报价，工程数量由招标人给出，由投标人填写单价和总价。在招标和施工过程中，发生了如下事件：

事件一：为防止投标人围标、串标或提供虚假资料，保证工程招标顺利进行，招标人在招标文件中规定：投标人需缴纳 80 万元投标保证金和 120 万元信用保证金，以现金或支票形式提交的投标保证金应当从其基本账户转出，一旦发现投标人出现违法、违规行为，一律没收所有保证金。

事件二：投标人甲的总报价为 6800.022 万元，其中第 200 章部分报价单见下表。在评标过程中，招标委员会发现，清单中细目 209-3-c 的单价与数量的乘积与合价不一致，细目 210-3-b 中，招标人给定了锚杆的工程量是 256m，投标人甲没有填写单价和合价。锚杆的市场综合单价为 55.06 元 /m。其他部分的计算均正确。评标委员按照偏差修正的有关原则对偏差进行了修正，并征得投标人甲的同意，最终投标人甲以修正后的标价中标并签订合同。

事件三：工程开工后，为协调当地关系，在业主的推荐下，甲公司项目部驻地所在村委会签订了劳务分包合同，但合同价格已超出甲公司与业主合同中该部分的人工费，甲公司项目部向业主提出了调整人工费的申请。

第 200 章部分报价单

第 200 章 路基					
细目号	细目名称	单位	数量	单价（元）	合价（元）
……	……		……	……	……
209-3	挡土墙				

续表

第 200 章　路基					
细目号	细目名称	单位	数量	单价（元）	合价（元）
209-3-a	C15 片石混凝土	m³	13745	374.18	5153104.1
209-3-c	砂砾垫层	m³	530	86	455800
210-3	框格锚杆防护（不含喷播草籽）				
210-3-a	C20 混凝土	m³	500	603.41	301705
210-3-b	锚杆	m	256		
210-3-c	光圆钢筋（HPB235）	kg	5311	4.73	25121.03
210-3-d	带肋钢筋（HRB335）	kg	2901	4.87	14127.87
216-1	冲击碾压	m²	42384	3.98	168688.32

第 200 章　合计　人民币　10775184 元

问题：

1. 事件一，根据《公路工程建设项目招标投标管理办法》招标人的规定有何不妥？说明理由。

2. 事件二，针对细目 209-3-c 和 210-3-b 分别该如何处理？说明理由。

3. 事件二，按照《中华人民共和国招标投标法实施条例》，计算招标人可以收取投标人甲的最高履约保证金。（保留小数点后 2 位）

4. 事件三，甲公司项目部与驻地所在村委会签订劳务分包合同的做法是否正确？甲公司项目部的调价申请能否获得支持？分别说明理由。

参考答案

一、单选题

1	2			
C	A			

二、多选题

1				
A、B、D、E				

三、案例题

案例（一）

1.（1）改正：专项施工方案应当由施工单位技术负责人签字、加盖单位公章。由总监理工程师审查签字、加盖执业印章后方可实施。

（2）专项施工方案不需要专家论证，因为只有中型及以上滑坡体处理才需要专家论证，而本工程滑坡体为小型滑坡。

2. ① 不正确。削坡减载应自上而下逐级开挖。

② 正确。

③ 不正确。开挖坡面严禁超挖。

④ 正确。

3. ①→③→⑤→⑥→⑧，总工期为 28d。

4. （1）E 工作工期延长不成立，费用索赔成立。理由：工作 E 总时差为 5d，延后 3d 不影响总工期，但延长时间为设计单位过失，应当承担 3d 的人员机械闲置费用。

（2）D 工作工期索赔成立、费用索赔成立。理由：D 工作为关键工作，增加工作量必然导致总工期的延长，因此工期索赔成立。质量要求是非承包人责任提高的，应当由业主方承担。

5. 还应该采用综合安全检查、专项安全检查避免安全事故的发生。

案例（二）

1. 不妥之处：招标文件中规定：投标人需缴纳 120 万元信用保证金。

理由：投标人只需缴纳投标保证金，而不需缴纳信用保证金。

不妥之处：一旦发现投标人出现违法、违规行为，一律没收所有保证金。

理由：只有出现投标人在规定的投标有效期内撤销或修改其投标文件以及其他违反约定的行为时，才能没收该投标人的投标保证金。否则招标人不得随意没收保证金。

2. （1）出现 209-3-c 中合价明显错误的情况，应当以单价为准，调整合价应为 530×86=45580 元。

（2）出现 210-3-b 中对于投标报价中已经列出的工程量清单，只是没有填写价格的，表明此部分工程量投标人已经考虑到，因为其未填写价格，可以视为其价格已经包含在其他项目中。该项属于投标人漏项，不予调整。

3. 投标人甲的最终修正报价为 6800.022-41.022=6759 万元。

6759×10%=675.9 万元。

4. （1）甲公司项目部与驻地所在村委会签订劳务分包合同的做法不正确。

理由：由于村委会不是企业法人单位，也没有劳务资质，不能签订劳务合同。甲公司项目部不是法人单位，未获授权不能代表公司签订合同。

（2）甲公司项目部的调价申请不能获得支持。

理由：因为签订劳务合同是承包商与村委会签订的，根据工程分包合同示范文本的相关规定，分包合同价款与总包合同相应部分价款无任何连带关系，且未发生施工劳务合同价格调整的情形，故无法获得支持。

考点 213：施工成本管理的流程和主要管理内容★

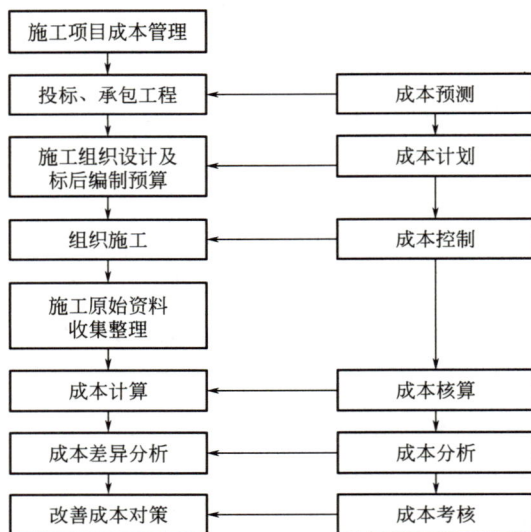

```
┌─────────────────┐
│  施工项目成本管理  │
└─────────────────┘
        │
┌─────────────────┐        ┌─────────────────┐
│  投标、承包工程   │◄───────│    成本预测      │
└─────────────────┘        └─────────────────┘
        │                           │
┌─────────────────┐        ┌─────────────────┐
│ 施工组织设计及    │        │    成本计划      │
│ 标后编制预算      │        └─────────────────┘
└─────────────────┘                 │
        │                           │
┌─────────────────┐        ┌─────────────────┐
│    组织施工       │        │    成本控制      │
└─────────────────┘        └─────────────────┘
        │                           │
┌─────────────────┐                 │
│ 施工原始资料      │                 │
│ 收集整理          │                 │
└─────────────────┘                 │
        │                           │
┌─────────────────┐        ┌─────────────────┐
│    成本计算       │        │    成本核算      │
└─────────────────┘        └─────────────────┘
        │                           │
┌─────────────────┐        ┌─────────────────┐
│  成本差异分析     │◄───────│    成本分析      │
└─────────────────┘        └─────────────────┘
        │                           │
┌─────────────────┐        ┌─────────────────┐
│  改善成本对策     │◄───────│    成本考核      │
└─────────────────┘        └─────────────────┘
```

考点 214：公路项目施工成本计划的编制★★

（一）确定责任目标成本

编制施工成本计划的关键是确定责任目标成本，这是成本计划的核心，是成本管理所要达到的目标，成本目标通常以项目成本总降低额和降低率来定量地表示。

（二）施工成本计划的编制

工程项目施工成本计划应在项目经理的组织和主持下，根据合同文件、企业下达的责任目标成本、企业施工定额、经优化选择的施工方案以及生产要素成本预测信息等进行编制。具体的工作程序是：

计算各分部分项工程的计划工程量→计算人工、材料、机械使用量（施工定额）→计算各分部分项工程的施工预算成本（企业或市场价格信息）→计算其计划成本偏差。

现场计划成本偏差是指现场施工预算成本与责任目标成本之差，即：

计划成本偏差＝施工预算成本－责任目标成本

典型例题

【真题－单选】施工企业编制公路项目施工成本计划的关键是（   ）。

A. 优化施工方案，确定计划工程量

B. 计算计划成本总降低额和降低率，确定责任目标成本

C. 依据市场生产要素价格信息，确定施工预算成本

D. 施工预算成本与责任目标成本比较，确定计划成本偏差

【参考答案】B

考点 215：公路工程标后预算的概念与费用构成 ★

标后预算是在施工企业中标后，施工前编制的施工预算。在中标的合同工程量清单基础上，将企业费用和项目施工费用重新分解后计算的项目施工总费用，包括直接费、设备购置费、措施费、专项费用以及现场管理费。

考点 216：标后预算总费用构成★★

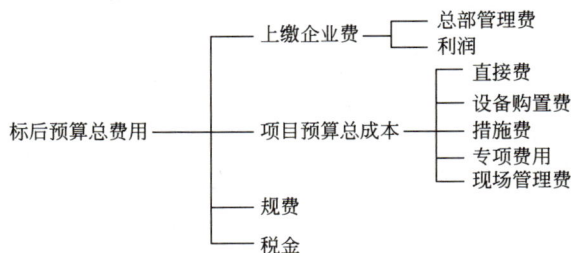

```
                              ┌─ 上缴企业费 ──┬─ 总部管理费
                              │               └─ 利润
                              │                    ┌─ 直接费
                              │                    ├─ 设备购置费
标后预算总费用 ────────────────┼─ 项目预算总成本 ──┼─ 措施费
                              │                    ├─ 专项费用
                              │                    └─ 现场管理费
                              ├─ 规费
                              └─ 税金
```

考点 217：标后预算编制方法★★

（一）直接费

直接费是指施工过程中耗费的构成工程实体的和有助于工程形成的各项费用。影响直接工程费高低的因素有三个方面：一是工程量；二是单位实体工、料、机资源的消耗数量；三是各种资源的单价。

1. 人工费的计算

如果采取内部班组承包形式或者劳务分包形式的，可以根据市场行情和合同谈判情况，测算分包单价。

人工费＝承包（分包）单价 × 承包（分包）工程量

如果项目经理部自己组织施工的，可按施工组织设计配备的生产工人数量、辅助生产工人数量和计划工期，结合其月平均工资和工资附加费进行测算。

人工费＝（月平均工资＋工资附加费）× 用工数量 × 计划工期（月）

2. 材料费计算

材料费是指施工过程中耗用的构成工程实体的各种原材料、辅助材料、构（配）件零件、半成品、成品的用量以及周转材料摊销量，根据工程所在地的材料市场价格确定，材料预算价格由材料原价、运杂费、场外运输损耗、采购及保管费组成，其中材料原价、运杂费按不含增值税（可抵扣进项税额）的价格确定。

工程实体材料费用＝Σ（工程实体各种材料消耗 × 相应材料单价）

钢筋、钢绞线、型钢、管钢等材料消耗量＝设计图纸的设计工程量 ×（1＋经验损耗率）

混合料中各种原材料消耗量＝设计图纸的设计工程量 × 工地试验室的生产配合比中该材料所占的比率 ×（1＋经验损耗率）

经验损耗率可以根据施工过的同类项目的历史经验数据确定。

材料单价＝（材料采购单价＋运杂费）×（1＋场外运输损耗率）×（1＋采购及保管费率）－包装品回收价值。

3. 机械费的计算

（1）自有机械

自有机械总费用＝Σ某种机械型号的（不变费用＋可变费用）

不变费用包括折旧费、检修费、维护费和安拆辅助费。

可变费用包括：燃、油料费，电费，机驾人员工资及其他费用。

（2）租赁机械

根据租赁合同确定计算方法。

如果租赁合同约定机驾人员工资、油料、维修等使用费由项目经理部承担，则：

机械租赁费＝Σ［（机械租赁单价＋使用费）× 租赁数量 × 租赁时间］

如果租赁合同约定机驾人员工资油料维修等使用费由出租方承担，则：

机械租赁费＝Σ（机械租赁单价 × 租赁数量 × 租赁时间）

（二）设备购置费

设备购置费是为满足公路初期运营、管理需要购置的构成固定资产标准的设备和虽低于固定资产标准但属于设计明确列入设备清单的设备费用，包括渡口设备，隧道照明、消防、通风的动力设备，公路监控、收费、通信、路网运行监测、供配电及照明设备等。

（三）措施费

措施费是指直接费以外施工过程中发生的直接用于工程的费用。其内容包括冬期施工增加费、雨期施工增加费、夜间施工增加费、特殊地区施工增加费、行车干扰工程施工增加费、施工辅助费、工地转移费等内容。

（四）专项费用

专项费用包括施工场地建设费和安全生产费。

1. 施工场地建设费

按照工地建设标准化要求进行承包人驻地、工地试验室建设、办公、生活居住房屋和生产用房屋等费用；场区平整、场地硬化、排水、绿化、标志、污水处理设施、围墙隔离设施等费用，以及以上范围内各种临时工作便道、人行便道，工地临时用水、用电的水管支管和电线支线，临时构筑物、其他小型临时设施等的搭设或租赁、维修、拆除及清理的费用。

工地试验室所发生的属于固定资产的试验设备和仪器等折旧、维修或租赁费用以及施工扬尘污染防治措施费和文明施工、职工健康生活的费用。不包括红线范围内贯通便道、进出场的临时便道、保通便道。

2. 安全生产费

安全生产费包括完善、改造和维护安全设施设备费用，配备、维护、保养应急救援器材、设备费用，开展重大危险源和事故隐患评估和整改费用，安全生产检查、评价、咨询费用，配备和更新现场作业人员安全防护用品支出，安全生产宣传、教育、培训费用，安全设施及特种设备检测检验费用，施工安全风险评估、应急演练等有关工作及其他与安全生产直接相关的费用。

（五）现场管理费

现场管理费的计算：

1. 保险费。
2. 管理人员工资。
3. 工资附加费。
4. 指挥车辆使用费。
5. 通信费、办公费、水电费、差旅交通费、取暖降温费等根据项目的规模、计划工期和经验数据计算。
6. 不可预见费。
7. 其他费用。

典型例题

1.【真题－单选】根据《公路工程建设项目概算预测编制办法》，属于材料费的是（　　）。

A. 周转材料摊销费　　　　　　B. 场内运输及操作损耗费

C. 检验试验费　　　　　　　　D. 燃油费

【参考答案】A

2.【真题－多选】根据《公路工程建设项目概算预算编制办法》，属于专项费用的有（　　）。

A. 场区平整硬化费用　　　　　B. 红线范围内贯通便道费用

C. 承包人工地试验室区域临时便道费用　　D. 工地试验室属于固定资产的仪器折旧费

E. 工程交工、竣工验收费

3.【模拟题－单选】不属于可变费用的是（　　）。

A. 燃油料费　　　　　　　　　　　　B. 电费

C. 机驾人员工资　　　　　　　　　　D. 折旧费

考点 218：以目标成本控制成本支出★

1. 人工费的控制（中标后预算规定的人工费的单价）

2. 材料费的控制（一是预算价格来控制材料的采购成本，二是对材料数量控制）

3. 周转工具使用费的控制

4. 施工机械使用费的控制

5. 现场管理费的控制

考点 219：施工成本核算的内容★

1. 人工费的核算

2. 材料费核算

3. 机械使用费的核算

4. 措施费的核算

5. 间接费用的核算

间接费用是指现场施工管理费，主要有管理人员的工资、奖金和按比例计提上交企业的职工福利费、工会经费、教育经费、劳保统筹费，以及现场公共生活服务等费用。

典型例题

【真题－多选】公路项目施工成本核算中，属于间接费的费用有（　　）。

A. 施工辅助费　　　　　　　　　　　B. 现场公共生活服务费

C. 职工取暖补贴　　　　　　　　　　D. 工人工会经费

E. 财务费用

重点回顾

考点	检测
成本计划的编制	编制施工成本计划的关键是（　　　）。 计划成本偏差＝（　　　）－（　　　）
标后预算编制方法	直接费－材料费：材料单价＝（材料采购单价＋运杂费）×［1＋（　　　）］×（1＋采购及保管费率）－包装品回收价值。 专项费用：专项费用包括（　　　）和（　　　）
目标成本控制成本支出	材料费的控制［一是（　　　）来控制材料的采购成本，二是对材料（　　　）控制］

小试牛刀

一、单选题

1. 公路项目施工成本管理流程包括：①成本预测，②成本核算，③成本计划，④成本考核，⑤成本分析，⑥成本控制，其正确的步骤为（　　）。

  A. ①③⑥⑤②④   B. ①⑥③⑤②④

  C. ①⑥③④②⑤   D. ①③⑥②⑤④

二、多选题

1. 材料预算价包括（　　）。

  A. 材料原价   B. 运杂费

  C. 场内、外运输损耗   D. 采购及保管费

  E. 操作性磨损

2. 编制公路项目标后预算时，应列入专项费用的有（　　）。

  A. 场地平整、硬化费用   B. 贯通便道的维修费用

  C. 指挥车辆使用费   D. 施工安全风险评估费用

  E. 工地试验室建设费用

三、案例题

案例

背景资料：

  某新建一级公路工程 K11+120 ～ K20+260 合同段位于海拔 3000m 以上的地区；路面结构设计示意图如下图所示，该合同段工程与其他工程或已有道路无交叉。依据交通运输部颁布的相关规定与定额编制了该工程施工图预算，其中 K11+120 ～ K12+120 底基层工程为：22300m²（底基层平均面积）。

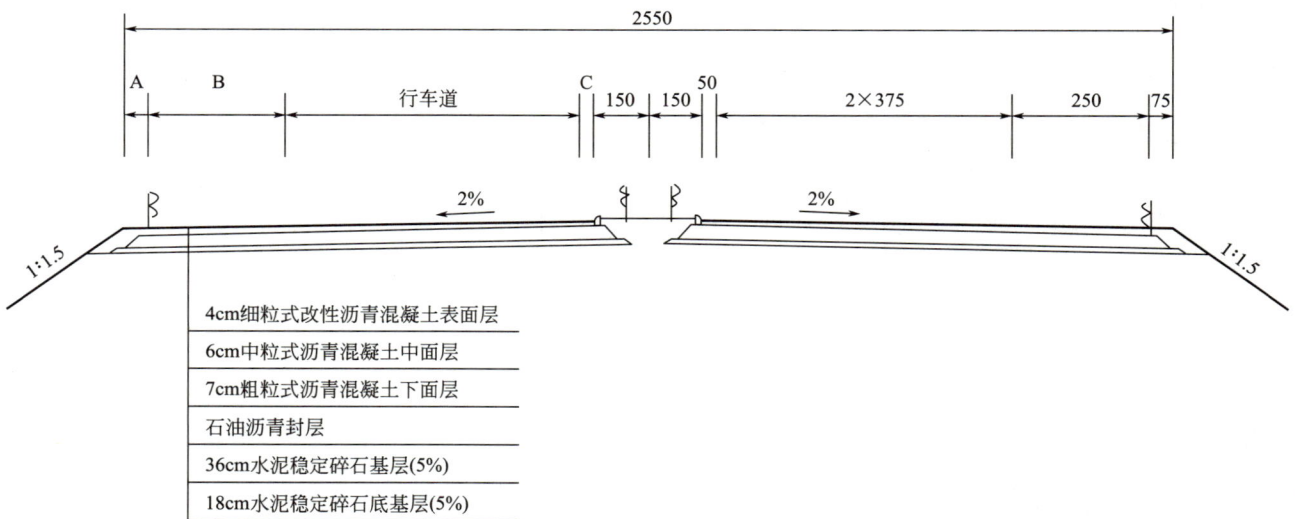

路面结构设计示意图(尺寸单位：cm)

  厂拌基层稳定土混合料的定额见下表：各定额分项预算价格分别为：人工：80 元／工日；稳定土混合料：162.72 元／m³；水泥：400 元／t；水：4 元／m³；碎石：80 元／m³；3m³ 以内轮胎装载机：1200 元／台班；300t/h 以内稳定土厂拌设备：1500 元／台班。

厂拌基层稳定土混合料定额表（水泥稳定类）

工程内容：装载

机铲运料，上料，配运料，拌合，出料。

单位：1000m²

序号	项目	单位	代号	水泥碎石 水泥剂量5% 压实厚度15cm	水泥碎石 水泥剂量5% 每增减1cm
1	人工	工日	1	2.8	0.2
2	稳定土混合料	m³	—	（151.5）	（10.10）
3	32.5级水泥	t	823	16.755	1.117
4	水	m³	866	21	1
5	碎石	m³	958	220.32	14.69
6	3m³以内轮胎式装载机	台班	1051	0.48	0.03
7	300t/h以内稳定土厂	台班	1160	0.24	0.02
8	基价	元	1999	—	—

项目部在施工底基层、基层时采用方法有：

（1）采用沥青混凝土摊铺机分一层两幅摊铺水泥稳定碎石底基层。

（2）采用稳定土摊铺机分一层两幅摊铺水泥稳定碎石基层。

（3）先用轻型两轮压路机跟在摊铺机后及时进行碾压，后用重型振动压路机，轮胎压路机继续碾压密实。

项目部于2014年6月—8月完成了该合同段工程所有路面施工，该地区属于冬Ⅲ区，11月进入冬季。

问题：

1. 写出路面结构设计图A、B、C的名称。

2. 计算K11+120～K12+120段底基层施工需拌制的水泥稳定碎石混合料的数量，并计算该部分厂拌底基层水泥稳定碎石混合料的材料费和施工机械使用费。（计算结果保留小数点后两位）

3. 该合同段的冬期施工增加费、高原地区施工增加费和行车干扰工程增加费是否需要计取？

4. 分别判断底基层、基层施工中3个施工方法是否正确？如不正确，请改正。

||||| **参考答案** |||||

一、单选题

1				
D				

二、多选题

1	2
A、B、D	A、D、E

三、案例题

案例

1. A为土路肩，B为硬路肩，C为路缘带。

2. 水泥稳定碎石混合料制备量：22300/1000×（151.5+10.10×3）=4054.14m³

材料费：22300/1000×[（16.755+1.117×3）×400+（21+1×3）×4+（220.32+14.69×3）×80]=653158.08 元

施工机械使用费：22300/1000×[（0.48+0.03×3）×1200+（0.24+0.02×3）×1500]=25288.20 元

3. 冬期施工增加费、高原地区施工增加费要记取，行车干扰工程增加费不需要记取。

4.（1）正确。

（2）错误，采用稳定土摊铺机（或沥青混凝土摊铺机）应分两层两幅摊铺水泥稳定碎石基层。

（3）正确。

笔记区

考点 220：工程量清单的含义★

工程量清单是招标单位（业主）将要招标的工程按一定的原则进行分解，以明确工程的内容和范围，并将这些内容量化而得到的一套工程项目表。

我国的公路工程项目招标，一般均由招标单位提供工程量清单。需要特别指出的是工程量清单中所列的工程数量是在实际施工生产前根据设计施工图纸和说明及工程量计算规则所得到的一种准确性较高的预算数量，并不是中标者在施工时应予完成的实际的工程量。业主应按实际工程量支付工程费用。

考点 221：工程量清单的内容★★

按上述原则编制的工程量清单，其内容分为前言（或说明）、工程子目、计日工明细表和清单汇总表四部分。

（一）前言（或说明）

（1）约定计量规则中没有的子目，其工程量按照有合同约束力的图纸所标示尺寸的理论净量计算。

（2）本工程量清单中所列工程数量是估算的或设计的预计数量，仅作为投标报价的共同基础，不能作为最终结算与支付的依据。实际支付应按实际完成的工程量，由承包人按工程量清单计量规则规定的计量方法，以监理工程师认可的尺寸、断面计量，按本工程量清单的单价和总额价计算支付金额；或根据具体情况，按合同条款的规定，按监理工程师确定的单价或总额价计算支付额。

（3）工程量清单中所列工程量的变动，丝毫不会降低或影响合同条款的效力，也不免除承包人按规定的标准进行施工和修复缺陷的责任。

（4）图纸中所列的工程数量表及数量汇总表仅是提供资料，不是工程量清单的外延。当图纸与工程量清单所列数量不一致时，以工程量清单所列数量作为报价的依据。

（5）工程量清单中的每一子目须填入单价或价格，且只允许有一个报价。

（6）除非合同另有规定，工程量清单中有标价的单价和总额价均已包括了为实施和完成合同工程所需的劳务、材料、机械、质检（自检）、安装、缺陷修复、管理、保险、税费、利润等费用，以及合同明示或暗示的所有责任、义务和一般风险。

（7）工程量清单中投标人没有填入单价或价格的子目，其费用视为已分摊在工程量清单中其他相关子目的单价或价格之中。承包人必须按监理工程师指令完成工程量清单中未填入单价或价格的子目，但不能得到结算与支付。

（8）符合合同条款规定的全部费用应认为已被计入有标价的工程量清单所列各子目之中，未列子目不予计量的工作，其费用应视为已分摊在本合同工程的有关子目的单价或总额价之中。

（9）承包人用于本合同工程的各类装备的提供、运输、维护、拆卸、拼装等支付的费用，已包括在工程量清单的单价与总额价之中。

（二）工程子目

工程量清单格式

子目号	子目名称	单位	工程数量	单价	合价或金额

（三）计日工明细表

业主可能有一些临时性的或新增加的项目，而且这种临时的新增项目的工程量在招标投标阶段很难估计，希望通过招标投标阶段事先定价，避免开工后可能发生时出现的争端，故需要以计日工明细表的方法在工程量清单中予以明确。

计日工明细表由总则、计日工劳务、计日工材料、计日工施工机械等方面的内容组成。

（四）工程量清单汇总表

再加上一定比例或数量（按招标文件规定）的暂列金额而得出该项目的总报价。

考点 222：投标报价的计算方式★

投标报价的组成：

投标报价的组成主要有直接费、措施费、企业管理费、利润、规费、税金和风险费等。

企业管理费，是指组织和管理工程施工所需的各项费用。由基本费用、主副食运输补贴、职工探亲路费、职工取暖补贴和财务费用等费用组成。

考点 223：工程计量程序★

（一）工程计量的组织类型

1. 监理工程师独立计量。
2. 承包人进行计量。
3. 监理工程师与承包人共同计量。

（二）现场计量的程序

工程计量由承包人向监理工程师提出并附有必要的中间交工验收资料或质量合格证明。

监理工程师对工程的任何部分进行计量时，应事先通知承包人或承包人的代表。

计量工作可以由监理工程师和承包人双方委派合格人员在现场进行，也可以采用记录和图纸在室内按计量规则进行计算，其结果都必须经监理工程师和承包人双方同意，签字认可。

（三）驻地监理工程师对计量结果的审查

驻地监理工程师对计量结果的审查包括两个方面：一是计量的工程质量是否达到合同标准；二是计量的过

程是否符合合同条件。

考点 224：工程量计量总原则 ★★

1. 任何工程项目的计量，均应按本规则规定或监理工程师书面指示进行。

2. 承包人应提供一切计量设备和条件，并保证其设备精度符合要求。

3. 除非监理工程师另有准许，一切计量工作都应在监理工程师在场情况下，由承包人测量、记录。有承包人签名的计量记录原本，应提交给监理工程师审查和保存。

4. 工程量应由承包人计算，由监理工程师审核。工程量计算的副本应提交给监理工程师并由监理工程师保存。

5. 除合同特殊约定单独计量之外，全部必需的模板、脚手架、装备、机具、螺栓、垫圈和钢制件等其他材料，应包括在工程量清单中所列的有关支付项目中，均不单独计量。

6. 除监理人另有批准外，凡超过图纸所示的面积或体积，都不予计量与支付。

典型例题

【真题－多选】根据《公路工程标准施工招标文件》，关于工程量计量的说法，正确的有（   ）。

A. 除非监理工程师另有准许，一切计量工作都应在监理工程师在场情况下，由承包人测量，监理工程师记录

B. 工程量应由承包人计算，由监理工程师审核，工程量计算原本应提交监理工程师保存

C. 除合同特殊约定单独计量之外，全部必需的模板、脚手架和钢制件等材料均不单独计量

D. 凡超过图纸所示的面积或体积均不予计量

E. 钢筋混凝土按监理工程师认可并已完工工程的净尺寸计量，不扣除钢筋所占体积

【参考答案】C、E

考点 225：工程价款的主要结算方式 ★

1. 按月结算。

2. 竣工后一次结算。

建设项目或单项工程全部建筑安装工程建设期在 12 个月以内，或者工程承包价值在 100 万元以下的，可以实行工程价款每月月中预支，竣工后一次结算。

3. 分段结算。即当年开工，当年不能竣工。

4. 目标结算方式。

5. 双方约定的其他结算方式。

考点 226：合同价款的调整 ★★

工程价款价差调整的主要方法：

（1）工程造价指数调整法。

（2）实际价格调整法。

（3）调价文件计算法。

（4）调值公式法。此种调值公式一般包括固定部分、材料部分和人工部分，调值公式一般为：

$$P=P_0\,(a_0+a_1A/A_0+a_2B/B_0+a_3C/C_0+\cdots\cdots)$$

式中：　　　　　P——调值后合同价款或工程实际结算款；

　　　　　　　P_0——合同价款中工程预算进度款；

　　　　　　　a_0——固定要素，代表合同支付中不能调整部分占合同总价的比重；

a_1、a_2、a_3……——代表各有关费用（如人工费、钢材费用、水泥费用等）在合同总价中所占的比重，

　　　　　　　$a_0+a_1+a_2+a_3+\cdots=1$；

A_0、B_0、C_0……——与 a_1、a_2、a_3 对应的各项费用的基期价格指数；

　A、B、C……——与 a_1、a_2、a_3 对应的各项费用的现行价格指数。

考点 227：工程拖期的价款调整 ★

如果承包人未能在投标书附录中写明的工期内完成本合同工程，则在该交工日期以后施工的工程，其价格调整计算应采用该交工日期所在年份的价格指数作为当期价格指数。

如果延期符合合同规定的情况，则在该延长的交工日期到期以后施工的工程，其价格调整计算应采用该延长的交工日期所在年份的价格指数作为当期价格指数。

典型例题

【真题－单选】若因承包人原因，未能在合同约定工期内完成工程，则在约定交工日期以后施工的工程，其价格调整计算应采用（　　　）。

A. 合同约定交工日期所在年份的价格指数作为当期价格指数

B. 合同约定交工日期所在年份的价格指数作为基期价格指数

C. 该延长的交工日期所在年份的价格指数作为当期价格指数

D. 该延长的交工日期所在年份的价格指数作为基期价格指数

【参考答案】A

考点 228：支付种类 ★

按时间分类，支付可分为预先支付（即预付）、期中支付、交工结算、最终结清四种。

考点 229：各种款项支付的约定 ★

（一）预付款

预付款包括开工预付款和材料、设备预付款。

1. 开工预付款的金额在项目专用条款数据表中约定（国内开工预付款金额一般应为10%签约合同价）。在承包人签订了合同协议书且承包人承诺的主要设备进场后，监理工程师应在当期进度付款证书中向承包人支付开工预付款。

2. 预付款保函

承包人无须向发包人提交预付款保函。发包人向承包人支付的预付款，应按照合同规定使用，承包人提交的履约保证金对预付款的正常使用承担保证责任。

3. 预付款的扣回与还清

（1）开工预付款在进度付款证书的累计金额未达到签约合同价的 30% 之前不予扣回，在达到签约合同价 30% 之后，开始按工程进度以固定比例（即每完成签约合同价的 1%，扣回开工预付款的 2%）分期从各月的进度付款证书中扣回，全部金额在进度付款证书的累计金额达到签约合同价的 80% 时扣完。

（2）当材料、设备已用于或安装在永久工程之中时，材料、设备预付款应从进度付款证书中扣回，扣回期不超过 3 个月。已经支付材料、设备预付款的材料、设备的所有权应属于发包人。

（二）质量保证金的支付与返还

1. 交工验收证书签发后 14 天内，承包人应向发包人缴纳质量保证金。质量保证金可采用银行保函或现金、支票形式，金额应符合项目专用合同条款数据表的规定。

2. 发包人应按照合同约定方式预留保证金，保证金总预留比例不得高于工程价款结算总额的 3%。合同约定由承包人以银行保函替代预留保证金的，保函金额不得高于工程价款结算总额的 3%。

3. 在合同条款约定的缺陷责任期满时，且质量监督机构已按规定对工程质量检测鉴定合格，承包人向发包人申请到期应返还承包人剩余的质量保证金金额，发包人应在 14 天内会同承包人按照合同约定的内容核实承包人是否完成缺陷责任。

典型例题

【模拟题】案例

某承包商于某年承包某工程项目施工，与业主签订的承包合同的部分内容有：

（1）工程合同价 2000 万元，工程价款采用调值公式动态结算。该工程的人工费占工程价款的 35%，需调值的材料费占 50%，不调值费用占 15%。具体的调值公式为：

$$P = P_0 \times (0.15 + 0.35 A/A_0 + 0.2 B/B_0 + 0.3 C/C_0)$$

式中：A_0、B_0、C_0——基期价格指数；

A、B、C——工程结算日期的价格指数。

（2）开工前业主向承包商支付合同价 10% 的预付款，开工预付款在进度付款证书的累计金额未达到签约合同价的 30% 之前不予扣回，达到签约合同价的 30% 之后，开始按工程进度以固定比例（即每完成签约合同价的 1%，扣回开工预付款的 2%）分期从各月的进度付款证书中扣回，全部金额在进度付款证书的累计金额达到签约合同价的 80% 时扣完。

（3）合同中约定质量保证金为工程价款结算总额的 3%，工程缺陷责任期 1 年，质量保修期为 5 年。

（4）合同约定各类保证金均以银行保函形式支付，承包商按要求缴纳了履约保证金。

（5）合同中约定，工程进度款按月结算，当月完成工程量月底计量，下月中旬支付。

工资、材料价格指数表

代号	A_0	B_0	C_0
基期价格指数	100	120	130
代号	A	B	C
5月指数	110	125	130
6月指数	108	128	140
7月指数	105	120	135
8月指数	102	130	128
9月指数	103	128	130

未调值前各月完成的工程情况为：

5月份完成工程300万元，其中业主供料部分材料费为20万元。

6月份完成工程600万元。

7月份完成工程700万元，另外由于业主方设计变更，导致工程局部返工，造成损失5万元，重新施工增加费用10万元。

8月份完成工程400万元，另有批准的索赔款5万元。

问题：

1. 工程预付款是多少？

2. 确定每月终业主应支付的工程款。

3. 在工程竣工半年后，发生桥面漏水，业主应如何处理此事？

【参考答案】

本案例考核工程预付款、工程价款的调值公式结算方法和计算，以及工程保修金的处理等。因此，在进行计算之前，对上述内容要进行系统的学习，尤其是关于动态结算方法和计算。

1. 工程预付款：2000万元×10%=200万元

2. 工程预付款的起扣点：2000万元×30%=600万元

每月终业主应支付的工程款：

① 5月份月终支付：

$300×（0.15+0.35×110/100+0.2×125/120+0.3×130/130）=313$ 万元

扣留业主供材：20万元

5月份月终支付工程款：313-20=293万元

② 6月份月终支付：

$600×（0.15+0.35×108/100+0.2×128/120+0.3×140/130）-[200×（300/2000）×100%×2]=578.65$ 万元

③ 7月份月终支付：

$[700×（0.15+0.35×105/100+0.2×120/120+0.3×135/130）+5+10]-[200×（700/2000）×100%×2]=595.33$ 万元

④ 8月份月终支付：

$400×（0.15+0.35×102/100+0.2×130/120+0.3×128/130）+5=412.62$ 万元

3. 工程在竣工半年后，发生桥面漏水，由于在保修期内，业主应首先通知承包人进行修复，直至验收合格为止。承包人不能在合理时间内修复缺陷的，发包人可自行修复或委托其他人修复，所需费用和利润的承担应按以下原则处理：监理人和承包人应共同查清桥面漏水的原因，经查明属承包人原因造成的，应由承包人承担修复和查验的费用。经查验属发包人原因造成的，发包人应承担修复和查验的费用，并支付承包人合理利润。

重点回顾

考点	检测
工程量清单内容	（　　　）、工程子目、（　　　）和清单汇总表
投标报价的组成	投标报价的组成主要有（　　　）、（　　　）、企业管理费、（　　　）、规费、（　　　）和风险费等
工程计量程序	驻地监理工程师对计量结果的审查包括两个方面：一是（　　　）；二是（　　　）
合同价款的调整	调值公式：$P=$（　　　　　）

📝 小试牛刀

一、单选题

1. 下列关于工程量清单说法正确的是（   ）。

    A. 实际支付应按工程量清单所列工程数量

    B. 图纸与工程量清单所列数量不一致时，以图纸所列数量作为依据

    C. 工程量清单中的每一子目须填入单价或价格，且只允许有一个报价

    D. 工程量清单中未填入单价或价格的子目，发包人应按计日工支付给承包人

2. 根据《公路工程标准施工招标文件》，除合同特殊约定之外，一般不单独计量支付的项目是（   ）。

    A. 桥梁支座   B. 箍筋

    C. 脚手架   D. 预应力钢筋

二、多选题

1. 质量保证金支付可采用的形式有（   ）。

    A. 现金   B. 股票

    C. 支票   D. 债券

    E. 银行保函

◀◀ 参考答案 ▶▶

一、单选题

1	2			
C	C			

二、多选题

1			
A、C、E			

🏢 **考点 230：驻地选址★★**

    1. 用地合法，周围无塌方、滑坡、落石、泥石流、洪涝等自然灾害隐患，无高频、高压电源及油、气、化工等其他污染源。

    2. 离集中爆破区 500m 以外，不得占用独立大桥下部空间、河道、互通匝道区及规划的取、弃土场。

考点 231：项目部驻地场地建设 ★

自建房屋最低标准为活动板房，建设宜选用阻燃材料，搭建不宜超过两层，每组最多不超过 10 栋，组与组之间的距离不小于 8m，栋与栋之间的距离不小于 4m，房间净高不低于 2.6m。驻地办公区、生活区应采用集中供暖设施，严禁电力取暖。

考点 232：项目部驻地硬件设施 ★

项目部一般设项目经理室（书记办公室）、项目总工程师办公室、项目副经理办公室、各职能部门办公室、档案室、试验室、会议室等。

考点 233：项目部驻地其他要求 ★

1. 在适当位置设置临时室外消防水池和消防沙池，配置相应的消防安全标识和消防安全器材，并经常检查、维护、保养。
2. 驻地内应设置消防通道。
3. 生活污水排放应进行规划设计，设置多级沉淀池，通过沉淀过滤达到排放标准。
4. 驻地内应设置一个大型垃圾堆积池。
5. 驻地内应设有必要的防雷设施。

典型例题

【真题－多选】关于施工单位项目部驻地建设要求的说法，正确的有（　　　）。

A. 自建房最低标准为活动板房，搭建不宜超过三层
B. 项目经理部人均办公面积一般不小于 $6m^2$
C. 生活污水排放应进行规划设计，设置一级沉淀池
D. 寒冷地区驻地办公区、生活区应采用集中供暖设计，严禁电力取暖
E. 驻地采用院落封闭管理，距离集中爆破区 300m 以外

【参考答案】B、D

考点 234：预制梁场布设 ★★

（一）场地选址

应满足用地合法，周围无塌方、滑坡、落石、泥石流、洪涝等地质灾害。无高频、高压电源及其他污染源；离集中爆破区 500m 以外；不得占用规划的取、弃土场。

（二）场地布置形式

预制场的布置取决于现场的面积、地形、工程规模、安装方法、工期及机械设备情况等，条件不同，布置方法差异较大。以下是预制场的几种布置形式：

1. 路基外预制场。
2. 路基上预制场。

3. 桥上预制场。

（三）场地建设

1. 场地建设前施工单位应将梁场布置方案报监理工程师审批，方案内容应包含各类型梁板的台座数量、模板数量、生产能力、存梁区布置及最大存梁能力等。

2. 宜采用封闭式管理，场地内应按办公区、生活区、构件加工区、制梁区和存梁区、废料处理区等科学合理设置。

3. 场内路面宜做硬化处理，主要运输道路应采用不小于 20cm 厚的 C20 混凝土硬化，基础不好的道路应增设碎石掺石屑垫层。

4. 每个预制梁场预制的梁板数量不宜少于 300 片。

（四）预制梁板台座布设

1. 先张法施工的张拉台座不得采用重力式台座，应采用钢筋混凝土框架式台座。

2. 底模宜采用通长钢板，不得采用混凝土底模。

3. 存梁区台座混凝土强度等级不低于 C20，台座尺寸应满足使用要求。用于存梁的枕梁应设在离梁两端面各 50 ～ 80cm 处，且不影响梁片吊装，支垫材质应采用承载力足够的非刚性材料，且不污染梁底。

4. 梁板预制完成后，移梁前应对梁板喷涂统一标识和编号，标识内容包括预制时间、张拉时间、施工单位、梁体编号、部位名称等。

5. 空心板、箱梁最多存放层数应符合设计文件和相关技术规范要求。设计文件无规定时，空心板叠层不得超过 3 层，小箱梁和 T 形梁堆叠存放不得超过 2 层。

考点 235：小型构件预制场布设★

（一）场地选址

1. 小型构件预制场选址应以方便、合理、安全、经济及满足工期为原则，结合合同段工程量及运输条件综合选址。

2. 应满足用地合法，周围无塌方、滑坡、落石、泥石流、洪涝等地质灾害。无高频、高压电源及其他污染源；离集中爆破区 500m 以外；不得占用规划的取、弃土场。

（二）场地建设

1. 宜采用封闭式管理，场地内应按构件生产区、存放区、养护区、废料处理区等科学合理设置，功能明确，标识清晰。

2. 预制场的建设规模应结合小型构件预制数量和预制工期等参数来规划，场地面积一般不小于 2000m^2。

3. 场内路面宜做硬化处理，主要运输道路应采用不小于 20cm 厚的 C20 混凝土硬化，基础不好的道路应增设碎石掺石屑垫层，场内不允许积水，四周宜设置砖砌排水沟，并采用 M7.5 砂浆抹面。

考点 236：拌合站选址★★

1. 应满足用地合法，周围无塌方、滑坡、落石、泥石流、洪涝等地质灾害。无高频、高压电源及其他污染源；离集中爆破区 500m 以外；不得占用规划的取、弃土场。

2. 拌合站选址应根据本合同段的主要构造物分布、运输、通电和通水条件等特点综合选址，尽量靠近主体工程施工部位，做到运输便利，经济合理；并远离生活区、居民区，尽量设在生活区、居民区的下风向。

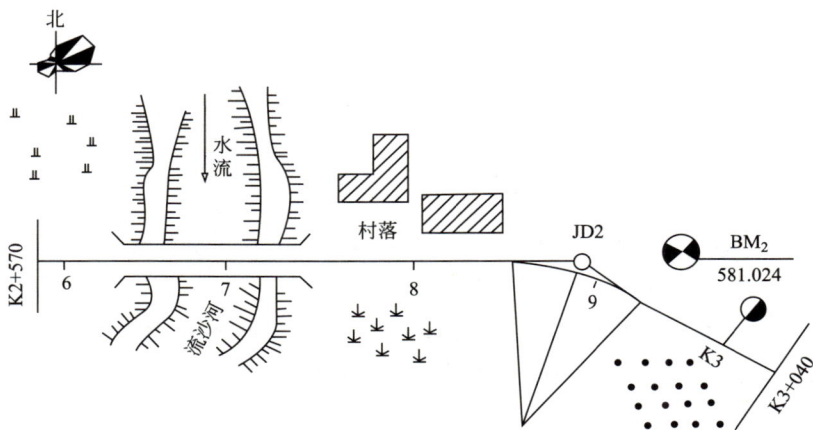

考点237：拌合设备要求★

1. 混凝土拌合应采用强制式拌合机，单机生产能力不宜低于 90m³/h。拌合设备应采用质量法自动计量，水、外掺剂计量应采用全自动电子称量法计量，禁止采用流量或人工计量方式，保证工作的连续性、自动性，且具备电脑控制及打印功能。减水剂罐体应加设循环搅拌水泵。

2. 水稳拌合应采用强制式拌合机，设备具备自动计量功能，一般设自动计量补水器。

3. 沥青混合料采用间歇式拌合机，配备计算机及打印设备。

考点238：拌合站其他要求★

拌合站标识、标牌设置

标识名称	标识内容及要求	设置位置
拌合站简介牌	拌合站的数量、供应主要构造物情况及质量、安全保障体系等	场地入口
混凝土配合比牌	—	拌合楼旁
材料标识牌	—	材料堆放处
操作规程	各机械设备操作要求	机械设备旁
消防保卫牌	底部应标有火警电话119	场内
安全警告警示牌	—	各作业点

考点239：便道建设★★

建设标准：

1. 根据地形条件，确定便道平纵线形及横断面宽度。

（1）便道单车道路基宽度不小于 4.5m，路面宽度不小于 3.0m，原则上每 300m 范围内应设置一个长度不小于 20m、路面宽度不小于 5.5m 的错车道。

（2）便道在急弯、陡坡处应视地形情况适当加宽，并进行硬化处理。

2. 便道路面最低标准应采用泥结碎石或级配碎石。在条件允许的情况下，便道路面可采用隧道洞渣或矿渣铺筑。特大桥、隧道洞口、拌合站和预制场等大型作业区进出便道200m 范围路面宜采用不小于20cm 厚的

C20 混凝土硬化。

考点 240：便桥建设 ★

（一）建设标准

1. 便桥结构按照实际情况专门设计，同时应满足排洪要求，人行便桥宽度不小于 2.5m，人车混行便桥宽度不小于 4.5m。若便桥长度超过 1km，宜适当增加宽度。

2. 便桥高度不低于上年最高洪水位，桥头设置限高、限重、限速标牌，桥面设立柱间距 1.5 ～ 2.0m、高 1.2m 的栏杆防护，栏杆颜色标准统一，在适当位置设置醒目的警示反光标志。

（二）便桥建设

便桥的类型有墩架式梁桥、装配式公路钢桥（俗称贝雷桥）、浮桥和索桥。

便桥的适用条件：当河窄、水浅时可选用墩架式梁桥；当河宽且具备贝雷桁架部件时，可选用贝雷桥；由于任务紧急，临时桥梁的修建不能短期完成时，或河水很深、河床泥土松软，桩基承载力不够且施工困难时，或河流通航，墩架梁桥净宽、净高不能满足要求时，可以考虑建造部分桥段易于拆散、组建的浮桥；当遇深山峡谷时，可选用索桥。

贝雷桥架设方法：常采用的架设方法是悬臂推出法、履带吊机架设法和浮运架设法。

桥梁推出时的倾覆稳定系数不小于 1.2，以防止桥梁尚未推至对岸滚轴之前发生倾倒。

典型例题

1. 【真题－多选】关于便道、便桥的说法，正确的有（　　）。

A. 便道路面宽度不小于 3m，原则上每 300m 范围内应设置一个长度不小于 20m，路基宽度不小于 5.5m 错车道

B. 人车混行便桥宽度不小于 4.5m

C. 便道路口应设限速标记，跨越（临近）道路施工应设置警告标志，危险段应设置防护及警告标牌

D. 途经小桥应设置限载、限宽标志

E. 便桥桥面设立柱间距 1.5 ～ 2.0m、高 1.2m 的栏杆防护

【参考答案】B、C、D、E

2. 【真题－单选】贝雷便桥架设常用悬臂推出法，推出时倾覆稳定性系数应不小于（　　）。

A. 1.2   B. 1.3

C. 1.5   D. 2.0

【参考答案】A

重点回顾

考点	检测
项目驻地建设	驻地选址：离集中爆破区（　　　）以外，（　　　　）占用独立大桥下部空间、河道、互通匝道区及规划的取、弃土场
预制梁场布设	场地选址：离集中爆破区（　　　）以外；不得占用规划的取、弃土场。 场地建设前施工单位应将梁场布置方案报监理工程师审批,方案内容应包含各类型梁板的（　　　）、（　　　）、（　　　）、（　　　）及（　　　）等。

续表

考点	检测
预制梁场布设	宜采用封闭式管理，场地内应按办公区、（　　）、构件加工区、（　　）和（　　）、（　　）等科学合理设置。 梁板预制完成后，移梁前应对梁板喷涂统一标识和编号，标识内容包括（　　）、（　　）、（　　）、（　　）、（　　）等
小型构件预制场布设	离集中爆破区（　　）以外；不得占用规划的取、弃土场。 场地内应按构件（　　）、存放区、养护区、（　　）等科学合理设置。 场内路面宜做硬化处理，主要运输道路应采用不小于（　　）厚的（　　）混凝土硬化。 离集中爆破区（　　）m以外；不得占用规划的取、弃土场
拌合站选址	离集中爆破区（　　）以外；不得占用规划的取、弃土场
便道	特大桥、隧道洞口、拌合站和预制场等大型作业区进出便道（　　）m范围路面宜采用不小于（　　）厚的（　　）混凝土硬化

📝 小试牛刀

一、单选题

1. 关于预制梁场布设错误的是（　　）。

　　A. 结合梁板的尺寸、数量、架设要求以及运输条件等情况进行综合选址

　　B. 监理指定预制场位置

　　C. 周围无塌方、滑坡、落石、泥石流、洪涝等地质灾害

　　D. 场地建设前施工单位应将梁场布置方案报监理工程师审批

2. 当河窄、水浅时，便桥宜选择（　　）。

　　A. 墩架式梁桥　　　　　　　　　　B. 贝雷桥

　　C. 浮桥　　　　　　　　　　　　　D. 索桥

二、多选题

1. 关于项目部驻地选址的说法，正确的有（　　）。

　　A. 可设在靠近项目现场的中间位置　　B. 可设在独立大桥下

　　C. 应设在离集中爆破区300m以外　　D. 可设在互通匝道区

　　E. 应设在周围无高频、高压电源的位置

三、案例题

案例（一）

背景资料：

　　某施工单位承接了某一级公路M合同段路面施工任务，起点桩号K16+000，终点桩号K37+300。路面面层为26cm厚C30水泥混凝土，采用滑模机械摊铺施工。施工单位根据施工现场的具体条件，通过方案比较后绘制了施工平面布置示意图如下所示：

　　图中拌合站由物料贮存系统、搅拌主机和电气控制系统以及其他附属设施等组成。

　　由于路面较宽，面层在纵向分两次铺筑，施工单位按要求设置纵向施工缝，施工缝采用平缝加拉杆型。施工中，监理工程师发现个别拉杆松脱，个别拉杆漏插。

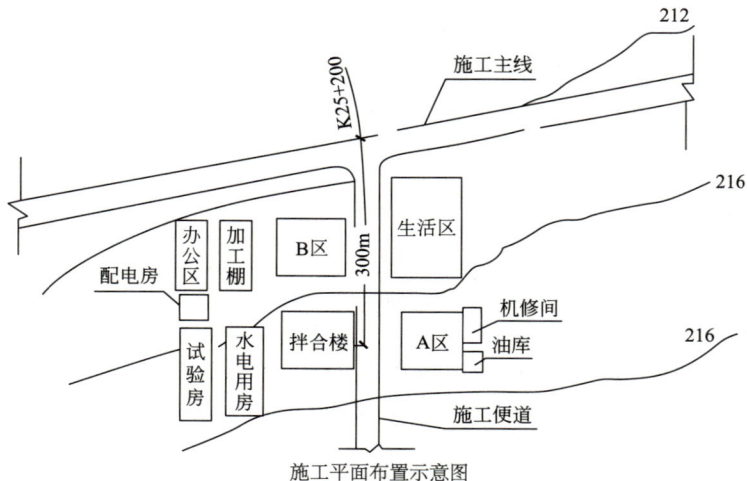

施工平面布置示意图

问题：

1. 写出施工平面布置示意图中 A 区、B 区的名称，补充水泥混凝土拌合站的基本组成系统。

2. 结合该路面施工方法，指出应在何时采用何种手段插入拉杆。

3. 针对监理工程师发现的问题，施工单位应如何处理？

案例（二）

背景资料：

某新建一级公路工程第二标段里程桩号为 K15+300 ～ K24+150，其中 K22+750 ～ K22+900 为一座大桥，上部结构为预制箱梁。工程所在地区属于冬 Ⅱ 区，地处海拔 1700 ～ 1800m 之间，工期 12 个月，春季开工。

施工现场总平面布置示意图如下图所示，现场需在 A、B、C 三个区域分别布置桥梁梁板预制场（含水泥混凝土拌合站）、水泥稳定土拌合站和承包人驻地三种临时工程。

由于预制场地基地质良好，现场预制箱梁采用了混凝土底模。承包人在驻地现场入口醒目位置设置了工程简介牌和安全生产牌等。现场清表后新建临时便道 1、2、3，其他便道为现场已有便道。

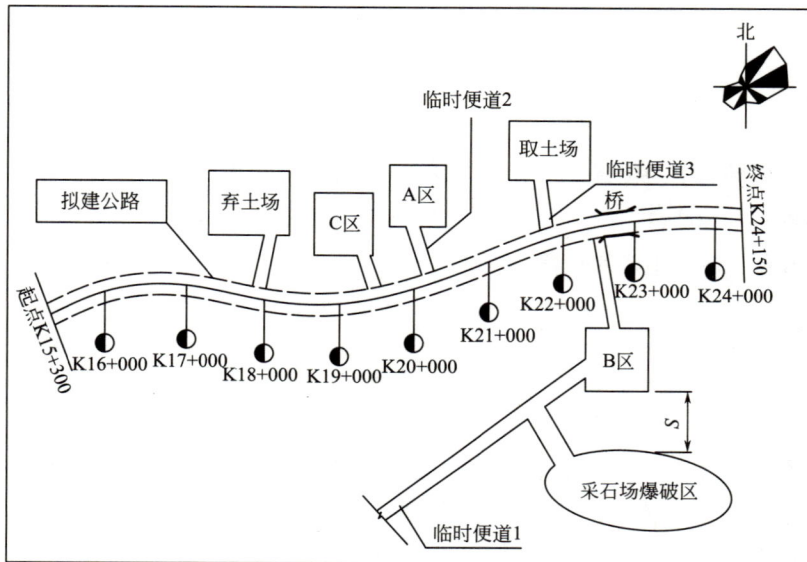

施工现场总平面布置示意图

该工程拟就近从采石场采购 1000m³ 碎石，碎石出厂价 80 元 /m³，运杂费 5 元 /m³，以上价格不含增值税，该材料增值税率 3%，场外运输损耗率 1%，场内运输操作损耗率 2%，采购及保管费率 2.67%。

问题：

1. 根据《公路工程施工安全技术规范》JTG F90—2015，为保证临时工程的安全，B 区与采石场爆破区直线距离 S 最短需要多少米？依据施工方便、合理、安全、经济、环保等施工现场总平面图布置原则，A、B、C 区分别布置哪种临时工程最合理？

2. 按照文明工地要求，承包人在驻地现场入口醒目处还需设置哪些标示牌？预制场为预制箱梁采用的底模是否合理？若不合理宜采用哪种底模？

3. 根据《公路工程基本建设项目概算预算编制办法》，分别判断临时便道现场清表是否需计取冬期施工增加费、高原地区施工增加费和行车干扰工程施工增加费？临时便道 1、2、3 是否应按临时设施费计取？

4. 计算该批碎石场外运输损耗费、采购及保管费和碎石材料预算单价。（计算结果小数点后保留 2 位）

参考答案

一、单选题

1	2			
B	A			

二、多选题

1			
A、E			

三、案例题

案例（一）

1. A：机械设备停置场；B：材料存放场。还应包括物料称重系统、物料输送系统。

2. 浇筑混凝土时，用摊铺机的侧向拉杆装置插入。

3. 发现拉杆松脱或漏插，应在横向相邻路面摊铺前，钻孔重新植入。

案例（二）

1. 最短距离 S=500m；A 区：承包人驻地；B 区：桥梁梁板预制场（含水泥混凝土拌合站）；C 区：水泥稳定土拌合站。

2. 还需设置：施工平面图、文明施工牌、消防保卫牌、廉政监督牌（或管理人员名单及监督电话牌）。设置混凝土底模不合理，宜采用钢模。

3. 现场清表工程需计取冬期施工增加费，不计取高原地区施工增加费，不计取行车干扰工程施工增加费，临时便道 1、2、3 不按临时设施费计取。

4.（1）场外运输损耗费：（80+5）×1%×1000=850.00 元

（2）采购及保管费：（80+5）×（1+1%）×2.67%×1000=2292.20 元

（3）碎石材料预算单价：（80+5）×（1+1%）×（1+2.67%）=88.14 元 m^3

考点 241：土方机械★★

（一）推土机

推土机的生产能力主要根据发动机功率确定，用于公路施工的推土机分为中型（59～103kW）、大型（118～235kW）和特大型（大于235kW）三种。推土机一般适用于季节性较强、工程量集中、施工条件较差的施工环境。主要用于50～100m短距离作业，如路基修筑、基坑开挖、平整场地、清除树、推集石渣等，并可为铲运机与挖装机械松土和助铲及牵引各种拖式工作装置等作业。

（二）铲运机

主要根据铲斗容积确定其生产能力，一般按铲斗容积分为小型（小于5m³）、中型（5～15m³）、大型（15～30m³）和特大型（大于30m³）四种。铲斗容积为小型和中型的合理运距为100～350m；大型和特大型的合理运距为800～1500m。铲运机主要用于中距离的大规模土方转运工程。在土的湿度方面，最适宜在湿度较小（含水量在25%以下）的松散砂土和黏土中施工，但不适宜于在干燥的粉砂土和潮湿的黏土中作业，更不宜在地下水位高的潮湿地区和沼泽地带以及岩石类地区作业。

（三）装载机

装载机是以带铲斗为工作部件的装载移动机械，它主要用来铲、装、卸、运散装物料，也可对岩石、硬土进行轻度铲掘作业，短距离转运工作。在较长距离的物料转运工作中，它往往与运输车辆配合，以提高工作效率。

（四）平地机

平地机是一种铲土、运土、卸土同时进行的连续作业机械。

平地机的生产能力按刮刀长度和发动机功率确定，分别为轻型：刮刀长度小于3m，发动机功率44～66kW；中型：刮刀长度3～3.7m，发动机功率66～110kW；重型：刮刀长度3.7～4.2m，发动机功率110～220kW。

平地机主要用于路基、砂砾路面的整平及土方工程中场地整形和平地作业，还可用于修整路基的横断面、修刮路堤和路堑的边坡、开挖边沟和路槽等。此外还可用来在路基上拌合稳定土或其他路面材料、摊铺材料、修整和养护土路、松土、回填、清除杂草和积雪等。

典型例题

【真题－单选】公路工程中既能平整场地，清除表土，又能修补路基的机械是（　　）。

A. 铲运机

B. 拌合机

C. 平地机

D. 铣刨机

【参考答案】C

考点 242：石方机械★

（一）凿岩机械

凿岩机械有凿岩机和钻孔机。

（二）破碎机械

破碎机械按结构特征可分为：颚式破碎机、锥式破碎机、锤式破碎机、反击式破碎机和辊式破碎机。

考点243：路面机械★★

（一）沥青混凝土搅拌设备

1. 沥青混凝土搅拌设备分类。分间歇式和连续滚筒式。间歇式搅拌机又分为强制式和自落式。高等级公路建设应使用强制间歇式搅拌设备，连续滚筒式搅拌设备用于普通公路建设。

2. 沥青混合料拌合设备的生产能力。生产能力按每小时拌合成品料的数量确定。主要有小型（40t/h以下）、中型（40～350t/h）和大型（400t/h以上）三种。

（二）沥青混合料摊铺机的生产能力

生产能力计算：

沥青混合料摊铺机的生产率以每小时的吨数来计算，它按下列公式计算：

$$Q=hBV_0\rho K_B(\text{t/h})$$

式中：h——铺层厚（m）；

B——摊铺带宽（m）；

V_0——摊铺工作速度（m/h）；

ρ——沥青混合料密度（t/m³）；

K_B——时间利用系数。

（三）水泥混凝土摊铺机

连续式摊铺机的生产率由下列公式计算：

$$Q=1000\,hBV_p K_B(\text{m}^3/\text{h})$$

式中：h——摊铺层厚度（m）；

B——摊铺层宽度（m）；

V_p——摊铺速度（km/h）；

K_B——时间利用系数。

典型例题

1.【真题－单选】一级公路沥青混凝土路面的沥青混合料搅拌设备应使用（　　）。

A. 自落间歇式搅拌设备　　　　　　　　B. 强制间歇式搅拌设备

C. 连续滚筒式搅拌设备　　　　　　　　D. 间断滚筒式搅拌设备

【参考答案】B

2.【真题－多选】计算沥青混合料摊铺机生产率时，应考虑的参数有（　　）。

A. 铺层厚　　　　　　　　　　　　　　B. 摊铺带宽

C. 材料运输速度　　　　　　　　　　　D. 沥青混合料密度

E. 时间利用系数

【参考答案】A、B、D、E

考点244：桥梁基础施工机械★

1. 全套管钻机：主要用于大型桥梁钻孔桩的钻孔施工。

2. 螺旋钻机、冲击钻机、回转斗钻机：

（1）螺旋钻机：用于灌注桩、深层搅拌桩、混凝土预制桩钻打结合法等工艺，适用土质的地质条件。

（2）冲击钻机：用于灌注桩钻孔施工，尤其在卵石、漂石地质条件下具有明显的优点。

（3）回转斗钻机：适用于除岩层外的各种土质地质条件。

3. 液压旋挖钻孔机：适用于除岩层、卵石、漂石地质外的各种土质地质条件，尤其在市政桥梁及场地受限的工程中使用。

考点245：桥梁上部施工机械★

（一）预应力张拉成套设备

预应力张拉成套设备主要由千斤顶、油泵车、卷管机、穿索机和压浆机组成。

（二）架桥设备

用于桥梁钢筋混凝土结构梁的吊装，主要有导梁式、缆索式和专用架桥设备。

考点246：合理配置施工机械★

1. 机械参考表

挖方	软土开挖	平地机	修补道路、平整场地
		推土机	短距离铲土、运土
		拖式铲运机	中等距离铲土、运土
		自行式铲运机	中长距离铲土、运土
	硬土开挖	中、大型推土机（带液压松土器）	适用于风化岩、软岩、漂石混合土质的挖方
		凿岩机、空气压缩机	松土器不能挖掘时，利用炸药来爆破
	沟的开挖	平地机	适用于侧沟的开挖
		推土机	适用于简易排水沟的开挖
		挖掘机	适用于埋设水管等沟的开挖，挖掘精度要求较高
压实	道路的填土、填筑堤坝等的压实	静力式压路机	适用于黏土、粉土
		轮胎压路机	适用于砂砾土、砂质土及黏土和粉土
		振动压路机	适用于砂砾土、砂质土
		羊足碾	适用于黏土、粉土
	填土坡面的压实	振动板	沿着坡面进行压实时使用
		牵引式振动压路机	规模小时使用振动板、规模大时使用牵引式振动压路机
	沥青混凝土路表面的压实	静力式压路机、轮胎压路机、振动压路机	根据不同的沥青路面结构形式可以采用不同的组合

2. 根据工程量、计划时段内的台班数、机械的利用率和生产率来确定施工机械需要数量，可用下列公式计算：

$$N=P/W_1QK_B$$

式中：N——需要机械的台数；

P——计划时段内应完成的工程量（m^3）；

W_1——计划时段内的台班数；

Q——机械的台班生产率（m^3/台班）；

K_B——时间利用系数。

典型例题

【模拟题－多选】施工机械需要数量应根据（　　）来确定施工机械需要数量公式。

A. 计划时间段内应完成的工程量　　B. 计划时段内的台班数

C. 储备系数　　D. 机械的台班生产率

E. 时间利用系数

【参考答案】 A、B、D、E

考点 247：水泥混凝土路面施工主要机械设备的配置★

水泥混凝土路面施工设备主要有混凝土搅拌楼、装载机、运输车、布料机、挖掘机、吊车、滑模摊铺机、整平梁、拉毛养护机、切缝机、洒水车等。

考点 248：隧道工程施工主要机械的配置★

（1）钻孔机械：风动凿岩机、液压凿岩机、凿岩台车。

（2）装药台车。

（3）找顶及清底机械。

（4）初次支护机械：锚杆台车、混凝土喷射机。

（5）注浆机械（包括钻孔机、注浆泵）。

（6）装碴机械（包括轮胎式、履带式装载机、扒爪装岩机、耙斗式装岩机、铲斗式装岩机）。

（7）运输机械（包括自卸汽车、矿车）。

（8）二次支护衬砌机械：模板衬砌台车（混凝土搅拌站、搅拌运输车、混凝土输送泵）。

典型例题

【真题－多选】可用于隧道二次衬砌的施工机械设备有（　　）。

A. 锚杆台车　　B. 混凝土喷射机

C. 混凝土搅拌站　　D. 搅拌运输车

E. 混凝土输送泵

【参考答案】 C、D、E

重点回顾

考点	检测
土方机械	推土机，主要用于（　　）短距离作业。装载机也可对岩石、硬土进行轻度铲掘作业，（　　）转运工作
沥青混凝土搅拌设备	沥青混凝土搅拌设备分类：分（　　）和（　　）。间歇式搅拌机又分为（　　）和（　　）。高等级公路建设应使用（　　）搅拌设备，（　　）搅拌设备用于普通公路建设
桥梁基础机械施工	（　　）：用于灌注桩、深层搅拌桩、混凝土预制桩钻打结合法等工艺，适用土质的地质条件。 （　　）：用于灌注桩钻孔施工，尤其在卵石、漂石地质条件下具有明显的优点。 （　　）：适用于除岩层外的各种土质地质条件。 （　　）：适用于除岩层、卵石、漂石地质外的各种土质地质条件，尤其在市政桥梁及场地受限的工程中使用

📝 小试牛刀

一、单选题

1. 下列施工机械中，不适用于开挖沟的是（　　）。

    A. 平地机   B. 铲运机

    C. 推土机   D. 挖掘机

二、多选题

1. 铲运机不适宜在（　　）中施工。

    A. 湿度较小（含水量在 25% 以下）的松散砂土

    B. 地下水位高的潮湿地区

    C. 干燥的粉砂土

    D. 潮湿的黏土

    E. 沼泽地带

◀◀ 参考答案 ▶▶

一、单选题

1				
B				

二、多选题

1				
B、C、D、E				

> 笔记区 ▶▶

🏢 考点 249：公路建设法规体系★

    公路建设管理法规体系分为二级五层次。

    第一级为国家级，由国家法律、国家行政法规和交通运输部规章三层次组成。

    第二级为地方级，由地方行政法规和地方规章两层次组成。

🏢 考点 250：公路工程标准体系的结构★

    体系结构：

1. 第一层为板块。
2. 第二层为模块。
3. 第三层为标准。

重点回顾

考点	检测
公路建设法规体系	公路建设管理法规体系分为（　　　）
公路工程标准体系的结构	第一层为（　　　）、第二层为（　　　）、第三层为（　　　）

小试牛刀

单选题：

1. 公路工程标准体系的结构分为三层，第一层为（　　　）。

A. 模块 　　　　　　　　　　　　　B. 标准

C. 板块 　　　　　　　　　　　　　D. 规定

━━━━━━ ⫸⫸ 参考答案 ⫷⫷ ━━━━━━

单选题：

1				
C				

> 笔记区 ⫸⫸

考点 251：公路工程施工企业资质类别、等级的划分★

公路工程施工企业资质等级的划分：

公路工程施工企业根据国家相关规定，结合公路工程特点，具体等级划分如下：

公路工程施工总承包企业分为特级企业、一级企业、二级企业、三级企业。

公路路面工程专业承包企业分为一级企业、二级企业、三级企业。

公路路基工程专业承包企业分为一级企业、二级企业、三级企业。

桥梁工程专业承包企业分为一级企业、二级企业、三级企业。

隧道工程专业承包企业分为一级企业、二级企业、三级企业。

考点252：公路施工企业承包工程范围★

公路工程施工总承包企业承包工程范围：

序号	企业等级	承包工程范围
1	特级企业	可承担各等级公路及其桥梁、隧道工程的施工
2	一级资质	可承担各级公路及其桥梁、长度3000m以下的隧道工程的施工
3	二级资质	可承担一级标准以下公路，单座桥长1000m以下、单跨跨度150m以下的桥梁，长度1000m以下的隧道工程的施工
4	三级资质	可承担二级标准以下公路，单座桥长500m以下、单跨跨度50m以下的桥梁工程的施工

典型例题

【真题-多选】公路工程施工总承包二级资质企业承包工程的范围有（　　）。

　　A. 一级标准以下的公路工程

　　B. 长度3000m以下的隧道工程

　　C. 单座桥长1000m以下、单跨跨度150m以下的桥梁工程

　　D. 高速公路的路面工程

　　E. 二级标准以下的公路工程

【参考答案】A、C、E

考点253：《公路建设市场管理办法》的主要规定★

　　1. 国家投资的公路建设项目，项目法人与施工、监理单位应当按照国务院交通运输主管部门的规定，签订廉政合同。

　　2. 项目施工应当具备以下条件：

　　（1）项目已列入公路建设年度计划。

　　（2）施工图设计文件已经完成并经审批同意。

　　（3）建设资金已经落实，并经交通运输主管部门审计。

　　（4）征地手续已办理，拆迁基本完成。

　　（5）施工、监理单位已依法确定。

　　（6）已办理质量监督手续，已落实保证质量和安全的措施。

　　3. 公路工程实行政府监督、法人管理、社会监理、企业自检的质量保证体系。

　　4. 施工单位招用农民工的，应当依法签订劳动合同，并将劳动合同报项目监理工程师和项目法人备案。

考点254：《公路工程设计施工总承包管理办法》的主要规定★

　　1. 总承包单位由项目法人依法通过招标方式确定。项目法人负责组织公路工程总承包招标。公路工程总承包招标应当在初步设计文件获得批准并落实建设资金后进行。

　　2. 总承包单位（包括总承包联合体成员单位，下同）不得是总承包项目的初步设计单位、代建单位、监理单位或以上单位的附属单位。

3. 招标人应当合理确定投标文件的编制时间，自招标文件开始发售之日起至投标人提交投标文件截止时间止，不得少于 60 天。

4. 项目法人应当在初步设计批准概算范围内确定最高投标限价。

考点 255：《公路工程施工分包管理办法》的主要规定 ★

1. 承包人未在施工现场设立项目管理机构和派驻相应人员对分包工程的施工活动实施有效管理，并且有下列情形之一的，属于转包：

（1）承包人将承包的全部工程发包给他人的。

（2）承包人将承包的全部工程肢解后以分包的名义分别发包给他人的。

（3）法律、法规规定的其他转包行为。

2. 有下列情形之一的，属于违法分包：

（1）承包人未在施工现场设立项目管理机构和派驻相应人员对分包工程的施工活动实施有效管理的。

（2）承包人将工程分包给不具备相应资格的企业或者个人的。

（3）分包人以他人名义承揽分包工程的。

（4）承包人将合同文件中明确不得分包的专项工程进行分包的。

（5）承包人未与分包人依法签订分包合同或者分包合同未遵循承包合同的各项原则，不满足承包合同中相应要求的。

（6）分包合同未报发包人备案的。

（7）分包人将分包工程再进行分包的。

（8）法律、法规规定的其他违法分包行为。

考点 256：公路建设市场信用信息管理办法 ★

信息		公布期限
信用信息	单位基本信息	长期
	表彰奖励类良好行为信息	2 年
	不良行为信息	2 年
	信用评价信息	1 年

考点 257：公路施工企业信用评价规则 ★

1. 公路施工企业信用评价工作实行定期评价和动态管理相结合的方式。

2. 定期评价工作每年开展一次，对公路施工企业上一年度的市场行为进行评价。

3. 评价内容由公路施工企业投标行为、履约行为和其他行为构成。投标行为以公路施工企业单次投标为评价单元，履约行为以单个施工合同段为评价单元。

4. 投标行为和履约行为初始分值为 100 分，实行累计扣分制。其中，投标行为占 20%，履约行为占 80%，若有其他行为的，从企业信用评价总得分中扣除。

5. 公路施工企业投标行为由招标人负责评价，履约行为由项目法人负责评价，其他行为由负责行业监管的相应地方人民政府交通运输主管部门负责评价。招标人、项目法人、负责行业监管的相应地方人民政府交通运输主管部门等评价人对评价结果签认负责。

6. 公路施工企业信用评价等级分为 AA、A、B、C、D 五个等级，各信用等级对应的企业评分 X 分别为：

AA 级：95 分 $\leq X \leq$ 100 分，信用好；

A 级：85 分 $\leq X <$ 95 分，信用较好；

B 级：75 分 $\leq X <$ 85 分，信用一般；

C 级：60 分 $\leq X <$ 75 分，信用较差；

D 级：$X <$ 60 分，信用差。

7. 对存在直接定为 D 级或降级的行为，招标人、项目法人或负责行业监管的相应地方人民政府交通运输主管部门发现后即报省级交通运输主管部门。自省级交通运输主管部门认定之日起企业在该省信用评价等级为 D 级或降一等级。

被 1 个省级交通运输主管部门直接认定为 D 级的企业，其全国综合评价直接定为 C 级；被 2 个及以上省级交通运输主管部门直接认定为 D 级以及被国务院交通运输主管部门行政处罚的公路施工企业，其全国综合评价直接定为 D 级。

8. 公路施工企业信用升级实行逐级上升制，每年只能上升一个等级，不得越级。公路施工企业信用降级按照实际评定的等级确定。

9. 公路施工企业资质升级的，其信用评价等级不变。企业分立的，按照新设立企业确定信用评价等级，但不得高于原评价等级。企业合并的，按照合并前信用评价等级较低企业等级确定。

10. 公路施工企业在某省级行政区域的信用评价等级可使用本省综合评价结果，也可使用全国综合评价结果，具体由省级交通运输主管部门规定。

考点 258：公路工程设计变更管理相关规定 ★★

公路工程设计变更分为重大设计变更、较大设计变更和一般设计变更。

有下列情形之一的属于重大设计变更：

（1）连续长度 10km 以上的路线方案调整的；

（2）特大桥的数量或结构形式发生变化的；

（3）特长隧道的数量或通风方案发生变化的；

（4）互通式立交的数量发生变化的；

（5）收费方式及站点位置、规模发生变化的；

（6）超过初步设计批准概算的。

有下列情形之一的属于较大设计变更：

（1）连续长度 2km 以上的路线方案调整的；

（2）连接线的标准和规模发生变化的；

（3）特殊不良地质路段处置方案发生变化的；

（4）路面结构类型、宽度和厚度发生变化的；

（5）大中桥的数量或结构形式发生变化的；

（6）隧道的数量或方案发生变化的；

（7）互通式立交的位置或方案发生变化的；

（8）分离式立交的数量发生变化的；

（9）监控、通信系统总体方案发生变化的；

（10）管理、养护和服务设施的数量和规模发生变化的；

（11）其他单项工程费用变化超过 500 万元的；

（12）超过施工图设计批准预算的。

重大设计变更由交通运输部负责审批。较大设计变更由省级交通运输主管部门负责审批。项目法人负责对一般设计变更进行审查。

典型例题

1. 【真题－单选】根据《公路工程设计变更管理办法》，关于公路工程设计变更的说法，正确的是（   ）。

　　A. 重大设计变更由省级交通主管部门负责审批

　　B. 项目法人不可以直接提出公路工程设计变更的建议

　　C. 超过初步设计批准概算的变更属于较大设计变更

　　D. 对较大设计变更建议，项目法人经审查论证确认后，向省级交通主管部门提出公路工程设计变更的申请

【参考答案】D

2. 【真题－多选】下列设计变更的情形中，属于较大设计变更的有（   ）。

　　A. 连续长度 2km 以上的路线方案调整　　B. 连接线的标准和规模发生变化

　　C. 互通式立交的数量发生变化　　D. 收费方式及站点位置、规模发生变化

　　E. 分离式立交的数量发生变化

【参考答案】A、B、E

3. 【真题－单选】根据《公路工程设计变更管理办法》，发生较大设计变更时，负责审批的单位是（   ）。

　　A. 交通运输部　　B. 项目建设单位

　　C. 省级交通运输主管部门　　D. 勘察设计单位

【参考答案】C

考点 259：公路工程招标★

1. 公路工程建设项目履行项目审批或者核准手续后，方可开展勘察设计招标；

初步设计文件批准后，方可开展施工监理、设计施工总承包招标；

施工图设计文件批准后，方可开展施工招标。

2. 公路工程建设项目采用资格预审方式公开招标的，应当按照下列程序进行：

（1）编制资格预审文件；

（2）发布资格预审公告，发售资格预审文件，公开资格预审文件关键内容；

（3）接收资格预审申请文件；

（4）组建资格审查委员会对资格预审申请人进行资格审查，资格审查委员会编写资格审查报告；

（5）根据资格审查结果，向通过资格预审的申请人发出投标邀请书；向未通过资格预审的申请人发出资格预审结果通知书，告知未通过的依据和原因；

（6）编制招标文件；

（7）发售招标文件，公开招标文件的关键内容；

（8）需要时，组织潜在投标人踏勘项目现场，召开投标预备会；

（9）接收投标文件，公开开标；

（10）组建评标委员会评标，评标委员会编写评标报告、推荐中标候选人；

（11）公示中标候选人相关信息；

（12）确定中标人；

（13）编制招标投标情况的书面报告；

（14）向中标人发出中标通知书，同时将中标结果通知所有未中标的投标人；

（15）与中标人订立合同。

3. 招标人应当根据国家有关规定，结合招标项目的具体特点和实际需要，合理确定对投标人主要人员以及其他管理和技术人员的数量和资格要求。主要人员是指设计负责人、总监理工程师、项目经理和项目总工程师等项目管理和技术负责人。

4. 招标人在招标文件中要求投标人提交投标保证金的，投标保证金不得超过招标标段估算价的 2%。投标保证金有效期应当与投标有效期一致。

🏢 考点 260：公路工程投标★

投标文件按照要求送达后，在招标文件规定的投标截止时间前，投标人修改或者撤回投标文件的，应当以书面函件形式通知招标人。

投标人在投标截止时间前撤回投标文件且招标人已收取投标保证金的，招标人应当自收到投标人书面撤回通知之日起 5 日内退还其投标保证金。

投标截止后投标人撤销投标文件的，招标人可以不退还投标保证金。

🏢 考点 261：公路工程开标、评标和中标★

1. 开标应当在招标文件确定的提交投标文件截止时间的同一时间公开进行；开标地点应当为招标文件中预先确定的地点。

投标人少于 3 个的，不得开标，投标文件应当当场退还给投标人；招标人应当重新招标。

2. 开标由招标人主持，邀请所有投标人参加。开标过程应当记录，并存档备查。投标人对开标有异议的，应当在开标现场提出，招标人应当当场作出答复，并制作记录。参加开标的投标人，视为对开标过程无异议。

3. 投标文件按照招标文件规定采用双信封形式密封的，开标分两个步骤公开进行：

第一步骤对第一信封内的商务文件和技术文件进行开标，对第二信封不予拆封并由招标人予以封存。

第二步骤宣布通过商务文件和技术文件评审的投标人名单，对其第二信封内的报价文件进行开标，宣读投标报价。未通过商务文件和技术文件评审的，对其第二信封不予拆封，并当场退还给投标人；投标人未参加第二信封开标的，招标人应当在评标结束后及时将第二信封原封退还投标人。

4. 有下列情形之一的应重新招标：

（1）通过资格预审的申请人少于 3 个的。

（2）投标人少于 3 个的。

（3）所有投标均被否决的。

（4）中标候选人均未与招标人订立书面合同的。

📖 典型例题

【真题－单选】关于公路工程招标投标管理的说法正确的是（　　　　）。

A. 施工图设计文件审查后即可开展施工招标

B. 采用资格后审方式进行施工招标的，投标文件应当以双信封形式密封

C. 招标人应当规定最低投标限价和最高投标限价

D. 有效投标不足 3 个的，评标委员会应当否决全部投标

【参考答案】B

考点 262：公路工程竣（交）工验收依据 ★

公路工程验收阶段划分和验收阶段主要工作：

公路工程验收分为交工验收和竣工验收两个阶段。

交工验收阶段，其主要工作是：检查施工合同的执行情况，评价工程质量，对各参建单位工作进行初步评价。

竣工验收阶段，其主要工作是：对工程质量、参建单位和建设项目进行综合评价，并对工程建设项目做出整体性综合评价。

考点 263：公路工程竣（交）工验收条件和主要内容 ★

（一）交工验收

1. 公路工程交工验收应具备的条件

（1）合同约定的各项内容已全部完成。各方就合同变更的内容达成书面一致意见。

（2）施工单位质量自检合格。

（3）监理单位对工程质量评定合格。

（4）质量监督机构的检测意见中需整改的问题已经处理完毕。

（5）竣工文件按公路工程档案管理的有关要求，完成"公路工程项目文件归档范围"第二、四、五部分（不含缺陷责任期资料）内容的收集、整理及归档工作。

（6）施工单位、监理单位完成本合同段的工作总结报告。

交工验收工程质量等级评定分为合格和不合格，工程质量评分值大于等于 75 分的为合格，小于 75 分的为不合格。

2. 交工验收程序

施工单位	→	监理单位	→	项目法人
完成全部工程内容，且施工自检和监理检验评定均合格		审查并签署意见		核查，组织交工验收
自检评定资料和施工总结报告		独立抽检资料、质量评定资料、监理工作报告		合同段合格：颁发公路工程交工验收证书 各合同段合格：完成公路工程交工验收报告

（二）竣工验收

1. 竣工验收应具备的条件

（1）通车试运营 2 年以上。

（2）交工验收提出的工程质量缺陷等遗留问题已全部处理完毕，并经项目法人验收合格。

（3）工程决算编制完成，竣工决算已经审计，并经交通运输主管部门或其授权单位认定。

（4）竣工文件已完成"公路工程项目文件归档范围"的全部内容。

（5）档案、环保等单项验收合格，土地使用手续已办理。

（6）各参建单位完成工作总结报告。

（7）质量监督机构对工程质量检测鉴定合格，并形成工程质量鉴定报告。

2. 竣工验收准备工作程序

项目法人提出验收申请→相关交通运输主管部门审查→报负责竣工验收的交通运输主管部门→通知所属的质量监督机构（质量鉴定）→出具鉴定报告，审核交工验收对设计、施工、监理初步评价结果→报交通运输主管部门→（负责竣工验收的交通运输主管部门）组织竣工验收。

3. 竣工验收的主要内容

（1）成立竣工验收委员会。

（2）听取公路工程项目执行报告、设计工作报告、施工总结报告、监理工作报告及接管养护单位项目使用情况报告。

（3）听取公路工程质量监督报告及工程质量鉴定报告。

（4）竣工验收委员会成立专业检查组检查工程实体质量，审阅有关资料，形成书面检查意见。

（5）对项目法人建设管理工作进行综合评价。审定交工验收对设计单位、施工单位、监理单位的初步评价。

（6）对工程质量进行评分，确定工程质量等级，并综合评价建设项目。

（7）形成并通过《公路工程竣工验收鉴定书》。

（8）负责竣工验收的交通运输主管部门印发《公路工程竣工验收鉴定书》。

（9）质量监督机构依据竣工验收结论，对各参建单位签发"公路工程参建单位工作综合评价等级证书"。

竣工验收委员会由交通运输主管部门、公路管理机构、质量监督机构、造价管理机构等单位代表组成。

项目法人、设计、施工、监理、接管养护等单位代表参加竣工验收工作，但不作为竣工验收委员会成员。

4. 竣工验收质量评定

竣工验收工程质量评分采取加权平均法计算，其中交工验收工程质量得分权值为 0.2，质量监督机构工程质量鉴定得分权值为 0.6，竣工验收委员会对工程质量的评分权值为 0.2。

对于交工验收和竣工验收合并进行的小型项目，质量监督机构工程质量鉴定得分权值为 0.6，监理单位对工程质量评定得分权值为 0.1，竣工验收委员会对工程质量的评分权值为 0.3。

竣工验收质量评定中工程质量评分大于等于 90 分为优良，小于 90 分且大于等于 75 分为合格，小于 75 分为不合格。

典型例题

1.【真题－单选】根据《公路竣（交）工验收办法实施细则》，不能作为竣工验收委员会成员的是（　　）。

A. 交通运输主管部门代表　　B. 质量监督机构代表

C. 造价管理机构代表　　D. 设计单位代表

【参考答案】D

2.【真题－多选】根据《公路工程竣（交）工验收办法实施细则》，公路工程交工验收应具备的条件有（　　）。

A. 通车试运营 2 年以上

B. 施工单位按《公路工程质量检验评定标准》及相关规定对工程质量自检合格

C. 监理单位对工程质量评定合格

D. 质量监督机构按"公路工程质量鉴定办法"对工程质量进行检测，并出具检测意见，检测意见中需整改的问题已经处理完毕

E. 档案、环保等单项验收合格，土地使用手续已办理

【参考答案】B、C、D

重点回顾

考点	检测
公路工程施工企业资质类别、等级的划分	公路工程施工（　　　）企业分为特级企业、一级企业、二级企业、三级企业
《公路工程施工分包管理办法》的主要规定	承包人将承包的全部工程发包给他人的；承包人将承包的全部工程肢解后以分包的名义分别发包给他人的；属于（　　　）
公路建设市场信用信息管理办法	信用信息分为（　　　）、（　　　）、（　　　）、（　　　）
公路工程设计变更管理相关规定	重大设计变更：连续长度（　　　）km 以上的路线方案调整的；（　　　）桥的数量或结构形式发生变化的；（　　　）隧道的数量或通风方案发生变化的；超过（　　　）概算的。 较大设计变更：连续长度（　　　）km 以上的路线方案调整的；（　　　）路段处置方案发生变化的；其他单项工程费用变化超过（　　　）万元的；超过（　　　）预算的。 重大设计变更由（　　　）负责审批。较大设计变更由（　　　）负责审批。（　　　）负责对一般设计变更进行审查
公路工程竣（交）工验收条件和主要内容	竣工验收质量评定中工程质量评分大于等于 90 分为（　　　），小于 90 分且大于等于 75 分为（　　　），小于 75 分为（　　　）

小试牛刀

一、单选题

1. 某企业具有公路工程总承包三级资质，下列工程中，该企业可承担的是（　　　）。

　　A. 一级标准的公路工程施工

　　B. 二级标准以下公路，单座桥长大于 800m 的桥梁工程施工

　　C. 二级标准以下公路，单座桥长 500m 以下、单跨跨度 50m 以下的桥梁工程施工

　　D. 二级标准以下公路，断面 40m² 以下且单洞长度 500m 以下的隧道工程施工

2. 根据《公路工程施工分包管理办法》，下列情形属于违法分包的是（　　　）。

　　A. 承包人将承包的全部工程分解后以分包的名义分别发包给他人的

　　B. 分包人以他人名义承揽分包工程的

　　C. 未列入投标文件但因工程变更增加了有特殊技术要求的专项工程，且按规定无须再进行招标的，经发包人书面同意，进行分包的

　　D. 发包人将某分项工程直接进行发包的

3. 工程各合同段交工验收结束后，由（　　　）对整个工程项目进行工程质量评定。

　　A. 项目法人　　　　　　　　　　　　B. 监督机构

　　C. 监理单位　　　　　　　　　　　　D. 竣工验收委员会

二、多选题

1. 公路建设市场信用信息包括公路建设从业单位的（　　　）。

　　A. 不良行为信息

　　B. 表彰奖励类良好行为信息

　　C. 自有及租赁设备基本情况

　　D. 资质、资格情况

　　E. 信用评价信息

2. 根据《公路工程设计变更管理办法》，下列属于重大设计变更的是（   ）。

    A. 连续 10km 以上的路线方案调整

    B. 互通式立交的位置或方案发生变化的

    C. 特大桥数量或结构形式发生变化的

    D. 路面结构类型、宽度和厚度发生变化的

    E. 特殊不良地质路段处置方案发生变化的

参考答案

一、单选题

1	2	3		
C	B	A		

二、多选题

1	2			
A、B、D、E	A、C			

笔记区

考点 264：公路工程施工安全生产条件★

施工单位应当设置安全生产管理机构或者配备专职安全生产管理人员。施工单位应当根据工程施工作业特点、安全风险以及施工组织难度，按照年度施工产值配备专职安全生产管理人员，不足 5000 万元的至少配备 1 名；5000 万元以上不足 2 亿元的按每 5000 万元不少于 1 名的比例配备；2 亿元以上的不少于 5 名，且按专业配备。

考点 265：公路工程承包人安全责任★

1. 施工单位应当书面明确本单位的项目负责人，代表本单位组织实施项目施工生产。

项目负责人对项目安全生产工作负有下列职责：

（1）建立项目安全生产责任制，实施相应的考核与奖惩。

（2）按规定配足项目专职安全生产管理人员。

（3）结合项目特点，组织制定项目安全生产规章制度和操作规程。

（4）组织制定项目安全生产教育和培训计划。

（5）督促项目安全生产费用的规范使用。

（6）依据风险评估结论，完善施工组织设计和专项施工方案。

（7）建立安全预防控制体系和隐患排查治理体系，督促、检查项目安全生产工作，确认重大事故隐患整改情况。

（8）组织制定本合同段施工专项应急预案和现场处置方案，并定期组织演练。

（9）及时、如实报告生产安全事故并组织自救。

2. 施工单位的专职安全生产管理人员应履行下列职责：

（1）组织或者参与拟订本单位安全生产规章制度、操作规程，以及合同段施工专项应急预案和现场处置方案。

（2）组织或者参与本单位安全生产教育和培训，如实记录安全生产教育和培训情况。

（3）督促落实本单位施工安全风险管控措施。

（4）组织或者参与本合同段施工应急救援演练。

（5）检查施工现场安全生产状况，做好检查记录，提出改进安全生产标准化建设的建议。

（6）及时排查、报告安全事故隐患，并督促落实事故隐患治理措施。

（7）制止和纠正违章指挥、违章操作和违反劳动纪律的行为。

典型例题

1.【真题－单选】关于施工单位专职安全生产管理人员职责的说法，正确的是（　　）。

A. 监督落实本单位施工安全风险管控措施

B. 监督项目安全生产费用的规范使用

C. 组织制定项目安全生产教育和培训计划

D. 组织制定本合同段综合应急预案和现场处置方案

【参考答案】A

2.【真题－多选】根据《公路水运工程安全生产监督管理办法》，施工单位项目负责人对项目安全生产工作负有的职责有（　　）。

A. 按规定配足项目专职安全生产管理人员

B. 组织制定项目安全生产教育和培训计划

C. 督促落实本单位施工安全风险管控措施

D. 督促项目安全生产费用的规范使用

E. 依据风险评估结论，完善施工组织设计和专项施工方案

【参考答案】A、B、D、E

考点 266：高速公路路堑高边坡工程施工安全风险评估 ★

（一）评估方法

总体风险评估和专项风险评估两个阶段，一般采用专家调查评估法、指标体系法。

1. 总体风险评估。

2. 专项风险评估。将风险等级达到高度风险（Ⅲ级）及以上的路堑段作为评估单元。

（二）评估组织与评估报告

1. 总体风险评估工作由建设单位负责组织，专项风险评估工作由施工单位负责组织。组织单位按照"谁组织谁负责"的原则对评估工作质量负责。

2. 总体风险评估和施工前专项风险评估应分别形成评估报告，施工过程专项风险评估可简化形成评估报表。评估报告应反映风险评估过程的全部工作，报告内容应包括编制依据、工程概况、评估方法、评估步骤、评估内容、评估结论及对策建议等。

（三）实施要求

1. 项目总体风险评估的重大风险源应按规定报监理单位、建设单位、地方行业主管部门备案。

2. 施工安全风险评估工作费用在项目安全生产费用中列支。

考点 267：公路桥梁和隧道工程施工安全风险评估★

（一）评估范围

1. 桥梁工程

（1）多跨或跨径大于 40m 的石拱桥，跨径大于或等于 150m 的钢筋混凝土拱桥，跨径大于或等于 350m 的钢箱拱桥，钢桁架、钢管混凝土拱桥。

（2）跨径大于或等于 140m 的梁式桥，跨径大于 400m 的斜拉桥，跨径大于 1000m 的悬索桥。

（3）墩高或净空大于 100m 的桥梁工程。

（4）采用新材料、新结构、新工艺、新技术的特大桥、大桥工程。

（5）特殊桥型或特殊结构桥梁的拆除或加固工程。

（6）施工环境复杂、施工工艺复杂的其他桥梁工程。

2. 隧道工程

（1）穿越高地应力区、岩溶发育区、区域地质构造、煤系地层、采空区等工程地质或水文地质条件复杂的隧道，黄土地区、水下或海底隧道工程。

（2）浅埋、偏压、大跨度、变化断面等结构受力复杂的隧道工程。

（3）长度 3000m 及以上的隧道工程，Ⅵ、Ⅴ 级围岩连续长度超过 50m 或合计长度占隧道全长的 30% 及以上的隧道工程。

（4）连拱隧道和小净距隧道工程。

（5）采用新技术、新材料、新设备、新工艺的隧道工程。

（6）隧道改扩建工程。

（7）施工环境复杂、施工工艺复杂的其他隧道工程。

（二）评估步骤

风险评估工作包括：制定评估计划、选择评估方法、开展风险分析、进行风险估测、确定风险等级、提出措施建议、编制评估报告等方面。评估步骤一般为：

（1）开展总体风险评估。

（2）确定专项风险评估范围。

（3）开展专项风险评估。

（4）确定风险控制措施。

考点 268：事故分类及等级 ★

根据生产安全事故（以下简称事故）造成的人员伤亡或者直接经济损失，事故一般分为以下等级：

（1）特别重大事故，是指造成 30 人以上死亡，或者 100 人以上重伤（包括急性工业中毒，下同），或者 1 亿元以上直接经济损失的事故。

（2）重大事故，是指造成 10 人以上 30 人以下死亡，或者 50 人以上 100 人以下重伤，或者 5000 万元以上 1 亿元以下直接经济损失的事故。

（3）较大事故，是指造成 3 人以上 10 人以下死亡，或者 10 人以上 50 人以下重伤，或者 1000 万元以上 5000 万元以下直接经济损失的事故。

（4）一般事故，是指造成 3 人以下死亡，或者 10 人以下重伤，或者 1000 万元以下直接经济损失的事故。

典型例题

【模拟题－单选】某公路工程支架拆除过程中发生了坍塌，死亡 2 人，重伤 10 人，直接经济损失 356 万元，该安全事故等级是（   ）。

A. 一般事故

B. 较大事故

C. 重大事故

D. 特别重大事故

【参考答案】B

考点 269：事故报告 ★

1. 事故发生后，事故现场有关人员应当立即向本单位负责人报告；单位负责人接到报告后，应当于 1h 内向事故发生地县级以上人民政府安全生产监督管理部门和负有安全生产监督管理职责的有关部门报告。

2. 报告事故应当包括下列内容：

（1）事故发生单位概况。

（2）事故发生的时间、地点以及事故现场情况。

（3）事故的简要经过。

（4）事故已经造成或者可能造成的伤亡人数（包括下落不明的人数）和初步估计的直接经济损失。

（5）已经采取的措施。

（6）其他应当报告的情况。

3. 事故报告后出现新情况的，应当及时补报。

自事故发生之日起 30 日内，事故造成的伤亡人数发生变化的，应当及时补报。道路交通事故、火灾事故自发生之日起 7 日内，事故造成的伤亡人数发生变化的，应当及时补报。

重点回顾

考点	检测
公路工程施工安全生产条件	施工单位应当根据工程施工作业特点、安全风险以及施工组织难度，按照（ ）配备专职安全生产管理人员，不足 5000 万元的至少配备（ ）名；5000 万元以上不足 2 亿元的按每 5000 万元不少于（ ）名的比例配备；2 亿元以上的不少于（ ）名，且按专业配备

续表

考点	检测
高速公路路堑高边坡工程施工安全风险评估	总体风险评估和专项风险评估两个阶段，一般采用（　　）、（　　）。 总体风险评估工作由（　　）负责组织，专项风险评估工作由（　　）负责组织。组织单位按照"谁组织谁负责"的原则对评估工作质量负责。 评估报告应反映风险评估过程的全部工作，报告内容应包括编制依据、工程概况、（　　）、（　　）、（　　）、评估结论及对策建议等
公路桥梁和隧道工程施工安全风险评估	跨径大于或等于（　　）的梁式桥；长度（　　）m及以上的隧道工程，Ⅵ、Ⅴ级围岩连续长度超过（　　）m或合计长度占隧道全长的（　　）%及以上的隧道工程；连拱隧道和（　　）隧道工程
公路工程施工安全事故报告	事故发生后，事故现场有关人员应当立即向本单位负责人报告；单位负责人接到报告后，应当于（　　）h内向事故发生地县级以上人民政府安全生产监督管理部门和负有安全生产监督管理职责的有关部门报告
公路工程施工安全生产条件	施工单位应当根据工程施工作业特点、安全风险以及施工组织难度，按照（　　）配备专职安全生产管理人员，不足5000万元的至少配备（　　）名；5000万元以上不足2亿元的按每5000万元不少于（　　）名的比例配备；2亿元以上的不少于（　　）名，且按专业配备

小试牛刀

一、单选题

1. 下列关于公路工程施工安全事故报告，说法错误的是（　　）。

A. 1亿元以上直接经济损失的事故为特别重大事故

B. 单位负责人接到报告后，应当于2小时内向事故发生地县级以上人民政府安全生产监督管理部门和负有安全生产监督管理职责的有关部门报告

C. 事故发生单位负责人接到事故报告后，应当立即启动事故相应应急预案

D. 自事故发生之日起30日内，事故造成的伤亡人数发生变化的，应当及时补报

二、多选题

1. 下列应进行桥梁施工安全风险评估的工程有（　　）。

A. 跨径大于150m的钢筋混凝土拱桥　　B. 跨径200m的梁式桥

C. 墩高200m的桥梁工程　　D. 跨径200m的斜拉桥

E. 跨径500m的悬索桥

参考答案

一、单选题

1				
B				

二、多选题

1				
A、B、C				

考点 270：公路工程质量事故的等级划分 ★

根据直接经济损失或工程结构损毁情况（自然灾害所致除外），公路水运建设工程质量事故分为特别重大质量事故、重大质量事故、较大质量事故和一般质量事故四个等级；直接经济损失在一般质量事故以下的为质量问题。

1. 特别重大质量事故，是指造成直接经济损失 1 亿元以上的事故。

2. 重大质量事故，是指造成直接经济损失 5000 万元以上 1 亿元以下，或者特大桥主体结构垮塌、特长隧道结构坍塌，或者大型水运工程主体结构垮塌、报废的事故。

3. 较大质量事故，是指造成直接经济损失 1000 万元以上 5000 万元以下，或者高速公路项目中桥或大桥主体结构垮塌、中隧道或长隧道结构坍塌、路基（行车道宽度）整体滑移，或者中型水运工程主体结构垮塌、报废的事故。

4. 一般质量事故，是指造成直接经济损失 100 万元以上 1000 万元以下，或者除高速公路以外的公路项目中桥或大桥主体结构垮塌、中隧道或长隧道结构坍塌，或者小型水运工程主体结构垮塌、报废的事故。

典型例题

1.【真题 - 单选】下列公路工程质量事故中，属于较大质量事故的是（　　）。

　A. 二级公路项目的中隧道结构坍塌事故

　B. 二级公路项目的大桥主体结构垮塌事故

　C. 高速公路项目的路基（行车道宽度）整体滑移事故

　D. 直接经济损失 5000 万元以上 1 亿元以下的事故

【参考答案】C

2.【真题 - 单选】二级公路上某座桥梁，孔径布置为 4×30m。桥全长 130m，施工过程中，该桥梁发生了主体结构垮塌的质量事故，该质量事故的等级为（　　）。

　A. 一般质量事故　　　　　　　　　　　　B. 较大质量事故

　C. 重大质量事故　　　　　　　　　　　　D. 特别重大质量事故

【参考答案】A

考点 271：公路工程质量事故报告的规定 ★

事故发生后，现场有关人员应立即向事故报告责任单位负责人报告。事故报告责任单位应在接报 2h 内，核实、汇总并向负责项目监管的交通运输主管部门及其工程质量监督机构报告。接收事故报告的单位和人员及其联系电话应在应急预案或有关制度中予以明确。

重点回顾

考点	检测
公路工程质量事故报告的规定	事故发生后，现场有关人员应立即向事故报告责任单位负责人报告。事故报告责任单位应在接报（　　）h内，核实、汇总并向负责项目监管的交通运输主管部门及其（　　）机构报告

小试牛刀

单选题：

1. 质量事故发生后，事故报告责任单位应在接报（　　）内，向负责项目监管的交通运输主管部门及其工程质量监督机构报告。

A. 1h　　　　　　　　　　　　B. 2h

C. 3h　　　　　　　　　　　　D. 4h

参考答案

单选题：

1				
B				